Internationales Uwe-Johnson-Forum.
Band 7 (1998)

INTERNATIONALES UWE-JOHNSON-FORUM

BEITRÄGE ZUM WERKVERSTÄNDNIS UND MATERIALIEN ZUR REZEPTIONSGESCHICHTE

Herausgegeben von
Carsten Gansel und Nicolai Riedel

im Auftrag der
Mecklenburgischen Literaturgesellschaft e. V.

BAND 7 (1998)

PETER LANG
Frankfurt am Main · Berlin · Bern · New York · Paris · Wien

Die Deutsche Bibliothek - CIP-Einheitsaufnahme

Internationales Uwe-Johnson-Forum : Beiträge zum Werkverständnis und Materialien zur Rezeptionsgeschichte. - Frankfurt am Main ; Berlin ; Bern ; New York ; Paris ; Wien : Lang
Erscheint zweijährl. - Aufnahme nach Bd. 1 1989 (1990)

Bd. 1 1989 (1990) -

Einbandgestaltung:
Otto Kummert, Anklam/Berlin.

Gedruckt auf alterungsbeständigem,
säurefreiem Papier.

ISSN 0938-1074
ISBN 3-631-33814-7

Printed in Germany 1 2 3 4 6 7

Inhalt

Vorbemerkungen 7

Swantje Rehfeld 9

Leben unter fortwährender Prüfung.
Das Bild des Sozialismus in Uwe Johnsons Roman
„Mutmassungen über Jakob"

Johannes Preschl 45

Journalistischer Text als Negativ.
Realistisches Erzählen auf der Suche nach neuen Wegen
in Uwe Johnsons Roman „Das dritte Buch über Achim"

Carsten Gansel, Oliver Fritsch 63

'Klischeebildung statt Wahrheitsfindung'?
oder vom 'Platz des Erzählers'.
Zum Konstruktionsprinzip von Uwe Johnsons „Zwei Ansichten"

Oliver Voß 107

Die 'moralische Schweiz' – und wie man ohne sie lebt.
Ein Blick auf die Lebensentwürfe der Bewohner
der Jerichow-Welt in Uwe Johnsons „Jahrestagen"

Ralf Zschachlitz 155

Bilder der 'Heimat': Deutsche Geschichte und Erinnerung
in Uwe Johnsons Roman „Jahrestage"und
in Edgar Reitz' Film „Heimat"

Anne Grete Reiß 175

Intertextuelle Entdeckungen zu Uwe Johnsons „Jahrestagen"
und Marie Luise Kaschnitz' „Tage, Tage, Jahre"

Stefanie Golisch 187

Fremdheit als Herausforderung.
Uwe Johnson und Ingeborg Bachmann

Jan Molzahn 203

Uwe Johnson und Skandinavien
Aspekte einer wechselseitigen Rezeption

Dokumentation zu den Uwe-Johnson-Tagen 1996 - 1997

Fritz Rudolf Fries 239

Die Romane des Genossen Schriftsteller

Berndt Seite 249

Festrede
zur Verleihung des Uwe-Johnson-Preises 1997
an Marcel Beyer

Sigrid Löffler 253

Laudatio
auf den Uwe-Johnson-Preisträger 1997 Marcel Beyer

Marcel Beyer 261

Über eine Haltung des Hörens
Rede anläßlich der Entgegennahme
des Uwe-Johnson-Preises 1997

Elke Erb 269

Florieren

Vorwort

„Jedoch, die objektive literarische Qualität: die nachvollziehbare und für den Leser vorteilhafte Vermittlung eines Wirklichkeitsverhältnisses ist durch die romantische Tendenz beeinträchtigt. Sie wird [...] auf das Niveau eines ästhetischen Sittenkodex verflacht, sie wird belastet mit dem pädagogischen Anspruch einer Hygiene und Diätetik des inneren wie äusseren Lebens" – so urteilt Uwe Johnson nach abgeschlossenem Germanistik–Studium über den Wiener Kaffeehaus–Literaten Peter Altenberg. In anderen Verlagsgutachten setzt er sich mit den Werken von Frank Wedekind, Franz Werfel, Karl Mundstock, Felix Hollaender und weniger bekannten Autoren aus dem anglo–amerikanischen Bereich auseinander, immer wieder ästhetisch wertend. Durch diese frühen Lese–Erfahrungen wie auch seine Arbeit als Übersetzer Herman Melvilles oder des Nibelungenliedes findet Johnson zu einem hohen literarästhetischen Anspruch, dessen produktive Umsetzung seiner öffentlichen Wirkung zunächst nicht unbedingt förderlich war. Im Vergleich zur enthusiastischen Aufnahme von Heinrich Bölls „Billard um halbzehn" oder Günter Grass' „Die Blechtrommel" konnten die „Mutmassungen über Jakob" – bei aller Wertschätzung – doch nicht annähernd eine so breite Leserschaft gewinnen.

Nach nunmehr fast vierzigjähriger Wirkungsgeschichte des Autors Uwe Johnson zeigt sich jedoch, in welchem Maße seine Art von „literarischer Wirklichkeitserkundung" dem Zeitgeist voraus war. Frühere Interpretationen konnten aufgrund der fehlenden historischen Distanz nur bedingt den impliziten Perspektivenreichtum von Johnsons Werk ausloten. Auch deshalb ist und bleibt es ein spannender Vorgang immer wieder nach interpretatorischen Neuansätzen zu suchen, auch mit dem Risiko einer partiellen Wiederholung.

Da das „Forum" eine Aufgabe darin sieht, auch Johnson–Leser in der jüngeren Generation zu gewinnen und in seine Romanwelt „einzuführen", stehen neben vergleichenden Untersuchungen mit eher experimentellem Charakter auch textnah konzipierte Lesehilfen. So beleuchtet Swantje Rehfeld unter Einbeziehung der komplexen zeitgeschichtlichen Verflechtungen in den fünfziger Jahren das Bild des Sozialismus in den „Mutmassungen über Jakob". Johannes Preschl wendet sich unter einem neuen erkenntnisleitenden Vorzeichen dem zweiten Roman Johnsons, dem „dritten Buch über Achim", zu. Carsten Gansel und Oliver Fritsch untersuchen das Konstruktionsprinzip der „Zwei Ansichten", jenes gattungslosen Textes, der in der germanistischen Forschung bislang nur peripher Beachtung fand, obgleich die Verkaufszahlen für ein breites Lesepublikum sprechen. Oliver Voß liefert schließlich eine biographisch–psychologische Bestandsaufnahme der zahlreichen Protagonisten im schwierigen Kontext der „Jahrestage". Diese Beiträge können keinesfalls die Quellenlektüre ersetzen, sollen aber dazu ermutigen, sich Johnsons Texten neu zuzuwenden.

Nach neuen Zugängen zum Werkverständnis suchen auch Anne Grete Reiß, die intertextuelle Phänomene bei Johnson und Marie Luise Kaschnitz aufspürt, Ralf Zschachlitz, der Kontraste und Parallelen zwischen den „Jahrestagen" und dem Fernsehfilm „Heimat" von Edgar Reitz offenlegt und Stefanie Golisch, die den Begriff „Fremdheit" bei Ingeborg Bachmann und Uwe Johnson untersucht. Jan Molzahn geht der Johnson–Rezeption in Skandinavien nach und kommt zu Ergebnissen, die zu weiteren Studien in dieser Richtung anregen können. Dies trifft auch für Fritz Rudolf Fries' Essay zu, der mit Johnson in Leipzig bekannt wurde.

Der Band wird fortgesetzt mit der Festrede von Berndt Seite auf Marcel Beyer, den Träger des nunmehr zum dritten Mal verliehenen Uwe–Johnson–Preises, der Laudatio von Sigrid Löffler sowie der Dankrede von Marcel Beyer. Inwieweit das Werk Uwe Johnsons bereits Gegenstand neuer literarischer Erkundungen geworden ist, zeigt der vieldeutige Text der Lyrikerin Elke Erb.

Carsten Gansel — Nicolai Riedel

SWANTJE REHFELD

Leben unter fortwährender Prüfung. Das Bild des Sozialismus in Uwe Johnsons Roman „Mutmassungen über Jakob"

„Aber uns ist kein Schnabel gewachsen:
wir reden, wie uns der Mund gestopft wurde."[1]

Uwe Johnsons Roman „Mutmassungen über Jakob" kann man legitim als historischen Text lesen, insofern dies vermittelt über jene „ästhetische Differenz"[2] des Werkes geschieht, aus der die abgebildeten tangierenden Geschehnisse die geschichtliche Realität beschreiben. So gelesen – durch den Filter des Autors, seiner Personen wie des Lesers – erschließt sich eine Vielzahl von Weltsichten, die vor allem eines verhindern: die Festschreibung von gelebter Wirklichkeit als einem abgeschlossenen Akt der Geschichte. In Johnsons erstveröffentlichtem Roman hingegen wird das vermeintliche Wahrheitspostulat der historischen Fakten hinterfragt, indem gerade diese als modifizierbare temporäre Größen kenntlich erscheinen. Solcherart perspektivisch mehrfach belichtet – aus der Gegenwart wie der Vergangenheit – ist dabei das Bild, das man erhält, ein jeweils anderes. Die dem Roman „Mutmassungen" anhaftende Beschreibung sozialistischer Wirklichkeit muß dergestalt kompliziert gedacht werden, in ihrer Komplexität ästhetischer Produktions– und Rezeptionsbedingungen, die das Verständnis wohl erschwert, die aber auch vor allzu schnellen Rückschlüssen bewahrt. Grundsätzlich ist die Wirklichkeitsebene der „Mutmassungen" inadäquat ihrer geschichtlichen Vorlage, jedoch in der Weise, daß „die Fakten in die Fiktionen hineinragen"[3] und man demnach ein Netz von Zitaten, Anspielungen und Verweisen innerhalb des Textes vorfindet, das eine direkte Bezüglichkeit zur Geschichte der DDR Mitte der 50er Jahre herstellt.

Die Beschäftigung mit Uwe Johnsons Auffassungen und Einstellungen zum Sozialismus, die in seinen Werken zentral entwickelt werden[4], liegt auf der Hand und wird dennoch eher vorsichtig angegangen, als in einer text– und sachbezogenen Untersuchung erläutert. Den für die weitere Lektüre produktivsten Standpunkt liefert dabei Norbert Mecklenburg:

> „Johnsons Sozialismus ist weder als biographisches Souvenir noch als intellektuelle Marotte abzutun, sondern markiert die Richtung seiner Antwortsuche auf epochale Grundfragen der modernen Gesellschaft."[5]

Die Aktualität des Johnsonschen Werkes erklärt sich somit nicht ausschließlich durch das Scheitern des sozialistischen Gesellschaftsmodells DDR, also durch ein „Historischwerden"[6] des im Werk verhandelten Sozialismus–Komplexes, sondern dadurch, weil es ideologisch unbestechlich und damit kontinuierlich über seine Entstehungszeit hinaus Widerspruch und Bedenken anmeldet hinsichtlich einer Geschichtsschreibung, die sich mit lediglich einer Perspektive begnügt. Die „Mutmassungen über Jakob" orientieren nicht nur auf ein genaueres Hinterfragen der Entwicklung in der frühen DDR, mithin auf eine Art „literarische Archäologie"[7], sie verweisen zugleich darauf, in welche Richtung eine Antwortsuche zu gehen hätte: Die eigene Gegenwart des Lebens in der kapitalistischen modernen Industriegesellschaft ist nach Johnsons Schreibvorbild kritisch zu betrachten, in dem Sinne, daß man sich der Dialektik von Gleichzeitigkeit im Geschichtsprozeß, jener Blochschen Kategorie des geschichtsphilosophischen Denkens, bewußt wird. Die sozialistische Perspektive in Johnsons Romanen bleibt nach wie vor präsent und in den politischen Bezügen wie sozialen Bildern rekonstruierbar, weil hier jene emanzipatorische Weltsicht praktiziert wird, die befähigt, das Gegebene, die objektiven Tatbestände – also Geschichte als Fixum – vielstimmig zu hinterfragen und damit die kontemplative historisierende Vorstellung einer Abfolge kontinuierlicher kausaler Entwicklung aufzusprengen. Die „Mutmassungen über Jakob" sind wohl deswegen heute so aktuell, weil mit dem Scheitern des sozialistischen Staatsmodells DDR keineswegs die globalen Probleme gleichzeitig gelöst wurden, sondern sich vielmehr eine Tendenz kurzfristigen rationalen Denkens abzeichnet, worin die geschichtliche Dimension des Heutigen ausgespart bleibt. Der Roman fordert geradezu das Einbringen einer notwendigen 'Gegengeschichte', die nicht nur die konträren historischen Sozialismus–Auffassungen dokumentiert, sondern sich auch aus der Sicht der 'Verlierer' oder, nach Walter Benjamin, aus der „Tradition der Unterdrückten"[8] fortschreibt.

Dabei bestimmt sich die Gegenwärtigkeit der Dichtung, wie Norbert Mecklenburg an anderer Stelle vermerkt, durch die „besondere Weise ihrer Geschichtlichkeit"[9], also in der Form, wie das dichterische Werk die konkrete historische Situation seiner Entstehungszeit aufnimmt und diesen Geschichtsfundus konvertierbar hält für seine zukünftigen Leser. Johnsons Umgang mit den geschichtlichen Fakten ist entsprechend präzise: Die Geschichte um den Tod des Eisenbahners Jakob Abs ist nicht zufällig auf wenige Tage im Oktober/November terminiert, die annähernd genau zu protokollieren sind. Der

Leser indes kann anhand der verschiedenen Romanperspektiven, die das tatsächliche Geschehen nachzuzeichnen versuchen, jenen geschichtlichen Erinnerungsraum für sich selbst ausleuchten, der bisher nur an Daten, an Lehrbuchtext, bestenfalls an Belege zeitgenössischer Erfahrung gekoppelt ist. Die bereits von Herbert Marcuse als gesellschaftskritisches Potential gegen die sich etablierende Gesellschaft – gleichwie kapitalistischer oder sozialistischer Prägung – eingeforderte Erinnerung als einer „Weise, sich von den gegebenen Tatsachen abzulösen, eine[r] Weise der »Vermittlung«, die für kurze Augenblicke die allgegenwärtige Macht der gegebenen Tatsachen durchbricht"[10] ist auch in Uwe Johnsons Roman verbindendes Element zwischen Historizität und Aktualität des Werkes.

Im nachfolgenden Exkurs zum Bild des Sozialismus, das in durchgehender Ambivalenz und Diskursivität Uwe Johnsons erstveröffentlichten Roman „Mutmassungen über Jakob" prägt, ist die beschriebene Erzählwirklichkeit zuerst hinsichtlich ihres konkreten geschichtlichen Bezugs, sozusagen dem „Schaum der Geschichte"[11], also dem, was konstatiert oder einfach aufgezählt werden kann, zu untersuchen. Johnsons Roman beschreibt einen Zeitabschnitt jener frühen Phase der DDR–Geschichte, die offiziell unter der Bezeichnung „Aufbau des Sozialismus" in den ostdeutschen Geschichtsbüchern firmierte. In der pluralen Anlage des Erzählstoffes werden Sozialismus–Bilder offenbar, die insgesamt den Zustand des DDR–Sozialismus zur Zeit der Entstehung des Romans thematisieren und die durch ihre Auswahl dazu geeignet sind, die „Präsenz des Autors im Text"[12] zu belegen. Was wir lesend erinnern, folgt schließlich dem „Innenblick" des Autors Uwe Johnson, gerichtet auf ein sozialistisches Land, wie er es vorfand, das ihm im geographischen wie ideologischen Sinne bis zu den „Mutmassungen" Heimat gewesen ist.

Jene Abbilder eines erinnerten Lebens in der DDR um ihre Wirklichkeitssubstanz zu befragen, muß eine systematische geschichtsnahe Methode der Interpretation implizieren, jedoch ohne dabei eine vereinfachende Gleichsetzung vorzunehmen. Das Bild des Sozialismus in Johnsons Roman herauszuarbeiten, erfordert daher zunächst, die politischen Rahmenbedingungen für die Zeit seiner Entstehung zu skizzieren, um daraus nicht nur die Entgegensetzung des poetischen Entwurfes zu konnotieren, sondern auch dessen apologetischen Charakter im Kontext des Zeitgeschehens zu begreifen. Die im Roman praktizierte 'sozialistische Kritik am Sozialismus'[13] verweist auf Parallelitäten zur Revisionismusbewegung um das Jahr 1956, dennoch vertreten Johnsons 'Personen' andere Ansichten, diem wie zu zeigen sein wird, nicht nur den freiheitlich–liberalen Konsens der Sozialismus–Kritik der „Tauwetterzeit" bestätigen, sondern jene Periode in ihrer Diskursivität der ideologischen Meinungen wie auch in ihrer Ambivalenz der politischen Bekenntnisse charakterisieren. Die „Mutmassungen über Jakob" führen vor allem vor, wie sich die Sozialismus–Auffassungen am Kernbegriff der Freiheit aufspalten. In der Zeichnung der Romanfiguren, insbesondere Jakob Abs', wie in der Konzeptionierung des Handlungsgeschehens materialisiert sich die philosophische Diskussion um Freiheit im Sozialismus, wie sie an die Person und Philosophie Ernst Blochs gebunden, der als Leipziger Lehrer zu Uwe Johnsons „autobiographische[m] Inventar"[14] zählte, in der DDR Mitte der 50er Jahre geführt wurde. Wie Theo Buck treffend feststellt, erreicht Johnsons Werk seine ästhetische Wirkungskraft, weil es nicht nur über, sondern vielmehr „*gegen* die bestehende Wirklichkeit"[15] anschreibt.

Zum anderen wird auf jene Bilder und Vorstellungen zu verweisen sein, die „jenseits der Worte" (MJ 75) entstehen, die als 'Sprachbilder' im weitesten Sinne im Text fortleben, wie sie z. B. Jonas Blach überwältigen, als er im Zug nach Jerichow fahrend Jakobs gegenwärtig wird. Die Sprache der „Mutmassungen" verweist in ihrer semiologischen Bedeutung[16] auf einen assoziativen Raum, der hinter die Faktizität der uns geläufigen Tatsachen weist und durch die fotografisch vergrößernde Wirkung seiner Meinungspluralität Bildausschnitte freigibt, in denen gelebte Wirklichkeit aufgehoben ist und worin eigene „Erinnerung gefunden"[17] werden kann. Der Roman antwortet auf die gesellschaftliche Situation des Lebens in der DDR, wie es – bis zu deren Ende – sich „im Stand einer fortwährenden Prüfung"[18] vollzog. Er zeigt so ein Bild des Sozialismus, das allein quellengeschichtlich nicht zu bilanzieren ist und daher eine 'nichtöffentliche' Geschichte der DDR festhält, die angesichts heutiger Überschreibungen durch jene andere Art zu leben, der nunmehr die gesellschaftliche Alternative gänzlich fehlt, verlorenzugehen droht. In den Betrachtungen zur sozialen Dimension der „Mutmassungen über Jakob" ist daher zu fragen, wie sich der Verlust an Wirklichkeit in den 50er Jahren über die Sprache des Romans abbildet und wie gleichzeitig eine solche sprachliche Präzision erreicht wird, mit der jener 'Stummheit des Landes' Worte verliehen werden können. Die Entfremdung des Menschen von seinen sozialistischen Idealen und somit das Schwinden von gesellschaftlicher Utopie ist besonders anhand der sprachlichen Bildhaftigkeit nachvollziehbar, weil hier Lebensumstände in eindringlicher Schärfe beleuchtet werden, die ein Sich–Einrichten in der Erwartung des Lesers verhindern. Es ist das Nicht–Gesagte, das Verschweigen, der Verweis des Textes auf Leerstellen bis hin zur Reduktion von Sprache allgemein, was im Roman befremdet, jedoch in der Konstellation zur autoritären Sprache der Staatsmacht dem Abbild der sozialistischen Gesellschaft in den 50er Jahren scharfe Konturen verleiht.

I. Zur Darstellung der politischen Situation in „Mutmassungen über Jakob„

Zum Verständnis ideologisch-gesellschaftlicher Kommunikationsstrukturen im Roman „Mutmassungen über Jakob" soll im folgenden ausschnittweise die politische Situation im (de facto) geteilten Deutschland beleuchtet und damit auf Sozialismus-Auffassungen in den 50er Jahren eingegangen werden.

Uwe Johnsons Roman, entstanden in den Jahren zwischen 1956 und 1958, verweist auf eine Etappe DDR-Geschichte, in der die Hoffnungen, die gerichtet waren auf einen menschlichen und demokratischen Sozialismus als der gerechteren gesellschaftlichen Möglichkeit nach dem Krieg, zunehmend enttäuscht wurden. In verschiedenen Romananalysen, die auf Verflechtungen geschichtlicher Ereignisse mit der Handlung der „Mutmassungen" hinweisen, wird auf eine parabolische Dimension des Romans gedeutet.[19] In einer politischen Parallelziehung zwischen den historischen Fakten und dem fiktiven Erzählgeschehen entsteht so ein Netz von Referenzen und Verbindungen, in dem sich Geschichte als Alltagserleben von mehreren Seiten aus konstruiert. Hier werden Geschichten zum Vergleich angeboten, ohne vorausgesetzten Wahrheitsanspruch und auch ohne belehrenden Tenor.

In den im Sommersemester 1979 gehaltenen „Frankfurter Vorlesungen" reflektiert der Schriftsteller jene für den Deutschen Uwe Johnson so entscheidenden Jahre: „Für die Deutschen waren 1955 und 1956 die Jahre, in denen ihre Vereinigung ausgeläutet wurde, ihre Teilung besiegelt„ (BU 373). Dieses distanzierte, abgeklärte Wissen um die verschlungenen Wege der Vier-Mächte-Diplomatie, als deren Spielball Johnson Deutschland deutlich erkennt, ist bereits der akribisch nachfragenden Erfahrung eines Uwe Johnson zuzurechnen, der schon 20 Jahre im Westen lebt und sich solche Kenntnisse mit dem ihm eigenen chronistischen Blick erworben hat. Vom Standpunkt des Wissenden aus mag man seine „Jahrestage" als Bekenntnis eines enttäuschten linken Intellektuellen werten, der einer Vereinigung Deutschlands nur noch skeptisch bzw. negativ entgegenblickt. In einer Rede, die er anläßlich der Verleihung des Büchner-Preises 1971 hält, begründet Johnson explizit seine scheinbar neutrale Haltung.

> „Wenn der Verfasser [Uwe Johnson, S. R.] an vergangenen oder künftigen Ansätzen taktischer Politik keinen Teil nahm oder wenig Teil nehmen wird, so geschieht es weder aus Mißbilligung noch aus Furcht, sondern weil er im gegenwärtigen Zeitpunkt jede revolutionäre Bewegung als eine vergebliche Unternehmung betrachtet und nicht die Verblendung derer teilt, welche in den Deutschen ein zum Kampf für sein Recht bereites Volk sehen. Der Verfasser betrachtet als seine Arbeit, vorläufig, das Schreiben."[20]

Die „Mutmassungen über Jakob" aber sind noch das Resultat der unmittelbaren Erfahrung von Hoffnung und gleichzeitig einem 'Zu-Grabe-Tragen' des Sozialismus als Gesellschaftsmodell in den 50er Jahren.

Sie dokumentieren eine als politische Übergangsphase zu kennzeichnende Zeit, der ernsthafte Versuche, den Sozialismus der DDR zu reformieren, vorausgingen. Im Jahre 1953 wurden die Streiks der Arbeiter und Bauarbeiter gewaltsam niedergeschlagen, die unter anderem gegen die Normerhöhungen als Folge einer von der II. Parteikonferenz der SED im Jahre 1952 beschlossenen Forcierung der Schwerindustrie protestierten. Obwohl bis heute gründliche soziologische Untersuchungen fehlen, gilt der 17. Juni 1953 als eine „Protestbewegung der Arbeiterschaft".[21] Gleichzeitig jedoch, und zwar schon ab 1951, gab es innerhalb der SED heftige Auseinandersetzungen, vor allem um Veränderungen organisatorischer Art an der Führungsspitze:

> „Eine Minderheit im SED-Politbüro zu der neben Wilhelm Zaisser und Herrnstadt vermutlich Heinrich Rau, Anton Ackermann und Franz Dahlem zählten, kritisierte in den frühen 50er Jahren die Arbeitsweise des sich verselbständigenden Parteiapparates und die persönliche Diktatur Walter Ulbrichts."[22]

Inwieweit diese Auseinandersetzungen im Vorfeld des Juni-Aufstandes, der im übrigen völlig unmotiviert davon blieb, weil die innerparteilichen Diskussionen nicht nach außen drangen, eine tatsächliche Chance der politischen Demokratisierung darstellten, bezeugen Berichte, wie jener Rudolf Herrnstadts (Herrnstadt-Dokument). Ab Mai 1953 war ein politischer Kurswechsel zu verspüren, wonach durch Einlenken der sowjetischen Besatzungsmacht (Otto Grotewohl, Walter Ulbricht und Fred Oelssner reisten im Mai 1953 zu Besprechungen nach Moskau) festgestellt wurde, daß „die Orientierung auf »beschleunigten Aufbau des Sozialismus« falsch [sei]; dazu lägen in der DDR die Voraussetzungen nicht vor."[23] Man ging zwischenzeitlich sogar soweit vom diktatorisch geprägten Sozialismus der vorhergehenden Jahre ab, daß selbst die begriffliche Prägung »Sozialismus« in Frage stand. Hierzu bemerkt Nadja Stulz-Herrnstadt in der Einleitung zum Herrnstadt-Dokument:

> „Nach den Erinnerungen des früheren SED-Funktionärs Heinz Brandt untersagte Herrmann Axen, ZK-Sekretär für Propaganda, ab Anfang Juni 1953 jegliche Bezugnahme auf die II. Parteikonferenz. Der Begriff <Sozialismus> findet sich in der überregionalen Tagespresse vom 5. Juni 1953 an tatsächlich nicht mehr."[24]

Die isolierten Aufstände der Arbeiter am 17. Juni 1953 werden schließlich von der Staatsführung unter Ulbricht instrumentalisiert, um weitere Reformbewegungen innerhalb der Partei abzuwehren. Zur offiziellen Erklärung zeitgleicher politischer Diskussionen in der Partei, die nicht zu leugnen waren, wurde schließlich eine Fraktionsbildung um die führenden Opponenten Wilhelm Zaisser und Rudolf Herrnstadt konstruiert. Der Versuch, den Sozialismus über die Arbeiterschaft von unten zu reformieren, verkehrte sich in das Gegenteil, indem es zur Stärkung der autoritären Herrschaft Ulbrichts kam.

Bis zum Jahre 1955 war eine Wiedervereinigung Deutschlands möglich. Wie Uwe Johnson in seinen „Begleitumständen" auflistet, waren es insbesondere die Westmächte und die Regierung Adenauer, die permanent von einem Versuch Deutschland zu einigen, wie er anhand der Stalinnote vom 10. März 1952 offeriert wurde, ablenkten (BU 357ff.).

Bereits die Gründung der DDR wurde in intellektuellen Kreisen um Wolfgang Harich wie Ernst Bloch als Notlösung und Provisorium wahrgenommen, von deren Übergangsstatus man überzeugt war. In der Gründungsverfassung der DDR vom 7. Oktober 1949, Artikel 1, war dahingehend festgeschrieben: „Deutschland ist eine unteilbare demokratische Republik; sie baut sich auf den deutschen Ländern auf."[25]

Mitte der 50er Jahre ging es also noch nicht um eine „abstrakte Alternative von Sozialismus oder Kapitalismus"[26], sondern um ein demokratisches Bündnis verschiedener Schichten in einem einheitlichen Deutschland. Mit der Gipfelkonferenz der Vier Mächte in Genf 1955 gibt auch die Sowjetunion ihre Position zur Wiedervereinigung auf, damit wird die Endgültigkeit der Teilung besiegelt. Für die Sozialismus-Entwicklung in Deutschland bedeutete dies eine politische Aufspaltung, das sozialistische Begriffserbe der Sozialdemokratie wird in Westdeutschland „endgültig aufgegeben zugunsten einer liberal-demokratischen Werttradition"[27], im Ostteil Deutschlands versickern die sozialdemokratischen Inhalte des Sozialismus-Begriffs in einer rein gesellschaftshistorischen Determinierung:

> „Der Sozialismusbegriff bleibt jedoch noch deswegen wichtig, weil er zur Bezeichnung der sogenannten „Gesellschaftsformation" dient, die nach der Überwindung des Kapitalismus entstehen soll."[28]

Wie Rudolf Bahro in seinem Buch „Die Alternative" (1973–1976 geschrieben) bemerkt, wurde von der offiziellen Parteipolitik immer vorgetäuscht, „daß der Sozialismus keine kurzfristige Übergangsperiode, »sondern eine relativ selbständige sozial-ökonomische Formation in der historischen Epoche des Übergangs vom Kapitalismus zum Kommunismus im Weltmaßstab« sei."[29] Ohne theoretische Begründung negierte man vor dem VIII. Parteitag der SED (1971) das Wort »relativ« und zog sich zurück auf den Euphemismus »real existierender Sozialismus«.

In der Zeit der sogenannten „Tauwetterpolitik", als vom XX. Parteitag der KPdSU (1956) ausgehend eine Entstalinisierungsphase zu verzeichnen war, formierte sich um Wolfgang Harich, Walter Janka, Gustav Just und andere eine Gruppe von Oppositionellen, die im Zuge der sowjetischen Veränderungen auf eine Milderung des politischen Klimas auch im eigenen Land hofften. In Intellektuellenkreisen waren Diskussionen über einen demokratischen Sozialismus an der Tagesordnung, deren Themen sich im Reformprogramm der „Plattform für einen besonderen deutschen Weg zum Sozialismus"[30] (im November 1956 entstanden) nachlesen lassen. Kernpunkt der oppositionellen Überlegungen war eine Reform der SED, jedoch ohne deren Struktur des demokratischen Zentralismus in Frage zu stellen. Da man an der Überzeugung der Wiedervereinigung festhielt, vertraute die Oppositionellengruppe um Wolfgang Harich und Walter Janka auf die Anziehungskraft eines stabilisierten, jedoch demokratisch gewandelten Sozialismus.

Wie im folgenden zu zeigen sein wird, figuriert Jonas Blach als ein Vertreter dieser Oppositionsbewegung für einen demokratischen Sozialismus, welche, wie Karl Wilhelm Fricke vermerkt, den Sozialismus selbst nicht in Frage stellte, sondern „die realsozialistische Ordnung in der DDR aufrechtzuerhalten, aber die Prinzipien ihrer Herrschaft im Sinne einer Humanisierung und Liberalisierung zu »revidieren«"[31] suchte.

> „Die revisionistische Opposition in der DDR war demnach grundsätzlich sozialistisch/kommunistisch eingestellt, wollte aber den Sozialismus/Kommunismus vermenschlichen, indem sie ihm seine doktrinären, inhumanen, bürokratisch–terroristischen und sonstigen totalitären Züge zu nehmen versuchte."[32]

Im Roman Uwe Johnsons wird jedoch eine Idee der nationalen Wiedervereinigung, wie sie bei Harich noch unbestrittenes Definitivum des Reformprogrammes ist, nicht einmal erwogen. Mit der Schilderung einer sich verhärtenden dogmatischen Politik und deren Auswirkung auf die Lebensweisen scheint vielmehr dieser Idee realiter aufgekündigt zu sein.

Jakob – Besuch beim vernünftigen Leben

Anhand der Person Jakob Abs wird ein differenziertes Bild gesellschaftlicher Entwicklung in der DDR der 50er Jahre gegeben. Als Mittelpunktfigur des Romans erscheint Jakob aus unterschiedlichen Blickwinkeln der über die Ursachen seines Todes mutmaßenden Protagonisten und ist somit die widersprüchlichste Figur. Es existieren demnach verschiedene subjektive Sichtweisen, wobei jede versucht, Jakob für sich zu erklären. Insbesondere im Gespräch zwischen Gesine Cresspahl und dem Vertreter der Staatsmacht der DDR, Herrn Rohlfs, wird die Ost–West–Kontroverse deutlich. Dabei wird aus Gesines Sicht, die sich schon hier in einer moralisch zwiespältigen Situation zwischen Affirmation und Vorwurf gegenüber dem Sozialismus der DDR befindet, der Westen indirekt durch eine sozialistische Kritik am DDR–Staat hinterfragt. Osten und Westen tragen in der Darstellung der „Mutmassungen" Spiegelbildcharakter, die Kritik an den gesellschaftlichen Verhältnissen der einen Seite verweist immer zurück auf ihr Gegenbild, wobei die eine nicht gegen die andere ausgespielt werden soll. Innerhalb dieses „Werkstattgespräches" wird deutlich, wie Johnson kontinuierlich kritisch und differenzierend mit der gesellschaftlichen Entwicklung in der DDR verfährt, ohne dabei einseitig die DDR zu kritisieren, sondern vielmehr, um über diesen Widerstreit der Ideologien den relativierenden kritischen Blick auf beide Teile Deutschlands zu schärfen.

Mit der Konturierung der Figur Jakob wird allgemein die Frage nach den Möglichkeiten eines vernünftigen Lebens im Nachkriegsdeutschland gestellt. Die Lebensklammer Vernunft meint in Jakobs Fall nicht zuerst eine ideologische Ausrichtung, sie umfaßt vielmehr die Grundvoraussetzungen eines humanen Zusammenlebens: den sich durch seine Arbeit selbst schaffenden, emanzipierenden Menschen, dessen Dasein solidarisch mit dem Leben seiner Mitmenschen verbunden ist. Vernunft ist Bedingung und reproduziert sich in einer Gesellschaft, deren Gemeingut der arbeitende Mensch wäre.

Die in den „Mutmassungen" aufscheinende marxistische Utopie der Selbstentfaltung des Menschen in der Arbeit und der damit einhergehenden Selbstbestimmung von Geschichte stößt in der sozialistischen Realität der DDR um 1956 hart an Grenzen, die durch das feindliche Aufeinanderbezogensein der historischen Systemkonkurrenz zwischen Ost und West gesetzt sind. Die von Arne Born für Johnsons Frühwerk als Kontinuum erkannte „kritisch–differenzierte Darstellung der DDR als 'die eine Seite' im Gegensatz zur rudimentär–undifferenzierten Darstellung der BRD"[33] dokumentiert unverkennbar einen Utopieverlust, den Jakob innerlich durchlebt, der dessen Figur in einer unentschiedenen Spannung beläßt.

Vor allem an der Romanfigur Jakob Abs wird die damalige philosophische Diskussion um individuelle Freiheitsmöglichkeit im Sozialismus praktisch ausgetragen. Entsprechend der Existentialismus–Debatte, die während der Entstehungszeit des Romans unter den Leipziger Studienfreunden geführt wurde, bleiben Jakobs Intentionen, Handlungen und schließlich die Gründe seines Todes im Dunkeln. Für Jakob fehlt jene „Innensicht"[34], die zur Klärung seiner Entwicklung in Johnsons Auffassung unabdingbar ist. Der existentialistische Ansatz einer Nicht–Erklärbarkeit des Subjekts liegt somit quer zur offiziellen marxistischen Auffassung, wonach der Mensch und somit die sozialen Verhältnisse, die er als gesellschaftliches Wesen eingeht, kausal erklärbar sind. Mit der Infragestellung dieser Doktrin kritisiert der Roman explizit die Methoden der Fremdbestimmung im sozialistischen System. Die Existentialismus–Debatte bildet in den „Mutmassungen" jene politisch–philosophischen Ebene, von der aus konkrete Veränderungen gedacht wurden.

An Jakob Abs finden aber auch die Blochschen Gedanken zum Freiheitsbegriff Anwendung.[35] Als Uwe Johnson nach der Zwischenprüfung in Rostock zum Herbstsemester 1954 an die Leipziger Universität wechselte, lehrte Ernst Bloch dort bereits seit 1949 Philosophie. Der marxistische Philosoph vertrat eine nicht unumstrittene materialistisch–dialektische Auffassung, die dem orthodoxen, mechanischen Sozialismus zuwiderlief.[36] Mit seiner Lehre vom offenen System der Entwicklung als einem nicht abschließbaren Prozeß der gegenseitigen Aneignung von Subjekt und Objekt verwies Bloch auf das Problem von Freiheit im Sozialismus. Die Kritik am bürokratischen, verfestigten Staatssozialismus der DDR verlief dabei gedeckt über die Einforderung der Hegel–Rezeption zum geistigen Erbe des wissenschaftlichen Sozialismus. So war man geübt, zwischen den Zeilen zu lesen, wie dies Johnson selbst bei Hans Mayer erfahren konnte und in der Erinnerung „Einer meiner Lehrer" exemplarisch festhielt:

> „Nieder mit der Stalinschule des sozialistischen Realismus! Ruft Professor Mayer aus. Der Hörsaal, manchmal bis auf die Treppen besetzt, kann ihm nur das Wort »unerträglich« nachweisen. Eine Figur in einem sowjetischen Roman hat ihn gelangweilt. Das ist alles."[37]

Der aufmerksame Student Johnson, der sich nach Hans Mayers Mitteilung in den Giftschränken der Deutschen Bücherei in Leipzig sowie der Institutsbibliothek bestens auskannte, hat mit Sicherheit den philosophischen Diskurs seiner Zeit verfolgt. Insbesondere die offene kritische Stellungnahme Ernst Blochs während einer im März 1956 einberufenen Konferenz zum Thema „Das Problem der Freiheit im Lichte des wissenschaftlichen Sozialismus" scheint als gedanklicher Hintergrund in die Anlage der Person Jakobs eingegangen zu sein. Hier wird gegen eine ideologische Dogmatisierung des Begriffes Freiheit dessen anthropologische Kategorie als Gegengewicht eingebracht, wonach der einseitigen geschichtsphilosophischen Auffassung einer Emanzipation des Menschen durch „Einsicht in die Notwendigkeit" der subjektive Faktor korrellierend beiseite gestellt werden müßte.

> „[...] [W]eil die Freiheit allemal eine gesellschaftliche Kategorie ist, ist sie originär und immer wieder originär eine anthropologische, eine des menschlichen Willens und schließlich der menschlich–intensiven Substanz."[38]

Der Sozialist Jakob Abs geht von jenem Freiheitsverständnis aus, das die subjektive Willensentscheidung des Einzelnen garantiert. Seiner Überzeugung nach wird er „sich selbst versäumen über einem Zweck" (MJ 156), für die bessere Sache, die Vernunftseite, jedoch ist dies seine persönliche Entscheidung. Er weist zugleich Rohlfs bestimmende ideologische Vereinnahmung zurück, indem er Freiwilligkeit der Mitarbeit für die „gute Sache" einfordert. Die Mittel, die angewendet werden, um nach Ernst Bloch „wirkliche politische Freiheit" zu erreichen, sollten nicht diesen Endzweck „entheiligen".[39]

Ganz deutlich wird hier der Verwirklichung von Freiheit innerhalb eines verstaatlichten Sozialismus eine Absage erteilt, politische Freiheit sei, so die Blochsche Verdeutlichung der marxistischen und leninistischen Auffassung, „erst mit jenem Sieg des Sozialismus [möglich], der sich als Abschaffung des Staats überhaupt kenntlich macht [...].“[40] Ist es nicht vielmehr der Wunsch des Erzählers, der Jakob Rohlfs' Zustimmung wahrnehmen läßt und aus der wortlosen, kaum merkbaren Bewegung des 'Gespächspartners' einen kurzen Moment möglicher Übereinkunft suggeriert? Tatsächlich verdeutlicht sich in der autoritären Handlungsweise des Bediensteten der Staatssicherheit die entgegengesetzte Entwicklung, die keinesfalls auf einen Sozialismus ohne Staat zielt.

In Johnsons Roman fungiert der gesellschaftliche Raum Arbeit als Indikator des gesellschaftlichen Freiheitsgrades im Sinne Ernst Blochs. Als Jonas Jakob an seinem Arbeitsplatz aufsucht, so ist dies ein „Besuch beim vernünftigen verantwortbaren praktischen Leben“ (MJ 242). Darin sind Bindung und Solidarität für Jakob als hervorscheinende Kennzeichen eines 'Behaustseins'[41], als Merkmale eines idealen „Reichs der Freiheit“, das allein als ein „Reich des Willens“ gedacht wird, zu erkennen. In seiner verantwortungsvollen praktischen Tätigkeit entspricht der Jakob der „Mutmassungen“ den Vorgaben des „Bitterfelder Weges“, jener Etappe der Literaturentwicklung in der DDR, die den Arbeiter als schaffende und zugleich schöpferische Kraft glorifizierte. Die Zeichnung der Arbeitssphäre in „Mutmassungen über Jakob“ gilt als Ausdruck eines selbstbewußten, humanistisch–utopischen Entwurfs der Arbeiterpersönlichkeit im Sozialismus und ist nach Bernd Neumann „erzählerisches Glanzstück des Buches.“[42] Die Beschreibung eines durch seine Arbeit sich selbst verwirklichenden Menschen erfüllt ganz den Anspruch an eine Utopie im Sinne Ernst Blochs:

> „Die Wurzel der Geschichte aber ist der arbeitende, schaffende, die Gegebenheiten umbildende und überholende Mensch. Hat er sich erfaßt und das Seine ohne Entäußerung und Entfremdung in realer Demokratie begründet, so entsteht in der Welt etwas, das allen in die Kindheit scheint und worin noch niemand war: Heimat.“[43]

Im Roman Uwe Johnsons ist dies jedoch nur kurzlebige Utopie und wird wenig später mit Jakobs Entscheidung, den russischen Militärtransport nach Ungarn passieren zu lassen, als Unmöglichkeit konterkariert.

Mit der Einsicht, daß der Einzelne dennoch eingebunden ist in eine „politische Physik“ („niemand kann so frei sein etwa aus der Physik auszutreten für seine Person“ (MJ 135)), geht auch die Utopie im kleinen, als Lebensentwurf verloren. Kategorisch läßt Johnson sämtliche Lebensmuster scheitern, weil er für den Sozialismus, wie er das Leben des Einzelnen fremdbestimmt, keine Chance mehr erkennen kann. Der Autor vermerkt bereits die Unlebbarkeit von „Zwischen–Utopien“.[44]

Jonas' Besuch beim „vernünftigen Leben" ist metaphorisch gesehen der Gang in eine 'Turm–Welt', die für den Intellektuellen einerseits in ihrem tätigen Erfülltsein eine faszinierende Anziehungskraft besitzt:

> „Jonas bekam eine unbändige Lust auf solche Arbeit. Hier handelte es sich um feste dauerhafte Dinge, Wagen, Zugmaschinen, Apparate; die Bewegung aller war sich ergänzend entsprechend zusammengeflochten und gebündelt in einer einzigen überhöhten Übersicht; aber was in Jakobs Kopf vorfiel und geschah, das hatte eine wirkliche Entsprechung, da fiel in der Tat etwas vor, musste einer sich hier nicht vorkommen als versorge er allein die Zeit eines halben Tages und das Gelände eines kleineren Fürstentums mit Weltereignissen?" (MJ 244)

Das erhöhte „Fürstentum" Jakobs in Gestalt eines Stellwerkturmes deutet jedoch konkret auf eine Distanzierung und Isolation der Arbeiter, vertreten durch Jakob Abs. Neben dem unwillkürlichen Druck der verantwortungsvollen Arbeit, dem, wie selbst Rohlfs konstatiert, ein Verlust an Leben einhergeht (MJ 50), wird eindeutig von staatlicher Seite eine Politik der Spaltung zwischen den Schichten betrieben, an der letztendlich die Durchsetzbarkeit von Reformprogrammen in den 50er Jahren scheiterte. „Wir haben sie gewöhnt auf der Straße zu fahren, aber die Arbeiter gehen zu Fuss" (MJ 119).

Die utopisch–humanistischen Züge des Arbeiters Jakob Abs intendieren zugleich dessen konservative Seite. Jakob läßt sich zur geheimdienstlichen Mitarbeit anwerben, um Gesine vor einer Verhaftung zu schützen, ihr „freie Entscheidung" und „ungehinderte Ausreise" (MJ 154) zu garantieren. Hinzu kommt, daß Jakob in seinem Glauben an die 'gute Sache' auf ein freundschaftliches Übereinkommen mit der Staatsmacht vertraut. Seine Entscheidung, zum Schutze des Staates mitzuarbeiten, wird also von diesen zwei Motiven geleitet. Als Rohlfs dennoch im Hause Cresspahl erscheint, nicht um Gesine zu verhaften, sondern um ihr persönliches Geleit über die Grenze zu geben, verhindert Jakob einen Konflikt zwischen Cresspahl und der Staatsmacht:

> „Indem Jakob den Kampf zwischen Bevölkerung (Cresspahl) und Staatssicherheitsdienst (Rohlfs) verhindert, richtet er einen – labilen – Zustand des Kompromisses ein."[45]

Das Versöhnlerische im Wesen des Arbeiters Jakob Abs wirkt in der kontrapunktischen Konstellation zu den Bestrebungen des Intellektuellen Jonas Blach desillusionierend und steht parabolisch stellvertretend für das Verharren und die Machtlosigkeit der kritischen Intelligenz der DDR in den 50er Jahren angesichts einer Basislosigkeit ihrer Reformprogramme.

Zum anderen beschränkt sich die Beschreibung gesellschaftlicher Starrheit nicht in der Erklärung der Naivität und des hoffnungsvollen Gutglaubens der Arbeiterschaft. Die Darstellung Jakobs in seinem Arbeitsleben impliziert auch, und das exzellent in einer Genese begriffen, wie er an verantwortungsvoller Position die gesellschaftliche Entwicklung überblickt. Adäquat zur beginnenden Stalinisierung der Verhältnisse in der DDR und dem damit verbundenen Verlust der ernsthaften Ideale, die Jakob mit der Entwicklung dieses Landes nach wie vor verknüpft, kann das nur zu einem „hinderliche[n] Überblick“ (MJ 49) führen. Jakob artikuliert die Schwierigkeiten, die aus dem Ungenügen der wirtschaftlichen Voraussetzungen in der DDR seit ihrer Gründung entstanden und zu einer Entfremdung des Menschen im Arbeitsprozeß führten. Hiermit ist literarisch angerissen und vorausgedeutet, worin der Sozialismus der DDR von Anfang an krankt. Das spätere Scheitern dieser Gesellschaftsformation kündigt sich bereits an als Zustandsbericht über die Eisenbahn, den Jakob Abs (im Gespräch mit der Staatssicherheit!) schon frühzeitig liefert.

> „Die Umstände des von Jakob beaufsichtigten Streckenabschnitts sind im allgemeinen also die aller anderen, nämlich das dritte und mitunter das zweite Gleis sind von der Roten Armee abgerissen worden und fehlen. Das haben die Franzosen auch gemacht: dachte ich, aber so hatte Jakob das nun wieder gar nicht gemeint, ich hielt still wie der Vogel im Netz. Zum anderen hat die Deutsche Demokratische Republik im Verfolg ihres ersten Fünfjahrplans 1950–1955 eine eigene Schwerindustrie aufbauen müssen zu Lasten des Schienentransports, »wir haben Strecken, da liegen die Schienen seit 1929, neue kriegen wir nicht genug, und jetzt haben wir den zweiten Fünfjahrplan«“ (MJ 48).

Der Aufbau der Schwerindustrie Anfang der 50er Jahre wurde mit ungeheuren Anstrengungen der Bevölkerung vorangebracht. Die hinzukommende Welle der Auswanderungen in die BRD – infolge der Zwangskollektivierung der Landwirtschaft dezimierte sich besonders schnell die ländliche Bevölkerung – und der damit verbundene Mangel an Arbeitskräften verstärkten den Druck auf die Arbeiter.

Eine der offenkundigen Folgen der verfehlten „Politik des beschleunigten Aufbaus des Sozialismus“ war die Protestbewegung der Arbeiter um den 17. Juni 1953. Mit der gewaltsamen Niederschlagung des Aufstandes wurden diese Fehler jedoch nur oberflächlich angegangen. Die Verbitterung der Arbeiter findet ihren Niederschlag in Resignation, Angepasstheit an das System, Eingehen von Kompromissen und einer Zukunftslosigkeit, wie es im Roman deutlich wird. In der Person Jakob demonstriert Uwe Johnson eklatant das Schwinden einer gesellschaftlichen Utopie.

Jonas – Utopiebild eines demokratischen Sozialismus

Dr. Jonas Blach, „geschulter Marxist und Parteiintellektueller“[46], nimmt im Oktober 1956 an einer Oppositionsveranstaltung in Ost-Berlin teil, bei der philosophische Probleme der DDR-Entwicklung diskutiert werden. Den dabei gehaltenen Vortrag verfaßt er im nachhinein, in Jerichow im Hause Cresspahl, um ihn später dem Redakteur Bessiger in Leipzig zum Druck vorzulegen. Die Romanfigur Jonas Blach symbolisiert am deutlichsten den theoretisch geführten Streit zwischen einem institutionalisierten Anspruch des Sozialismus („Die gute Sache kann nicht zurückgeschickt werden" MJ 123) und einem mit den Ereignissen des XX. Parteitag der KPdSU verknüpften sozialistischen Reformwillen. In seiner monologisch erfahrbaren Innensicht entsteht ein Gedankengebäude, das weitgehend dualistisch geprägt ist. Die kritische Selbstbefragung wird immer wieder ironisch gebrochen, so als ob er sich beständig des richtigen Weges vergewissern müßte. In der Aufbereitung des gehaltenen Vortrages wird praktisch die Diskussion, wie sie wohl faktisch in der Freiheits–Konferenz im März des Jahres 1956 stattfand bzw. den allgemeinen intellektuellen philosophischen Diskurs widerspiegelt, in einer Frage–Antwort–Abfolge rekapituliert und damit zugleich weitergedacht:

> „Was ist notwendig der Gruppe der »guten, auch besten Leute«, damit sie gerechter Weise obsiege? Einigkeit gegen den Gegner. Wir gehen nun aus von den Zuständen eines Landes, in dem die Revolution siegreich beendet ist. (Wir verweisen die Frage Kann eine Revolution zu Ende sein? an die Unterausschüsse)" (MJ 122).

In der Konstellation der Auffassungen von Jonas und Herrn Rohlfs formieren sich grundlegende ideologische Meinungsverschiedenheiten über ein sozialistisches Gesellschaftssystem. Jonas ist dabei von der Notwendigkeit einer Liberalisierung und Demokratisierung des Sozialismus überzeugt, während Herr Rohlfs am eingeschlagenen autoritären Weg festhält. Diese Unvereinbarkeiten treffen aufeinander, als es im Hause von Cresspahl zu einer Demonstration der Meinungen über den Zustand der sozialistischen Gesellschaft kommt.

Die 'Person' Jonas Blach steht hier, wie verschiedentlich in der Forschungsliteratur angeführt[47], im Zusammenhang mit der Intellektuellengruppe um Wolfgang Harich, der, um die Aufmerksamkeit nur auf eine biographische Ähnlichkeit zu richten, wie andere Oppositionelle auch im Jahre 1956 zu einer langen Haftstrafe verurteilt wurde.

Uwe Johnson thematisiert die Enttäuschung der oppositionellen Intellektuellen über ein Ausbleiben der Demokratisierung im eigenen Land, nachdem Chruschtschow im Frühjahr 1956 auf dem XX. Parteitag der KPdSU die Verbrechen der Stalin–Ära auflistete und somit der stalinistischen Ausprägung des Sozialismus aufkündigte. Für die sozialistische Bewegung weltweit galt dies als Signal für die Möglichkeit der Auflösung starrer, die gesellschaftliche Entwicklung hemmender, administratorischer und organisatorischer Verhältnisse. Die Hoffnungen der revisionistischen Opposition, die vorwiegend aus den eigenen Reihen der SED kam, waren vor allem gerichtet auf eine Entstalinisierung der Partei und dem damit einhergehenden Abbau des Personenkults um Walter Ulbricht. Wie schon 1953, als Rudolf Herrnstadt und Wilhelm Zaisser eine Neuorganisation des Sekretariats des Zentralkomitees der SED initiierten, waren die Methoden der innerparteilichen Kritik demokratisch ausgerichtet, in der Überzeugung, notwendige und gesetzmäßige Umgestaltungen durch Konsens voranbringen zu können.

Die „Mutmassungen" ihrerseits geben jedoch ein Bild der Intoleranz seitens der Staatsmacht gegenüber jeglicher pluralistischer Meinungen über den Sozialismus . Rohlfs zeigt sich im konkreten Fall verärgert über jene Selbstverständlichkeit, mit der diskutiert wird:

> „Jetzt treten sie ganz unverschämt öffentlich zusammen, stellen sich hin als wären wir immer noch dabei. Ich verstehe nicht: über solche Diskussionen hat eine Zeitung geschrieben! als wüssten sie genug um es besser zu wissen. Und schicken es uns mit der Post ins Haus für den Fall, dass wir mitreden wollten" (MJ 119).

Erkennbar wird jedoch auch eine Bereitschaft, für die „gute Sache" Kompromisse einzugehen, um in kleinen Schritten an eine Demokratisierung des Sozialismus heranzukommen. So kritisiert Gesine grundsätzlich eine Inkonsequenz im Denken Jonas', weil dieser bereit ist aus der kleinsten Besserung des politischen Status quo eine allgemeine moralische Veränderbarkeit erkennen zu wollen, wenn er andererseits in seiner Art des Denkens die Worte dreimal herumdreht („dass er mit seinen dreideutig verknoteten Wortbezüglichkeiten die herkömmliche Weise von Verständigung aufgab" (MJ 173)). Auf die Frage Gesines, ob Jonas Chruschtschow deswegen schon für einen „braven Mann" (MJ 124) hielte, weil er äußerlich die Demokratisierung vorantreibe, entgegnet dieser:

> „Aber ich sollte ja raus aus dem Zug in München, meinen heimlichen Auslandspass umtauschen gegen die hiesige Ausreisebescheinigung und mir die Zeitungen wegnehmen lassen von der Grenzkontrolle und die Spruchbänder wiedersehen im ersten Augenblick der Ankunft und wieder hinein in den sozialistischen Aufbau, versteht ihr, da hielt ich ihn lieber für einen braven Mann, damit es besser wird. Die Demokratisierung schreitet voran" (MJ 125).

Schließlich wird aus der Haltung Jonas Blachs, keine grundsätzliche Kritik am Staatssozialismus der DDR zu üben, sondern die politische wie gesellschaftliche Unzulänglichkeit als notwendigen Übergang zu einem demokratisch verstandenen Sozialismus zu akzeptieren, erneut die geschichtsphilosophische Position Ernst Blochs erkennbar. Bloch erblickt in der Aufbauphase des Sozialismus nur einen Teilschritt in das „Reich der Freiheit", dessen erste Voraussetzung mit der Diktatur des Proletariats jedoch schon erreicht sei und gegen kapitalistische Einflußnahme gewahrt werden müsse.[48] Hieraus wird auch Jonas' unbedingtes Festhalten am sich *noch* dogmatisch zeigenden Realsozialismus der DDR erklärbar – in der utopisch–sozialistischen Hoffnung, nur an dem Ort leben zu können, wo ideales nichtentfremdetes Dasein möglich wäre, auch wenn man sich noch weit davon entfernt befindet. Ein Leben ohne diese konkrete Utopie, z. B. als ein Zusammenleben mit Gesine im Westen, kann er sich daher nicht vorstellen: „»Das reicht aus für ein Abholen am Bahnhof, guten Tag, da bist du ja, und es reicht für Bewirtung und Hilfestellung am Anfang; ich müsst da ja aber leben« sagte Jonas“ (MJ 253).

Auch Cresspahl bemerkt diese Widersprüchlichkeit in der Sprache von Jonas. Anhand der Redewendung (im 'Partei–Deutsch') „UNBELEHRBAR ERGEBEN“ (MJ 172), die Jonas Blach gebraucht, um seine oppositionellen Gedanken zu legitimieren („Wir sind ja der Sache des Fortschritts unbelehrbar ergeben“ MJ 172), wird Heinrich Cresspahl bedenklich. Er erkennt eine Unsicherheit sowie die Tendenz des Lavierens zwischen Opposition und Staatsmacht:

> „Denn UNBELEHRBAR war das Wort, das die sozialistische Staatsmacht für ihre Feinde gebrauchte und hiess soviel wie streitsüchtig besserwisserisch töricht unnütz, aber ERGEBEN verwandte sie für den andren Teil der Bevölkerung und der internationalen Arbeiterklasse, der von dem einmal eingeschlagenen Weg zum Sozialismus UNBEIRRBAR überzeugt war und unermüdlich arbeitwillig die Anweisungen der Parteileitungen ausführte“ (MJ 171–172).

Auf Cresspahls Frage, ob Jonas sich „dazwischen ausgibt für namenlos“ (MJ 172), mit der er vermutend auf eine Gefahr der Unentschiedenheit der kritischen Intelligenz hinweist, die in den 50er Jahren vielleicht einer wirklichen Demokratisierung im Wege stand, antwortet dieser äußerst widersprüchlich:

> „Er sagte so: es lag im Interesse der Regierung dass sie eine ideologische Schwarmgeisterei im rechten Anfang unterband, das begründete er so eingehend und verständig dass man sich nur wundern konnte über seine frühere Feindseligkeit, und er sagte es liege im Interesse der UNBELEHRBAR ERGEBENEN dass endlich nicht mehr nach den Vorschriften und Regeln des Lehrbuches gedacht werde“ (MJ 172).

Hiermit verweist Uwe Johnson unmißverständlich auf das Manko der Opposition in der DDR Mitte der 50er Jahre, die eigentlich keine Opposition im Sinne gegensätzlicher Auffassungen war, sondern eine Revision des Sozialismus in Richtung Demokratie anstrebte und sich, wie Karl Wilhelm Fricke bemerkt, „nicht notabene gegen die SED schlechthin [richtete], sondern allein gegen deren stalinistische Führung, ohne die Partei und den Sozialismus selbst prinzipiell in Frage zu stellen.“[49]

In diesem Kontext erscheint die Freiwilligkeit, mit der sich Jonas am Ende in die Hände der Staatssicherheit begibt, wenn auch nicht verständlich, so doch erklärbar aus seiner sozialistischen Überzeugung heraus.

II Darstellung der Staatssicherheit

In seinem erstveröffentlichten Buch „Mutmassungen über Jakob“ entwirft Johnson ein zwiespältiges Bild vom Geheimdienst der DDR. In Anbetracht einer von Anfang an geplanten Veröffentlichung des 'Jakob–Romans' im Suhrkamp Verlag wäre zu vermuten, dem protokollierenden Blick Uwe Johnsons obläge eine Wertung zugunsten des sozialistischen Staates und dessen Geheimdienstes. In der westdeutschen Presse denunziert man ihn gar als „Abgesandten des ostdeutschen Staatssicherheitsdienstes“:

> „Es besteht jedoch auch die Möglichkeit, dass man das Werk als trojanisches Pferd in den Westen schmuggelte, um den dortigen Intellektuellen in ihrer Sprache zu beweisen, wie gut sich individuelle Freiheit mit dem kommunistischen Sozialismus vertrage. (Neue Zürcher Zeitung; ähnlich in: Der evangelische Buchberater, April–Juni 1960, p. 13)“ (BU 156).

An seinem Arbeitsplatz, an dem er „seine Arbeit zur Kenntnis genommen wünscht“ (BU 155), begräbt man Johnsons objektive und damit auch kritische Beschreibung der Staatssicherheit unter dem Vorwurf des nicht ernstzunehmenden Dilettantismus, der nichts aussagen würde „über das primäre menschliche Interessengebiet, die Gesellschaft“ (BU 155).

Exemplarisch dokumentiert sich an der Rezeption dieser literarischen Verarbeitung der Thematik Staatssicherheit in Ost und West Johnsons ein später immer unterschwellig vorhandener innerer Konflikt: er geriet zwischen die Fronten des kalten Krieges, dessen Definitivum in der Verdrängung historischer Wahrheit auf beiden Seiten bestand.

Die Protagonisten Jakob, Gesine, Rohlfs, Jonas und Cresspahl spiegeln unterschiedliche Verhältnisse zur Staatsmacht. Es ist dies nicht eine festlegende Beschreibung der politischen Verhältnisse in der DDR, sondern eine relativierte Sicht aus verschiedenen Blickwinkel auf einen sich langsam versteinernden Sozialismus, auf eine Entwicklung, die Alfred Kantorowicz mit dem Terminus „Verfrostung des Lebens in der DDR“[50] beschreibt.

Der Autor Uwe Johnson bietet dem Leser mehrere „Versionen der Wirklichkeit“ (VR 402) an, er nimmt nicht in Anspruch, ein Spiegelbild der Verhältnisse in der DDR zu reproduzieren. Johnson versteht den Roman als „Angebot“, erst durch die individuelle Verarbeitung der im literarischen Werk prononcierten gesellschaftlichen Lebensmuster durch den Leser, und damit der unterschiedlichen Sozialismus–Bilder, das heißt, indem der Rezipient seine eigenen Auffassungen von der Realität gemessen hat an der Dimension des Romans, kann Eigenes entstehen.

Der Blick des Autors auf den Sozialismus und auf die Staatssicherheit, als einer perfiden Art moralischer Kontrollinstanz im sozialistisch–diktatorischen Gesellschaftssystem, erreicht den Leser nur vermittelt über die handelnden Figuren. Uwe Johnson äußerte sich selten explizit zu den eigenen ideologischen Überzeugungen, später distanziert er sich auch grundsätzlich von jeglicher Art politischer Vereinnahmung. Diese Grundüberzeugung, nicht entscheiden zu können, welcher Seite der „politischen Physik" man angehören möchte, weil es eigentlich keine wahren Alternativen in der Zeit einer aggressiven Systemkonkurrenz gibt, bildet sich bei Johnson aus der eigenen schon resignierenden Erfahrung.

> „Es trifft zweifellos zu, daß ein Mensch, der in beiden Teilen Deutschlands zu Hause ist oder Kenntnisse hat, vor eine Wahl gestellt ist. Es ist aber genauso richtig, daß die westdeutsche Wirklichkeit im Vergleich zur ostdeutschen Wirklichkeit keine echte Alternative darstellt, keine nationale. Eine vernünftige Entscheidung ist also nicht möglich" (BU 218).

In „Mutmassungen über Jakob" findet sich jener verteidigende Blick auf die DDR, der bereits gefärbt ist vom Wissen um die Unmöglichkeit einer Existenz zweier Gesellschaftssysteme in der Welt. Die Ungarn–Suez–Dimension deutet konkret auf eine Unlebbarkeit zwischen den Systemen, auf die Aporie eines vernünftigen Lebens inmitten falscher, d. h. entgegengesetzter Geschichtsläufe.

Die „Mutmassungen über Jakob" sind kein Staatssicherheits–Roman. Zur Beschreibung der sozialistischen Gesellschaft in den 50er Jahren bleibt eine Hervorhebung dieser Thematik jedoch unerläßlich. Dabei soll im Hintergrund immer mitgedacht werden, daß Johnson seinen Roman unter den gesellschaftlichen Bedingungen des sozialistischen „Tauwetters„ verfaßte, so daß man seine positive und dialektische Beschreibung des Kontrollapparates angesichts seines späteren Werkes zu relativieren und abzugrenzen hat. Der veröffentlichte Erstling spiegelt Johnsons thematische Entwicklung und ist zugleich letzter Blick auf das Innenleben der DDR, wie er es selbst erlebte. Zugleich sind die „Mutmassungen" auch zu lesen als klare Stellungnahme gegen die Möglichkeit eines Lebens im Westen Deutschlands als Alternative.

Beschreibung eines mechanisierten Überwachungssystems

Uwe Johnsons Roman zeigt sehr genau die Staatssicherheit der DDR in ihrer Tätigkeit. Die Überwachung der Menschen im Staatssozialismus erfolgt lückenlos, es wird deutlich, daß diese Observation schon als eine Art Voyeurismus bezeichnet werden kann, wobei die Tätigkeit der Mitarbeiter, jener „Lohndiener" und „Hundefänger", unpersönlich und mechanisiert erfolgt:

> „Der Einblick war bedenkenlos und ergriff gierig jede Einzelheit nur um sie zu wissen (wie einer nachlaufen kann einer unbekannten Geliebten), doch war er beauftragt, und die Bediensteten die Lohndiener legten ihr Benehmen vertauschbar an und übersehbar, sie vergassen was sie wahrnahmen und zogen aus dem nicht Vorteil noch Belehrung für das eigene Leben" (MJ 28).

Bereits für diese frühe Zeit ist festzustellen, daß das Leben der Menschen einer umfassenden und fremdbestimmten bürokratischen Verwaltung unterliegt. Fast minutiös kann Rohlfs anhand der eingehenden Berichte über den Observierungsvorgang „Taube auf dem Dach" die Bewegungen von Jakob, Gesine, Cresspahl und Jonas verfolgen.

> „So aus Begegnungen und Nachbarschaften und telefonischen Gesprächen und gleichgültigem Blickwechsel in den Fahrzeugen des städtischen Verkehrs ergaben sich Berichte und Vermutungen, die nahmen Gestalt an in laufenden Tonbändern und schreibenden Maschinen und in der innigen Atmosphäre des Flüsterns und wurden sortiert und gebündelt und geheftet und in einem fensterlosen Zimmer in einem unauffällig erblindeten Mietshaus der nördlichen Vorstadt aufbewahrt für einen Mann, der seinen Namen austauschte vor jedem Gegenüber und also schon dem Namen nach keine andere Teilnahme an Jakobs Ergehen verwalten konnte als eine allgemeine und öffentliche. Die Grossen des Landes warfen ihr Auge auf Jakob" (MJ 28).

Wie Rolf Henrich in seinem Buch „Der vormundschaftliche Staat" feststellt, liegt die Strategie der Staatssicherheit vornehmlich in einer Taktik des Einschüchterns:

> „Obwohl das hypertrophierte Gewaltpotential im Staatssozialismus ständig Gegengewalt (Widerstandsdelikte u. ä.) hervorruft, ist seine alltägliche Funktion keinesfalls die Vollstreckung polizeilicher Gewalt. Es geht um die Verbreitung einer diffusen Atmosphäre der Ohnmacht und Angst bei den Menschen."[51]

Im Roman ist die Verängstigung allgegenwärtig durch tägliche Demonstrationen der Macht des 'Ersten Arbeiter- und Bauernstaates'. „Täglich in jeder Stadt ist eine Kampftruppe auf dem Marsch, unübersehbar" (MJ 121). Wer nicht wie Frau Abs aus dem Land flüchtet, richtet sich ein in dieser Atmosphäre der Angst und des gegenseitigen Mißtrauens.

Parallel zu den schon technisierten Methoden gibt der Roman erstmals auch einen Einblick in die intelligenten Praktiken der Staatssicherheit.

Im Zusammenhang mit der Vormundfunktion, die der Staat gegenüber seinen Bürgern erfüllt, ist auch die psychologische Strategie der Staatssicherheit zu betrachten: ständig wird eine Sphäre des Schuldbewusstseins errichtet, um vor allem junge Menschen an den Staat zu binden. Als Objekt der eingeforderten Dankbarkeit steht dabei immer die sozialistische DDR als der humanistischere deutsche Staat nach dem Zweiten Weltkrieg im Zentrum, dem die Hineingeborenen überdies zu Schuld verpflichtet wären.

> „Hoch und festlich könne Jakob sich bedanken für Zeit und Dauer seines Daseins, denn er habe nicht mehr gekannt die Unvernunft des Lebens" (MJ 45).

Insbesondere gegen die Intelligenz wird dieser ständige Vorwurf eingebracht:

> „Die jungen studierten Männer der Gross-Stadt, die auch bei Reisen nach Jerichow noch angezogen sind wie für die Modenschau mit Sachen die im Westen gekauft

> sind und dann solche Anzüge unter dem offenen Mantel tragen als wär es nichts, das war es ja gar nicht. Die studiert haben von unserem Geld und denen wir es hinten und vorne nachgeworfen haben, mit denen wir uns Mühe gegeben haben, denen wir wieder und abermals gesagt haben: darum, und vergesst nicht wozu, und die nun hier rumlaufen mit einem ebenmässig gescheiten Gesicht" (MJ 77).

Letztlich, und darin liegt wieder ein Stück Optimismus, bleibt Jakob auch für die Augen der Staatssicherheit nicht eindeutig erklärbar.

Gerechte Darstellung eines Hauptmannes der Staatssicherheit

In der Gestaltung des Hautmannes der Staatssicherheit, alias Rohlfs, Mesewinkel, Fabian oder Seemann, formuliert Johnson das offizielle Sozialismus–Verständnis der Staatsmacht.

Rohlfs vertritt eine starre undemokratische Denkweise, deren Ulbrichtsches Diktum offensichtlich ist. Heinrich Cresspahls Ausruf „Wo geen sie mit den Menschen um" (MJ 222) erfaßt stellvertretend jene Empörung der Menschen, die Weimarer Republik und Hitlerzeit erlebten, und nun von einem sozialistischen Staat erfahren, wie dieser unter dem Deckmantel der Wahrung des Gesamtinteresses die Würde des Einzelnen und dessen menschliche Grundrechte mißbraucht. Der sozialistische Staat fungiert als Vormund und entmündigt seine Bürger mit Gewalt. Das was heute als 'verlorenes' Zusammengehörigkeitsgefühl oftmals nostalgisch aufgewertet wird, war im Grund nichts anderes als eine Zwangsgemeinschaft, deren vereinheitlichendes Ansinnen dem Einzelnen ein – beinahe familiäres – Zugehörigkeitsgefühl suggerierte, in Wirklichkeit eine Unterdrückungsfunktion des Staates darstellte und so, wie Johnson bemerkte, willkürlich entzogen werden konnte:

> „Denn diese strenge Erzieherin DDR bestrafte schon leisen Zweifel an ihrer Güte mit Liebesentzug. Ein boykottiertes Kind kann da mitten in der Familie verhungern."[52]

Rohlfs vertritt in diesem Zusammenhang jenen Freiheitsbegriff, wie er im Sozialismus instrumentalisiert wurde zur Unterordnung des Einzelinteresses in einen gesamtgesellschaftlichen Zusammenhang, zur Materialisierung des Subjekts im Sinne einer Zurückstellung seiner persönlichen Wünsche und Neigungen:

> „Herr Rohlfs stand vor dem Spiegel und band sich einen Schlips in seinen feiertäglichen Anzug und verzog die Lippen vor dem zergrübelten Anblick seines Gesichtes, Freiheit ist Einsicht in die Notwendigkeit" (MJ 222).

In der Kernstelle des Romans, dem Aufeinandertreffen der Hauptfiguren in Jerichow zeigt Johnson, wie Rohlfs nach einer ideologischen Grundsatzdiskussion mit dem jungen Intellektuellen Jonas Blach in jene oktroyierte Starrheit des Denkens zurückfällt, die schließlich ein Andersdenken unterbindet. Dabei stellen beide, Rohlfs und Blach, den Sozialismus als Gesellschaftsformation nicht in Frage: „Ihr wart euch bekannt sobald ihr euch saht“ (MJ 219), nur in der Ansicht über die Verwaltung des „sozialistischen Mehrwerts“, über die Funktion des Staates erweisen sich ihre Anschauungen als unvereinbar. „Ihr musstet euch nur noch darauf einigen dass ihr unvereinbar seid. Als ihr soweit wart, gabt ihr euch Namen“ (MJ 219). Rohlfs wird eindeutig charakterisiert als Vertreter eines starren indoktrinierten Sozialismus, der diesen zu seiner eigenen Sache erhebt. Er steht damit als Vertreter eines bürokratischen Staatssozialismus, den der oppositionelle Jonas Blach direkt kritisiert. Im Grundsatzgespräch zwischen Rohlfs und Blach beharrt der Vertreter der Staatsmacht auf seiner einlinigen Überzeugung, daß „der Staat, liberal errichtet vom Kapitalismus des vorigen Jahrhunderts [mit der] Machtergreifung des Proletariats von Grund auf verändert ist“ (MJ 219). Mit der provozierenden Gegenfrage Blachs auf diese oberflächliche und undialektische Vereinfachung eröffnet Uwe Johnson dem Leser den Blick auf genau jene politische Debatte, in der in den 50er Jahren in der DDR noch hoffnungsvoll gestritten wurde über den Verkehrsweg des Sozialismus.

> „Glauben Sie an ein moralisches Subjekt des Menschen, meinen Sie dass die Eigensucht zu brüderlicher Menschenliebe umgewandelt werden kann?“ (MJ 219).

Die Frage nach der sozialistischen Moral galt besonders innerhalb der revisionistischen Bewegung um Wolfgang Harich 1956 als Grundsatzfrage, wobei deren Bedeutung insbesondere aus einer notwendigen Reform der Partei erwuchs.[53]

Uwe Johnson, dessen Auffassungen vom Staat dem heutigen Rezipienten der „Mutmassungen über Jakob“ anhand seiner Zwischenprüfungsklausur im obligatorischen Studienfach Marxismus–Leninismus über die Thematik „Wesen und Funktionen des Staates in der Periode des Übergangs vom Kapitalismus zum Sozialismus“ (am 15. April 1954 in Rostock geschrieben)[54] in frühen Ansätzen zugängig sind, und die somit im Roman als Eckpunkte der romanimmanenten Staatsdiskussion herangezogen werden können, zeichnet mit der Gestaltung der Figur Rohlfs' und dessen unumschränkter Herrschaft über menschliche Schicksale ein düsteres Bild des damaligen sozialistischen Staates, der sich anmaßte, seine Bürger zu erziehen, zu bewachen, zu gängeln, einzuschüchtern und sie letztlich dadurch zu entmündigen. Die im Roman dargestellte Machtsphäre ist somit ein Gegenbild zu dem von Johnson in seiner Studienarbeit skizzierten Idealstaat einer sozialistischen Gesellschaftsformation.

> „Was dann an Staat noch geblieben sein wird – notwendigerweise, als Schutz gegen noch kapitalistische Umgebung – das dürfte kaum noch als Staat im Sinn menschlicher Vorgeschichte zu bezeichnen sein. Seine Aufgaben werden sein die Verwaltung von Sachen und die Leitung von Produktionsprozessen – ansonsten wird er

> mit seinen Menschen dergestalt verbunden sein, dass man ihm dann, nach Lenins Vorschlag, den Namen „Gemeinwesen" geben sollte, im weitesten und humanistischen Sinn dieses Wortes."[55]

In den „Mutmassungen" wird die in den 50er Jahren, unter anderen von Harich vertretene Auffassung, der sozialistische Staat stelle ein Übergangsprodukt in der nationalen Frage der Wiedervereinigung Deutschlands dar, sowie die allgemein utopisch–kommunistische Vorstellung eines allmählichen Absterbens des Staates bzw. dessen Reduktion auf rein administratorische oder regulative Funktionen, verabschiedet.

Grundsätzlich jedoch ist zu verzeichnen, daß Cresspahl, Jonas Blach und Rohlfs (auch Jakob Abs und Gesine Cresspahl) in der geschichtlichen Wertung des Sozialismus als einer humanen fortschrittlichen Entwicklungsetappe im Sinne einer von Marx im „Kommunistischen Manifest" visierten Sozialutopie übereinstimmen, worin es heißt:

> „An die Stelle der alten bürgerlichen Gesellschaft mit ihren Klassen und Klassengegensätzen tritt eine Assoziation, worin die freie Entwicklung eines jeden die Bedingung für die Entwicklung aller ist."[56]

Diese Tatsache wird in Johnsons erstveröffentlichtem Roman wie in keinem anderen seiner Werke durch eine noch vorhandene, wenn auch einseitige und zunehmend reglementierte, Kommunikationsfähigkeit zwischen Rohlfs, Jakob, Gesine und Jonas dokumentiert. Uwe Johnson entwirft in der Figur Rohlfs ein idealisiertes Bild, indem er dessen Demokratisierungspotenz zu einem „Wünschenswert" stilisiert als Ausdruck seiner persönlichen gesellschaftlichen Hoffnungen. Gleichzeitig wird am Ende eine Unmöglichkeit dieser idealisierten Konstellation vorgeführt, wenn Rohlfs von seinem Vorgesetzten für das Scheitern des Observationsvorganges „Taube auf dem Dach" verantwortlich gemacht wird:

> „Ich habe gedacht es gibt nur eine Antwort. Und habe sie erwartet von Leuten, die es nicht absehen auf meine Sache. Gespräch ist ein Fehler. »Hätten Sie doch lieber verzichtet auf diese demokratischen Brüderlichkeiten. Auf die Frage nach der Wahl zwischen zwei Unsinnigkeiten. Zwischen dem grösseren und dem kleineren Übel.« Die Wirklichkeit ist nicht unvernünftig, ich habe es ihm gesagt" (MJ 293).

Selbst Gesine, Rohlfs Gegenspielerin, spricht verteidigend von einem Hauptmann der Staatssicherheit und erkennt in ihm eine ehrliche Verkörperung der Staatsmacht, einen überzeugten Kommunisten und Menschen jener Generation, die nach den Erlebnissen des Krieges (Rohlfs kämpfte 1942 an der Ostfront) eine vollständige Wandlung erfahren haben, deren Radikalität ihnen später jedoch den Blick auf eine sich verändernde sozialistische Gesellschaft versperrte.

> „Gewiss gehört er nicht zu denen, die vor drei Jahren [17. Juni 1953, S. R.] sich die Abzeichen vom Rockaufschlag nahmen und die Hintereingänge benutzten, als die

> Arbeiter auf der Strasse waren und die Achtgroschenmänner die aufklärenden Pavillons ansteckten und niemand wusste wohin das kommen sollte. Ich möcht glauben er ist da genauso herrenhaft umhergegangen mit seinem Abzeichen ohne sich zu verstecken und war bereit jedem ins Gesicht zu schlagen, der ihn anfassen wollte als die Staatsmacht. Nicht auf sich, aber stolz ist er" (MJ 161–162).

Die ideologische Überzeugung des Staatssicherheitsangehörigen Rohlfs, aus der heraus in der Folge auch seine persönliche Strategie erkennbar wird, erscheint als apodiktische Übernahme marxistischen Gedankenguts ohne Erkenntnis erforderlicher Veränderbarkeit infolge einer Teilung der Welt in verschiedene Gesellschaftsformationen. Geschichtlichen Fortschritt begreift er als Höherentwicklung mit dem absoluten Ziel Kommunismus und ist so dem marxistischen Regelkreisdenken verhaftet. Rohlfs beharrt auf diesem starren Geschichtsbild, aus dem der subjektive Faktor als Korrektiv der gesellschaftlichen Entwicklung negiert wurde. Rückschläge auf diesem hehren Weg, wie die Aufstände in Polen und Ungarn 1956, werden von ihm relegiert auf den Begriff eines „historische[n] Irrtum[s]" (MJ 219), wonach seine Zukunftsgläubigkeit fatal erscheint:

> „Man soll nicht die Wirklichkeit ausdeuten nach den nichts weiter als persönlichen Erfahrungen sondern die durchhaltenden Linien der Entwicklung aufsuchen: die Anatomie des Fortschritts in jeder Minute" (MJ 219).[57]

Es ist ein abstrakt schematisches Denken, das die gesamte derzeitige Entwicklung unterordnet, wenn nicht sogar negiert, unter eine zukünftige kommunistische Vision. Am Ende des Romans wird im Gespräch zwischen Gesine und Rohlfs auf die Unwirklichkeit einer solchen Auffassung hingewiesen. Gesine Cresspahl weist auf jene Differenz zwischen gesellschaftlicher Utopie und realer Entwicklung in der DDR der 50er Jahre hin und grenzt sich gleichzeitig von einem doktrinären Ansinnen auf Verwirklichung des Sozialismus ab:

> „Die Mehrwertrate ist genauso eine wissenschaftliche abstrakte Einsicht, die an den wirklichen Personen und Umständen kaum anzubringen ist, wie die Theorie vom notwendigen Sieg des Sozialismus, und die ist das vielleicht noch mehr insofern als der Sozialismus noch nicht wirklich ist und nur in den Anstalten zu seiner Einführung vorhanden: ablesbar. Ich kann so abstrakt nicht denken dass ich über die Wirklichkeit des ungarischen Aufstands und seine Unterdrückung hinauskäme mit irgend einer Zuversicht des Zukünftigen (einer nicht bewiesenen nicht gegenwärtigen Hoffnung) wie vielleicht Sie oder Herr Dr. Blach: auf jeden Fortschritt muss eine Reaktion eintreten und umgekehrt [...]" (MJ 273–274).

Rohlfs Ignoranz gegenüber der zeitgenössischen Entwicklung, deren Mittelbarkeit er allein in einem übergeordneten Ganzen erkennen kann („die Sache des Sozialismus wird siegen und übrigbleiben" MJ 13), entspricht jener harten Linie der Staatsführung unter Ulbricht, wie sie am Ende der sozialistischen „Tauwetterperiode" in der DDR zu verzeichnen war.

III Zur sozialen Dimension des Romans: *Leben unter fortwährender Prüfung*

Die DDR–Erfahrung Uwe Johnsons als Innenblick in „Mutmassungen über Jakob"

In der Werkgenese steht Johnsons Roman „Mutmassungen über Jakob" an exponierter Stelle bezüglich der Persönlichkeitsentwicklung des Autors, wie auch aufgrund der diese private Entwicklung bedingenden geschichtlichen Veränderungen. Bernd Neumann deutet hinsichtlich dieser Stellung des Romans auf Johnsons vollständiges Auswechseln seines „Handlungspersonals", wie auch auf das Einsetzen einer neuen Erzählgeschichte insgesamt:

> „Die Mutmaßungen markieren keineswegs nur eine erzähltechnische Revolution in der Schriftstellerbiographie Uwe Johnsons, sondern zugleich einen fast vollständigen Austausch des literarischen Personals."[58]

Der Themenkreis ändert sich jedoch nicht, er umreißt auch in der Beschreibung einer möglichen Geschichte von Jakob–Gesine–Cresspahl kontinuierlich die Thematik der geschichtlichen Entwicklung Deutschlands, in die die Individuen hineingestellt sind. Johnson wird nicht nur zum Chronisten der deutschen Teilung, er stellt diese vielmehr in einen geschichtlichen Rahmen, der aus vielen Möglichkeiten bestand, dessen Konturen jedoch erst durch den subjektiven Blick des Autors bzw. seiner literarischen Figuren greifbar werden.

Der Topos des Weggehens aus einer als Heimat begriffenen Gegend bildet in Uwe Johnsons Schaffen ein solches Kontinuum. In „Ingrid Babendererde" bereits erscheint das Weggehen, die Flucht, als einzige Alternative, um der eigenen Überzeugung gerecht zu werden. „Reifeprüfung" meint schon im Jahr 1953 die Fähigkeit, sich frei gegen etwas entscheiden zu können, dessen Konsequenzen nicht weniger als die eigene Existenz betreffen.

In den Jahren 1956 bis 1959 erhält dieses literarisch durchgespielte Muster für Uwe Johnson eine persönliche Dimension. Ab Herbst 1956 schreibt er seine „Mutmassungen über Jakob", im Einfluß der kurzen politischen Liberalisierung in der DDR sowie mit Blick auf eine Veröffentlichung beim Suhrkamp Verlag. Mit diesem Roman bewegt er sich zugleich auf einer Scheidelinie: einerseits erkennt der Absolvent Johnson seine persönlichen wie gesellschaftlichen Hoffnungen in einer sozialistischen DDR unter der Regierung Ulbricht als nicht mehr erfüllbar und gibt schon zu dieser Zeit einen erstaunlich hellsichtigen Obduktionsbefund der sozialistischen Gesellschaft, zum anderen stellt dieser Roman den letzten wirklichen Blick auf das Leben in der DDR dar, wie Johnson es selbst erlebte, den 'Innenblick' eines von den Hoffnungen des Anfangs enttäuschten und zugleich den zwischenmenschlichen Verhältnissen zugeneigten Intellektuellen.

Die „Mutmassungen über Jakob“ sind ein Übergangsroman von einer noch optimistischen Sicht auf den Sozialismus als gesellschaftlichem Lebensmuster, mit durchaus affirmativen Zügen in der Darstellung menschlicher Beziehungen, zum anderen sind sie zugleich Bildnis eines ins gesellschaftliche Abseits gedrängten Schriftstellers, und von da aus mit größerer Distanz urteilendem Danebenstehenden, der Zeit hatte, die Dinge zu registrieren, zusammenzuzählen, dessen unabhängiges Erzählen dem Leser ins Gewissen redet.

Diesem Innenblick des Autors geschuldet entsteht ein sehr genaues und bedachtsames Bild vom Leben in der DDR, dessen Eigentümlichkeit und Zwiespältigkeit Uwe Johnson besonders in der Figur Jakob Abs beschreibt. Wenn Johnsons Schriften sich einer expliziten politischen Stellungnahme auch entziehen mögen, so entstehen in seiner wahrheitsgetreuen Kennzeichnung der Personen zugleich jene Abbreviaturen eines möglichen Lebens in der DDR, die eine ideologische Akzentuierung des Autors implizieren.

Zugleich setzt mit „Mutmassungen über Jakob“ jener Versuch der Beschreibung des Fremdwerdens der Menschen unter verschiedenen Gesellschaftsformationen ein, dessen Fortführung zu einem indikativen Johnsonschen Lebensthema, explizit vor allem in „Das dritte Buch über Achim“, werden sollte. In seinen poetologischen Ausführungen zur „Berliner Stadtbahn“ kommen jene eigenen Erfahrungen zum Ausdruck, wie sie Johnson, gezwungen seinen Wohnsitz ab 1959 in West–Berlin zu nehmen, selbst erlebt hat und deren Ursachen er bereits mit den „Mutmassungen“ in seiner sensiblen Art beschreibt.

> „Der Ankömmling führt mit sich Gewohnheiten und Überlegungen, für die ihm diesseits plötzlich die Anlässe fehlen. Er wird an seinen Nachbarn bemerken, daß sie Dinge nicht beachten, über die er erschrickt. Er wird sie beobachten bei Streitigkeiten, die er geringschätzen oder in der Öffentlichkeit vermeiden würde. Wo sie locker sind, ist er bedenklich. Echtes Ausland ist selten so fremd.“[59]

Der voreingenommenen Frage eines westdeutschen Bürgers anläßlich Jakobs Besuch im Westen „[...] Mensch, kann man denn da überhaupt leben?“ (MJ 281) begegnet der Roman nicht in agitatorischem Ton, um den westdeutschen Leser vom Gegenteil zu überzeugen. Es sind dies vor allem die Darstellungen der menschlichen Beziehungen, die hinterfragt werden und deren Antworten auf die Politik, das heißt auf die Möglichkeit eines gerechten Zusammenlebens im sozialistischen deutschen Staat, nicht zwingend bejaht werden, sondern im Raum stehend verbleiben als deren „mutlose, ihre unentwegte Gegenwehr“ (BU 133). Jakobs Besuch im Westen hat für diejenigen, die sich auf ihn einlassen – das ist in diesem Falle nur Gesine – eine immanent mahnende Funktion: er unterbricht durch seine „gründliche Art" (MJ 278), mit der er die Dinge ansieht und benennt, jene gleichmütige Akzeptanz, mit der samt den Vorzügen auch die Nachteile der kapitalistischen Wirtschaft der freien Konkurrenz in Kauf genommen werden.

Zwischen den Eckpfeilern Mutlosigkeit und Aufbegehren/Verteidigen bewegen sich die Figuren des Romans. Johnson entlehnt dieses Konfliktpotential seiner eigenen Lebenssituation: nach Abschluß des Studiums wurde der Absolvent in die inoffizielle Arbeitslosigkeit der DDR gedrängt und war gezwungen, sich durch Gelegenheitsarbeiten über Wasser zu halten, während gerade in dieser Zeit des Herbstes 1956 eine Demokratisierung der DDR in geistiger Reichweite stand.

An die konkrete Situation, als Jakob während eines Besuches in Düsseldorf in einer Gaststätte auf Gesine wartet und seine Entscheidung, in den Osten zurückzukehren, Mitgliedern eines westdeutschen Männergesangsvereins erklären soll, erinnert sich Gesine Cresspahl, indem sie eine beidseitige Kommunikationsunfähigkeit feststellt: „aber es war kein Reden mit ihnen, sie verstanden ihn nicht" (MJ 282).

Nachfolgend geht es um eine nähere Beleuchtung der zwischenmenschlichen Beziehungen, wie sie sich auf sprachlichem Gebiet vollziehen. Deutlich wird hierbei neben der divergenten Entwicklung der Sprachhandhabung unter verschiedenen gesellschaftlichen Systemen eine individuelle Entfremdung der Menschen in der DDR der 50er Jahre: Der Mensch im Sozialismus beginnt sich in einer Doppelidentität einzurichten, seine Sprache formt sich demgemäß zu einer öffentlichen und einer privaten. Eine solche Entwicklung findet ihren adäquaten literarischen Ausdruck in der Sprache der „Mutmassungen über Jakob".

Sprechweisen des Verschweigens

In einer Rezension weist Hans Magnus Enzensberger 1962 auf die Bedeutung von Sprache als Indikator des gesellschaftlichen Zustandes im Roman „Mutmassungen über Jakob":

> „Der gesellschaftliche und politische Zustand, in dem sich seine Figuren bewegen, verlangt von ihnen ständig Anstrengungen, die wir nicht kennen. Mit jedem Wort und jeder Geste liegt gleichsam schon immer alles auf der Waage. Daher, einerseits das Gedeckte, Mehrdeutige, Undurchsichtige ihrer Gespräche; andererseits das hochtrainierte Unterscheidungsvermögen, die wache moralische Empfindlichkeit, das antennenhafte Senden und Aufnehmen winziger Untertöne. Jakob und seine Brüder leben im Stand einer fortwährenden Prüfung."[60]

In den Dialogen, die die Romanfiguren miteinander führen, in den reflektierten Gesprächen mit Jakob, eröffnet sich dem Leser, der mit dem Leben in der

DDR nicht vertraut ist, eine fremde Welt des 'verschweigenden' Redens, einer Verständigung, die auf Konsens beruht, sich aber nach innen kehrt, Meinungsäußerungen symbolisch reduziert auf Andeutungen bzw. Auslassungen und gerade in dieser Funktion als Grad von individueller Freiheit gesehen wurde.

Das Verschweigen und Auslassen von wörtlicher Rede und deren Ersatz durch visuelle Verständigung, das absichtliche Auflassen von Leerstellen im Text, deren gedankliches Weiterführen eigentlich erst sinnkonstituierend ist, steht natürlich in Johnsons Roman als ideales Bild gesellschaftlicher Kommunikation, wie sie in einem humanen demokratischen Sozialismus erträumt wurde. In diesem Sinne fungiert hier Sprache als Utopie, wenn sie in ihrer Valenz jene Leerstellen auszufüllen imstande ist, die im Roman auf ein utopisch Mögliches verweisen. Jedoch stößt dieses Ideal an die Grenzen der real existierenden sozialistischen Wirklichkeit, die Überlegsamkeit Jakobs wird durch die Lebensumstände ad absurdum geführt und entwertet. Als Jakob seine Mutter auf der Meldestelle der Polizei abmelden will, wird er erkennbar als Teil jener Maschinerie, die menschliche Schicksale verwaltet, und in deren Getriebe Jakobs Ruhe und Besonnenheit nur noch als Zahnrädchen wirken. Jonas wehrt sich noch dagegen:

> „Ich kam auch aus dem Haus das sie verlassen hatte, und als Jakob dran war und sagte »Ich möcht Frau Abs abmelden, Ziegeleistrasse, sie hat hinterlassen sie kommt nicht wieder. Das ist meine Mutter«, sie fragten Ist die Flucht bewerkstelligt worden mit Pass oder über Berlin?, »Über Berlin«, nämlich er sagte das alles so ruhig geduldig als ob niemand schuld sei, da hatte ich die schwarze Wut in mir, warum schreit er das diesen Staatsuniformen nicht ins Gesicht, es sind doch genug Leute hier die es hören können! dachte ich" (MJ 86).

Deutlich wird im folgenden auch, wie die moralische Überlegenheit Jakobs, dessen Vorbildwirkung, der protestierenden Haltung von Jonas Blach entgegenwirkt. Es hat den Anschein, als würde die opponierende Intelligenz in einen apathischen Zustand versinken, aus dem heraus die Möglichkeit revolutionären Aufbegehrens als politische Kurzsichtigkeit verworfen, oder zumindest hinausgezögert wird.

> „»Ist es aber noch gutzumachen, jetzt?« fragte er. »Nein« sagte ich, ich wollte mich ja noch nicht ergeben, »und das ist auch ein Grund zur Beschwerde« sagte ich. Er sah mich an, aufmerksam, als ob er mich eben weiterhin kennengelernt hätte, aber auch spöttisch, als müsste mir das Nächste nun von allein einfallen. Es fiel mir ein, denn weswegen war ich hier (von mir aus) auf diesem Marktplatz? »Ja« sagte ich. Beschwere dich an der richtigen Stelle zur richtigen Zeit, mit dem Nutzen einer wirklichen Veränderung in Aussicht: hierfür sah ich es ein, und vergessen hab ich es auch nicht" (MJ 87).

In der Schilderung des Arbeitsalltags wird die Sprache reduziert auf ihren sachlichen Verständigungswert. Die Ablösung des Dispatcherdienstes im Stellwerkturm erfolgt nur noch mit den Worten „Mahlzeit" (MJ 42) oder „Moin" (MJ 58), die Verständigung unterliegt dem Automatismus und der Rationalität der Arbeitswelt. Im Dienst bleibt keine Zeit für persönliche Verständigung. Besonders in diesen Textpassagen verdeutlicht sich, wie der zunehmende politische Druck jener Jahre, den die Staatsmacht unter der Schablone „Wettbewerb der grünen Strecke" (MJ 23) zu vertuschen sucht, sich auf das Leben der Menschen auswirkt. Die fortschreitende Entwicklung des Divergierens von zentraler Planung und individueller Erfüllbarkeit der Pläne („–übereinander–gelegt und durchsichtig hätten Planblatt und Betriebsblatt ausgesehen nicht wie zwei ähnliche sondern mehr wie ein nördliches und ein südliches Sternensystem ineinander: sagten die Dispatcher in diesem Herbst" (MJ 24)) findet bei Jakob sprachlichen Ausdruck in geduldiger Resignation, bei seinem Kollegen Wolfgang Bartsch in verbittert phrasenhaftem Sprechen, das Ignoranz und Desillusionierung zum Vorschein kommen läßt: „»Wir tun ja alle unser Bestes«" (MJ 41).

Besonders für die entscheidende politische Handlung, als Jakob, der pflichtbewußte Arbeiter, den russischen Militärzug in Richtung Ungarn passieren läßt, kann man ein Verständigungsdefizit konstatieren, das nicht mehr das Bild eines bedenklichen Jakob liefert, sondern worin dessen Vernunft auf eine Angepaßtheit an das System reduziert erscheint, als Abgabe der Verantwortung an höher gestellte Instanzen, also eine Unterordnung, Starrheit, Resignation. Nicht die Handlung Jakobs allein ist kritisierbar, die eigentliche Ratlosigkeit entsteht erst im folgenden Hinterfragen des Vorgangs durch Wolfgang Bartsch:

> „»Und wenn wir mitgemacht hätten?« fragte Wolfgang. Jakob fragte nicht weiter. Sie wussten den Namen. Wenn sie wie Nord die Durchfahrten blockiert hätten. Wenn sie die Militärtransporte irgend wo abgestellt hätten und den gewöhnlichen Betrieb ungestört hätten durchlaufen lassen. »Morgen früh wären sie doch da gewesen« sagte Jakob. »Ich red nicht davon dass wir alle drei – Ehrenpussel sagt er, er ist ja wohl rein beleidigt! und du und ich verhaftet wären. Ich mein: es wär als hätten wir verrückt gespielt aus lauter Lust und Drolligkeit«" (MJ 250–251).

Zum anderen fungiert Sprache in Johnsons erstveröffentlichtem Roman als Indikator des gesellschaftlichen Stillstandes. Aus der Ruhe und Teilnahmslosigkeit, dargestellt in den Landschaftsbildern jener Mecklenburgischen Landschaft, wie sie bei Johnson zum Inbegriff seiner geschichtlichen Nachdenklichkeit wurden, sowie an den zweideutig zurückgenommenen Gesprächen und Monologen der Protagonisten über Jakob, charakteristisch für ein abwartendes Verhalten, eine gespannte Stille angesichts des Ungewissen, ist jenes Lebensgefühl ablesbar, das unmittelbar mit der politischen Entwicklung jener Jahre in Zusammenhang zu bringen ist. Besonders deutlich erfährt der Leser diese Angespanntheit eines „unaufhörliche[n] Warten[s]" (MJ 183) in der bildhaften Sprache Johnsons:

„[...][U]nd dann kam die grosse Wiese mit dem grauen Mondlicht und die eingeschlafenen Knicks rutschten zum Horizont hinunter mit den sanften Abhängen des nächtlichen Landes, bis die Wolken wieder zusammentrieben und wir schwarz durch das Schwarze jagten in dem engen schwankenden Gehäuse, dicht und finster und hoch standen Menschen um uns wie Bäume und schwiegen und ich schwieg und Jakob schwieg und das Land schloss sich ebenmässig über der aufgerissenen Lärmfurche hinter uns um uns zu Stille. Aber Jakob hielt mich fest an einer Schulter“ (MJ 164).

Insbesondere in den Gesprächen Heinrich Cresspahls mit seiner Tochter Gesine wird dieses chiffrierte Sprechen in Form der Mundart bzw. einer Reduktion von Sprache auf einen visuellen Bereich deutlich. Cresspahl, der Norddeutsche, „[...] ein mächtiger breiter Mann von schweren langsamen Bewegungen, sein Kopf war ein verwitterter alter Turm unter kurzen grauen scheitellosen Haaren“ (MJ 9), ist charakterisiert durch Wortkargheit, die man der niederdeutschen Mundart im allgemeinen zurechnet. Johnson gebraucht den mundartlich gefärbten Dialekt in den „Mutmassungen“ als sprachliches Kunstmittel, um die Person Cresspahl in seiner Verschlossenheit noch stärker zu charakterisieren. So wirkt das Plattdeutsche geradezu voluminös und überquellend im Kontrast zur sonstigen Verschwiegenheit Cresspahls, wenn er Gesine gegenüber zum Beispiel seine Hilflosigkeit äußert:

„ik süll woll seng dat is nich recht as du läwst. Ik kann min eegn Dochte nich helpn, ik kann nich föe di upkaomn, dat is nich wägn den Hus. Bloss wo du nu so wit aw büst, stöt'k mi de Näs betn dülle. Ge–sine!“ (MJ 210–211).

Für Heinrich Cresspahl entsteht durch die Unverrückbarkeit der Teilung eine Tragik, die ihren Ausdruck im Verlust an Sprache findet. Als der mündliche Kontakt zu seiner Tochter versperrt bleibt, schickt er ihr „Briefbücher“ (MJ 17) oder führt Telefongespräche, beides wird jedoch von der Staatssicherheit überwacht. Bei den Telefongesprächen wirkt das Plattdeutsche verkürzt, beinahe verschlüsselt. Die Betonung der Rede durch Mundart fungiert somit wiederum als verstärkendes Stilmittel der Kennzeichnung von öffentlichem und nichtöffentlichem Sprechen. Marie Cresspahl, die das Plattdeutsche von Gesine erlernte, berichtet in den „Jahrestagen“ über diesen antrainierten Unterschied:

„Und was ich mir nicht von Gesine annahm, das musste ich von der Erzählung lernen, wenn sie in Jerichow umherging, und mit den Einwohnern redete. Die hatten nur diese ihre mecklenburgische Sprache, wenn sie etwas ehrlich sagen wollten, und brauchten sie erst recht, wenn sie die Lüge vorzogen. Die Erzählung täuscht oft genug und zeigt sie mit Hochdeutsch im Maul. Im Mund; verzeihen Sie. Und viel sagten sie ohnehin nicht.“[61]

Auffällig ist Cresspahls Wortlosigkeit angesichts der gesellschaftlichen Entwicklung: „Cresspahl lag da mit über der Brust verschlungenen Händen, aus seinem aufgetürmten Kopf starrte er gegen die Zimmerdecke, atmete erbittert vor sich hin“ (MJ 222).

In diesem konkreten Moment wirkt der Verzicht auf Worte als Schutz vor einer möglichen Auseinandersetzung mit der Staatsmacht. Mit größter bildlicher Kraft zeichnet Johnson in der mimischen Sprache Cresspahls genau diese Schicksalhaftigkeit nach, die als innere Grenzziehung zwischen den beiden deutschen Staaten das Leben der Menschen existentiell betraf. Mit den Augen, also wortlos, verarbeitet der alte Cresspahl die persönlichste Veränderung, seine Trauer und seine Enttäuschung sind in Worten nicht mehr zu fassen:

> „Er sah uns lange an unter den harten Schrunden seiner Stirn. Die Augenbrauen waren sehr sanft geschwungen. Er hatte graue Augen. Die Augen waren sein Alter und seine entfernte Tochter und die dichte nasse Dunkelheit und seine Empörung und seine Fürsorge" (MJ 80).

Autorisierte Sprache der Staatsmacht

In der Redeweise der Staatsmacht, die in der Romanfigur Rohlfs personifiziert erscheint, entäußert sich deren autorisiertes, undemokratisches Wesen: „Und als er Jakob verändern wollte zu seiner Wünschbarkeit, da redete er mit ihm als Staatsmacht: persönlich" (MJ 163).

Noch spielt in diese Konversation zwischen Staatsmacht und Bürger Johnsons Wunschbild einer partnerschaftlichen Kommunikation hinein. Parallel zu dieser positiven Zeichnung der Staatsmacht deutet Johnson schon ganz punktiert auf deren moralische Überhebung, der ein didaktischer Impetus anhaftet.

Wie in „Ingrid Babendererde" erscheint das durch die Staatsmacht autorisierte Reden in einer pluralisierten Form, es beansprucht Stellvertreterfunktion. Im postum veröffentlichten Debütroman Johnsons grenzt sich das mechanisierte unpersönliche Sprechen des Direktors Robert Siebmann, der zugleich obligatorisch Parteimitglied ist, noch deutlicher vom normalen Sprachgebrauch ab. Siebmann wechselt seine Identität, wenn er im Auftrag der Partei spricht, dessen Gestotter Jürgen Petersen als „Gesang" ironisiert:

> „Pius versammelte sein Gesicht in erhabener Würde und stand auf. So auf Jürgen hinunter sagte er: Jürgen habe gestern in der Sitzung diesen angeblichen Unterschied nicht erwähnt, da habe es ihn also nicht gegeben. Und dann habe Jürgen sich. Von zweideutigen Elementen. Gegen unsere gerechte. Sacheaufhetzenlassen! Überhaupt sehe Pius. Hier etwas Verdächtiges. Niebuhr nenne. Die gleichen Unsinnigkeiten wie Jürgen. Und – ich – sage – dir (sagte Pius): wenn hinter euch. Etwas steckt –. Sowerdenwiresschonfinden!!" (IB 226).

In den „Mutmassungen über Jakob" ist die Unsicherheit in der Sprache der Staatsmacht einer überheblichen, selbstgewissen und in der Identität ungeteilten Sprache gewichen. Ungeachtet der unterschiedlichen Parteirangfolge von Pius (Siebmann) und Rohlfs, bezeichnet die Johnsonsche Zuweisung eines durchaus selbstbewussten und arroganten Sprachgebrauchs zur Kennzeichnung der Person Rohlfs' eine allgemeine Stärkung der Macht und des Einflusses der Staatsmacht.

> „Ich halte (ich erachte für, ich weise zurück) diesen Namen „Fehler" für einen einzigen Unsinn, was ist denn damit gemeint: Massnahmen der Regierung sind von der Bevölkerung unliebsam empfunden worden – als ob sie damit falsch wären! Über die Notwendigkeit kann niemand urteilen als die Partei, wir. Gewissermassen ich" (MJ 127).

Es bleibt zu vermuten, und hier erscheint das positive, demokratische Bild Rohlfs' evident, daß der selbstgewisse Gebrauch der Sprache selbst für einen Hauptmann der Staatssicherheit, wenn auch unwillkürlich, als Funktion des Schutzes vor Preisgabe eigener Verletzbarkeit diente. Der autoritäre Gestus der Staatsmacht soll gleichsam über den gesellschaftlichen Stillstand hinwegtäuschen, indem hier Zukunftsgewißheit und stetige Entwicklung suggeriert wird: Historischer Fortschritt um jeden Preis. Johnsons Roman hingegen beschreibt die Stagnation gesellschaftlicher Entwicklung in der DDR sowie den Verlust an Utopie, die an ein alternatives, real jedoch nicht zu verwirklichendes Sozialismus–Modell gebunden war. In diesem Sinne kann man Parallelen ziehen zur Situation, als Rohlfs im Auto von den Aufständen in Ungarn 1956 erfährt. Das fahrende Auto steht als Metapher für eine Unbedingtheit und Rückhaltlosigkeit mit der die Staatssicherheit operiert, dessen Sicherheit nur garantiert ist, solange es fährt, sich also in Bewegung befindet: „Der Wagen klettert durch den Graben wie ein Bär. Am meisten spürt man seine Kraft, wenn er still zitternd dasteht bei laufendem Motor mit seinem Licht in der Nacht und auf Absprung wartet. Der ist gar nicht so leicht umzuwerfen. Im Stillstand könnt ich es mir denken. Aber nicht solange ich fahre" (MJ 161).

Anmerkungen

1 Barbara Köhler: Vogelbild. In: Dies.: Blue Box. Gedichte. Frankfurt/M.: Suhrkamp Verlag, 1995, S. 38.

2 Norbert Mecklenburg: Kritisches Interpretieren. Untersuchungen zur Theorie der literarischen Wertung und Literaturkritik. München: Nymphenburger Verlagshandlung, 1972 (2. Auflage 1976), S. 70.

3 Norbert Mecklenburg: Die Erzählkunst Uwe Johnsons. „Jahrestage" und andere Prosa. Frankfurt/M.: Suhrkamp Verlag, 1997, S. 84.

4 Norbert Mecklenburg, a. a. O., S. 56.

5 Norbert Mecklenburg, a. a. O., S. 57.

6 Raimund Fellinger: Uwe Johnson heute. In: Internationales Uwe–Johnson–Forum. Band 6. Herausgegeben von Carsten Gansel und Nicolai Riedel. Frankfurt/M., Bern, New York: Peter Lang Verlag, 1997, S. 203.

7 Carsten Gansel: Zwischen Aufbau und Demission der Helden – Uwe Johnson, das Gedächtnis und die DDR. In: Uwe Johnson zwischen Vormoderne und Postmoderne. Herausgegeben von Carsten Gansel und Nicolai Riedel. Berlin, New York: Walter de Gruyter, 1995, S. 32.

8 Walter Benjamin: Über den Begriff der Geschichte. In: Gesammelte Schriften, Band I/2. Herausgegeben von Rolf Tiedemann und Herrmann Schweppenhäuser. Frankfurt/M.: Suhrkamp Verlag, 1974, S. 697.

9 Norbert Mecklenburg: Kritisches Interpretieren, a. a. O., S. 66.

10 Herbert Marcuse: Der eindimensionale Mensch. Studien zur Ideologie der fortgeschrittenen Industriegesellschaft. Neuwied, Berlin: Luchterhand, 1967, S. 117. (= Soziologische Texte. 40).

11 Georges Duby: Der Sonntag von Bouvines. Aus dem Französischen von Grete Osterwald. Frankfurt/M.: Fischer Taschenbuch Verlag, 1996, S. 9. (= Fischer Taschenbücher. 12284).

12 Vivian Liska: 'Johnson, kennt einer Johnson?' Erzählreflexion und Wirklichkeitssuche in Uwe Johnsons „Mutmassungen über Jakob". In: Internationales Uwe–Johnson–Forum. Beiträge zum Werkverständnis und Materialien zur Rezeptionsgeschichte. Band 6. Herausgegeben von Carsten Gansel und Nicolai Riedel. Frankfurt/M.: Peter Lang Verlag, 1997, S. 16.

13 Vgl. Norbert Mecklenburg: Die Erzählkunst Uwe Johnsons, a. a. O., S. 65.

14 Zitiert nach Peter Zudeick: Der Hintern des Teufels. Ernst Bloch – Leben und Werk. Moos & Baden–Baden: Elster Verlag, 1985, S. 268.

15 Theo Buck: Uwe Johnsons Utopie gegen die deutsche(n) Wirklichkeite(n). In: Internationales Uwe–Johnson–Forum. Beiträge zum Werkverständnis und Materialien zur Rezeptionsgeschichte. Band 5. Herausgegeben von Carsten Gansel, Bernd Neumann und Nicolai Riedel in Verbindung mit Ralf Zschachlitz. Frankfurt/M., Bern, New York: Peter Lang Verlag, 1996, S. 27.

16 Henri Lefebvre definiert als kommunikative Funktion von Sprache nicht nur das Sprechen, sondern verweist darauf, daß „die fruchtbarsten Kommunikationen zwischen den Menschen sich auf und in semiologischen, nicht im strengen Sinne sprachlichen Feldern vollziehen: in der Musik, dem Bild, der Stadt, den Landschaften usw." Vgl. Henri Lefebvre: Sprache und Gesellschaft. Düsseldorf: Schwann, 1973, S. 192. (= Sprache und Lernen. 23).

17 Uwe Johnson: Marthas Ferien. In: Uwe Johnson. Versuch, einen Vater zu finden. Marthas Ferien. Herausgegeben von Norbert Mecklenburg. Frankfurt/M.: Suhrkamp Verlag, 1988, S. 46. (= edition suhrkamp. 1416).

18 Hans Magnus Enzensberger: Die große Ausnahme. In: Über Uwe Johnson. Herausgegeben von Raimund Fellinger. Frankfurt/M.: Suhrkamp Verlag, 1992, S. 59. (= edition suhrkamp. 1821).

19 U. a. Bernd Neumann: Uwe Johnson, a. a. O., S. 333ff. und Eberhard Fahlke: Chronologie eines Plots. In: Über Uwe Johnson. Herausgegeben von Raimund Fellinger, a. a. O., S. 61ff.

20 Uwe Johnson: Rede anlässlich der Entgegennahme des Georg–Büchner–Preises 1971. In: Johnsons „Jahrestage". Herausgegeben von Michael Bengel. Frankfurt/M.: Suhrkamp Verlag, 1985, S. 71. (= suhrkamp taschenbuch materialien. 2057).

21 Rudolf Herrnstadt. Das Herrnstadt–Dokument. Herausgegeben von Nadja Stulz–Herrnstadt. Reinbek bei Hamburg: Rowohlt Verlag, 1990, S. 12.

22 Rudolf Herrnstadt, a. a. O.

23 Rudolf Herrnstadt, a. a. O., S. 58.

24 Rudolf Herrnstadt, a. a. O., S. 57. – Zur Rolle von Schriftstellern im Umfeld des 17. Juni 1953 siehe Carsten Gansel: Parlament des Geistes. Literatur zwischen Hoffnung und Repression 1945–1961. Berlin: Basis Druck, 1996, S. 172ff.

25 Die Verfassung der Deutschen Demokratischen Republik vom 7. Oktober 1949 (Auszüge). In: Horst Dähn: Das politische System der DDR. Berlin: Wissenschaftlicher Autoren–Verlag, 1986, S. 59.

26 Wolfgang Harich: Keine Schwierigkeiten mit der Wahrheit. Zur nationalkommunistischen Opposition 1956 in der DDR. Dietz: Berlin, 1993, S. 12.

27 Geschichtliche Grundbegriffe. Historisches Lexikon zur politisch–sozialen Sprache in Deutschland. Band 5. Herausgegeben von Otto Brunner, W. Conze, Reinhart. Koselleck. Stuttgart: Klett–Cotta, 1984, S. 990.

28 Geschichtliche Grundbegriffe, a. a. O., S. 991.

29 Rudolf Bahro: Die Alternative. Zur Kritik des real existierenden Sozialismus. Köln, Frankfurt/M.: Europäische Verlagsanstalt, 1977, S. 19.

30 Plattform für einen besonderen deutschen Weg zum Sozialismus. In: Wolfgang Harich: Keine Schwierigkeiten mit der Wahrheit, a. a. O., S. ff.

31 Karl Wilhelm Fricke: Opposition und Widerstand in der DDR, a. a. O., S. 118.

32 Karl Wilhelm Fricke, a. a. O.

33 Arne Born: Wie Uwe Johnson erzählt. Artistik und Realismus des Frühwerks. Hannover: Revonnah–Verlag, 1997, S. 20.

34 Bernd Neumann: Uwe Johnson. Hamburg: Europäische Verlagsanstalt, 1994, S. 300.

35 Zuletzt wurde von Norbert Mecklenburg auf die „gestushaften Spuren Ernst Blochs" in Johnsons Werken, insbesondere in den „Mutmassungen über Jakob" hingewiesen (N. Mecklenburg: Die Erzählkunst Uwe Johnsons, a. a. O., S. 61). Zweifellos transportiert Johnsons Roman Momente der Philosophie Ernst Blochs, die als gedanklicher Untertext gelesen den aktuellen Zeitdiskurs um Freiheit und Sozialismus bekunden. Johnson vermerkt jedoch schon im Schicksal der Romanfigur Jakob Abs die Unmöglichkeit einer Blochschen Gesellschaftsutopie für die sozialistische Entwicklung der DDR, ohne sich persönlich von dieser loszusagen. Die Bloch–Anklänge im Roman fungieren daher als Ausdruck der allgemeinen zeitkritischen Position des jungen Intellektuellen.

36 Vgl. Die ideologische Offensive. Ernst Bloch, SED und Universität. Herausgegeben von Michael Franzke. Leipzig: Leipziger Universitätsverlag, 1994, 235 S.

37 Uwe Johnson: Einer meiner Lehrer. In: Uwe Johnson. Porträts und Erinnerungen. Herausgegeben von Eberhard Fahlke. Frankfurt/M.: Suhrkamp Verlag, 1988, S. 14. (= edition suhrkamp. 1499).

38 Ernst Bloch: Freiheit, ihre Schichtung und ihr Verhältnis zur Wahrheit (Vortrag zur Eröffnung einer Tagung in der Deutschen Akademie der Wissenschaften, Berlin, März 1956). In: Ernst Bloch: Philosophische Aufsätze zur objektiven Phantasie. Frankfurt/M.: Suhrkamp Verlag, 1969, S. 580. (= Gesamtausgabe. Band 10).

39 Ernst Bloch, a. a. O., S. 583.

40 Ernst Bloch, a. a. O.

41 Ernst Bloch begreift unter jener Freiheit der „Unbehaustheit“, als der bindungs– und ordnungslosen Freiheit, eine solche ohne Inhalt, die charakteristisch für die bürgerliche Gesellschaft ist. Hingegen macht sich Freiheit, auch die sozialistisch verstandene, „kenntlich als gemeinsames Glück [...] als Zugehörigkeit und Haus, nicht als Losgelassenheit und Unbehaustheit in ohnehin bestehender Entfremdung“ (vgl. E. Bloch: Freiheit, ihre Schichtung und ihr Verhältnis zur Wahrheit, a. a. O., S. 594). Für Jakob Abs’ Arbeit ist eine derartige utopische Dimension des Heimatlichen, des Beisichseins, zu vermerken.

42 Bernd Neumann: Uwe Johnson, a. a. O., S. 315.

43 Ernst Bloch: Das Prinzip Hoffnung. Kapitel 55. Frankfurt/M.: Suhrkamp Verlag, 1993, S. 1628.

44 Carsten Gansel: Das Puzzle–Prinzip – Erzählen als Prozeß der Wahrheitsfindung. Uwe Johnson im Kontext der DDR–Literatur. In: Biographie ist unwiderruflich... Materialien des Kolloquiums zum Werk Uwe Johnsons im Dezember 1990 in Neubrandenburg. Herausgegeben von Carsten Gansel und Jürgen Grambow. Frankfurt/M., Bern: Peter Lang Verlag, 1992, S. 124.

45 Bernd Neumann: Uwe Johnson, a. a. O., S. 336–337.

46 Hans Mayer: Mutmassungen über Jakob. In: Über Uwe Johnson. Herausgegeben von Raimund Fellinger, a. a. O., S. 89.

47 z. B. bei Bernd Neumann: Uwe Johnson, a. a. O., S. 327.

48 Vgl. Peter Zudeick: Der Hintern des Teufels, a. a. O., S. 224.

49 Karl Wilhelm Fricke: Opposition und Widerstand in der DDR, a. a. O., S. 117.

50 Alfred Kantorowicz: Etwas ist ausgeblieben. Zur geistigen Einheit der deutschen Literatur nach 1945. Mit einer Einleitung von Hans–Albert Walter. Ausgewählt und bearbeitet von Jürgen Beißner. Hamburg: Christians, 1985, S. 144.

51 Rolf Henrich: Der vormundschaftliche Staat. Vom Versagen des real existierenden Sozialismus. Reinbek bei Hamburg: Rowohlt Taschenbuch Verlag, 1989, S. 191–192. (= rororo aktuell. 12536).

52 Uwe Johnson: Versuch, eine Mentalität zu erklären. In: Ich bin Bürger der DDR und

lebe in der Bundesrepublik. Herausgegeben von Barbara Grunert-Bronnen. München, Zürich: R. Piper, 1971, S. 124. (= Serie Piper. 3).

53 Wolfgang Harich: Keine Schwierigkeiten mit der Wahrheit. Harich fordert in seiner programmatischen „Plattform für einen besonderen deutschen Weg zum Sozialismus" einen „konsequenten, beharrlichen Kampf gegen den Ungeist des Bürokratismus und des Sektierertums, gegen Methoden des Administrierens und gegen Tendenzen der Überheblichkeit in ihren Reihen [der SED, S. R.] [zu] führen", a. a. O., S. 118.

54 Uwe Johnson. Entwöhnung von einem Arbeitsplatz. Klausuren und frühe Prosatexte. Mit einem philologisch-biographischen Essay herausgegeben von Bernd Neumann. Frankfurt/M.: Suhrkamp Verlag, 1992, S. 27ff. (= Schriften des Uwe Johnson-Archivs. 3).

55 Uwe Johnson: Wesen und Funktionen des Staates in der Periode des Übergangs vom Kapitalismus zum Sozialismus. In: Uwe Johnson. Entwöhnung von einem Arbeitsplatz, a. a. O., S. 29–30.

56 Karl Marx/Friedrich Engels: Manifest der Kommunistischen Partei. In: MEW, Bd. 4. Berlin: Dietz Verlag, 1959, S. 482.

57 In der Ablehnung des „Babendererde"-Manuskriptes durch den Mitteldeutschen Verlag in Halle (vom 15. Juli 1957) heißt es in analoger Wort- und Bedeutungswahl: „Was zu fehlen scheint, ist, daß alle diese negativen Erscheinungen als bestimmte und bestimmbare Etappe eines großen dialektischen Prozesses dargestellt werden. Das Buch steht für sich und kann nicht den außerhalb gebliebenen guten Willen des Verfassers zuhilfe rufen. Der Wahrheit entsprechende einzelne Ereignisse können, unproportional aufgeboten, die Unwahrheit über einen grossen Zusammenhang aussagen" (BU 95).

58 Bernd Neumann: Uwe Johnson, a. a. O., S. 311.

59 Uwe Johnson: Berliner Stadtbahn (veraltet). In: Uwe Johnson: Berliner Sachen. Aufsätze. Frankfurt/M.: Suhrkamp Verlag, 1975, S. 18. (= suhrkamp taschenbuch. 249).

60 Siehe Anm. 18.

61 Uwe Johnson: Marie H. Cresspahl, 2. – 3. Januar 1972. In: „Ich überlege mir die Geschichte." Uwe Johnson im Gespräch. Herausgegeben von Eberhard Fahlke. Frankfurt/M.: Suhrkamp Verlag, 1988, S. 95. (= edition suhrkamp. 1440).

JOHANNES PRESCHL

Journalistischer Text als Negativ.

Realistisches Erzählen auf der Suche nach neuen Wegen in Uwe Johnsons Roman „Das dritte Buch über Achim"

Ein Journalist mit Schreibproblemen steht in Uwe Johnsons Roman „Das dritte Buch über Achim" im Mittelpunkt. Er ist in dieser Hinsicht mit dem Roman „Die Fälschung" von Nicolas Born vergleichbar. Wie der Reporter Laschen versucht auch Karsch, eine Realität (eine „Lage") mit Mitteln zu fassen, die sich für diesen Zweck als unzulänglich erweisen. Der Versuch scheitert. Aber während Born, traditionell erzählend, aus den Problemen seines Helden keine Konsequenzen für den Roman zieht, nützt Johnson seine Figur als Negativ in eigener Sache: zur Diskussion und Demonstration eines neuen, wie immer noch 'realistischen' Erzählens. Er überwindet Karschs Schwierigkeiten, indem er diese in ihren Aspekten entfaltet, „die schwierige Suche nach der Wahrheit ausdrücklich vorführt" (BS 21), sie zu eigen macht und sich von Ansätzen distanziert, die weiter auf überlieferte Lösungen setzen. Verfahrenskriterium ist ein Erzähler, der Karschs Schreibversuche kritisch begleitet und kommentiert. Indem er sie dem Leser auseinandersetzt, läßt er die eigene Schreib- bzw. Erzählproblematik sichtbar werden. Der Roman gründet im Verhältnis von Erzähler- und Figurendiskurs, Erzähler- und Figurenbewußtsein.

1. Eine Grenze wird zur literarischen Herausforderung

Der Ort des Romans, die „unerhörte Situation", wie Johnson sagt, fordern gerade den Schriftsteller heraus, der sich immer noch „mit der Wahrheit befaßt", dem sich realistische Erzählstrategien jedoch als unzureichend erweisen[1], neue, notwendige Wege des Erzählens zu gehen. „Ist wahr, wie es gewesen ist?" (DB 235), fragt der Erzähler und deutet auf die Diskrepanz zwischen 'Wahrheit' und 'Wirklichkeit' als einen wesentlichen Punkt der im Roman geführten Realismusdiskussion. Der Ort ist die Grenze zwischen den beiden deutschen Staaten, zwischen zwei Ordnungen, zwei Realitäten: „Die Nachbarschaft dieser zwei politischen Ordnungen ist nicht mehr als eine Alternative von Wirklichkeiten. Sie sind nicht durch Logik verbunden, sondern durch eine Grenze" (BS 12).

Die Absicht des westdeutschen Journalisten, über einen Sportler der DDR zu schreiben, gerät zwangsläufig zum Versuch, über diese Grenze zu schreiben, über „die Grenze, den Unterschied, die Entfernung" (DB 9 und 337). Was für den erfahrenen Journalisten anfangs nach einer Routine–Angelegenheit aussieht, erweist sich als unlösbare Aufgabe. Die Mittel des erlernten und erprobten Schreibhandwerks sind den Anforderungen nicht gewachsen. Karsch gibt auf.

Davon 'profitiert' der Erzähler des Romans. Er benutzt Karschs Schreibansätze als negativen Demonstrations–Diskurs. Indem das Buch über Achim nicht zustande kommt, entsteht das Buch über den Versuch. Was es auszeichnet, ist die Durchdringung stofflicher und thematischer Schichten (der Darstellung der unerhörten Situation, der schwierigen Suche nach der Wahrheit) mit dem autoreferentiellen poetologischen Diskurs. Auf diese Weise vor allem stellt sich Johnson der Herausforderung der Grenze. Es ist eine ästhetische Herausforderung, nicht nur eine politische: „Eine Grenze an dieser Stelle wirkt wie eine literarische Kategorie. Sie verlangt die epische Technik und die Sprache zu verändern, bis sie der unerhörten Situation gerecht werden" (BS 10).

Die Sätze aus dem Essay „Berliner Stadtbahn", der wie „Das dritte Buch über Achim" 1961 erschienen ist, legen den Kern der poetologischen Überlegungen von Uwe Johnson bloß und formulieren kurz und genau das Programm seiner schriftstellerischen Arbeit. Man kann aus ihnen die Problematik realistischen Schreibens im 20. Jahrhundert (im Kontext der Romankrise) lesen, um die seine Versuche von den „Mutmassungen über Jakob" bis zu den „Jahrestagen" kreisen. Ausgangspunkte und Anstöße für Johnsons Schreiben bleiben außerliterarische Gegebenheiten, 'Realitäten'. Es bleibt dabei: Sprache, Text und Erzählverfahren sollen diesen 'gerecht' werden. Um solchen Anspruch noch zu erfüllen, muß nun jedoch anders erzählt werden; eine unerhörte Situation verlangt eine unerhörte epische Technik. Die ästhetische Haltung bewegt sich vor einem abgesteckten Horizont, die Konsequenzen in erzählerischer Hinsicht formuliert Johnson radikal, wenngleich im internationalen literarhistorischen Zusammenhang keineswegs neu:

> „Von einem Erzähler werden Nachrichten über die Lage erwartet, soll er sie berichten mit Mitteln, über die sie hinausgewachsen ist? In dem alten Streit wegen der Zeitdifferenz zwischen den populären und den unbekannten Methoden kann er gar nicht anders, als sich für die genaueren entscheiden, denn Genauigkeit wird von ihm verlangt. Allerdings ist das Gesetz auf ihn beschränkt, nach dem er die ästhetischen Mittel unablässig abzuwandeln sucht mit den unablässigen Veränderungen der Realität" (BS 21).

Seit den „Mutmassungen über Jakob" stellten Kritik und Wissenschaft Johnsons Schreiben in einen Zusammenhang mit verschiedenen Richtungen avantgardistischer Kunst und Literatur im 20. Jahrhundert, in die Nähe zum Kubismus[2] und zur Sprache Ernst Barlachs, der man allerdings nur Wegweiserfunktion für die Suche nach der neuen eigenen Sprache und Erzähltechnik zugestand. Auch zum 'nouveau roman' wurden Bezüge entdeckt[3].

Zugleich fehlten aber nie die Hinweise darauf, daß Johnson „andererseits nicht bereit ist, den, wenn auch noch so hochgradig vermittelten Bezug der Kunst auf die Wirklichkeit preiszugeben"[4], sich nichtsdestotrotz um „Wahrheitsfindung", um eine „Version des Realismus", wenn auch „aus den Denkformen der Moderne"[5], bemüht. An dem Kriterium der Abhängigkeit der Literatur von (sozialer, politischer, ideologischer) Wirklichkeit läßt er kaum Zweifel aufkommen. Die „Erzeugung einer eigenen Wirklichkeit"[6] steht nicht zur Debatte, verschiedene Ebenen von Textwirklichkeit sind Mittel zum Zweck. Daß sich in der Erzählliteratur des 20. Jahrhunderts gerade am Verhältnis von Literatur und Lebenswelt grundlegend etwas geändert haben könnte, bleibt in Johnsons Ansatz insofern unberücksichtigt, als es, wie gehabt, die 'Veränderungen der Realität' sind, die einen Wandel der künstlerischen, etwa der erzählerischen Mittel verlangen.

'Genauigkeit' (der 'Wahrheitsfindung') wird zu einem entscheidenden Erzählziel, zum Maßstab der literarischen Arbeit. Willkommen ist, was diesem Anspruch dient, sind 'populäre wie unbekannte Methoden', Verfahren, die, „wie etwa die Montage", ehemals avantgardistisch, längst „in den allgemeinen Kulturbesitz übergegangen waren"[7]. Bereits die ersten Sätze des Romans machen jedoch klar: 'populäre' Methoden des Erzählens (Karschs Methoden), allein und ungebrochen, genügen dem Versuch nicht, über eine unerhörte Situation zu berichten. Sie genügen vor allem nicht dem Anspruch auf Genauigkeit. Im Roman ist der Erzähler „um Genauigkeit verlegen" (DB 8), was unter anderem zur Konsequenz eines uneigentlichen Beginns führt.

2. Möglichkeitsform und uneigentlicher Beginn

Auf den ersten Seiten formuliert der Erzähler eine Absage an die Methoden herkömmlichen Erzählens. Es ist ein Romananfang, der, wie etwa in Robert Musils „Mann ohne Eigenschaften", selbstbezüglich, problematisierend, erst zum Erzählen, zum noch und wieder, weil anders Erzählenkönnen führt, indem er das nicht (mehr) Mögliche und Ausreichende benennt. Der Erzähler beginnt damit, wie er nicht (mehr) beginnen kann:

> „da dachte ich schlicht und streng anzufangen so: sie rief ihn an, innezuhalten mit einem Satzzeichen, und dann wie selbstverständlich hinzuzufügen: über die Grenze, damit du überrascht wirst und glaubst zu verstehen" (DB 7).

Der Auftakt signalisiert realistische Erzähltradition. Wenn man 'so' nicht mehr zu erzählen anfangen kann, bleibt die Möglichkeit, mit dem unmöglich gewordenen 'so' anzufangen, dieses zu thematisieren und das Erzählen mit poetologischen Reflexionen und Kommentaren zu eröffnen. Der Erzähler benutzt dabei die rhetorische Haltung der Paralipse, den grammatischen Modus der Möglichkeitsform (zur Bezeichnung des nicht mehr Möglichen), die literarische Form des Dialogs zwischen Erzähler und Leser. Erzähler–Ich und Leser–Du müssen sich erst einmal arrangieren, da das selbstverständliche 'schlichte' Erzählen längst nicht mehr funktioniert und damit Übereinkünfte, traditionelle literarische Kommunikationsverfahren fragwürdig geworden sind. Die Möglichkeitsform herrscht im ganzen Text vor. Immer wieder heißt es: „Zu beschreiben wäre", „denken ließe sich", in rhetorischer Frageform: „Und warum nicht?", oft verbunden mit der Technik perspektivischen Berichtens: „So wie Karin es erzählt" (DB 147). Die Möglichkeitsform ist geeignet und bezeichnend für Johnsons Bemühen um ein realistisches Schreiben auf der Höhe seiner Zeit, weil sie doppelte Funktion erfüllt: noch etwas auszusagen und das Aussagen (das Sosagen) zugleich anzuzweifeln und damit auf sich und die Probleme des Erzählens aufmerksam zu machen. An die Stelle der 'Nachricht', der 'Information', tritt die Meta–Information. Wenn Roland Barthes' Feststellung, „aujourd'hui, écrire n'est pas 'raconter', c'est dire que l'on raconte"[8], richtig ist, bietet Johnsons Erzähler die Variation zu sagen, daß er erzählt und auch zu sagen, wie er (noch) erzählen bzw. nicht mehr erzählen kann.

Nicht mehr möglich sind in Johnsons Roman unter anderem triviale oberflächenrealistische Methoden und Formen. Nicht mehr möglich ist ein Erzählen, das etwa das Interesse an 'reißerischen Effekten' kennzeichnet:

> „Dennoch würde ich am liebsten beschreiben daß die Grenze lang ist und drei Meilen vor der Küste anfängt mit springenden Schnellbooten, junge Männer halten sie in den Ferngläsern, scharf geladene Geschütze reichen bis zu dem Stacheldrahtzaun..." (DB 7).

Der Erzähler vermittelt in der Pseudowunschform der einleitenden Sätze bereits eine Ahnung dessen, was Karsch, der westdeutsche Journalist, hätte schreiben können, als zu verwertendes Muster. Zu diesem Muster zählt auch die abgedroschene Erzähltaktik des Kontrastes von martialischer Gebärde und landschaftlicher Idylle, der „Stacheldrahtzaun, der heranzieht zum freundlichen Strand der Ostsee", eine standardisierte Anschaulichkeit, stilistisches Stereotyp auch reportagehaften Schreibens: „Vielleicht sollte ich blühende Brombeerranken darüberhängen lassen, so könntest du es dir am Ende vorstellen". Ebensowenig taugt für das neue Erzählen und Beschreiben das Klischee vom „schreckhaften Gefühl der fremden Staatlichkeit... beim Überfahren des Zwischenraums", angesichts der unterschiedlich aussehenden Barakken, der anders grüßenden Posten, und schon gar nicht die immer wieder sensationalistisch dick aufgetragene Szene „einer wild dahinstürzenden Gestalt im kalten Morgennebel..., eifriges dummes Hundegebell, amtliche Anrufe, keuchender Atem, ein Schuß, unversehens fällt jemand hin..." (DB 8).

Die ästhetische Herausforderung führt demnach zur Absage an die Mittel eines Schreibens, das sein Ziel in der vorgeblichen Widerspiegelung sieht, das auch an Maximen journalistischer Textaufbereitung erinnert, an klischeehafte Anschaulichkeit, an szenische Darstellung und Wirklichkeitswiedergabe.

Im Roman wird Karsch bei der Arbeit gezeigt, bei der Suche nach der passenden Form. Er zweifelt mitunter an den 'bewährten' Mitteln und Formen, die Zweifel führen ihn jedoch nicht über die Mittel hinaus. Immer wieder ist die Rede von Vermutungen statt Gewißheiten, von der 'Wirklichkeit' der Erinnerung, von beispielhafter Auswahl und anderen notwendigen Maßnahmen. Aus seinen Schwierigkeiten zieht, wie schon erwähnt, der Erzähler Nutzen, Karsch verzichtet einfach. Karschs Schreiben erhält im Roman die Funktion eines Demonstrations– und Stellvertreter–Diskurses für konventionellen Realismus, der in dieser Funktion als Kontrastfolie noch einmal ein Weiterschreiben mit realistischem Anspruch ermöglicht.

Daß Karsch in einer frühen Fassung des Romans als Schriftsteller auftrat und erst später zum Journalisten umgeformt wurde, ist kein unbedeutendes Detail der Entstehungsgeschichte des „Dritten Buches über Achim". Der Roman setzt sich zwar (von Momenten einer Kritik an öffentlicher, zugleich offizieller Berichterstattung abgesehen) kaum mit Problemen medialer Wirklichkeitserfassung und –darbietung auseinander. Dennoch ist die spätere Berufszuordnung Karschs kein Zufall, „da Herr Karsch ein Journalist ist mit Erfahrung in biografischen Aufträgen" (BU 178), der mit seinen Nachforschungen und Fragen „Vergessenes und Verdrängtes ans Licht bringt" (BU 183). Absicht und Methoden des Journalisten, die Lebensgeschichte eines Sportlers des anderen deutschen Staates zu schreiben, eignen sich als Modell des scheiternden Schreibens und damit für den Versuch einer literarischen Beschreibung.

Dabei ist unwichtig, ob Karsch eine 'Reportage' oder eine 'Biografie' zu schreiben beabsichtigt. Die Form der Reportage (etwa als Alternative zum Roman) steht nicht mehr zur Debatte. Wie in anderen Romanen dieser Zeit interessiert die Reportage (der Bericht oder, wie in diesem Fall, die recherchierte Prominentenbiografie) als Repräsentant eines tatsachenorientierten Schreibens, das weniger denn je in der Lage ist, 'unerhörten Situationen' auf den Grund zu gehen. Reportage oder Biografie stehen hier stellvertretend für einen journalistischen Diskurs überhaupt, dessen Funktion, nicht die Form, im Kontext des neuen Romans von Bedeutung ist. Sie repräsentieren ein Bewußtsein von Realitätsdarstellung, das überholt ist.

3. Die Schreibzweifel des Journalisten – Mutmaßungen

Karschs Absichten werden dabei nicht als naiv und unreflektiert vorgeführt. Er erscheint (in den Kommentaren des Erzählers gegenüber) dem Leser nicht als Sensationsreporter, der an einer schnell gefertigten 'Story' Interesse hat, der zufrieden ist mit den (vom Erzähler zurückgewiesenen) Verfahren und entsprechenden Erwartungshaltungen der abgedroschenen Bildlichkeit, der reißerischen Aufmachung, der Klischees, die die gegenseitigen Vorurteile unablässig bestätigen. Wenn er sie dennoch verwendet, dann im Bewußtsein ihrer Unzulänglichkeit. Den Journalisten Karsch zeichnet eine medienkritische Haltung aus. Wo er sich nicht „in die Sprache des Landes findet", unterzieht er sich durchaus der Mühe,

> „das Zeichensystem dem Bezeichneten adäquat zu verändern ... das Zeichensystem des fremden Landes zu erlernen, dies mit dem mitgebrachten zu vergleichen und endlich ein eigenes nach seinen persönlichen Erfahrungen anzustimmen" (BS 20).

Nur so taugt Karsch im Kontext des Romans für die dem Roman zugrundeliegende Erzählhaltung: Seine Schreibzweifel ermöglichen erst den Drahtseilakt des Schreibens in einer Situation, die von der Überzeugung ausgeht, daß man in dieser 'Grenzlage' (traditionell) nicht mehr schreiben kann, gerade wenn daran nach wie vor ein Wahrheitsanspruch geknüpft ist. Es ist eine Doppelstrategie: Karsch wird gezeigt als Journalist, aber als (selbst)kritischer und zweifelnder. Er ist keine eindeutig bestimmte Figur in einer Schwarz–Weiß–Konstellation.

Von ihm wird gesagt, was er üblicherweise tut: aus Reisen Bücher machen, Reiseberichte und Reportagen, mit den üblichen Methoden, der Auswertung von Informationsmaterial, Recherche, Fotografie. Zugleich erfährt man, daß er sich in diesem Fall anders verhalten werde, denn er

> „war sicher daß er nichts verstehen werde mit Vergleichen (du hast mich nach den Unterschieden gefragt): dies war etwas für sich allein und zu erfassen nur von sich aus; er kannte es nicht. Er verzichtete sogleich darauf, aus dieser Reise ein Buch zu machen wie aus den anderen. Er kam sich vor wie zu Besuch, er meinte: morgen noch nicht aber nächstens fahre ich zurück" (DB 23).

Die Absicht, das Buch zu schreiben, besteht also nicht von Beginn der Reise an. Karsch sieht schon anfangs kaum lösbare Probleme. Die Vergleichsmöglichkeit bietet auch die vermeintlich selbe Sprache nicht. Nicht das Gespräch auf der Straße, das Karsch zu verstehen meint, das ihm Zusammengehörigkeit vortäuscht und die beiden Staaten vergleichbar erscheinen läßt, „ordnete das Bild der Straße", sondern die Sprache des Gesetzes, „das die öffentlichen Gebäude regierte" und die „Sprache der staatlichen Zeitungen" (DB 26), die Karsch nicht versteht.

Der Reiz des fehlenden Verständnisses aber führt, neben einer Reihe von Zufällen, zum Entschluß, doch zu schreiben, keine Reisereportage, sondern die Biografie eines berühmten Sportlers. Die Herausforderung ist vielfältig. Sie liegt in der Funktion des Sportes, dem von Seiten des Staates und seiner Organe, vor allem der Medien, ideologisch verwerteten Modellfall und den bereits existierenden 'staatseigenen' Büchern über Achim.

a) Journalismus als ideologischer Diskurs

Journalismus interessiert daher auch als Thema des Romans, als repräsentativer und evidenter Teil eines ideologisch–politischen Systems. Thematisiert wird der Zusammenhang von politischer Ideologie und journalistischer Verlautbarungsfunktion. Daß solcher Zusammenhang auch die literarische Arbeit, die Suche nach dem neuen Realismus in der Erzählliteratur erschwert, erklärt Johnson selbst so:

> „Solange die Arbeit an einem literarischen Text dieser Art sich mit der Wahrheit befaßt, muß ihr Gegenstand also geprüft werden an zwei gegensätzlichen Tendenzen der Wahrheitsfindung ... Presse, Rundfunk, Fernsehen und Stadtgespräch verändern nochmals ... Sie alle schädigen die Realität (vorausgesetzt, daß dies Wort noch zutrifft) je nach ihrer technischen Eigenart um eine oder mehr Dimensionen. Diese subjektiv oder technisch verursachten Fehler wachsen komplex, sobald sie mit der fruchtbareren Fehlerquelle der Tendenz verbunden zum Schema werden. Von diesen gibt es auf jeder Seite der Grenze eins... (BS 11).

Es ist ein enger Ausschnitt des Journalistischen, der sowohl im Aufsatz als auch im Roman erhellt wird: als Ausdruck der Grenze, als das Gegenteil von Information, als ideologisches Schreiben, das der Wahrheitssuche Karschs diametral entgegensteht, sie bezeichnenderweise nicht befördert, sondern behindert. Johnsons Roman zeigt diese Behinderung an einem berufsbedingt sensiblen und schon deshalb nicht zufälligen Beispiel, an der Konfrontation eines Journalisten aus dem Westen mit einem auf offizielle und doktrinäre Verlautbarung reduzierten Journalismus des anderen deutschen Staates. Die Problematik ist allerdings 'bilateral'; auch Karsch führt „mit sich die Namen von Gegenständen, Glaubenssätzen, politischen Verhältnissen", die es in Achims Land nicht gibt. Auch oder gerade als Journalist ist er nicht weniger dem „Informationsschema" seines Landes „ausgeliefert, das einseitig arbeitet und die Nachrichten des anderen Landes aussperrt, um es ungehindert interpretieren zu können" (BS 19). Einziger Pluspunkt auf Karschs Seite ist dessen Versuch, dennoch zu verstehen, weniger durch die Medien des anderen Landes, als an ihnen vorbei, in der Analyse ihrer ideologischen Funktion.

Johnsons Roman zeigt die Grenzen des Journalisten angesichts der innerdeutschen Grenze, die sich unsichtbar aber spürbar in jedem Satz auftut. Er zeigt die Anstrengungen Karschs, dieser 'Lage' mit wachem, kritischem Bewußtsein zu begegnen, mit Zweifeln an den „handelsüblichen Namen“ (DB 53) der Vorgeschichte, der gesellschaftlichen und politischen Kontexte, der „Schlagzeilen der Zeitungen, die sinnfällig wohl aber nicht die benötigte Auskunft wären“ (DB 56).

Wichtiger als das Ideologie–Thema ist in diesem Roman jedoch die schon erwähnte repräsentative Funktion journalistischer Darstellungsmittel für den traditionellen realistischen Diskurs.

b) Mutmaßungen über Achim und die Vergangenheitsdarstellung

Die (vorläufige) Inszenierung von Achims Kindheit unterm Hakenkreuz ist das Ergebnis einer Kombination von Wissen und Vermuten, von Information und Annahme mit Wahrscheinlichkeit zugleich:

> „Etwa so. So ungefähr. Achim konnte zur Not auch später sagen was anders vorgekommen war als Karsch sich dachte. Karsch ergänzte nun bedenkenlos was er wußte aus dieser Zeit und was er für Achim wahrscheinlich glaubte. Er beschrieb das verbotene Baden in dem seichten aber schnellen Fluß vor der Stadt und wie sie nackt und glücklich schreiend in den jungen Bäumen umherkletterten ...“ (DB 79).

Die Rekonstruktion dieses Lebensabschnittes ist ohne Wahrscheinlichkeitsannahme für den außenstehenden Biografen nicht möglich, selbst da, wo es nicht nur um private, sondern auch um politische und zeitgeschichtliche Bezüge geht:

> „Da war Achim zehn Jahre alt. Es stand aber nicht in seinen Büchern ob er da in den vormilitärischen Kinderverband der Führerjugend gekommen war wie jeder Zehnjährige ... Karsch nahm die Mitgliedschaft einfach für wahrscheinlich“ (DB 81).

Wie in Johnsons Romanen überhaupt[9], ist auch hier die Darstellung der Vergangenheit ein zentrales Anliegen. Und obwohl der Held des beabsichtigten Buches als Zeitgenosse und Zeitzeuge befragt werden und Auskunft geben kann und bisweilen auch gibt, sind vergangene Lebens– und Zeitabschnitte nicht ohne Interpretation und auch nicht ohne Hinzudenken des Biografie–Verfassers zu beschreiben. Karsch stellt „Versuche“ an, „Achims schulfreien Tag auf dem Bahnhof, im Wald, in der Stadt unterzubringen; besonders entsann er sich einer engen Straße aus Katzenkopfsteinen vor einem Schulgebäude“ (DB 85). Karsch malt die Szene aus, den schulschwänzenden Achim, der durch offene Fenster seine Klassenkameraden deutschnationale Gedichte aufsagen hört, Augen nur für die Mädchen auf dem Pausenhof des Lyzeums hat und schließlich Panzer beobachtet, die über den Markt der kleinen Stadt fahren. Besonders bezeichnend an dem zuletzt zitierten Textabschnitt ist das Wort 'entsann'. Ist es Karsch, der sich entsinnt, woran Achim sich im Gespräch mit ihm entsann? Erzählt Karsch nur Achims Erinnerungsvorgang? 'Entsinnen' signalisiert Zeugenschaft. Daß das Wort an einer Stelle verwendet wird, die zumindest Karschs Zeugenschaft der Kindheitsgeschichte ausschließt, hat Bedeutung im Kontext der romanimmanenten erzähltechnischen Reflexion. Auch wie Achim Jahre später zu einer Schaltung kam, „kann mit Sicherheit nicht mehr festgestellt werden. Es ist nämlich lange her" (DB 253).

Daß nicht nur Außenstehende bei der Rekonstruktion vergangener Zustände und Ereignisse mit Möglichkeit und Wahrscheinlichkeit operieren, zeigt Achims Kommentar zu Karschs Versuchen: „So könnte es auch gewesen sein" (DB 87). Das 'auch' macht klar: 'es' war nicht tatsächlich, aber möglicherweise so. Die Schreibprobleme werden nicht nur vom Erzähler auf den im Roman Schreibenden projiziert, auf Karsch, sondern auch auf den zu Beschreibenden. Zweifel ob der Faktentreue und eines darauf beruhenden Wahrheitsgehaltes der Mitteilungen Achims über sich und sein Leben sind nicht weniger angebracht als beim Biografen; Ungenauigkeiten, Fälschungen, eine einseitige Auswahl des an der Rekonstruktion der eigenen Lebensbeschreibung mitwirkenden Protagonisten steigern die Schwierigkeiten.

Ursachen können im spezifischen Funktionieren des Gedächtnisses, in den Grenzen der Erinnerung, aber auch in der bewußten (ideologischen) Selbststilisierung liegen. Eine Geschichte vom Beginn der Sportkarriere Achims – ein russischer Besatzungssoldat schenkt ihm sein erstes Rad – wird im Erzählerkommentar bezweifelt: „Vielleicht wäre die Geschichte auch gar nicht vorgekommen, wenn sie nicht paßte zu seiner späteren Laufbahn?" (DB 170). Eine 'frisierte' Geschichte, mythenbildend im gewünschten Sinn, frei erfunden in diesem Sinn? Allerdings läßt der Erzähler offen, ob die Quelle für die Zweifel Achim oder Karsch oder beide in stillschweigender Übereinkunft sind, denn im direkt folgenden Satz fragt er: „Will der Verfasser damit die Übergriffe der Besatzungsmächte vergessen machen?" 'Damit' bezieht sich auf die fragliche Geschichte, und die anschließenden Erörterungen des Erzählers machen klar, daß Karsch hier die Erfahrungen und Erlebnisse Achims übernimmt, sie jedoch durch eigene Anschauung, den Lokalaugenschein, ergänzt.

Die Zahl der Diskrepanzen, der unüberbrückbaren Gegensätze und Grenzen gegenseitigen Verstehens, ist jedoch bei weitem größer. Und in der Erzähler-Beschreibung dieser Diskrepanzen wird die Schreibproblematik noch deutlicher, bekommt sie vor allem ihre politische Dimension. „Sein Leben nach dem Krieg gefiel Achim nicht wie es bei Karsch vorkam" (DB 184), und mit Nachsicht „wollte er (wahrscheinlich) zugestehen daß er nicht gelebt haben wollte wie ein anderer das aufschrieb" und umgekehrt, „daß einer nicht schreiben wird wie ein anderer lebt" (DB 185). Was Achim dann im einzelnen an Karschs Bericht oder Beschreibung seiner frühen Nachkriegsjahre auszusetzen hat, ergibt die Kritik eines Berichts, der „nur die sprachliche Außenseite" seines Lebens gewinnt, der übliche (journalistische) Mittel der Ausgestaltung verwendet, die Mittel, die auf den ersten Seiten des Romans als untauglich verworfen werden: „Der Wald“, von dem Achim im Zusammenhang einer Liebesgeschichte spricht, „war in Karschs Verständnis angekommen mit dem Zusatz zierlich verzweigter Spitzenränder vor faserigem Schneehimmel“ und „was Karsch an einem fünfzehnjährigen Mädchen aus Ostpreußen heilige Neugier nennen wollte war Achim nicht faßlich“ (DB 186).

c) Verfahren der Annäherung – Erzählen statt aufzählen

Faktentreue kann nicht Modus der Biografie sein, weder in den vergangenheits– noch in den gegenwartsbezogenen Teilen; sowohl die zeitliche als auch die ideologische Distanz sind zu groß. Größtmögliche Annäherung ist das Ziel, wozu eine exemplarische Wahrheit eher führt als eine der faktischen Genauigkeit.

Indem Karsch in seinem Bemühen um Formen und konventionelle Methoden der Recherche, des Interviews, des Schreibens, des Textaufbaus skeptisch gezeigt wird, erhalten diese im Roman den Status des Möglichen, der denkbaren, aber auch ungeeigneten Variante. Wenn es heißt, daß Karsch „die Filmberichte blind in Notizen umschrieb“ (DB 270), oder daß er „ohne Lust ein altes Fotoalbum von Achims Familie in Bildbeschreibungen“ (DB 284) umsetzte, so stehen diese Verfahren in einer Reihe von Verfahren, die auf ihre Tauglichkeit für bestimmte Zwecke, auf ihre Funktion hin untersucht werden: „Ein anderes Verfahren konnte... zeigen...“ (DB 269). Anders als in Max Frischs „Gantenbein“–Roman sind die Varianten jedoch nicht dazu da, die Fiktionalität des Erzählens überhaupt zu demonstrieren, sondern immer im Zusammenhang eines, wenn auch modernen, sich selbst problematisierenden, realistischen Schreibens zu sehen. Nicht das So–könnte–es–sein beschäftigt Johnsons Erzähler, sondern das So–könnte–es–gewesen–sein. Der Bezug zu einer geschichtlichen und gesellschaftlichen Wirklichkeit wird nie in Frage gestellt. Gerade er ist die ästhetische Herausforderung, die durch den gesamten Roman verfolgt und erörtert wird.

Damit hängt auch das Problem der aufzählenden Wiedergabe, des Versuchs einer lückenlosen Beschreibung[10], zusammen. Fragen zum Verhältnis von Aufzählen und Erzählen spielen im Kontext der Realismus–Diskussion im „Dritten Buch“ eine wichtige Rolle.

Auch wenn Karsch „nicht gern auf Gegenstände“ verzichtet, muß er sich von Achim sagen lassen: „Alles können Sie ja doch nicht schreiben, ja?... Nu müssen Sie auswählen, ja, und da nimmt man doch das Wichtigste, ja? worauf es ankommt, Mensch!“ (DB 195). Kritik äußert der Erzähler an Karschs Vergleich von Ost und West mit statistischer Tendenz (im Osten gibt es „viel weniger junge Leute“ auf der Straße): „Das konnte Herr Karsch doch gewiß nicht beweisen! Er würde sich am Ende überhaupt kaum in einer so abzählenden Weise an die Wirklichkeit wenden wollen: nicht wahr?" (DB 126). Ironie und ironischer Tonfall stellen eine deutliche Distanz zum Verfasser der problematischen Sportlerbiografie her, in der wiederholten Anrede als „Herr Karsch" etwa, die einige Sätze zuvor noch distanzierter klingt: „Wie waren gefälligst Herrn Karschs Eindrücke von der Öffentlichkeit dieses Landes?". Der Kommentar kritisiert eine Wirklichkeitsbeschreibung in 'abzählender Weise', in der Ironie, unsichere Annahme und Hoffnung zusammenkommen: 'doch gewiß nicht', 'kaum', 'wird sich kaum wenden wollen', vor allem in dem formalen Fragenachsatz 'nicht wahr?'. Ob Karsch mit der 'abzählenden' Methode arbeitet, ist demnach nicht ausgeschlossen, ist aber auch unwichtig. Die Möglichkeit erfüllt schon die Funktion: Sein Vorhaben und vor allem sein Vorgehen werden Gegenstand der romaninternen Kritik und dienen so erneut der Demonstration und Erörterung der romaneigenen Schreibproblematik.

Die lückenlose Darstellung des Lebenslaufes eines bekannten Sportlers der DDR ist jedoch nicht Karschs Absicht, teilt der Erzähler dann entschieden dem Leser mit. Es geht wieder nur um eine Variante der Darstellung, eine Möglichkeit: „Nun wollte Karsch nicht alle zehn Radfahrjahre nacheinander beschreiben" (DB 266), nicht die Rolle des Chronisten einnehmen, sondern Erzähltes und Erlebtes, bzw. Beobachtetes und Erfahrenes verbinden. Erforderlich ist die Auswahl, die Notwendigkeit zu streichen. In die Schilderung des Karrierebeginns, Einzelheiten und einzelne Eindrücke der Entdeckung Achims als Radfahrtalent, die Innen- und Außensicht zu verknüpfen versucht, platzt die Frage „Ist da auch was zu streichen?" (DB 200). Der Erzähler betrachtet seinen eigenen Bericht unter diesem Gesichtspunkt.

4. Demonstrationsfunktion: Zum Verhältnis von Erzähler und Figur

Wo der Erzähler poetologische Erörterungen anstellt, nimmt er die Auseinandersetzungen zwischen Gesine und dem 'Genossen Schriftsteller' in den „Jahrestagen", vor allem über den 'Erzählvertrag', vorweg. Im „Dritten Buch" erfolgen sie noch einseitig, als Erzählerreflexion in eigener Sache. Es gibt keinen Dialog zwischen Erzähler und Figur, nur, traditionell, die Anrede des Lesers. Der Erzähler ist die alleinige Entscheidungsinstanz, die immer wieder gegenüber dem Leser argumentiert, kommentiert, legitimiert.

Seine Erklärungen und Kommentare beziehen sich dabei weniger auf Achim als auf das Buch über Achim, weniger auf das zu Beschreibende als auf das (Be)Schreiben. Schon der Auftakt erfolgt in Form grammatischer und stilistischer Reflexionen: über Sätze und Satzzeichen, über Formulierungsfragen. Erörterungen der Grenzen, Hindernisse und Möglichkeiten des Schreibens, das sich selbst problematisierende (Be)Schreiben bilden das eigentliche Thema des Romans (und die untrennbare Kehrseite des deutsch–deutschen Themas). Ihm entspricht die erzähltechnische Konstruktion der Verschränkung von Erzähler– und Figurendiskurs.

a) Grenzgänge zwischen dem Erzählten und dem Erzählen

Karsch hat (im Unterschied zu Gesine in den „Jahrestagen") kein Mitspracherecht. Doch er hat entscheidende Funktion: Er ist das Medium und der archimedische Punkt für den Erzähler des Romans. Es ist schwer, die eng verschränkten Ebenen von Erzähler und Figur überhaupt zu trennen. Die bisherigen Überlegungen zu Johnsons Roman hatten mit dieser Schwierigkeit zu kämpfen. Was von und über Karsch gesagt und erfahren werden kann, ist perspektivisch; er hängt am demonstrativen Faden. Die Achim–Geschichte dient als erzählte Erzählung: Die Grenze zwischen den beiden deutschen Staaten führt Johnsons Erzähler, beim Versuch sie mit literarischen Mitteln zu 'beschreiben', zwangsläufig zu Grenzgängen zwischen dem Erzählten und dem Erzählen. Sie zeichnen sich ab in dem schon angesprochenen Wechsel von Beschreibung und „Beschreibung einer Beschreibung" (so lautete der von Johnson ursprünglich vorgeschlagene Romantitel, BU 173ff.). Die abschließenden Worte des Romans heben seine grundsätzliche Doppelbödigkeit – die Ereignisse einerseits und die Darstellung der Ereignisse andererseits – noch einmal hervor: „Die Personen sind erfunden. Die Ereignisse beziehen sich nicht auf ähnliche sondern auf die Grenze: den Unterschied: die Entfernung und den Versuch sie zu beschreiben" (DB 337).

Um sich dieser Strategie bewußt zu werden, muß man jedoch nicht bis ans Ende des Romans gehen. Sie zeichnet sich vom uneigentlichen Beginn an ab, sie strukturiert den Roman. Karschs Schreibversuche legt der Erzähler dem Leser pedantisch auseinander. „Beschwere dich nicht", heißt es im Anschluß an die indirekte Wiedergabe von Achims Informationen über seinen Werdegang, einem von vielen Perspektivenwechseln des Erzählers hin zum Leser: „Damit aufhörend erkläre ich dir endlich die vorletzten Pläne zur Ordnung der Zettel, auf denen Karsch Stücke aus Achims Leben bereithielt" (DB 265). Die Illusion einer einfachen Lebensbeschreibung löst sich mit der Hinwendung zum Thema Schreiben auf. Der nicht allwissende Erzähler weiß über Karschs Methoden Bescheid und 'erklärt' sie dem Leser.

Die Diskrepanz zwischen dem Erzählerwort und dem Wort des Protagonisten ist die Diskrepanz zwischen der unerhörten Situation und den unzureichenden Mitteln, diese zu beschreiben, zwischen der paraliptischen Demonstration dieser Mittel am Romanbeginn und den im Roman gezeigten Versuchen des Helden.

Dabei darf Karschs zweifelndes Bewußtsein seiner Probleme beim Schreiben nie vergessen werden. Die Schwierigkeiten des Schreibens treten nicht nur zwischen Erzähler und Figur, in deren Konfrontation auf der Erzählerebene, hervor, sondern auch als Konflikt im mehrschichtigen und mehrfunktionalen Entwurf der Figur selbst und auf der Ebene des Erzählten, in Gestalt anderer Figuren, im Verhältnis Karschs zu diesen Figuren. Achim nimmt solche Kontroll- und Kritikfunktion wahr, auch Karin. Überzeugender noch tun dies Nebenfiguren, wie etwa Frau Ammann. Von Karsch befragt, kritisiert sie dessen Methoden, die Gefahr etwa, nur private Informationen wiederzugeben, ohne Rücksicht auf den Leser, der aus dem, was er von Karsch „über Achims Leben gegen Ende des Krieges" erfährt, nichts lernen könne. „Denken Sie an all die Menschen, die das Buch lesen werden", zwingt Frau Ammann den Gast aus dem Westen, sich mehr Mühe mit seinen Entwürfen zu machen, erneut die Fragen zu stellen „Wer war Achim damals, was wußte er, was begriff er überhaupt?" und bei ihr nachzufragen: „Sie denken daran daß Achims Vater gelernt haben könnte und mit ihm ein vorstellbarer Leser aus der Parade ordentlich gereihter Leichen im sommerlichen Park vor dem qualmenden Hauptbahnhof" (DB 140).

Von Beginn ihres Gesprächs an hat Frau Ammann den Eindruck, daß Karsch sie nicht versteht. Doch ihre Kritik an seinen Entwürfen, ihr Widerspruch und Widerstand gegen seine erst tappenden, dann tastenden Versuche zu verstehen, seine Nachfragen und Korrekturen führen zu einer Szenerie der letzten Kriegstage als eines bedeutsamen Abschnitts in Achims Leben, die, von verschiedenen Seiten beleuchtet, nun einen wesentlich verbesserten Entwurf ermöglicht: einen Schritt vorwärts in Richtung 'Wahrheit' des Erinnerten, wenn nicht für Karsch, so doch für den Erzähler und den Leser, auf den Frau Ammann aufmerksam macht. So ist die ästhetische Herausforderung, die Leserdimension eingeschlossen, in den Vorgängen um Karsch präfiguriert und für die Zwecke des Erzählers, seinen leserorientierten poetologischen Diskurs, zurechtgemacht.

Das Erzählen wird zum eigentlichen Erzählten, immer mit der Einschränkung, daß das Erzählte zweiten Grades seine Funktion und Bedeutung nicht sich selbst verdankt oder einem allgemeinen ästhetischen Interesse an modernen Erzählweisen[11], sondern seiner wie auch immer noch bestehenden Korrelation mit dem Erzählten ersten Grades: Der Lebenslauf ist zunächst eine Textform, mit einem nicht mehr selbstverständlich funktionierenden Bezug zu den aufgelisteten Ereignissen und sonstigen Informationen aus dem Leben eines Menschen. Doch in seiner Verweigerung und Brechung läßt der Lebenslauf die Ereignisse, mit denen er naiverweise einmal gleichgesetzt wurde, noch erkennen. Karsch wird vom Erzähler als Rechercheur 'benutzt': Der 'erfahrene Journalist' bringt mit seinen Nachforschungen und Fragen 'Vergessenes und Verdrängtes ans Licht'. Eine Funktion Karschs besteht also darin, selbst, als Mann der Medien, zum Medium für den Erzähler des Romans zu werden – ein Kriterium mehr, das die Berufswahl für diese Romanfigur zwingend erscheinen läßt. Karsch ist allerdings ein Medium, das, anders als eine von sich selbst absehende 'Kamera', von Beginn an die Aufmerksamkeit des Erzählers und des Lesers auf sich lenkt und das Vergessene und Verdrängte eher durchscheinen läßt als beleuchtet. Im Übergang vom Medium zum Gegenstand des Erzählens, im Pendeln zwischen beiden Aspekten, besteht die zentrale Funktion Karschs: Medium der Ereignisse und Demonstrationsfigur für die (Auto)Reflexion des Erzählers in einem zu sein. Beide Aspekte sind untrennbar. Über die Ereignisse kann man nicht mehr berichten ohne die Bedingungen des Berichtens einzubeziehen; die Notwendigkeit der Autoreflexion zeigt sich an den Ereignissen, an der 'unerhörten' Situation.

Vor allem mit dem zweiten Aspekt tritt das Profil des Erzählers als Kommentator und Kritiker deutlich hervor. Bei der Rekonstruktion von Achims Kindheit unter den Verhältnissen des Dritten Reichs, seiner mutmaßlichen Zugehörigkeit zur Hitlerjugend, kommentiert der Erzähler Karschs Methode der Wahrscheinlichkeitsannahme so:

> „Ich gebe zu: als er irgend wo auf die frühere Zugehörigkeit des Vaters zur (inzwischen verbotenen) sozialdemokratischen Partei gestoßen war, fing er an mit zu spielen mit dem leeren Raum, der zwischen dieser Angabe und einer Wahrscheinlichkeit gelegen Möglichkeiten ansog: wenn Achim sich darum nicht kümmert, muß er es später richtigstellen. Selber schuld" (DB 81–82).

Der Erzähler, der dem Leser Karsch bei der Arbeit zeigt, ihm immer wieder Proben dieser Arbeit vorlegt, unterbricht die Vorstellung (seine Vorstellung von Karschs Arbeit und deren Vorstellung gegenüber dem Leser) mit der Frage „Und wenn es nun doch ganz anders war?" Impliziert wird ein Begriff von Genauigkeit, der auf eine andere Genauigkeit zielt als die, um die der Erzähler anfangs 'verlegen ist'. Der Beginn hatte mit bekannten aber unverständlichen und daher schwer beschreibbaren 'Tatsachen' zu tun; hier weiß man nichts Genaues, die Erinnerung ist problematisch, oder man verschleiert aus propagandistischen Gründen. Doch die exemplarische Wahrheit von Karschs szenischem Entwurf, das „So–könnte–es–gewesen–sein" wird verteidigt. Wenn es auch anders war,

> „den schulfreien Tag würde er immer brauchen können. Irgend wann hatte gewiß auch Achim die Schule geschwänzt: wenn auch vielleicht ein anderes Haus in einer anders riechenden Straße. Um das vorgebliche Warten auf Eckhart war es schade im ganzen, aber was da zusammenkam würde auch bei anderer Gelegenheit zu verwenden sein. Für einen anderen Tag, für andere Umstände" (DB 86).

Entschuldigend bzw. erklärend fügt der Erzähler hinzu, daß es sich nur um „Vorarbeiten" handle, um „kurze Notizen meist mit Fragezeichen", mit dem signifikanten Hinweis auf die eigene Berichtpraxis, wonach er die Notizen mitteile, nicht so genau, sondern „so ungefähr ich sie dir eben herausschreiben kann (das Manuskript hat Achim behalten)".

b) Karsch als 'Figur' des Erzählers

Die Projektion der Lage und des Bewußtseins der Figur auf die Lage und das Bewußtsein des Erzählers bildet das fundamentale Gerüst des Romans. Sie ist die logische Konsequenz der kritischen Beobachtung von Karschs Schreibversuchen. So wie Karsch Achims Geschichte zu schreiben versucht und dabei gezwungen ist, auszuwählen, zu gewichten, zu werten, sieht der Erzähler sich vergleichbaren Problemen und Konsequenzen beim Versuch gegenüber, Karschs Geschichte zu schreiben. „Ein für die kommenden Male will ich dir", dem Leser, „zu diesen beiden Zimmern sagen", was in ihnen sich wiederholt abgespielt hat, immer wieder auf dieselbe Weise, „immer sprachen sie über das Leben Achims und ob man es beschreiben könne", so daß „er", Karsch, „solche Nachmittage insgesamt als einen erinnert". Für den Erzähler stellt sich die poetologische Frage:

> „Wozu sollte ich dir jedes Mal von neuem bedeutsam abgezögerte Zigaretten hinhalten und mutmaßlichen Ausdruck in der Bewegung von Teetassen vor schweigendem Mund: was gewännest du vom Beschreiben atmenden Aufstülpens ihrer sehr bekannten langen Lippen (was soll das heißen. Und selbst Weinen wäre auszufragen: warum weinst du), wird dir die gläserne Verspródung ihrer Stimme zum Zwecke von Spott nützlicher, wenn ich sie mehrmals nachsage; es war stets die selbe bunte Fransendecke aus der Slowakei, über ihre Beine weißt du Bescheid, leise atmend lag sie gastlich in dem hellen sauberen Hohlraum ..." (DB 130f.).

Das sich in der Lebenswelt Wiederholende, muß, besser sollte sich nicht im literarischen Text wiederholen. Was für Karsch gilt, gilt auch für den Erzähler: Aufzählen ist nicht gleich Erzählen, ein Wiederholen 'stets derselben' Dinge, Vorgänge, Szenen ist überflüssig in einem literarischen Text, dem es nicht um Statistik, sondern, 'immer noch, um Wahrheit' geht. Zugleich hat die Stelle paraliptische Funktion; sie setzt die Erzählhaltung des Anfangskapitels fort und bringt so die 'Dinge' erst zur Sprache, die Ereignisse und die Probleme ihrer 'Beschreibung'.

Dabei gibt sich der Erzähler 'kleinmütig' und 'unsicher' und ergänzt diese Bekenntnisse schließlich um die selbstkritische Einschränkung, um Genauigkeit verlegen zu sein. Der Erzählerentwurf im Roman stimmt wiederum mit Johnsons Poetik dieser Zeit überein. Ausgehend von den deutsch–deutschen „Bedingungen des Themas" zieht er unter anderem die Konsequenz des Erzählers, der seine „Allwissenheit" verloren hat und dies auch zugeben sollte. Der Erzähler des Romans unterscheidet sich darin von Karsch als dem 'Erzähler' des Buches über Achim, der zwar selbst als Zweifelnder erscheint, aber immer noch in der Haltung eines traditionellen Erzählers, eines Berichterstatters, der vielleicht nicht vorgibt, alles zu wissen, aber doch vorgibt, von sicherem Wissen, von Tatsachen zu schreiben, wo er tatsächlich erfindet, vermutet, sich vorstellt. Deutlich wird dieser Widerspruch erst aus der Sicht und in den Einlassungen des Erzählers.

Karsch dient dem Erzähler des Romans, seine Bedenken gegen die Methoden des schlichten Erzählens vom Romanbeginn fortzusetzen, aber auch die Methoden des Journalisten aufzudecken und zu hinterfragen. Vor allem aber dient ihm der Entwurf des berichtenden Protagonisten als Kontrast beim Versuch, die eigene Funktion aus der Negation zu bestimmen. „Der Verfasser sollte zugeben, daß er erfunden hat", schreibt Johnson im Essay (BS 20), „er sollte nicht verschweigen, daß seine Informationen lückenhaft sind und ungenau". In diesem Roman steckt der Akt der Entblößung fiktionaler Verfahren im Verhältnis von Erzähler und Held. Der Erzähler gibt zu, daß Karsch die Lücken zwischen Informationen mit Annahmen (wenn auch von Wahrscheinlichkeit) füllt. Wieder ist Karsch das Negativ für den Erzähler, der an ihm

> „die schwierige Suche nach der Wahrheit ausdrücklich vorführt, indem er seine Auffassung des Geschehens mit der seiner Person vergleicht und relativiert, indem er ausläßt, was er nicht wissen kann, indem er nicht für reine Kunst ausgibt, was noch eine Art der Wahrheitsfindung ist" (BS 21).

Dem Leser erscheinen beide in einem Verhältnis, das in der modernen, sich selbst problematisierenden Erzählliteratur wiederholt und in Variation als tragende Methode verwendet wird: Karsch steht zum Erzähler im „Dritten Buch über Achim" wie der nicht oder kaum verstehende Held, an dem der überlegen reflektierende Erzähler den Leser verstehen läßt[12]. Es ist dabei kein Widerspruch: die Allmachtspose aufzugeben, und eben das souverän zu tun, etwa indem dieser Wandel, das heißt das Erzählen selbst, zum Gegenstand des Erzählens gemacht wird.

Schlußbemerkung

Wahrheitsfindung ist für den Romanschriftsteller Uwe Johnson ein zentrales Anliegen. Erst daraus ergeben sich für ihn ästhetische Konsequenzen: der Erzählmittel, der Erzählverfahren, aber auch des Bewußtseins der zunehmend problematischen und immer schwieriger zu fassenden Beziehungen zwischen Text und außertextlichen Wirklichkeiten. „Das dritte Buch über Achim" zeigt früh die Konstanten der Kunsthaltung Uwe Johnsons: Indem darin die Schwierigkeiten des Schreibens (im 20. Jahrhundert) ausdrücklich vorgeführt werden – in einer komplexen, die „Jahrestage" teilweise vorwegnehmenden Konstruktion und Montage paradigmatischer traditioneller und trivialer Schreibversuche – kann (noch einmal oder wieder einmal) weitergeschrieben werden, auf moderne Weise 'realistisch'.

Anmerkungen

1 von dem Roman, der „seinem realistischen Erbe treu bleiben will", fordert, „auf einen Realismus zu verzichten", der nur „die Fassade reproduziert", s. Theodor W. Adorno: Standort des Erzählers im zeitgenössischen Roman. In: Ders.: Noten zur Literatur. Frankfurt/M.: Suhrkamp Verlag, 1974, S. 43. – Im „Offenen Brief an Rolf Hochhuth" erinnert Adorno an „die Absurdität des Realen", die „auf eine Form drängt, welche die realistische Fassade zerschlägt" (a. a. O., S. 595).

2 Ingrid Riedel: Johnsons Darstellungsmittel und der Kubismus. In: Über Uwe Johnson. Herausgegeben von Reinhard Baumgart. Frankfurt/M.: Suhrkamp Verlag, 1970, S. 70. (= edition suhrkamp. 405).

3 Vgl. Wolfgang Paulsen: Uwe Johnson. Undine geht: Die Hintergründe seines Romanwerks. Tübingen, Bern: A. Francke, 1993, S. 61. – Vgl. außerdem die Beiträge des Internationalen Uwe-Johnson-Symposiums vom 22. bis 24. September 1994 in Neubrandenburg. In: Uwe Johnson zwischen Vormoderne und Postmoderne. Herausgegeben von Carsten Gansel und Nicolai Riedel. Berlin, New York: Walter de Gruyter, 1995.

4 Stefanie Golisch: Wahrheitsfindung als politische und ästhetische Kategorie. Anmerkungen zum Werk Uwe Johnsons. In: Wenigstens in Kenntnis leben. Notate zum Werk Uwe Johnsons. Herausgegeben von Carsten Gansel. Neubrandenburg: federchen-Verlag, 1991, S. 53.

5 Wolfgang Paulsen: Uwe Johnson. Undine geht, a. a. O., S. 62.

6 Vgl. Wolfgang Preisendanz: Wege des Realismus. Zur Poetik und Erzählkunst im 19. Jahrhundert. München: Wilhelm Fink Verlag, 1977, S. 217. (= Kritische Information. 49) und Hans Blumenberg: Wirklichkeitsbegriff und Möglichkeit des Romans. In: Nachahmung und Illusion. Herausgegeben von Hans Robert Jauß. München: Wilhelm Fink Verlag, 1969, S. 10. (= Poetik und Hermeneutik. 1).

7 Wolfgang Paulsen: Uwe Johnson. Undine geht, a. a. O., S. 68.

8 Roland Barthes: Introduction à l'analyse structurale des récits. In: Communications (Paris), 1966, Heft 8, S. 21.

9 In den „Jahrestagen" ist die (Re)Konstruktion des Vergangenen in der Erinnerung und mittels Gedächtnis nicht nur ein Hauptelement der Erzähltechnik und der Romanstruktur, sondern auch Thema der romanimmanenten Reflexion.

10 Das Problem der aufzählenden, lückenlosen Beschreibung ist eine thematische Konstante in Johnsons Erzählen, Thema etwa auch der Gespräche zwischen Gesine und dem Schriftsteller in den „Jahrestagen".

11 Johnsons 'Realismus aus den Denkformen der Moderne' bringt einen Roman wie „Das dritte Buch über Achim" einerseits in eine Reihe von Romanen, die das Buch im Buch schreiben, macht aber auch den Unterschied in der Absicht, immer noch an 'der Wahrheit interessiert' zu sein, deutlich. Die Technik der 'mise en abyme', etwa eines André Gide in den „Faux–Monnayeurs", taugt für dieses Wahrheits–Interesse und die 'Genauigkeit', die der Erzähler im Roman von Johnson anstrebt, weniger.

12 Vgl. Umberto Ecos Hinweis auf die Funktion des Serenus Zeitblom in Thomas Manns „Doktor Faustus" und die davon beeinflußte Konzeption des Adson in seinem eigenen Roman „Il nome della rosa": „Das Vorbild dafür war ... der Serenus Zeitblom ... Alles begreiflich machen durch einen, der nichts begreift." Vgl. Umberto Eco: Postille a 'Il nome della rosa'. Milano: Bompiani, 1983. In deutscher Übersetzung u. d. T. „Nachschriften zum 'Namen der Rose'". München: Deutscher Taschenbuch Verlag, 1986, S. 41f. (= dtv 10552).

CARSTEN GANSEL, OLIVER FRITSCH

„Klischeebildung statt Wahrheitsfindung"? oder vom „Platz des Erzählers".

Zum Konstruktionsprinzip von Uwe Johnsons „Zwei Ansichten"

Ein Blick auf Uwe Johnsons „Zwei Ansichten" und ihre Rezeption zeigt Widersprüchliches.[1] Der Text wurde in der Phase der Erstrezeption hinreichend und trotz verschiedener Einwände insgesamt positiv rezensiert, mehr als 70 zum Teil umfangreiche Besprechungen sind nachweisbar.[2] Auch das Leserinteresse war nicht gering, der Text stand auf den Bestsellerlisten und verkaufte sich – im Vergleich zu anderen Johnson–Texten – gut. Bis 1991 wurden von den „Zwei Ansichten" ca. 115.000 Exemplare verkauft.[3] Dennoch verebbte das literaturkritische Interesse schon bald, und ein literaturwissenschaftliches kam gar nicht erst zustande. Die „Zwei Ansichten" blieben nahezu außerhalb der Betrachtung, und daran hat sich bis heute wenig geändert.[4] Bernd W. Seiler hat kürzlich vermutet, daß die geringe Wertschätzung der „Zwei Ansichten" mit dem literaturwissenschaftlichen Frage–Interesse zusammenhängen könnte. Er sieht es seit Johnsons Debüt mit den „Mutmassungen über Jakob" vornehmlich auf zwei Aspekte ausgerichtet, *erstens* auf die 'Formqualitäten', also die „erzählerischen wie darstellerischen Besonderheiten" und *zweitens* auf Johnsons Figurenkosmos mit seinen innerliterarischen Bezügen. Unter diesen Aspekten habe man mit den „Zwei Ansichten" wenig anfangen können, denn die „Zwei Ansichten" seien „geradlinig und transparent erzählt" und zur Mecklenburg–Welt fänden sich keine Bezugspunkte.[5]

Bernd W. Seilers Überlegungen mögen zutreffen, aber ein weiterer Grund für die ausgebliebene wissenschaftliche Auseinandersetzung könnte darin liegen, daß die Formqualitäten der „Zwei Ansichten" nur bedingt erkannt worden sind und sich statt dessen Wertungen vom traditionelleren bzw. einfacheren Erzählen verfestigt haben. Schließlich wird die wenig schmeichelhafte Darstellung des B., der als Repräsentant des Westens gedeutet wurde, die bundesdeutsche Rezeption eher gebremst, denn motiviert haben. Diesen Fragen sei im weiteren nachgegangen. Zu diesem Zweck erfolgt zunächst eine knappe

Sichtung der Erstrezeption des Textes. Es geht sodann um eine Betrachtung des Textanfangs der „Zwei Ansichten", wobei nach dem Verhältnis des Erzählers zu seinen Figuren zu fragen ist. Schließlich wird das Konstruktionsprinzip der „Zwei Ansichten" untersucht und der Frage nachgegangen, wie die „Zwei Ansichten" in Johnsons Poetologie und zu seinem Anspruch auf Wahrheitsfindung passen. Die *Analyse der Erzählstruktur* steht im vorliegenden Beitrag im Zentrum, inhaltliche Aspekte wie Fragen nach dem 'politischen Sachgehalt' (Bedeutung des Mauerbaus, Leben im geteilten Deutschland), dem Scheitern der Beziehung oder Anklängen an den Romeo–und–Julia–Stoff spielen daher in diesem Rahmen eine sekundäre Rolle.[6]

I Das Klischee siegt oder Prosaische Selbstverstümmelung? Koordinaten der Erstrezeption

Fabel bzw. Sujet der „Zwei Ansichten" lassen sich knapp so beschreiben:

> Ein 25jähriger Fotograf aus Schleswig–Holstein, im Roman wird er B. genannt, lernt im Januar 1961 bei einer privaten Feier in Westberlin die 21 jährige Krankenschwester D. kennen. Sie kommt aus Ostberlin. B. verliebt sich ein wenig in sie, besucht sie öfter und wird durch den Bau der Mauer im August 1961 scheinbar unwiderruflich von ihr getrennt. In einer Westberliner Kneipe kommt er in Kontakt mit einer Gruppe von Studenten, die als Fluchthelfer arbeiten. B. bietet der D. an, sie aus Ostberlin herauszuholen. Nach einigem Zögern sagt sie zu. Als sie dann ein halbes Jahr später in Westberlin eintrifft, ist von Liebe nicht mehr zu reden. Die Stunde der Wiederbegegnung wird zur Stunde der Trennung. Es wird offensichtlich: beide haben sich eigentlich von Beginn an so viel nicht zu sagen, um wirkliche Liebe handelt es sich nicht. Vielleicht war es nur die Mauer, die eine Art Gefühl für einander hatte entstehen lassen.

Obwohl nach dem Erscheinen der „Zwei Ansichten" wiederholt ihre Bedeutung hervorgehoben und Johnson als 'großer Erzähler' gefeiert wird, finden sich in nahezu allen Besprechungen bereits offene oder versteckte Hinweise auf eine gewisse Typenbildung und Klischeehaftigkeit der Darstellung. Vereinzelt wird die Erzählung auch mit Hinweisen auf Kolportage–Elemente und eine vermeintliche „prosaische Selbstverstümmelung" verrissen:

> „Hier wie dort dämmert Stadtrandmilieu, hier wie dort spürt man in fast jeder Zeile eine Bewußtseinsenge, die zwar den lastenden Verhältnissen angemessen erscheinen mag, zugleich die Souveränität des Autors gegenüber seinem Stoff und seinen Charakteren vermissen läßt. Die Perspektive eines Mannes, der ungewaschen mit schmutzigem Hemd in einer Würstchenbude frühstückt (bei Johnson wie Böll) hat unbesteitbar ein Recht auf literarische Darstellung. Aber es ist *Selbstverstümmelung* und *dilettierender Realismus*, wenn ein Schriftsteller alle anderen Blickmöglichkeiten

ignoriert und so tut, als sei eine alkoholumflorte Nabelschau der einzige Weg, die Wahrheit zu schreiben.“[7]

Fast durchgängig werden B. und D. als 'Repräsentanten' von Bundesrepublik (B.) und DDR (D.) gesehen. „Johnson hat sich entschlossen“, so kann man lesen, „uns die zweigeteilte Situation an einem Beispiel zu demonstrieren...: an einem Paar, *das sich liebt* und zusammen will ... Ansicht 1 (oder B., oder West): ... Ansicht 2 (oder D., oder Ost)...“.[8] Wiederholt ist von Typen die Rede, von unerlaubter Vereinfachung, ja von Klischeebildung. In Absetzung etwa zu den „Mutmassungen über Jakob“ heißt es:

> „Hier ist keine Rede mehr davon, daß der Erzähler das eigentliche Geheimnis seiner Personen mutmaßend umkreist und im Kern unangetastet läßt. Beide, der Fotograf und die Krankenschwester, sind so eindeutig festgelegt und von einem *allwissenden Erzähler so restlos durchleuchtet*, daß man fast schon von einer unerlaubten *Vereinfachung* sprechen muß.“[9]

Da beide als Repräsentanten, als Typen gesehen werden, ist es erklärlich, wenn sich die Rezensenten mit dem Status des B. und der D. auseinandersetzen. Während der D. noch „wachsende Eindringlichkeit“ bescheinigt wird[10], entzündet sich der Widerspruch zwangsläufig an der Figur des jungen Herrn B., der als Repräsentant West verstanden wird. Urs Jenny notiert: „der junge Herr B. (B. wie Bundesrepublik) macht insgesamt also eine recht miese Figur: ein bisschen rührselig (und auch noch stolz darauf), unentschlossen, feige [...].“[11] Diese Distanz gegenüber der Person des jungen Herrn B. durchzieht sämtliche Rezensionen und wird Johnson als gestalterische Schwäche angelastet. Mit B. sei von der westdeutschen Welt „ein Klischee aus Sportwagen, Wohlstandserotik und Fluchthelferorganisationen“ entstanden.[12] Die Figur des Herrn B. sei „zweifach mißlungen, B. ist weder als individuelle Figur noch als Repräsentant der Bundesrepublik überzeugend. Zwangsläufig mißlingt auch die Beschreibung Westdeutschlands, die aus der Perspektive B.s erfolgt“.[13] Die Frage, ob das von der Rezensentin vermeintlich behandelte „Thema“ überhaupt mit der Intention Johnsons und dem Text übereinstimmt, wird gar nicht gestellt.

Doch nicht nur die Figurengestaltung gerät unter Kritik, Johnsons Erzählweise insgesamt wird in Frage gestellt. Selbst ein sensibler Analytiker wie Reinhard Baumgart glaubt, „eine Entwicklung zum schlicht gesagt 'Einfacheren'“ auszumachen.[14]

Die Kritik an Johnsons Art und Weise des Erzählens führt bei anderen Rezensenten zur Kritik auch an Sprachstil wie erzählerischen Mitteln insgesamt. Von „neonaturalistische(m) 'Preßluftstil'“ ist die Rede und davon, daß der Verzicht auf den Dialog und die indirekte Rede als „Dauereinrichtung“ ermüden und langweilen würde.[15] Offensichtliche Fehleinschätzungen unterstreichen die Schwierigkeiten der Kritiker mit den „Zwei Ansichten“:

> „Uwe Johnson läßt den B. und die D. jeweils ein Kapitel schreiben. Aus solcher Optik *zweier Ich–Schilderungen* (sic!) ergeben sich die „Zwei Ansichten“ von Berlin. *Keiner sagt ein Wort über Dinge, die er nicht mit eigenen Augen gesehen hat.*“[16]

Auch Manfred Durzak kommt in einer differenzierten Untersuchung der „Zwei Ansichten“ letztlich doch zu dem Ergebnis, daß Johnson von dem Vorwurf klischeehafter Darstellung nicht freizusprechen sei. Sein Resümee lautet:

> „Hat Johnson in seinen beiden vorangegangenen Romanen versucht, gerade die Klischees zu durchbrechen und die disparate Wirklichkeit dahinter zu zeigen, so *präsentiert er hier gleichsam das Klischee als eigentliche Wirklichkeit*, dargeboten in einer geradlinigen *konventionellen* Erzählweise.“[17]

Hat sich also hinter dem Rücken des Autors Johnson, der doch auf Wahrheitsfindung aus ist, gewissermaßen Klischeebildung eingeschlichen?

II Der B. und sein Sportwagen oder Die „ersten zwei Seiten wenigstens versuchen zu lesen“

Um darauf eine Antwort geben zu können, wird es im weiteren um ein aufmerksames Lesen gehen, ein Lesen, an dem Johnson immer interessiert war. Johnson hat zudem wiederholt sein Darstellungsprinzip formuliert, wonach es darum gehe, jene Form zu finden, um die „Geschichte unbeschädigt zur Welt zu bringen“. Mit dieser – sagen wir – Geburtsmetapher war es ihm durchaus Ernst. Das erklärt, warum Johnson die Erzähltechnik seiner Texte zumeist explizit erläutert hat.[18] Ihm kam es darauf an, wie Norbert Mecklenburg zutreffend bemerkt, eine Geschichte auf eine Weise zu erzählen, die den Leser nicht „in Illusionen hineinführt, sondern ihm zeigt, wie diese Geschichte ist“, d. h., wie sie gemacht ist. Der Rezipient soll beim Lesen nachvollziehen können, wie der Autor „an das Erzählte geraten ist und wie er es anstellt mit dem Erzählen.“[19]

Womit aber beginnen? Es ist dies eine Frage, die bei der Analyse literarischer Texte beständig wiederkehrt. Die einfachste Antwort könnte lauten: Beginnen wir mit dem Textanfang. Genau dies haben verschiedene Untersuchungen zu Johnsons „Jahrestage“ getan und gezeigt, daß der Romananfang bereits die maßgeblichen thematischen Fragestellungen und personalen Verbindungslinien konzentriert entfaltet.[20] Eine weitere Bestätigung für ein so gesteuertes Analysevorgehen findet sich bei dem für den Johnsonschen Realismus wichtigen Theodor Fontane, der die besondere Bedeutung des Romananfangs hervorhob:

> „Man kann nicht Fleiß und Kritik genug auf das erste Kapitel verwenden, um der Leser willen, aber vor allem um der Sache willen; an den ersten 3 Seiten hängt immer die ganze Geschichte.“[21]

Johnson wiederum hatte in den „Jahrestagen" Theodor Fontane zum Gegenstand des Literaturunterrichts gemacht und damit gleichsam seine Auffassungen vom Lesen wie von Textinterpretation vorgeführt. Die Klasse 11 A behandelte den „Schach von Wuthenow", und sie erhielt zunächst die Aufgabe, „die ersten zwei Seiten wenigstens versuchen zu lesen" (JT 1697). Verfährt man also vergleichbar bei Johnsons Text „Zwei Ansichten", dann wäre der erste Satz zu beachten, und der lautet:

> „Der junge Herr B. konnte die Hand auf großes Geld legen und kaufte einen Sportwagen" (ZA 7).

Mit dem Satz wird ein Ergebnis mitgeteilt, nämlich daß ein „junger Herr B.", man erfährt seinen Namen nicht, und es heißt auch nicht „junger Mann", daß dieser B. also an viel Geld gekommen ist. Er hat es allem Anschein nach nicht auf ein Sparbuch überwiesen, sondern sich einen Sportwagen gekauft. Gibt es nichts Wichtigeres für ihn, könnte man nach diesem ersten Satz fragen. Zu denken wäre, daß B. finanziell sorgenfrei lebt, es sich vielleicht um einen Sohn aus begütertem Hause, einen Playboy oder – wie man heute sagen könnte – einen Yuppie handelt. Doch der nächste Abschnitt korrigiert diese Überlegung. Was folgt, läßt sich mit Eberhard Lämmert als „aufbauende Rückwendung" bezeichnen.[22] Nach dem unmittelbaren Einstieg, dem Nennen des Ergebnisses, sieht sich der Erzähler nämlich verpflichtet, jene Vorgänge nachzuliefern, die zur gegenwärtigen Situation geführt haben. Dies geschieht durch eine nachgeholte Exposition, eben die „aufbauende Rückwendung". Der Erzähler schiebt gewissermaßen das Faktenmaterial nach:

> „Er hatte mehr als nötig verdient mit den Fotografien, die er in einer mittelgroßen Landstadt Holsteins täglich an den lokalen Teil der Kreiszeitung verkaufte. Er blieb aber in einer möblierten Bude über dem Stadtkino und fuhr einen Wagen, der zehn Jahre alt war und inzwischen täglich zu fünftausend Stück hergestellt wurde" (ZA 7).

Die Vermutung, es könnte sich um einen reichen Playboy handeln, erweist sich als falsch. B. ist ein junger Mann, der arbeitet. Das macht ihn zunächst sympathisch. Weitere Auffälligkeiten sind offensichtlich: Herr B. ist Fotograf und hat „mehr als nötig verdient". Warum mehr als nötig? Und von wem kommt diese Wertung? Das „mehr als nötig" kann sich auf seinen sonstigen Lebensstil beziehen, der von Sparsamkeit gekennzeichnet ist. Würde er sonst weiter in einer „möblierten Bude" wohnen, noch dazu über „dem" Stadtkino. Der bestimmte Artikel „dem" weist darauf, daß es höchstwahrscheinlich das einzige Kino in dieser Kleinstadt ist, was die „möblierte Bude" wegen der anzunehmenden Lärmbelästigung eigentlich wenig attraktiv erscheinen läßt. Von Herrn B. also kann die Meinung nicht kommen, daß er „mehr als nötig verdient" habe. Es kann nur der Erzähler sein, der dieser Auffassung ist und der damit etwas neidvoll auf den finanziellen Erfolg von B. reagiert. B. lebt in der Provinz, denn eine „mittelgroße Landstadt Holsteins" wird anders nicht zu bezeichnen sein. Seine Fotografien sind für den lokalen Teil der Kreiszeitung bestimmt, Spektakuläres wird er daher mit einiger Wahrscheinlichkeit nicht einfangen bzw. anbieten können. Trotz der „Hand auf großem Geld" – man stelle sich das bildhaft vor – behält B. seinen zehn Jahre alten Wagen, er scheint also kein kaufhungriger Protzer zu sein. Das Fabrikat des Wagens läßt Johnson seinen Erzähler nur andeuten. Warum? Will er nicht der Schleichwerbung verdächtigt werden? Wäre dies der Fall, dann würde sich der Hinweis erübrigen, daß es sich um ein Exemplar handelt, das „inzwischen täglich zu fünftausend Stück hergestellt wurde". Damit wird unzweifelhaft ausgesagt: der junge B. ist Besitzer eines alten VW.[23] Aber warum dieses Verwirrspiel? Warum sagt der Erzähler nicht Volkswagen, wenn er einen meint? Handelt es sich um Manieriertheit oder, wie andere Rezensenten meinen, gar um einen „Hang zu fataler Poetisierung"[24]? Will der Autor bzw. Erzähler die Leser zu einem Rätselspiel einladen und durch „Verdunkelung" Eindruck machen? Dem Erzähler muß der Hinweis auf das Alter des Wagens ebenso so wichtig sein wie die Tatsache, daß es sich um ein Fabrikat von massenhafter Produktion handelt. Wer sich einen Sportwagen kauft, – so ist zu vermuten – will sich durch dessen Eigenschaften unübersehbar absetzen von jenen, die ein Massenprodukt fahren. Zufrieden kann B. also mit seinem VW nicht gewesen sein. Der Erzähler erläutert, wie es B. möglich wurde, einen so exponierten Wagen zu erwerben:

> „*Dann* gelang es ihm, die Fotografien zweier Jahre zum zweitenmal zu verkaufen als einen Sammelband, den die Stadtverwaltung an Touristen, Kurgäste, langjährige Ehepaare, scheidende Bürgermeister und Abgesandte der Industrie verteilte. Nach dem zweitausendsten Exemplar hätte B. einen neuen Wagen der alten Art kaufen können" (ZA 7).

B. ist also geschäftstüchtig, denn Fotografien mit solchem Erfolg zum zweitenmal zu verkaufen, signalisiert Verhandlungsgeschick. Das finanzielle Ergebnis des Geschäftes wird nicht genannt, vielmehr erneut umschrieben mit dem Hinweis auf einen Autopreis. Geht man davon aus, daß ein neuer VW damals 5.000,– DM kostete, hat B. mit 2.000 Exemplaren bereits diese Summe verdient. Aber B. bleibt hart und spart weiter. Worauf eigentlich? Der Leser weiß es ja bereits. B. hatte ein Ziel vor Augen: einen Sportwagen! Dafür also nahm er einiges auf sich. Zudem kann man sich denken, welcher Art die Fotografien sind, für die B. soviel Geld erhält. Derartige Bildbände sind beliebt, sie werden „verteilt" und allein der Verteilerschlüssel („Touristen, Kurgäste, langjährige Ehepaare, scheidende Bürgermeister und Abgesandte der Industrie") läßt Rückschlüsse auf den Inhalt zu. Aufregende Akte sind diesem Adressatenkreis schwerlich zuzumuten, was vom Erzähler prompt bestätigt wird:

> „*Leider* war das Geschäft erst zustande gekommen, nachdem B. verzichtet hatte auf einige Bilder, die die städtischen Hilfen für Alte und Bedürftige zeigten wie sie waren.

> Tage danach noch beim Rasieren wandte er den Kopf, wenn er im Spiegel auf die eigenen Augen traf. Als ihm die Visitenkarten ausgingen, ließ er sein Bankkonto in die Neuauflage setzen" (ZA 7).

Der Leser erfährt: nicht alles, was B. ausgewählt hatte, fand Aufnahme in den Bildband. Das bedeutet: B. war zwar als Fotograf durchaus an realistischer Erfassung von Wirklichkeit interessiert, aber er mußte Abstriche machen. B. hatte zu verzichten auf jene sozialkritischen Details, die in der Lage waren, das Geschäft platzen zu lassen und von dem die Stadtverwaltung annahm, sie könnten nicht passen in einen Präsentband der kleinen Stadt im Norden. Damit sagt der Erzähler etwas aus über die Behörden und die Gesellschaft ebenso wie über B.s Verfaßtheit. Von Charakterlosigkeit mag man nicht sprechen unter Verhältnissen, da Fotografien Warencharakter besitzen. Das Modalwort „leider" drückt ein – wie auch immer zu wertendes – Bedauern aus. Es könnte von B. kommen, aber auch vom Erzähler. Verschwiegen wird auch nicht B.s Unwohlsein beim morgendlichen Blick in den Spiegel. Skrupel sind ihm also nicht fremd. Freilich führen die Gewissensbisse zu keiner tieferen Erschütterung, und sie sind – folgt man dem Erzähler – allem Anschein nach nur von kurzer Dauer. Denn übergangslos wird nach dem trüben Blick in den Spiegel jenes Motiv genannt, das B. treibt: „Als ihm die Visitenkarten ausgingen, ließ er sein Bankkonto in die Neuauflage setzen." Es ist dies selbst in heutigen Zeiten so selbstverständlich nicht, mit der Vorstellung von Name und Anschrift einer Person gleich noch den wenig dezenten Hinweis auf die Bankverbindung zu finden. Zurückhaltung scheint für B. in finanziellen Angelegenheiten nicht angesagt, und es entsteht der Eindruck von einem jungen Mann, der in Geldangelegenheiten von zupackender Natur ist. Unmittelbar im Anschluß an den Hinweis auf B.s. Bankkonto gibt der Erzähler eine Art Zusammenfassung zu seiner Person:

> „Brauchbar und tüchtig ging er in die Knie, bog sich in der Hüfte und im Kreuz, legte sich auf Bauch und Rücken, hockte, kauerte, kniete, hielt die Kamera seitlich übern Kopf und nahm auf. Er sparte" (ZA 7f.).

Deutsche Tugenden wie Fleiß, Ausdauer, Sparsamkeit meint man auf den ersten Blick erkennen zu können. Aber irgendwie will sich ein Lob für so viel Tüchtigkeit nicht einstellen. Woran liegt es? Was stört? Es heißt: „Brauchbar und tüchtig ging er in die Knie". Die Adjektive „brauchbar" und „tüchtig" werden über die Konjunktion „und" koordiniert und in eine parataktische Verbindung gebracht. „Brauchbar" *von wem* und *für wen* möchte man fragen? Da kurz vorher die Rede vom Verzicht B.s auf den Abdruck sozialkritischer Fotografien war, kann das heißen: B. ist brauchbar für die Stadtverwaltung, vielleicht gar für die Gesellschaft überhaupt? Aber irritierender ist etwas anderes: Man frage sich, wie das aussieht, wenn jemand „brauchbar und tüchtig" in die Knie geht. „Biegsam", „locker", „elastisch" könnte man in die Knie gehen, auch „blaß", möglicherweise sogar „blutend" oder naturalistisch „blutüberströmt", in anderem Zusammenhang eventuell „wortlos", aber „brauchbar" und „tüchtig"? Was macht der Erzähler? Zwei Bedeutungsvarianten von „in die Knie gehen" werden miteinander verbunden. Einmal die erste Variante im wörtlichen Sinne (aus dem Bereich des Sports) und die zweite Variante – phraseologisch gebraucht – im Sinne von Kapitulation. Der Erzähler ruft beide Varianten ab, konstruiert damit eine Übertragung vom sportlich–körperlichen auf den geistig–charakterlichen Bereich und erzeugt so Ambiguität. In dem Fall, da der (aufmerksame) Leser auf diese Weise verstört ist, kann er das Nachfolgende „bog sich in der Hüfte und im Kreuz, legte sich auf Bauch und Rücken, hockte, kauerte, kniete" erneut auf B.s. Charakterhaltung übertragen. Kurz, es könnte sein, daß der junge B. alle nur möglichen Verrenkungen macht, alle nur denkbaren Kompromisse eingeht, um die Hand auf großes Geld zu legen. Um einen zornigen jungen Mann – so die Diagnose – handelt es sich bei B. also nicht, und revolutionäre Akte gegen Staat und Gesellschaft sind von ihm nicht zu erwarten. Nachdem also B. sich anpassend ins Zeug gelegt hat, ist er am Ziel. Das scheint auch der Erzähler so zu sehen, denn es heißt: *„Endlich* verirrte sich ein ausländischer Sportwagen in den sommerlichen Straßenausbesserungen der Stadt und taumelte ins Schleusenbecken" (ZA 8).

Das Temporaladverb „endlich" gibt Auskunft über die Länge der Zeit des Wartens und Sparens und erweckt den Eindruck, B. komme der Unfall gerade recht, ja der saloppe Ton der Darstellung läßt vermuten, B. habe geradezu auf diesen gleichermaßen unwahrscheinlichen wie für die Beteiligten lebensgefährdenden Zwischenfall gewartet. Freilich handelt es sich um eine Information des Erzählers, die man auch als Unterstellung werten könnte, denn B. selbst kommt nicht zu Wort. Der junge B. erhandelt also den Wagen, setzt die Ersparnisse „von fünf Jahren für den triefenden roten Ponton" ein, läßt ihn instandsetzen und hat ein Gefährt, das es „im Umkreis von zweihundert Kilometern" nur ein einziges Mal gibt. Mit diesen Anmerkungen werden durch den Erzähler neben der notwendigen Information die wertenden Momente zu B. vertieft. Offenbar wird, was für B. allem Anschein nach im Leben besondere Bedeutung besitzt, sein Lifestyle gerät in den Blick. Von Beginn an läßt der Erzähler keinen Zweifel daran, wofür er B. hält, nämlich für einen affektierten Aufschneider, der sich durch seinen „Karren" (ZA 9), den es „nur ein einziges Mal geben [würde] im Umkreis von zweihundert Kilometern" (ZA 8) gesellschaftliche Reputation verspricht wie erleichterten Zugang zum weiblichen Geschlecht. Folgt man dieser Sicht des Erzählers, dann ist es nur verständlich, daß für B. das neu erworbene Gut, mit dem er es „leichter hatte bei den Mädchen", in seinem Leben eine herausragende Rolle spielt. Der Erzähler läßt den Leser folgerichtig wissen: „Jeden dritten Tag war er mit Wasser und Poliermitteln zugange, rieb die Ledersitze ein, wischte sie blank, putzte den Lack" (ZA 8). Und nachdem der Narrator dann noch mitteilt, daß B. sehr wohl wahrnimmt, wie ambivalent die Umwelt – Geschäftswelt, Arbeitgeber einerseits, Mädchen andererseits – auf das neue Gefährt reagiert, teilt er mit, wie B. dies alles vergißt, „über dem vollkräftigen Toben der Maschine auf der dreibahnig ausgebauten Umgehungsstraße, die er allabendlich aufsuchte, dem Motor zuliebe" (ZA 8). Die enge Beziehung des B. zu seinem Wagen erscheint potenziert, wenn es heißt:

> „Er führte den Wagen mit sich wie andere Leute die Uhr, er kam ohne ihn nicht aus. Der weiche Zubiß der Türschlösser, das teure Fabriksignet, die Radspeichen, der rote Farbfleck im grauen Hofloch, alles war ihm unentbehrlich. Manchmal ging er nur ans Fenster, um danach auszublicken. Er wurde fünfundzwanzig Jahre alt im August 1961" (ZA 8).

Der erste Satz des Abschnittes irritiert erneut. Man kann Gepäck mit sich führen, eventuell einen Hund, aber einen Wagen wie den beschriebenen und auch eine Uhr wohl schwerlich. Das Unangemessene des Vergleichs ist Ausdruck der Unangemessenheit von B.s. Autoliebe, über die der Erzähler sich allem Anschein nach lustig macht. Die auf den ersten Blick nüchterne Beschreibung schlägt nämlich um ins Übertriebene, gar Lächerliche. Die Nützlichkeit eines schweren „roten Pontons" gleichgesetzt zu sehen mit einem am Arm zu tragenden Gebrauchsgegenstand wie einer Uhr wirkt paradox. Die weiteren stilistischen Besonderheiten vertiefen diesen Eindruck (die Metaphern „weicher Zubiß der Türschlösser", „Hofloch", die Metonymie „roter Farbfleck", das Pronominaladverb „danach"). Mit dem nachfolgenden Satz: „Er wurde fünfundzwanzig Jahre alt im August 1961" wird die in den Augen des Erzählers nur schwer nachzuvollziehende Spießigkeit des B. karikiert, der sich mit 25 Jahren (!) verhält, wie man es ansonsten eher von etablierten Familienvätern im gesetzten Alter erwartet. Mit der Information zu B.s Alter „im August 1961" ist der Rahmen geschlossen, der mit dem ersten Satz des Textes eröffnet wurde. Die aufbauende Rückwendung ist beendet, die Figur eingeführt. Der Leser könnte über B. im Bilde sein. Was nun folgt ist eine neue Geschichte. Und in der Tat. Das Glück des B., erfährt der Leser, war nur von kurzer Dauer.

> „Leider kam ihm dieser Wagen im gleichen Monat abhanden" (ZA 9).

Erneut kennzeichnet ein Modalwort („leider") die entstandene Situation. Doch stellt man in Rechnung, was vorher über B.s. Sparverhalten und seine Autoliebe gesagt wurde, dann wirkt es unangemessen. Das Modalwort „leider" vermag nicht die Größe des Verlustes zu beschreiben, denn für B. selbst muß der Diebstahl einer menschlichen Katastrophe gleichgekommen sein. Insofern gibt das „leider" nicht B.s. Einschätzung wieder, als vielmehr erneut den zynischen Kommentar des Erzählers. Seine Schadenfreude über den Verlust des

„hochbeinige(n) sprungsüchtige(n) Ding(s) am Rinnstein" wird durch nachfolgende Kommentierung verstärkt:

> „Er hielt sich damals in Westberlin auf, und als er am zweiten Morgen, erst halb gewaschen, ans Fenster ging und seinen massigen schwitzenden Rumpf über die Straße hängte, war der Platz unter dem dünnen Neongeflecht des Hotels leer. Da lag noch ein Tropfen Öl im Schmutz. Inmitten der Lieferwagen, Ampelfeuer, Ladenstraßen, der bequemen Fahrbahn, im knittrigen Morgenlicht fehlte ihm unverhofft Vieles" (ZA 10f.).

Mit diesem Abschnitt wird das erste Kapitel abgeschlossen. Dabei nehmen die wertenden Hinweise zu, und sie lassen darauf schließen, was der Erzähler von der Figur B. hält. Daß B. „erst halb gewaschen" ist, als er ans Fenster eilt, um nach seinem Wagen zu sehen, kann man bei so viel innerer Beteiligung nachvollziehen, aber wenn dann von seinem „massigen schwitzenden Rumpf" die Rede ist, der über der Straße hängt, wirkt das mindestens ironisch abwertend. Auch hier nutzt der Narrator erneut Metaphern („dünnes Neongeflecht", „knittriges Morgenlicht", „Rumpf") zur Darstellung. Die Beschreibung von Person und Situation schließt ab mit dem laxen Hinweis „im knittrigen Morgenlicht fehlte ihm unverhofft Vieles", das substantivierte Pronomen „Vieles" bezieht sich auf jene Hinweise, die vorher bereits zu B. und der Bedeutung seines Wagens zusammengetragen wurden. Der Leser freilich ist mit dem vagen „Vieles" aufgefordert, die Leerstellen zu füllen und sich ein eigenes Bild von B.s. Leiden zu machen.

III Vom „Standort des Erzählers" oder „Wie benimmt er sich in seiner Tätigkeit"

Es steht die Frage nach dem „Platz des Erzählers" (BS 20), nach seinem Standort. Johnson selbst hat wiederholt auf die Bedeutung des Erzählers aufmerksam gemacht. In der „Schach von Wuthenow"-Episode (2. August 1968) der „Jahrestage" ist zu lesen:

> „Mal was ganz Neues. Wer ist der Erzähler? Wie benimmt er sich in seiner Tätigkeit? Ist er bei allen Vorgängen zugegen gewesen? Hätten die Beteiligten das gewünscht ..." (JT 1702).

Unter dem *„Standort des Erzählers"* (point of view) bzw. dem *Blickpunkt des Erzählers* wird hier mit Jürgen H. Petersen – und in Absetzung von Franz K. Stanzel – das „raum-zeitliche Verhältnis des Narrators zu den Personen und Vorgängen" verstanden.[25] Im ersten Kapitel der „Zwei Ansichten" erscheint der Erzähler zunächst allwissend, und die Vermutung liegt nahe, er verfüge über eine „olympische" Position.[26] Er scheint die Schauplätze zu kennen und in temporaler Hinsicht über Informationen zur Vorgeschichte des Erzählten wie auch zu Gegenwärtigem und Zukünftigem zu verfügen. Doch wenn man neben dem Blickpunkt des Erzählers danach fragt, wie es mit Außen– und Innenseite der Figuren bestellt ist, also seine *Sichtweise* ergründet, dann fällt auf, daß diese auf die Außenseite des B. konzentriert bleibt.[27] Über Gefühle, Gedanken, Empfindungen des B. erhält der Leser keine Mitteilungen. Von daher muß der Standort des Erzählers als insgesamt *begrenzt* eingeschätzt werden.

Eine weitere Kategorie, die näher an den Platz des Erzählers heranführt, ist jene nach dem *Erzählverhalten.* Es ist dies ein Analysebegriff, der in Konflikt gerät mit jenen Situationen des Erzählens, die Franz. K. Stanzel entworfen hat. Mit Stanzels typischen Erzählsituationen (auktorial, personal, Ich–Erzählsituation) wurde auch an Uwe Johnsons Texte herangegangen. Es verwundert nicht, wenn sich dabei Schwierigkeiten einstellten. Der Stanzelsche Begriff der Erzählsituation kennzeichnet eigentlich das Verhalten des Erzählers. Doch nimmt man den Stanzelschen Begriffsinhalt ernst, kommt man nicht weiter, ja er erweist sich sogar als unbrauchbar, weil er „Unvergleichbares kombiniert". Wenn Stanzel nämlich die Ich–Erzählsituation von der auktorialen und personalen absetzt, dann stellt er einer Erzählform (ein Ich erzählt = Ich–Erzählweise) zwei Arten epischen Verhaltens gegenüber, nämlich überschauend (auktorial) und personal (aus der Sicht einer Figur). Da Stanzel die Kategorien auktoriale, personale und Ich–Erzählweise voneinander abgrenzt, kommt bei ihm die Möglichkeit einer *auktorialen Ich–Erzählweise* nicht vor. Aber die kann es geben, wenn etwa das erzählende Ich kritisch über das erlebende Ich, also das handelnde Ich berichtet. Dies ist bevorzugt in Texten der Fall, in denen von der Schwelle des reiferen Alters aus der eigenen Kindheit und Jugend gedacht wird. Auch in Johnsons „Jahrestagen" erinnert sich seine Person Gesine an ihre Kindheit. Die Ich–Erzählerin befindet sich damit zu ihrer Vergangenheit in einem auktorialen, überschauenden Verhältnis. In Absetzung von Stanzel also wird mit Petersen für die Unterscheidung von auktorialem, personalem und neutralem *Erzählverhalten* plädiert. Dabei meint Erzählverhalten das „Verhalten des Narrators zum Erzählten"[28] und dies noch nicht im Sinne einer Wertung, sondern im Sinne einer *Präsentation der Geschichte*.[29] Im ersten Kapitel der „Zwei Ansichten" entsteht ja zunächst der Eindruck, der Narrator erzähle personal. Zumindest scheinen sich auf den ersten Blick keine Kommentare oder Wertungen des Erzählers zu finden. Aber hält sich der Erzähler wirklich heraus, wird vielleicht sogar aus der *Perspektive des B.* erzählt, wie wiederholt von der Kritik betont? Genau das ist nicht der Fall. Sollte der Erzähler – wie in der Kritik auch vermerkt – sich möglicherweise neutral verhalten, also gänzlich objektiv erzählen und weder aus der Perspektive einer handelnden Figur, des B., noch aus der eines kommentierenden Erzählers berichten? Auch dies ist auszuschließen, denn die eruierten Modalverben „leider", „endlich" geben nicht über B., sondern über den Erzähler Auskunft. Die Anzeichen verdichten sich also, daß im Falle des B. ein auktoriales Erzählverhalten vorliegt.

Es bleibt damit die Frage nach einer weiteren Kategorie, nämlich nach der *Erzählhaltung*, die in enger Verbindung zum Erzählverhalten steht. Die Erzählhaltung fragt nach der wertenden Einstellung des Erzählers zum Geschehen. Welche Haltung nimmt der Narrator zum Geschehen, zu den Figuren, zu den Denk- und Verhaltensweisen ein. Ist seine Haltung neutral oder statt dessen bestätigend, affirmativ oder ablehnend, ist sie ironisch, vielleicht gar parodistisch? Nimmt man die Text-Hinweise ernst („er hatte mehr als nötig verdient", „leider war das Geschäft erst zustande gekommen", „brauchbar und tüchtig ging der in die Knie"), dann ist eine Distanz des Erzählers nicht zu übersehen, man kann von Ablehnung, Häme, Zynik sprechen. Bedenkt man, daß die Rede ist von einem Sportwagen, der sich „endlich verirrte", oder schadenfroh davon, daß B. dieser Wagen „leider" „abhanden" kam – er wurde ja schlichtweg gestohlen – dann kann man auch von Ironie gegenüber der Figur sprechen. Der Erzähler gibt sich also gar keine Mühe, objektiv oder neutral zu sein. Die Folge ist: Die Person des B. gerät bereits in der Einführung in ein denkbar schlechtes Licht.

Die Analyse des ersten Kapitels verrät also „Vieles" über Erzählhaltung und -verhalten des epischen Subjekts. Dies dürfte für den aufmerksamen Leser nicht ohne Konsequenzen bleiben, er müßte gewarnt sein, das Gesagte und – was noch wichtiger ist – das Kommende mit einigem Mißtrauen zu betrachten. Zumindest erscheint die Darstellung des männlichen Protagonisten, verglichen mit Johnsons wiederholt formuliertem Anspruch wie dem akribischen Bemühen um Objektivität und Fairneß gegenüber seinen Figuren, als nicht typisch. Zu erinnern ist an die „epische Gerechtigkeit"[30], mit der er in „Mutmassungen über Jakob" dem Staatssicherheitsmann Rohlfs begegnet. Die Diskrepanz zwischen Johnsons poetologischen Ansprüchen und der Erzählwirklichkeit in den „Zwei Ansichten" steigert also die Irritation gegenüber der Erzählweise und damit dem Erzähler selbst. Auch daher ist von besonderem Interesse, wie sich das Verhältnis des Erzählers zur zweiten Hauptfigur, der weiblichen Protagonistin, gestaltet.

IV Die D. oder Von der Sympathie des Erzählers

Auf eine vergleichbar ausführliche Darstellung wie bei B. kann verzichtet werden, der Hinweis auf Auffälligkeiten bei der Darstellung der D. soll ausreichen. Der erste Abschnitt bei der Einführung der D. lautet:

> „Die Krankenschwester D. war noch nicht lange von einer großen Klinik in Ostberlin angenommen, da bot ihr die Verwaltung einen Platz im Personalhaus des Kombi-

> nats an. Dem Mann hinter dem Schreibtisch wischte grünes Gartenlicht hinter seinem Rücken das Gesicht dunkel, ein Platz in einem Zweibettzimmer galt als Vergünstigung, sie stand" (ZA 11).

Die Notiz, daß die D. bereits nach kurzer Tätigkeit am Krankenhaus ein Angebot der Verwaltung erhält, mag Auskunft über die Qualität ihrer Arbeit geben. Anders als B. arbeitet die D. in einer Großstadt, nämlich in Berlin, genauer gesagt, in Ostberlin! Johnson hatte in seinem Essay „Berliner Stadtbahn" auf das Besondere der Lokalität verwiesen, denn durch Berlin verläuft „die Grenze zwischen den beiden Ordnungen, nach denen heute in der Welt gelebt werden kann" (BS 10).[31] Wodurch das Leben in Ostberlin sich von dem in der westdeutschen Kleinstadt unterscheidet – persönlich, sozial, gesellschaftlich – zeigen fast unmerklich sprachliche Signale. So erfährt der Leser, daß D.s Krankenhaus zu einem „Kombinat" gehört, also einem spezifisch ostdeutschen Großbetrieb, in dem verschiedene Industriezweige oder Produktionsstufen vereinigt sind.[32] In dem „Stadtbahn-Essay" registrierte Johnson, in Folge der „sprachlichen Verabredungen" der beiden Machtapparate, eine Entfremdung der Ost- und Westdeutschen. Ein Reisender „Ost" führe beispielsweise mit sich „die Namen von Gegenständen, Glaubenssätzen, politischen Verhältnissen", die es im Westen nicht gibt, „deren Namen dort nicht geläufig sind". Für einen literarischen Text würden – so Johnson – sich diese „Namensgebungen" daher nicht eignen, weil sie „parteiisch" und „wertend verführen" (BS 19). Doch bei der Einführung der Figur der D. ersetzt der Erzähler wertend aufgeladene Lexeme – anders als in nachfolgenden Kapiteln – gerade nicht! So steht für den aufmerksamen Leser der Begriff „Kombinat" am Anfang eines Netzwerkes, das die politischen wie sozialen Beziehungen im Osten kennzeichnet. Der nächste Satz führt dies weiter, auch wenn er zunächst etwas gestelzt wirkt:

> „Dem Mann hinter dem Schreibtisch wischte grünes Gartenlicht hinter seinem Rükken das Gesicht dunkel, ein Platz in einem Zweibettzimmer galt als Vergünstigung, sie stand" (ZA 11).

Sprachlich handelt es sich hier um eine Satzverbindung, die aus der parataktischen Aneinanderreihung von drei einfachen Sätzen (Subjekt und Prädikatsverband, also einer prädikativen Einheit) besteht. Der erste einfache Satz gibt zunächst einen Hinweis auf das Büro, in dem sich die D. befindet. Es könnte in der ersten Etage liegen, eher noch im Parterre, da der angrenzende Garten in der Lage ist, den Raum so zu verdunkeln, daß die D. das Gesicht des Angestellten anscheinend nur schwer erkennen kann. Zustande kommt dieser Effekt durch den metaphorischen Gebrauch von „wischte". Man könnte aber auch weiter gehen und annehmen, daß der Mann, der der D. eine Vergünstigung anbietet, fast gesichtslos ist, anonym bleibt, über keine markanten Eigenschaften verfügt, die zu nennen sich lohnen. Er ist ein Erfüllungsorgan. Der durch Parataxe koordinierte zweite einfache Satz scheint zunächst nur die Information über die Art der angebotenen Vergünstigung zu enthalten. Doch er ist mehr, er dient der Kennzeichnung der gesellschaftlichen Beziehungen und nennt ein Merkmal der ostdeutschen Verhältnisse: Der (westdeutsche) Rezipient könnte fragen: Was ist das für eine Gesellschaft, in der eine junge Arbeitnehmerin ins Büro gerufen wird, um ihr staatlicherseits eine Vergünstigung anzubieten: ein Zweibettzimmer!? Wo ein Zweibettzimmer als Privileg gilt, muß Wohnraum knapp sein und die Macht des Geldes nicht ausreichen, um daran heranzukommen. Wäre dies der Fall könnte es keine Person geben, die glaubte, damit Vergünstigungen zu erteilen. Mit dem Hinweis ist also auch etwas ausgesagt über die Verfaßtheit des Wirtschaftssystems „Ost", in dem nicht Besitz von Wertzeichen privilegiert, sondern die Nähe zur jeweiligen Sache selbst, zu Zimmern, Wohnungen, Autos, Gebrauchswerten aller Art. Das läßt die Schlußfolgerung zu: Die D. ist anders als B. in einem – zurückhaltend formuliert – stärker regulierten System zu Hause.

Der dritte durch Parataxe koordinierte Satz „sie stand" drückt eigentlich eine lokale Relation aus. Aber auch hier wird – wie bei B. – eine Assoziationskette in Gang gesetzt, deren Effekt eine Charakteristik der D. ist: Daß die D. steht, kann mit Bescheidenheit oder Ängstlichkeit zusammenhängen, vielleicht auch damit, daß der Amtsmensch ihr keinen Platz angeboten hat. Beides ist wenig wahrscheinlich. Der Angestellte, der gewissermaßen das Schlußglied einer Machtkette darstellt – er hat etwas zu vergeben –, kann annehmen, der D. ein erfreuliches Angebot zu offerieren. In diesem Sinne Kommandogewalt über eine Mangelware zu besitzen, adelt ihn, wozu die großzügige Geste des Platz–Anbietens eher passen würde. Wenn es aber von der D. heißt „sie stand", muß sie dem gönnerhaften Angebot, sich zu setzen, das Stehen vorgezogen haben. Warum? Vielleicht ist ihr in dem dunklen Raum unwohl, eventuell mißfällt ihr der amorphe Typ, und sie fühlt sich unbehaglich, abgestoßen, ist vielleicht auch mißtrauisch. Damit drückt das „stand" mehr als eine lokale Relation aus, es signalisiert eine *Charakter*– bzw. *Geisteshaltung* und deutet auf Kommendes:

> „Sie zögerte mit der Antwort, um einem Einfall Zeit zu lassen, sah den Funktionär das Paßbild am Kopf des Fragebogens vergleichen mit ihr und begann sich so blond, unverdorben, vertrauenswürdig zu geben, wie der andere glauben wollte. Sie fühlte sich überhaupt an die Schule erinnert" (ZA 11).

Die D. lehnt das Angebot nicht sogleich ab, sondern sucht gegenüber der amtlichen Person nach einer plausiblen Begründung. Die verhält sich entsprechend „bedeutsam" und vergleicht bürokratisch genau die vor ihm stehende D. mit dem Paßbild. Danach muß es sich um ein blondes und zutraulich wirkendes Mädchen handeln. Genauso wie die D. auf dem Bild aussieht, sucht sie sich zu geben, sie verstellt sich und ist über den Effekt ihrer schauspielerischen Leistung innerlich amüsiert. Der Terminus „Funktionär" ist wie schon „Kombinat" ein Begriff, der die politischen Verhältnisse in der DDR charakterisiert. Im Osten dient er offiziell der Bezeichnung für einen gewählten Vertreter, Mitarbeiter, Beauftragten einer bzw. der Partei (SED), eines gesellschaftlichen Organs oder einer staatlichen Einrichtung. „Funktionär" wird auch jemand genannt, der die Meinung einer Partei oder des Staates vertritt und von ihr gewissermaßen seine Bedeutsamkeit verliehen bekommt. Im Westen freilich hatte der Begriff „Funktionär", wenn er für die DDR gebraucht wurde, – wir befinden uns am Beginn der 60er Jahre – einen eindeutig pejorativen Bedeutungsgehalt.

Der letzte Satz des Abschnittes faßt den asymmetrischen Kommunikationsverlauf zwischen der D. und dem Funktionär zusammen: „Sie fühlte sich an die Schule erinnert." Die D. sieht sich in den Status eines unmündiges Kindes zurückversetzt.

Der nächste Abschnitt setzt mit dem Ergebnis von D.s. Nachdenken ein: Die D. entscheidet sich gegen die Vergünstigung, gegen das Privileg: „Sie lehnte ab" (ZA 11).

Daß die D. gegenüber dem Funktionär noch weitreichende Begründungen erfinden muß, gibt Auskunft über die DDR-Wirklichkeit, läßt Rückschlüsse zu über die Machtverhältnisse, Abhängigkeiten wie auch dem Umgang des einzelnen mit den Vertretern des Staates. Dabei zeigt sich die D. keineswegs so, wie sie nach außen hin zunächst erscheinen mag, nämlich schüchtern-naiv, vielmehr sind ihr die politischen Spielregeln durchaus bekannt, sie beherrscht sie und weiß sie zu ihren Gunsten auszunutzen. Die D. argumentiert nämlich mit dem Verweis auf familiäre Verhältnisse und auf soziale Beziehungen („einer älteren Angestellten (nicht) die Ehre und den Platz zu nehmen"). Mit dem Hinweis auf die „ältere Angestellte" kann die D. sicher sein, dem politischen Verständnis zu entsprechen, persönliche Interessen den gesellschaftlichen unterzuordnen, wozu auch ein Verzicht auf persönliche Vorteile gehört. In Wirklichkeit ist die D. keineswegs so selbstlos, wie auch in Kritiken beständig behauptet: im Gegenteil, sie hat schnell erkannt, in welchem Maße ein Zimmer im Schwesternheim ihre persönlichen Freiheiten einschränken würde. Wie B. verzichtet auch die D., wobei es einen Unterschied zu betonen gilt: B. leistet keinen Widerstand und paßt sich um des Geschäftes willen an, die D. widersteht, um ihre persönliche Freiheit zu bewahren.

Der Erzähler nutzt die weiteren Abschnitte dazu, um vor dem Leser ein differenziertes Bild der D. zu entwerfen und ihre Verhältnisse zu kennzeichnen:

- Ein Zimmer im Schwesternheim bedeutete Verfügbarkeit durch die Krankenhausleitung wie Kontrolle ihrer persönlichen Beziehungen. („Im Schwesternheim konnte man immer geholt werden zu Sonderdiensten und Versammlungen. Dem Pförtner hätte sie nicht alle ihre Freunde zeigen mögen", ZA 12).

- Das Verhältnis der D. zu ihrer Mutter ist eher gespannt, sie informiert sie nicht über ihre wirklichen Lebensumstände und fährt sie nur selten besuchen. Die Mutter wiederum nimmt der D. übel, daß sie die DDR nicht verlassen hat, obwohl ihr staatlicherseits die Genehmigung zum Medizinstudium verweigert wurde.
- Die D. wohnt nicht bei einer Freundin, sondern hat ein eigenes Zimmer in Ostberlin, das mehr kostet als ein vergleichbares im Schwesternheim. Dennoch zieht die D. das teure und wenig gemütliche Zimmer vor, es „bedeutete für sie den ersten Versuch, nach Elternhaus und Schule allein zu leben."
- Die D. braucht die Adresse auch, um *unkontrolliert* Briefe empfangen zu können von einem „jungen Westdeutschen". Offensichtlich werden also postalische Sendungen im Schwesternheim überprüft, und der einzelne muß nach Wegen suchen, diese Art von staatlicher Kontrolle zu umgehen. Die D. will die Briefe unkontrolliert empfangen, weil – so notiert der Erzähler – „sie etwas angefangen hatte im Januar, eine Liebschaft, eine Bändelei, eine Woche, ein Verhältnis, einen Anfang, sie wußte das Wort nicht und nicht warum" (ZA 13). Von Liebe ist hier nicht die Rede, was erklären könnte, warum die D. den jungen Mann bewußt den Scherereien an der Grenze ausgesetzt hat, „wegen des verfallenen Passierscheins". Der Westdeutsche aber hat dies in Kauf genommen, und beim nächsten Besuch die „Scherereien" nur kurz erwähnt. Statt dessen wiederholt er „den ulkigen Satz mit seiner Liebe". Daß die Bekundung eines so starkes Gefühls wie Liebe „ulkig" genannt wird, erklärt sich vermutlich daraus, daß sie unerwidert bleibt, denn die D. gebraucht ja für die entstandene Beziehung ein Wort wie „Liebe" nicht. Insofern könnte „ulkig" eine Wertung der D. sein, es könnte sich aber auch um einen Kommentar des Erzählers handeln, der dem B. ein so tiefes Gefühl wie Liebe nicht zutraut.
- Nach der Unterredung mit der amtlichen Person will die D. sicher gehen, daß man sie als nicht würdig empfindet für das Privileg eines Zimmers im Schwesternheim, und entsprechend gibt „sie sich im Dienst gleichgültig, fast aufsässig".
- Der Leser erfährt schließlich, die D. sei in ihren Freischichten am liebsten für sich selbst und „sie habe viel nachzudenken. Sie wurde bald einundzwanzig Jahre alt." Die D. ist also jünger als B. und während er sich in seiner Freizeit mit seinem Auto und dessen intensiver Pflege beschäftigt, hat sie „viel nachzudenken".

Die Einführung der Figur endet mit dem Satz:

> „Wenn sie nun die Zimmertür verschloß, hinter der sie nicht vermutet wurde, war sie noch lange nahezu stolz. Sie hatte etwas zu verteidigen, sie hatte sich zur Wehr gesetzt, mit Erfolg" (ZA 13).

Vergleicht man nunmehr das Verhalten des Erzählers zu B. und D. so zeigt sich Gegensätzliches:

Erstens: Betrachtet man den Standort bzw. Blickpunkt des Erzählers, also sein räumlich–zeitliches Verhältnis zur Figur der D., dann scheint bei ihr mehr als bei B. eine olympische Position zu dominieren, zumindest verfügt der Erzähler über Informationen zur Vorgeschichte, zur Nachgeschichte, er kennt kleinste Details über das Agieren des Funktionärs hinter dem Schreibtisch bis hin zu den Familienverhältnissen der D., ihrem Berufswunsch, der Reaktion der Mutter usw.

Zweitens: Der Eindruck von Allwissenheit wird verstärkt durch die Sichtweise auf die D., bei der Innensicht über Außensicht dominiert. Der Leser wird hinreichend in Kenntnis gesetzt über das Denken und Fühlen der D.

Drittens: Das Erzählverhalten stellt sich nicht wie bei B. auktorial, sondern neutral und personal dar. Der Erzähler erzählt über weite Strecken aus der Sicht der D., und wenn er diesen point of view einmal verläßt, bleibt er neutral.[33]

Viertens: Die Erzählhaltung läßt sich nicht nur als neutral bezeichnen, sondern darüber hinaus als bejahend (affirmativ), sie ist von größter Nähe und Sympathie gelenkt. Von Ironie gegenüber der D. kann nicht die Rede sein. Vielmehr erscheinen im Vergleich zur D. eher die anderen Figuren in einem schlechten Licht (der Funktionär, die Mutter) oder erneut ironisch (der junge Westdeutsche mit seinem „ulkigen Satz" von der Liebe).

Der Standort des Erzählers gegenüber den beiden Figuren läßt sich folgendermaßen zusammenfassen:

	Der B.	Die D.
Blickpunkt des Erzählers	begrenzt	begrenzt–auktorial
Sichtweise des Erzählers	Außensicht	Innensicht
Erzählverhalten	auktorial	personal, neutral
Erzählhaltung (= wertende Einstellung)	kritisch, ironisch	bejahend, affirmativ

Die Erzählweise also unterstreicht: Das Verhalten des Erzählers zu seinen beiden Figuren kann unterschiedlicher nicht sein, auf der einen Seite Außensicht, auktorial, abwertend und versteckt ironisch, auf der anderen Seite Innensicht, neutral bzw. personal, bejahend (affirmativ) und wertschätzend. Wie gegensätzlich die Sympathieverteilung vom Erzähler gelenkt wird, zeigt auch der Vergleich von Tätigkeiten bzw. Handlungen, durch die die Protagonisten in der Einführung charakterisiert werden.

Der B.	Die D.
konnte die Hand *auf* großes *Geld legen*	sie *stand*
kaufte einen Sportwagen	sie *zögerte* mit der Antwort
hatte mehr als nötig *verdient*	um einem Einfall *Zeit zu lassen*
Fotografien … *verkaufte*	*sah vergleichen*
blieb in einer möblierten Bude	*begann, sich* so blond, unverdorben, vertrauenswürdig *zu geben*
fuhr einen Wagen	*fühlte sich* an die Schule *erinnert*
… *gelang* …, … zum zweitenmal zu *verkaufen*	sie *lehnte ab*
hätte *kaufen* können	sie *gab* Bescheidenheit *vor*
verzichtet hatte auf … Bilder, die … Alte und Bedürftige zeigten	sie *hätte* fast *geknickst*
wandte den Kopf ab, wenn er im Spiegel auf die eigenen *Augen traf*	sie *war weniger sicher*
ging in die Knie	*wollte keinen Platz*
bog sich in der Hüfte und im Kreuz	*mochte nicht sich belohnen lassen*
legte sich auf Bauch und Rücken	*hoffte* anderes zu bekommen
hockte, kauerte, kniete, hielt die Kamera	*hätte nicht* alle ihre Freunde *zeigen mögen*
er *sparte*	*lächelte* strahlend
fotografierte	*sagte*
brachte sich ins Gespräch	eine … Ungeschicklichkeit *ärgerte* sie noch
wies seinen Kontoauszug	den ostdeutschen Staat *nicht verließ*
handelte ab	*fuhr* selten nach Potsdam
gab die Ersparnisse	*hatte* heimlich … Zimmer *gemietet*
hielt sich nicht für abergläubisch	*bedeutete … Versuch, … allein zu leben*
Ermutigung, … zu einem höheren Preis zu *verkaufen*	*brauchte* die Adresse
rieb die Ledersitze	mit dem sie etwas *angefangen hatte*
wischte sie blank	sie *wußte* das Wort *nicht*
putzte den Lack	nicht zurückgehen lassen … , *um zu sehen*
bedankte sich für die Bewunderung	hatte auch *sehen wollen*, ob sie eine Entscheidung *selbständig tun konnte*
fuhr sie *hin und her*	*gab … sich …* gleichgültig, fast aufsässig
Unschicklichkeit *war* ihm *bewußt*	allein *bleiben konnte*
glaubte auch zu bemerken, … mit diesem Wagen leichter … bei den Mädchen	*ging tanzen*
Umgehungsstraße … *aufsuchte*, dem Motor zuliebe	Gefühl, sie habe viel *nachzudenken*
führte den Wagen *mit sich*	*war stolz*
kam ohne ihn *nicht aus*	hatte etwas zu *verteidigen*
war ihm *unentbehrlich*	hatte sich *zur Wehr* gesetzt

Der Vergleich der vom Erzähler zur Einführung der beiden Figuren genutzten Verben und Verbalphrasen unterstreicht einmal mehr den gegensätzlichen Aufbau der Figuren durch den Erzähler. Die Dominanz von Verben zur Charakteristik des B., die in engem Zusammenhang mit Geld, Geld verdienen und Geld ausgeben, also „etwas kaufen", stehen, ist unverkennbar. Es existiert eine Kette von Verben, die beständig vernetzt werden oder auf die der Erzähler mit Verben der gleichen lexikalisch-semantischen Felder Bezug nimmt, nämlich: fotografieren – verdienen – sparen – kaufen.

Für die D. spielt dagegen Geld keine maßgebliche Rolle, es ist für sie nicht bedeutsam, wie unverhältnismäßig viel ein schlecht möbliertes Zimmer kostet. Entscheidend bleibt, inwieweit sie sich Spielraum zur Gestaltung ihres Lebens schafft. Der charakterlichen Disposition der Figur entspricht die sprachliche Gestaltung. Es dominieren Verben, die Gefühlszustände, das eigene Tun/Handeln, Wissen und Denken benennen. Die D. sagt etwas, weiß etwas oder nicht, sie verhält sich, sie beobachtet, fühlt und wertet. Von der ersten Zeile an wirkt sie authentischer und sympathischer als ihr männlicher Gegenpart. Das ist kein Zufall, denn die Kommentierungen des Erzählers sind differenziert und wohlwollend, zumeist sachlich und fair. Ihre kleinen Notlügen, verzeiht der Erzähler, weil er (anscheinend) die Gründe dafür kennt und billigt! Als die D. sucht, „sich so blond, unverdorben, vertrauenswürdig zu geben, wie der andere glauben wollte" (ZA 11), hört der Leser den Erzähler sich geradezu ins Fäustchen lachen, als er in diesem Zusammenhang wenig später bemerkt: „Sie hätte fast geknickst." (ZA 11) Aber auch ihrer Mutter, und das wäre doch eine kritische Bemerkung wert, sagt die D. nicht die volle Wahrheit über ihre Lebensverhältnisse, denn diese „glaubte sie in Untermiete bei einer Freundin" (ZA 12). Dies wird vom Erzähler jedoch lediglich nebenbei erwähnt, wie überhaupt Negatives nicht zur Sprache kommt, statt dessen durchweg positive Aspekte ihres Charakters aufgelistet werden.

Grundsätzlich muß betont werden: an der gegensätzlichen Sympathielenkung durch den Erzähler wird über den gesamten Text hinweg festgehalten. B. wird durch den Erzähler konsequent in Außensicht präsentiert, er kommt in entscheidenden Passagen nicht selbst zu Wort. Die D. erfährt eine differenzierte Sicht und erhält die Chance, sich selbst auszusprechen, ihre Gedanken und Gefühle vor dem Leser offenzulegen. Bernd W. Seiler, der in seiner Studie zu den „Zwei Ansichten" Neues entdeckt, muß daher widersprochen werden. Anders als nachgewiesen, nimmt Seiler den Erzähler nicht als einen parteiisch-wertenden wahr, sondern im Gegenteil als einen, dessen Sprache einen „über jeden Zweifel erhabenen (Eindruck) der Unbestechlichkeit" mache. Entsprechend kommt Bernd W. Seiler zu dem Ergebnis:

> „Denn so wie sich sprachlich dieser Erzähler von allem bloß Konventionellen fernhält, traut man ihm auch zu, sich politisch, moralisch, menschlich von unseren Konventionen fernzuhalten, und das gibt seinen Urteilen ein ganz eignes Gewicht."[34]

Genau das – so unsere Position – ist nicht der Fall. Der Erzähler hält sich gerade nicht „von allem bloß Konventionellen" fern, und mindestens moralisch und menschlich sind seine Wertungen wenig gerecht.

V Fortgesetzte Sympathielenkung

O'Neill hat nun angemerkt, daß sich das Bild der D. in den Fällen modifiziert bzw. erweitert, da sie aus einem anderen Blickwinkel als dem des Erzählers geschildert wird. Für die beiden Volkspolizisten, die ihr Zimmer durchsuchen, ist sie – ganz machohaft – eine „ansehnliche Puppe", die ihnen „den Spaß" verdirbt, weil sie anfing „zu heulen" (ZA 96), für ihre Freundin und Kollegin „redete sie naseweis und besserwisserisch" (ZA 112) „in ihrer manchmal vorlauten Art" (ZA 111).[35] Die 'Fluchthelfer', die die D. kennen, vermerken kopfschüttelnd, daß die immer dann, wenn sie Angst habe, sage: „Der Sozialismus wird schon siegen!" (ZA 172). Die vereinzelten Signale einer kritischeren Sicht auf die D. ändern jedoch nichts am bereits im zweiten Kapitel festgelegten Urteil: Trotz oder gerade wegen der kleinen Schwächen erscheint die D. eine rundum couragierte, sympathische, liebenswerte Figur, die sich unter widrigen gesellschaftlichen Umständen zu bewähren hat und lebendiger wirkt als B. Der Erzähler versucht durchgängig, sich in ihre Gefühls- und Gedankenwelt hineinzuversetzen und dem Leser ein Bild von ihrer Innenwelt zu geben. Anders als bei B. führt das bis zum kurzen Einsatz des inneren Monologs:

> „Erst tief im Westen hatten Fahrgäste mit einem Mal eine Tasche zu schwer, einen Mantel zu viel bei sich und zogen in Strähnen hinaus auf den Bahnsteig, liefen mit unstetem Halsrucken zum Ausgang auseinander, so daß die D. im Nachsehen dachte, nicht ohne Bosheit mitleidig: *Das Schlimmste kommt euch noch.* Jetzt täglich über eintausend Leute warfen den ostdeutschen Ausweis weg, in der Woche ein Dorf, im Monat eine kleine Stadt, und aller Angst vor der Fremde verengte der D. den Hals, als ginge sie schon mit." (ZA 41)

Die Monolog-Passage gibt zudem Einblick in das Denken einer *Ostdeutschen* und ihrer Sicht auf den Westen. Trotz aller Verbote und Restriktionen in der DDR sieht die D. diesen Staat als den ihren an und empfindet den Westen als „fremd". Daß Tausende die DDR verlassen, frustriert sie, ja es macht sie wütend, und dennoch bemitleidet sie die Fliehenden, denn: „Das Schlimmste kommt euch noch" – die Fremde! Ausgehend von dieser Einstellung ist es verständlich, wenn sie nach dem Bau der Mauer die Reaktionen insbesondere im Westen distanziert betrachtet und Enttäuschung nur für Leute ihres Schlages akzeptiert:

> „Sie hatte sagen wollen: Stellt euch nicht so an. Ihr habt es die ganze Zeit gewußt. Heulen dürfen nur solche wie ich, die den Staat verstanden haben als einen strengen, wunderlichen Lehrer, er hat sich zu verstehen gegeben als unser Besitzer. Er hat einen Zaun um seinen Besitz gezogen. Euer Jammern kotzt mich an." (ZA 62)

Die D. hält nichts von den lautstarken Protesten der Westdeutschen zum Mauerbau, sie empfindet dies als Heuchelei. Das Recht zur Erregung, zur Enttäuschung, zur Trauer, zum Heulen haben nur jene – so die D. *und* der Erzähler –, die trotz allem zu diesem „wunderlichen Lehrer" gehalten haben. Insofern spricht sie den Westdeutschen schlichtweg ab, sich erregen zu dürfen, sieht ihre Proteste als unwahr, unecht, künstlich an, auch und gerade, weil die ja den Staat im Osten nie wirklich akzeptiert haben.

Der Leser erfährt weiteres aus der Gedankenwelt der D., und er bekommt damit ostdeutsches Denken (!) vorgeführt. Einen Besuch bei einer älteren Verwandten empfindet sie als „Pflichtbesuch" (ZA 38) und schämt sich für die „Peinlichkeit des unverdienten, nicht erwiderbaren Geschenks" (ZA 39) – dem B. hätte man das Gegenteil zugetraut.

Die vereinzelten Hinweise mögen auf den ersten Blick belanglos erscheinen, aber sie sind auf das Textganze gesehen beständiges Indiz dafür, wie konsequent und mit wieviel innerer Nähe der Erzähler seine Protagonistin zu Wort kommen läßt. Eine solcherart affirmative Erzählhaltung vermißt der Leser bei der Darstellung B.s durchgängig. Als eine Telefonverbindung nach Ostberlin nicht zustande kommt, fügt der auktoriale Erzähler in gewohnter Manier den frechen Nebensatz hinzu: „als hätte er einen ganzen Abend mit ihr zu reden gewußt." (ZA 29) Äußerungen des B. zum aktuellen „Thema" Mauerbau kennzeichnet er – ganz wie die D. – als „Geschwätz über die Mauer, als Weltläufigkeit vorgetragen" (ZA 66). Was B. konkret sagt, wird vom Erzähler nicht mitgeteilt, es ist allem Anschein nicht der Rede wert.

Der Erzähler nimmt dem Leser damit die Möglichkeit, sich ein eigenes Bild von B. zu machen. An anderen Stellen finden sich Kommentare zu B., die auch hier von „epischer Gerechtigkeit" nichts spüren lassen. Im Zusammenhang mit seiner Flugangst ist von „Versagen" (ZA 69) die Rede, ein andermal von einem „kopflosen Entschluß" (ZA 20) oder von Mitleid „gegen sich selbst" (ZA 72). Konsequent wird der B. vom Erzähler zu einem „Blender" gemacht, der mehr darstellen will, als er wirklich ist:

> „Er antwortete höflich, manchmal mit kleinem Lachen, weil er *meinte*, so jungenhaft und liebenswürdig zu wirken." (ZA 35)

Wenig später findet sich der auktoriale Kommentar:

> „Mit den Segelbooten auf dem Wasser vor den sommerlich verstaubten Wäldern war ihm, *als könne alles nicht so schlimm sein*. Das wird schon werden." (ZA 36)

Die Absicht des Erzählers, seinen Protagonisten abzuwerten, äußert sich zudem in dem permanenten Bemühen, B. Irrtümer zu unterstellen. Es wird der Eindruck erweckt, B. sei nicht Herr der Lage, und ihm fehle es an realistischer Selbsteinschätzung:

> „Er glaubte sich angenommen in der Stadt, seit er sich nicht mehr verfuhr im unterirdischen Bahnnetz, seit er einem Einheimischen hatte eine Straße weisen können, er glaubte sich *ja wunder wie vertraut* und eingesessen, wenn er gängige Ausdrükke benutzte" (ZA 143).

Der Hinweis führt einmal mehr vor, wie man sich das auf Anerkennung heischende Getue des B. vorzustellen hat: da ist einer der – noch dazu als Norddeutscher – in kürzester Zeit mehr „berlinert" als die wirklich dort Geborenen und sich „wunder wie vertraut" dünkt.

Damit nicht genug, der Erzähler verstärkt seine (unlauteren) Absichten durch eine diskreditierende Ironie:

> „Am Sonnabendmorgen im frühesten Zug war er unausgeschlafen genug, das ganze Unternehmen zu verfluchen, und die Fliege an der Wand ärgerte ihn so wie der Blick auf die überfüllte Autobahn und die Leute, *denen ihr Auto nicht gestohlen war.*" (ZA 67)

> „Nach seiner Kenntnis der Zeitungen und nach dem *politischen Unterricht in seiner Zeit bei der Bundeswehr* hielt er für möglich, daß seine Sendungen der D. eine polizeiliche Überwachung eingetragen hatte, glaubte sie in Gefahr, wußte aber nicht warum er unterwegs war." (ZA 30/31)

Wiederholt kann der Erzähler der Versuchung nicht widerstehen, seinen Protagonisten arrogant abzukanzeln. Dazu wählt er konsequent die Erzählperspektive Außensicht:

> „Der junge Herr B. stand in dem polierten Treppenhaus wie betäubt, *ohne recht zu sehen*, wie er manchmal aus dem Kino kam, vom gewöhnlichen Licht geblendet." (ZA 173)

Nachdem die Träume D.s bezüglich ihrer Flucht im Kapitel acht in aller Ausführlichkeit dargestellt werden, erfährt man zu Beginn des neunten Kapitels lediglich, *daß* B. geträumt hat:

> „Der junge Herr B. lief hin und her auf den Fahrbahnen der Werktankstelle und wartete auf seinen neuen Wagen. Er hatte in der Nacht halb wach gelegen, in zäh wiederkehrenden Träumen vom Fahren auf der Autobahn, ihn fröstelte in dem näßlichen Wind." (ZA 235)

Die Erzählhaltung kann nicht anders als unfair bezeichnet werden, denn während der Leser über die Ängste und Zweifel der D. genauestens in Kenntnis gesetzt wird, erhält er zu B. nur vereinzelte Hinweise; die Chance, einen Blick in sein Innenleben zu nehmen, ergibt sich nicht. Statt dessen werden – wo es nur geht – diskreditierende Details gewissermaßen gesammelt. Die negative

Sympathielenkung zu B. findet einen ersten Höhepunkt in dem Hinweis des Erzählers auf „seinen lebendigsten Teil" (ZA 93) und darauf, wie B. eine fast Unbekannte auf die Auslegeware und „aus den Kleidern" (ZA 93) zwingt, während ihr Gatte im „Suffgebrabbel" (ZA 93) fast bewußtlos danebenliegt.

Vergleicht man diese „Liebesepisode" mit der zwischen D. und ihrer Kollegin im darauffolgenden Kapitel, dann können die Unterschiede größer nicht sein (ZA 110ff.). Wenn es in den „Zwei Ansichten" eine Stelle gibt, in der von Vertrautheit, von Zärtlichkeit, ja vielleicht sogar von Liebe die Rede sein kann, dann ist es nachfolgende Badezimmer–Episode:

> „sie sagte auf eine ziemlich fröhliche Weise Na und konnte noch gar nicht bemerken, wie rasch sie in den Flur gezogen wurde, die Tür das Treppenhaus aussperrte. Die andere hatte um den Kopf ein chinesisches Frotteetuch, unter dem dicke Tropfen ihr auf die Schultern, auf den Unterrock liefen, als käme sie vom Haarewaschen, so daß die D. wie aufgefordert mitging ins Badezimmer. Es war eins von den Bädern der Gründerjahre, dem noch der Raum für eine Mädchenkammer abgeknapst worden war, so daß es nur die halbe gewöhnliche Tiefe hatte, beleuchtet und belüftet durch einen engen Schacht oberhalb der Wanne zu einem Fenster, das vermittels einer Eisenstange zu öffnen und zu schließen war. Das Hoflicht kam nur mit einer Art von Grau an in dem Kabuff, die schwache Glühbirne tat dazu bleiches Gelb aber nicht viel Helligkeit, so daß die D. ganz achtlos übernahm, an den Hähnen die Wassertemperatur zu verstellen, mit der Brause das Haar der anderen spülte, ihre Stirn in der Hand hielt, damit das Seifenwasser ihr nicht in die Augen kam, so wie sie einander auf der Schwesternschule geholfen hatten. Die veränderte Farbe des Haares fiel ihr erst auf, als die andere sich aufrichtete und die Strähnen dicht unter der Glühbirne nach hinten strich, aufatmend, die Augen geschlossen unter Wasserfäden, die ihr schlaffes Gesicht gleich Tränen überzogen. Die D., in ihrer manchmal vorlauten Art, hatte sich sofort die Flasche mit dem ausländischen Format gegriffen, buchstabierte am Etikett, wollte den Mund schon aufmachen, mußte aber gleich hinter der Halbnackten her, die über den Flur lief wie heimlich vorbei an den untervermieteten Türen in ihr eigenes Zimmer, das am hellichten Tag mit einem schwarzen Rolleau gegen die Straße abgedunkelt war. Die D. half ihr mit dem Föhn beim Haartrocknen, nahm ihr die Wäsche ab, reichte ihr andere Wäsche zu, deren knappe Maße modischer Zierat, schwarze Farbe alle zusammen sich befremdlich ausnahmen an dem stämmigen, untersetzten Körper" (ZA 110–112).

Die Darstellung zeigt: der bereits in den zwei Eingangskapiteln dominante Ton von Abwertung auf der einen und Sympathie auf der anderen wird konsequent durchgehalten. Dabei hat die Darstellung des männlichen Protagonisten durch einen Partei ergreifenden Erzähler Konsequenzen für den Leser und die Lektüre: Der Leser kann sich – eine erste Variante – dem Erzähler unkritisch anschließen und seine voreingenommene Sichtweise übernehmen, er kann aber auch – Variante zwei – die tendenziöse Darstellung durch den Erzähler durchschauen. Ist dies der Fall, dann muß er gewissermaßen den erzählerischen Filter abschrauben. In dem Fall kann – den Erzähler betreffend –, folgende Überlegung angestellt werden: Der Erzähler ist *erstens* nicht kompetent, und/oder *zweitens* nicht gewillt, sich in B. hineinzuversetzen und sich ihm gegenüber gerecht zu verhalten. Wenn dies der Fall sein sollte, wenn also die Informationen, Hinweise, Wertungen des Erzählers zu B. weder verläßlich noch objektiv sind, dann liegt es am Leser selbst, die „epische Gerechtigkeit" wiederherzustellen. Der Leser also muß die kommentierende, wertende „Arbeit" des Erzählers mitübernehmen, er hat das Bild von B. zu korrigieren wie zu ergänzen, und er hat seine Werturteile durchweg sachgerecht zu prüfen.

VI Der Erzähler als parteiische Person

Bei einer kritischen Betrachtung der Art und Weise des Agierens des Erzählers fallen weitere vom Autor gezielt konstruierte Unzulänglichkeiten bzw. Einschränkungen auf. Dazu gehört die wiederholt nur bruchstückhaft bzw. lediglich angedeutete Wiedergabe von Gesprächen B.s. Erzähltechnisch erfolgt dies über den nicht genau abzugrenzenden Wechsel von direkter und indirekter Rede. So wird das Gespräch zwischen B. und dem Mitglied einer Fluchthilfeorganisation, in dem es um die Modalitäten der geplanten Flucht der D. geht, zunächst durch Dialog in direkter Rede und damit einem neutralen Erzählverhalten mitgeteilt. Die Wiedergabe des Gesprächs durch ein solcherart neutrales Erzählverhalten bricht allerdings in dem Augenblick unvermittelt ab, da der geschäftliche Teil zur Sprache kommt und wechselt in auktoriales Erzählverhalten:

> „Als er den Bogen von der Walze schoß, fragte er unverhofft geschäftsmäßig, was B. anlegen könne. B. blickte verwirrt. Der andere erklärte geduldig: Es kostet. Reisekosten! Was für Geld Sie haben.
>
> B. nannte den zehnten Teil der Summe, die damals einen mittleren Wagen wert war. Als der andere sein Gesicht in Zweifelsfalten zog, sorgenvoll über seinen braunen Scheitel wischte, erhöhte B. sein Angebot um ein Fünftel, in der Hoffnung, damit glaubwürdig arm zu wirken. Der andere hatte ihn gar nicht angesehen." (ZA 173)

Erneut kommentiert der Erzähler und arbeitet gegenüber B. mit Unterstellungen. In diesem Fall hat B. vermutlich eine Geldangabe gemacht, der Leser erfährt dies aber nicht. Statt dessen interpretiert der Erzähler B.s Aussagen unter dem Eindruck *seines Bildes von ihm* mit dem Hinweis auf die Summe eines mittleren Wagens. Damit wird – wie schon im ersten Kapitel – die Meinung suggeriert, B. denke nur in Kategorien von Autopreisen.[36] Hinzu kommt die moralische Unangemessenheit des Verhaltens von B. gegenüber jenen Leuten, die ja keineswegs aus merkantilen Gründen ihre Freiheit bei dem Unternehmen aufs Spiel setzen. Entsprechend souverän teilt der Erzähler mit, wie der junge Mann reagiert, er sieht B. auf sein erneutes Angebot hin gar nicht an, feilscht auch nicht um einen höheren Preis, sondern erläutert nüchtern das weitere Vorgehen, er hat B. gewissermaßen 'abgehakt'. Der Erzähler wechselt entsprechend wieder in direkte Rede:

> „– Wenn Sies zusammenhaben, werfen Sies hier durch den Briefschlitz: sagte er." (ZA 173)

Wörtliche Beweise für B.s Verhalten bleibt der Erzähler auch an anderer Stelle schuldig:

> „Er verzog das Gesicht, als schmerze ihn Kopfrechnen, und nannte eine Summe, die den halben Gegenwert eines mittleren Wagens ausmachte, und nannte die Summe ein Entgegenkommen." (ZA 159)

Weil dem Erzähler nicht an einer differenzierten Auseinandersetzung mit B. gelegen ist, bekommt dieser nicht die Chance, sich selbst auszusprechen. An einer signifikanten Stelle im Text reduziert der Erzähler B.s Sprechakt gar auf „Bewegungen seines Kehlkopfes" (ZA 17), der Inhalt von B.s Äußerungen erscheint so bedeutungslos, daß es sich nicht der Mühe lohnt, sie mitzuteilen.[37] Typisch ist auch die gleichermaßen lieblos–laxe wie unvollkommene Wiedergabe eines Dialogs, den der Erzähler, offensichtlich von B. völlig genervt, willkürlich abbricht:

> „Sie (die D. – d. Verf.) begrüßte ihn stockend, nach einem Seitenblick auf den Brief in ihrer Hand versuchte sie zu lächeln, was sich gegen die Heulspuren schief ausnahm, und B. war heimlich belustigt.
> – Kann ich Ihnen etwas sagen?
> – Ja, gewiß, selbstverständlich: antwortete B., *und so weiter.*" (ZA 79)

Diese Art und Weise der Darstellung zeigt unzweideutig, was von B.s Äußerungen zu halten ist bzw. was der Erzähler davon hält, nämlich nichts! Doch, damit nicht genug, wechselt der Erzähler prompt in einen Kommentar, der Lächerlichkeit und Eitelkeit von B. nur noch mehr zur Geltung bringt:

> „Er war *mächtig versucht*, die Rolle des Älteren, des Helfers zu *genießen*; er *war geltungssüchtig genug*, dem Mädchen die Höflichkeit zu erweisen, mit der man Schwächeren den Koffer ins Gepäcknetz legt ..." (ZA 80)

Zu welchen Widersprüchlichkeiten diese Art der Dialogwiedergabe führen kann, zeigt folgende Passage:

> „Er drückte Takte für den doppelten Betrag und fing an, mit der Wirtin zu tanzen, die ihm blond und tröstlich an der Brust lag. Er sprach mit ihr, als wollte er wiederkommen. *Er fand Befriedigung in der Vorstellung, daß er der D. hier näher war, rein räumlich, verstehste, das genügte für einen Angetrunkenen ganz und gar.*
> – Sind Sie geschäftlich hier?
> – Ja; man hat mir mein Auto gestohlen." (ZA 34/35)

Der Erzähler macht auch im Folgenden nicht den Versuch, für B. in irgendeiner Form Verständnis aufzubringen. Dem allgemeinen Mutmaßen über die Motive der halbherzigen Suche nach D. in Berlin vor dem Mauerbau setzt der Erzähler mit seiner vorlauten Interpretation ein Ende: „Er mochte auch einen Ausfall von Verdienst nicht noch hinnehmen" (ZA 26).

Bei dem Erzähler scheint geradezu hämische Freude aufzukommen, wenn er den Anti–Helden B. in einer unangenehmen Situation schildern kann. Fast schon schadenfroh gibt er preis, wie wenig anziehend B.s. Äußeres auf junge Mädchen wirkt:

> „[Er] saß dann blicklos mit dem Gesicht gegen die Farbstufen der kabbeligen See, einen halben Mundwinkel zwischen den Zähnen, so daß keine der zusteigenden Oberschülerinnen in den knappen Strandkleidern sich neben ihn setzte, sondern eine Umsiedlerin in schlesischer Tracht mit dem schwarzen Tuch, auf dem Schoß einen Pappkarton mit Küken, die jungen Dinger drängten zur Hinterbank, oft umgewandt sah er doch nicht viel mehr als den Rand einer feinsträhnigen blonden Frisur, die der der D. nicht ähnlich war." (ZA 31)

Statt einer differenzierten Auseinandersetzung mit der Innenwelt B.s findet sich Schwarz–Weiß–Malerei. Sämtliche Handlungen und Gedanken B.s bleiben diffus, nicht nachvollziehbar, unverständlich – und dies betrifft die D., den Leser und zuerst natürlich den Erzähler, der sentenzenhaft festhält:

> „An dem stillen Verhalten des jungen Herrn B., des Westdeutschen, rätselte sie vergeblich." (ZA 125)

Warum das Verhalten des jungen Herrn B. also weder emotional noch rational zu erfassen ist, dafür gibt es neben seinen negativen charakterlichen Dispositionen eine einfache Erklärung: er ist für den Erzähler ein „Westdeutscher"(!), was im Text wiederholt explizit betont wird.

Doch B. bleibt nicht nur von seiner Umwelt, insbesondere der Ostdeutschen unverstanden, er selbst bleibt sich ein Rätsel und weiß nicht so recht, was er will:

> „Denn er begriff seine Abreise nicht mehr. [...] Und bei der Abfertigung der Passagiere war ihm ein B. aufgefallen, den er nicht gekannt hatte. [...] Ihn befremdete auch, daß er dann ohne Scham auf das Flugzeug zugegangen war, unzerknirscht, mit offenen Augen, fast zufrieden." (ZA 20/21)

B. wird unterstellt, er sei nicht mehr in der Lage, seine eigene Situation richtig zu deuten. Das Unverständnis und die Außensicht, mit denen der Erzähler abwertend auf B. blickt, scheinen sich auf B. selbst zu übertragen:

> „Er trank das ölige Zeug in kleinen, ruhigen Schlucken und befaßte sich mit streitsüchtigen Vorwürfen gegen einen B., der sich hierauf nicht hätte einlassen dürfen. Die Arme auf die Brust gestützt, das Glas vor dem Kinn, so fühlte er sich wohl, schwer, unglücklich. Er war bereit, aufzugeben." (ZA 37)

Die erzählerischen Mittel, die zur Kennzeichnung von B. zum Einsatz kommen, lassen sich nicht anders bezeichnen als Unterstellung, Fehleinschätzung, Nichtverstehen. Doch im vorliegenden Fall irrt der Erzähler sogar, denn es zeigt sich: B. gibt nicht auf.[38]

Ein weiteres Indiz für die Befangenheit des Erzählers liefert eine Episode, der für die Handlung eine besondere Rolle zukommt: Es geht um die Fluchtvorbereitung der D. Ausgerechnet zu diesem Zeitpunkt kauft B. ein neues Auto in Stuttgart, ohne daß er die Chance hätte, sein Verhalten zu erklären:

> „Der junge Herr B. flog am Nachmittag nach Hamburg und stieg da in eine Maschine nach Stuttgart um. Nach langen Telefongesprächen[39] hatte eine Kraftfahrzeugfabrik in Württemberg zugesagt, ihm am nächsten Morgen einen Sportwagen außer der Reihe zu verkaufen." (ZA 178)

Wer in dieser Weise vor einer für das Schicksal eines nahen Menschen entscheidenden Situation handelt, kann nicht anders denn egoistisch, oberflächlich, gefühlskalt usw. bezeichnet werden. Es wird der Eindruck bestärkt, daß für B. der Kauf eines Sportwagens wichtiger ist als der glückliche Ausgang der Flucht von D.[40] Wie groß die Kluft zwischen Erzähler und Protagonisten ist, belegt auch die Sicht des Erzählers auf B.s politische Kompetenz:

> „Denn es war bei dem Streit darum gegangen, daß die D. ihn für politisch dumm hielt; und sie hatte in ihrem Brief geschrieben, daß sie noch am Sonnabend vor der Sperrung durch Westberlin gefahren und nicht ausgestiegen war, was er für politisch dumm hielt. Er dachte *im Ernst*, sie müsse ihm das abbitten." (ZA 71)

Der Erzähler ergreift Partei für D. und gegen B.!

Zusammengefaßt: Mit fortschreitender Lektüre vertiefen sich die Zweifel des Lesers an der Integrität und Glaubwürdigkeit des Erzählers. In diesem Zusammenhang spricht O'Neill von „growing disorientation of the reader".[41] Mehr oder minder schnell gewinnt man den Eindruck, daß es sich gerade nicht um einen allwissenden Erzähler handelt. Das Ungewöhnliche im vorliegenden Fall allerdings ist, daß der Erzähler der „Zwei Ansichten" genau dies vorzugeben sucht. Zumindest aber ist er bemüht, seine Wissensdefizite zu verschleiern. O'Neill weist mit Recht auf eine zeitlich versetzte Wissenslücke hin: Warum muß der Leser bis zum Kapitel sieben warten, bis er die Information erhält, daß B.s Berliner Kneipe „nach einer Haltestelle der Untergrundbahn" (ZA 146) heißt?[42] Zu erwarten gewesen wäre, daß der Erzähler die Eigenschaften eines für die Geschichte so bedeutsamen Ortes schon bei dessen Einführung erwähnt oder auf diese Information ganz verzichtet.[43] Auffällig ist auch, in welchem Maße dem Leser an vielen Stellen des Textes einmal zu viele, ein andermal zu wenig Informationen mitgeteilt werden. Dies trifft beispielsweise auch für das Telefongespräch B.s mit einer Westberlinerin (ZA 81) zu.[44] Die plausibelste Erklärung dafür ist die Annahme, der Erzähler weiß selbst nicht, worum es geht.

Aber ähnlich wie der von ihm abgelehnte B. ist er an keiner Stelle bereit, dem Leser diese Tatsache einzugestehen. Statt dessen suggeriert er Allwissenheit und Souveränität.

Außerdem erhält der Leser – so scheint es – bisweilen Informationen aus zweiter Hand und dies ohne daß der Erzähler sie als solche ausweist. Wie anders läßt sich folgende Darstellung erklären?

> „Eines Vormittags *mußte* der junge Herr B. tolpatschig genug *gewesen sein*, sie auf Station anzurufen." (ZA 60)

Man kann rätseln, ob es sich um Auskunft von Dritten handelt oder aber um eine Schlußfolgerung des Erzählers. Der Satz läßt beide Varianten zu. Unstrittig jedoch dürfte sein, daß der Erzähler bei dem Telefongespräch nicht anwesend gewesen sein kann, denn dann würde der Satz anders lauten.[45]

Eine für die Geschichte zentrale Stelle im Text ist die Flucht D.s. Am Ende von Kapitel sieben erhält B. diesbezüglich Informationen von der Wirtin. Der Leser hingegen wartet vergeblich auf Aufklärung durch den Erzähler, der dann auch nicht mehr mitzuteilen weiß als:

> „– Sie hat was falsch gemacht: sagte die Wirtin, als er die D. schon in Westberlin glaubte." (ZA 177)

Diese Aussage läßt alles offen. In entscheidenden Momenten also weiß der Erzähler weniger als die Figuren. Entsprechend ist zu fragen, ob er überhaupt über eine hinreichende Kompetenz für die Präsentation der Geschichte verfügt. An Stellen, die dann für die erzählte Geschichte eher von geringerer Bedeutung sind, verfügt er über mehr Wissen als beispielsweise D., und er läßt dies den Leser bereitwillig wissen:

> „Sie hörte Gespräch, aber nichts über den verrückten Umweg, nichts über die militärischen Lastwagen, die an Bahnschranken aufgehalten und zu sehen waren." (ZA 49/50)

Welcher Art also sind die Informationen, die der Erzähler den Figuren voraushat? Warum weiß er über aktuelle gesellschaftliche Bedingungen und entsprechende Entscheidungen im Staatsapparat besser Bescheid als die D.? Ist er eingeweiht? Zumindest sind die Hinweise eindeutig, daß es sich beim Erzähler um einen Ostdeutschen handelt! Eben dies wäre eine Begründung für die vereinfachte, ja pejorative Darstellung der westdeutschen Verhältnisse. Der Erzähler – nicht Johnson (!) – spricht von einem „Tag der westdeutschen Armee" bei dem es zum „halbherzigen Aufmarsch der Bürger mit Fahnen der verlorenen Ostgebiete" (ZA 129) kommt oder er verweist auf eine „Umsiedlerin in schlesischer Tracht", die sich im Bus neben B. setzt. Es handelt sich hier in der Tat um Begriffe, die im Westen unüblich sind und die anzeigen, daß der Erzähler – wie die D. – aus dem Osten kommt. Gleichwohl trifft zu, daß der Erzähler – anders als in der moralischen wie menschlichen (Ab)Wertung des B. – in *politischer Hinsicht* um Objektivität bemüht ist. Denn: Nach den beiden Einleitungskapiteln und der Präsentation der Figuren in ihrem gesellschaftlichen Umfeld nutzt er wiederholt Periphrasen, also Umschreibungen zur Merkmalshervorhebung insbesondere zur Charakterisierung der politischen Verhältnisse sowie für Erscheinungen des Alltags. Er verwendet Mühe, um „sein Zeichensystem dem Bezeichneten adäquat zu verändern“, er gebraucht eine Sprache, um „beide Gegenden in einen Griff“ zu bekommen. Dazu gehören im Bereich „Politik“ Periphrasen wie „ostdeutscher“ und „westdeutscher Staat“ (12, 45f.) für DDR und BRD; „Stadt der westdeutschen Regierung“ (207) für Bonn; „staatliche Partei“ (54) für SED; „Jahrestag des Staates“ (183) für Tag der Republik; „Büro für Befragungswesen“ (84) für Verfassungsschutz“; „geheime Polizei“ (206) für Staatssicherheitsdienst; „Leute, die der Macht des Staates verwandt waren“ und „Inhaber der Macht“ (40) für Funktionäre; „Tafeln mit Reklame für die Politik der ostdeutschen Behörden“ (175) für Transparente; „Vereinigung der deutschen Restgebiete“ (208) für Wiedervereinigung. Für den Alltagsbereich nutzt der Erzähler Umschreibungen wie „Wohngebühren“ (12) für Miete; „das Haus war vom Staat geliehen“ (101) für Pacht; eine Sekretärin taucht als „Schreibmädchen“ (49) auf; „durchsichtige Kunststofftüten“ (31) heißen Plastikbeutel; einen Tresen nennt er „Bierbrücke oder Schankbrücke“ (75, 136); Tonic trägt die Bezeichnung „Bitterwasser“ (75); ein Schallplatte firmiert als „gepreßtes Lied“ (28).[46]

Die Topikketten, Periphrasen, Metaphern und sprachlichen Verfremdungen haben nicht zuletzt die Funktion, die Darstellung der Geschichte von den „sprachlichen Verabredungen“ in Ost und West freizuhalten. Das Bemühen, *politische* Sachverhalte neutral auszudrücken, steht allerdings im Widerspruch zu seinem von Beginn an feststehenden Urteil über die Personen. Zudem sind die Umschreibungen keineswegs durchgängig neutral, sondern immer auch eine ironische „Abrechnung mit den Verhältnissen, von denen sie handeln“.[47] Sie belegen die Distanz des Erzählers zu den aktuellen Gegebenheiten diesseits und jenseits der Grenze.

VII Auflösung der Rätsel oder Wo bleibt die Wahrheitsfindung?

Insgesamt stellt sich nach der Untersuchung der Erzähltechnik der „Zwei Ansichten“ nunmehr erneut die Frage nach dem Erzähler selbst. Auch hier liefert der Text die Antwort und legt damit sein Konstruktionsprinzip offen. In den beiden letzten Kapiteln wird nämlich erkennbar, um was für einen Erzähler es sich handelt und wie er – nicht der Autor! – an die Informationen über B. und D. gekommen ist. Im vorletzten Kapitel berichtet der Erzähler vom Unfall des B. Der hatte seinen neuen Porsche aus Stuttgart abgeholt und war völlig übermüdet am Hamburger Flughafen vor einen Bus gelaufen:

> „Der großgewachsene junge Mann in dem schwarzen Anzug, dem der Hemdkragen hing wie aufgerissen, taumelte so haltlos, schlug mit dem Kopf in den Rinnstein, als habe er sich fallen lassen. *Ich habe ihn aufheben helfen und bin mit dem heulenden Krankenwagen zur Unfallstation gefahren.* Die Ärzte fanden eine leichte Gehirnerschütterung" (ZA 238).[48]

Etwas mehr versteckt ist der Hinweis, wie der Erzähler die Geschichte der D. erfahren hat. Im letzten Kapitel heißt es von der D. nach der geglückten Flucht und der Ankunft in Westberlin:

> „Sie wurde eine Woche lang aufgenommen von einem jungen Ehepaar, das ein kleines Kind hatte. Es war so alt wie ihre Nichte. Sie ging mit dem Mädchen an der Hand um den Hausblock spazieren. Nach der Stadt verlange sie lange nicht. Ihre Gastgeber hatten abends oft Gäste manchmal setzte sie sich dazu. Einmal stellte sie eine Flasche Sekt auf den Tisch, den sie vom Kleidergeld des Lagers gekauft hatte. An dem Glas Sekt im Triebwagen hatte sie etwas gefunden, das sie vertrug. Sie erzählte, ein wenig befangen von Ostberlin. *Später nahm sie mir ein Versprechen ab.– Aber das müssen Sie alles erfinden, was Sie schreiben! sagte sie. Es ist erfunden"* (ZA 242).[49]

Der Erzähler ist also eine *im Text anwesende physische Figur,* die zu B. und D. direkten Kontakt hat: B. leistet er nach seinem Unfall kurz Beistand, eine engere, dialogische, vielleicht gar freundschaftliche Beziehung kommt nicht zustande, die Informationen haben sich allem Anschein nach auf das Nötigste beschränkt. Zur D. besteht eine engere Beziehung, denn beide führen bei einem Glas Sekt ein längeres Gespräch. Das läßt auf eine wenig angespannte Atmosphäre schließen. Die D. legt in dem Gespräch ihre anfängliche Befangenheit ab und erzählt ausführlich. Sie wird bis ins Detail gegangen sein und auch Persönlichstes berichtet haben. Nur dies erklärt, warum sie abschließend dem Erzähler das Versprechen abnimmt „Aber das müssen Sie alles erfinden, was Sie schreiben!" Und der Erzähler setzt hinzu: „Es ist erfunden." Damit ist der Status des Erzählten festgelegt und auch betont, daß sich der Erzähler das Recht nimmt, von sich aus zu ergänzen und wegzulassen.

Die Tatsache, daß der Erzähler mindestens zweimal im Text physisch präsent ist, kann für einen 'Er–Erzähler' als nicht selbstverständlich gelten. Damit drängt sich die Frage auf, ob er auch an anderen Stellen (mehr oder weniger) offen anwesend ist. Man kann sich zumindest dieses Eindrucks nicht erwehren, z. B. wirkt der Erzähler in der Westberliner Kneipe sehr gegenwärtig. Doch letztlich gibt es keine genauen Indizien, vielmehr provoziert der Erzähler beim Leser ein Rätselraten, eine Auflösung allerdings erfolgt nicht.

Es steht vor diesem Hintergrund nunmehr die Frage, wie mit dem Vorwurf umzugehen ist, Johnson habe bezüglich der Figuren wie der dargestellten

Verhältnisse in Westdeutschland Klischeebildung betrieben. Wann kann man von einer klischeehaften Darstellung sprechen bzw. was ist ein Klischee? Für den in Rede stehenden Zusammenhang können für ein Klischee folgende Eigenschaften als maßgeblich angenommen werden. Ein Klischee ist gekennzeichnet durch das Bemühen, etwas Besonderes, Einmaliges, Neues, Originelles auszudrücken und der „ungewollten Verwirklichung einer Konvention".[50] Der Effekt des Klischees entsteht also aus der „Diskrepanz zwischen Intention und Konvention". Schließlich gilt, die entstandene Diskrepanz ist dem Autor nicht bewußt, sie ist ihm gewissermaßen unterlaufen.[51] Genau diese Vorwürfe ergehen im Zusammenhang mit den „Zwei Ansichten" an Johnson. Werden sie dem Text gerecht?

Die Untersuchung des Textes und der Rolle des Erzählers erbrachte eine gegenteilige Erkenntnis: Der Autor Uwe Johnson war durch *den von ihm eingesetzten Erzähler* geradezu akribisch bemüht, zwei unterschiedliche Sichten auf die Figuren *vorzuführen*. Daß das vom Erzähler entworfene Bild des Westdeutschen B. dabei nicht dazu angetan ist, den Leser für B. einzunehmen, steht außer Frage, im Gegenteil wird er eher in Distanz zu B. gebracht. Aber eben genau dies ist *Folge der erzählerischen Konstruktion* und liegt in der Absicht des Verfassers. Die D. wird statt dessen als aktive, bedenkliche Person geschildert. Und da sie sich gegen den fast allmächtig erscheinenden (ostdeutschen) Staat zur Wehr setzt, kann sie sich des Wohlwollens der Leser sicher sein. Eine Diskrepanz zwischen Intention des Autors und der Realisierung existiert gerade nicht, Typisierung und Klischeebildung sind Ziel der Darstellung. Johnson wollte B. gar nicht „als individuelle Figur" anlegen und B. sollte auch nicht „als Repräsentant der Bundesrepublik" fungieren. Eine „Beschreibung Westdeutschlands" aus „der Perspektive B.s" liegt nicht vor, wenn überhaupt, dann handelt es sich um eine Beschreibung aus dem Blickwinkel des Erzählers. Allein der Verzicht auf eine individuelle Namensgebung und die Bezeichnung „B." und „D." bringen das Vorhaben Johnsons – eigentlich unübersehbar – zur Geltung. Mit anderen Worten: Johnsons Intention besteht darin, *das Entstehen von Typisierung wie Klischeebildung vorzuführen und diesen Prozeß einsehbar zu machen*. Das kann nur funktionieren, indem Johnson einen parteiischen Erzähler einsetzt, einen Narrator, der nicht objektiv erzählt. Für diesen Erzähler treffen bis ins Detail jene „Schwierigkeiten" des Erzählens zu, die Johnson in seinem Essay „Berliner Stadtbahn" vorab bereits ausführlich entwickelt hat. Im „Stadtbahn-Essay" analysiert Johnson nämlich, welche Fehler bei der literarischen Darstellung auftreten können und nach seinem Selbstverständnis von der Profession eines Schriftsteller unbedingt zu vermeiden sind. Die „spezifisch literarische(n) Fehler" (BS 14) sind nach Johnsons Auffassung im wesentlichen auf folgende Ebenen bezogen:

Erstens: Johnson erkennt, daß die „Schwierigkeiten" bereits beginnen in der „Phase der Konzeption" (BS 14), also in jenem Stadium, das dem Schreiben als Vorgang vorgelagert ist. Johnson führt – wie Christa Wolf dann später in „Lesen und Schreiben" – gewissermaßen vor, wie wichtig der Autor und seine Voraussetzungen für das Schreiben sind.[52] Ein Autor/Verfasser/Erzähler[53] ist auch „nur ein Mensch", und er verfügt nicht über den „göttergleiche[n] Überblick eines Balzac" (BS 20). Der Autor existiert unter konkret–historischen Bedingungen, ist in einer spezifischen Lebenswirklichkeit gewachsen und mit ihr verwurzelt, er spricht seine eigene Sprache und besitzt – wie jeder andere auch – lediglich eine eingeschränkte Wahrnehmung. Für Johnson gehören diese Phänomene zu den *Voraussetzungen* des Autors/Erzählers/Verfassers:

> „Der Verfasser kann die Person, von der er berichtet, nur mit Verhaltensweisen ausstatten, über die er selbst verfügt oder die er bei Dritten und Achten beobachtet hat. [...] Er kann auch befangen sein in Erfahrungen, die ihm als einzigem zugestoßen sind. *Wie, wenn seine Unterstellungen Vorurteile wären? Was, wenn er sich orientiert nach Meinungen, die er nicht im Traum zu überprüfen denkt,* denen zufällig niemand widersprochen hat? Das sind seine Voraussetzungen. [...] Er kann für allgemein halten, was einzeln ist. [...] Er kann ein Gesetz erkennen wollen, wo nur eine statistische Häufung erscheint." (BS 14)

Aber nicht nur der Autor/Erzähler/Verfasser selbst kommt als eine Fehlerquelle in Frage, auch während und in Folge seiner Recherchen kann es zu einer „Schädigung der Realität" kommen, weil seine wichtigsten Gewährsleute und Zeugen die gleichen Fehler machen können:

> „Einige einfache Fehlerquellen bei der Herstellung und Übermittlung von Information sind bekannt: da *haben Augenzeugen nicht genau hingesehen*, was sie nicht gesehen haben, können sie nicht sagen. *Sie erfinden etwas*, was ihnen den Vorfall abzurunden scheint. Oder sie haben *die Situation schlicht nach ihren gewohnten Bezugspunkten geordnet*, die mögen privat sein oder von sektenhafter Moral oder parteipolitisch. Presse, Rundfunk, Fernsehen oder Stadtgespräch verändern nochmals, was sie als bereits zubereitetes Material bekommen. Sie müssen sich zum Teil *einlassen auf die Interpretation, die der erste Berichterstatter mit einem Eigenschaftswort im Vorfall ansiedelt*. Sie alle schädigen die Realität (vorausgesetzt, daß dies Wort noch zutrifft)" (BS 11).

Beide Überlegungen von Johnson scheinen in frappierender Weise auf jenen literarischen Vorgang abzuzielen, der in den „Zwei Ansichten" dann die Figur des B. betrifft: „*Wie, wenn seine Unterstellungen Vorurteile wären?*"[54]

Zweitens: Die solcherart entstandenen Einschränkungen, Interpretationen, Konstruktionen sind für den Autor/Erzähler eine schwere Hypothek bei der anschließenden literarischen, erzählerischen Verarbeitung. Übernimmt der Autor/Erzähler unkritisch die Interpretationen bzw. die Auswahl der Fakten, so werden sie zu rezeptiven Vorgaben. Die Fehler wirken also in die Phase der *Produktion* mit hinein, wodurch sie sich potenzieren. Die „Voraussetzungen“ beeinflussen den erzählerischen Aufbau der Figuren, den erzählten Vorfall, die dargestellten Verhältnisse und ihre jeweilige Bewertung. Das führt also dazu, daß die Person, von der erzählt wird, nur mit Verhaltensweisen ausgestattet werden kann, über die der Autor/Verfasser/Erzähler – „selbst verfügt oder die er bei Dritten oder Achten beobachtet hat“. Das heißt auch: „Es mag ja noch andere geben“. Der Erzähler hat diese Meinungen nicht gekannt, er hat nicht alle Zeugen befragt, vielleicht haben manche ihn sogar angelogen, er ist nicht an die richtigen gekommen. Aber möglicherweise hat er auch gar nicht mehr wissen wollen, *weil das Bild von der Person und den Verhältnissen schon feststand*. Mit anderen Worten: Der Erzähler hat nur das gesehen, was er auf Grund seiner Sozialisation, seines Wissens, seiner Befindlichkeit, seiner sozialen Situation, seiner politischen Auffassungen, seiner Anschauung über die Welt sehen konnte und wollte!

Bringt man das in Anwendung auf die „Zwei Ansichten“, dann erklärt es das unterschiedliche Verhältnis des Erzählers zu B. und D., ja die augenzwinkernde Übereinkunft des Erzählers mit der D. ergibt sich, weil der Narrator über vergleichbare Erfahrungen verfügt wie sie und eine vergleichbare ('ostdeutsche') Weltsicht hat. Das Gespräch zwischen der D. und dem Erzähler deutet auf eine Harmonie, die nur zwischen Leuten denkbar ist, die wissen, worüber geredet wird, und sich geistig nahe sind. Wenn aber der Autor/Erzähler nun die Informationen (der D.) kritiklos übernimmt und nach seinen gewohnten Konstruktionsmustern ordnet, einpaßt, kommentiert, wertet, kann von einer Wahrheitssuche nicht die Rede sein. An die Stelle von Wahrheitsfindung tritt Klischeebildung. Die „Zwei Ansichten“ dokumentieren ein solches Fehlverhalten des Autors/Erzählers, sie sind ein Paradebeispiel für einen Erzähler, der nicht der Wahrheit der Figur des B. auf der Spur ist, sondern mit allen Mitteln danach sucht, um seine (ostdeutschen) Vorurteile vom westdeutschen Konsumkapitalisten bestätigt zu sehen. Auf diese Weise wird B. zum Prototyp des arroganten, oberflächlichen, dümmlichen Bundesbürgers. Wie in „Berliner Stadtbahn“ bereits bis ins Detail vorgedacht, entsteht aus den Fehlern, Vorurteilen, ideologisch aufgeladenen Auffassungen ein Schema, ein Stereotyp, ein Klischee:

> „Diese subjektiv oder technisch verursachten Fehler wachsen komplex, sobald sie mit der fruchtbaren Fehlerquelle der Tendenz verbunden zum Schema werden. Von diesen gibt es auf jeder Seite der Grenze eins. Es ist selbstverständlich, daß die Gesetze des einen Informationsschemas nicht zum Maßstab für das andere gemacht werden können.“ (BS 11)

Die „Zwei Ansichten“ führen das Entstehen des *ostdeutschen „Schemas“* vor, womit den Westdeutschen ihr gängiges Verhalten gegenüber den 'armen Brüdern und Schwestern' im Osten wie ein Spiegel vor Augen gehalten wird. Das

Unverständnis des *ostdeutschen Erzählers* in den „Zwei Ansichten" gegenüber seinem *westdeutschen Protagonisten B.* ist zurückzuführen auf „die Grenze: die Entfernung: d(en) Unterschied:" (DB 9). Der Erzähler spricht eine andere Sprache als B., er ist weder gewillt noch in der Lage, B. zu verstehen. Zieht man das in Betracht, dann ergibt sich eine weitere, vielleicht die entscheidende Lesart des Textes: die „Zwei Ansichten" verfolgen gar nicht die Frage, welchen Einfluß der Mauerbau auf die vermeintliche Liebesbeziehung hat, im Kern geht es um die „Mauer in den Köpfen"! Die „gegensätzlichen staatlichen Organisationen", die „zwei wirtschaftlichen Arrangements", die „zwei Kulturen" und schließlich die Mauer haben Wahrnehmungen dies- und jenseits der Grenze geprägt. Damit führt Johnson 30 Jahre vor der Aufhebung der staatlichen Teilung exemplarisch das vor, was das Denken der Deutschen in Ost und West bis heute bestimmt: das Denken in Klischees und die gering ausgebildete Fähigkeit dafür, den „anderen mit seinen eigenen Augen zu sehen". Es ist dies das Leitmotiv in Johnsons Gesamtwerk seit den „Mutmassungen". In „Das dritte Buch über Achim" etwa scheitert der Versuch des Westdeutschen Karsch diese Barrieren zu überwinden, um eine Biographie über den ostdeutschen Radsportler Achim T. zu schreiben.

Ein anderes Problem sieht Johnson im Anspruch eines Autors/Erzählers im Umgang mit Allwissenheit, und auch dies gilt für die „Zwei Ansichten":

> „Die Manieren der Allwissenheit sind verdächtig. [...] Wenn der Verfasser seinen Text erst erfinden und montieren muß: wie kann er dann auf hohem Stuhl über dem Spielfeld hocken wie ein Schiedsrichter beim Tennis, alle Regeln wissen, die Personen sowohl kennen als auch fehlerlos beobachten, zu beliebiger Zeit souverän eingreifen und sogar den Platz tauschen mit einer seiner Personen und noch in sie blicken, wie er sogar selbst sich doch selten bekannt wird. Der Verfasser sollte zugeben, daß er erfunden hat, was er vorbringt, er sollte nicht verschweigen, daß seine Informationen lückenhaft sind und ungenau. (BS 20)

Der Erzähler der „Zwei Ansichten" überschätzt sich. Den Spagat zwischen Objektivität und Allwissenheit einerseits und seiner Rolle als Monteur der Geschichte andererseits schafft er nicht. Er begeht geradezu demonstrativ die von Johnson (!) genannten Fehler. Er möchte der Schiedsrichter sein, der seine Figuren gerecht behandelt und zugleich über Allwissenheit verfügt. Diese hochgesteckten Erwartungen kann er zu keiner Zeit erfüllen, denn er arbeitet mit zweifelhaften „Voraussetzungen" (BU 12), er übernimmt – wie nachgewiesen – Wertungen aus zweiter Hand und unpräzise Zeugenaussagen. Außerdem ist er nicht in der Lage, objektiv zu bleiben und Klischeebildungen zu vermeiden. Die Folge ist das Scheitern des gesamten Erzählvorgangs.

Johnson läßt dabei gezielt einen Erzähler auftreten – und diese strenge Trennung zwischen Autor und Erzähler ist für ihn eher untypisch –, der zeigt, wie ein Schriftsteller es um den Preis der Wahrheitsfindung nicht machen darf. Die letztlich überdeutliche und überspitzte Demontage des Erzählers führt zur Karikatur des Erzählers wie des gesamten Erzählvorgangs.[55]

Drittens: Der Vorfall bzw. die Geschichte wird – so gibt Johnson in der „Berliner Stadtbahn" zu denken – vom Autor/Erzähler/Verfasser nur dargeboten, weil er ihn für ein lohnenswertes Beispiel hält, das „etwas beweist über die Lebensverhältnisse beiderseits der Grenze". Aber auch hier kann ihn etwa die Statistik getäuscht haben. Drei Millionen „Abwanderer aus dem ostdeutschen Staatsgebiet" (BS 13) sind noch kein Beweis für die Wahrheit der Darstellung und die gerechtere Ordnung im Westen. Mit dem erzählten Fall von B. und D. wird also einzig modellhaft *ein Fall entwickelt* und dem Leser zum Vergleich angeboten. Anspruch auf ein Wahrheitsmonopol freilich kann und soll die vorgestellte Geschichte nicht erheben. Im Gegenteil, es ist Vorsicht in Hinblick auf eine verallgemeinernde Wertung geboten, eben weil bei der Darstellung der Geschichte Autor/Verfasser/Erzähler mit „Unterstellungen" oder Vorurteilen gearbeitet haben (können). Damit ist auf die entscheidende *Aufgabe des Lesers* verwiesen, der hat zu korrigieren und gegebenenfalls zu ergänzen, was der Erzähler nicht weiß, wissen kann oder wissen will. Für die „Zwei Ansichten" läßt sich die Aufgabe des anvisierten Lesers wie folgt festlegen: Der ideale – Leser ist im Allgemeinen wie in Hinblick auf diesen Text – der kritische und ungläubige. Die rezeptiven Vorgaben des Erzählers und seine Signale, wie mit dem Dargestellten umzugehen ist, sind von Beginn so deutlich, daß die berechtigte Hoffnung besteht, der Leser würde sie erkennen. Entsprechend soll er für tendenziöse Darstellung und den Vorgang der Klischeebildung sensibilisiert werden, um ihn als solchen zu entlarven.[56] „Zwei Ansichten" verlangt Hellhörigkeit statt passiver Bestätigung gegenüber einem mitteilungswilligen und auktorialen Erzähler. Der Leser ist also aufgefordert, im wirklichen Sinne mündig zu agieren, sich permanent an der Suche nach der „Wahrheit" und nach dem Wesen des Erzählers zu beteiligen.[57] O'Neill spricht deshalb neben den beiden Stories über die zwei Hauptfiguren von einer dritten, nämlich „that of the reader".[58] Hillebrand äußert sich in diesem Kontext zwar nicht direkt zu den „Zwei Ansichten", aber seine Überlegungen sind ohne weiteres auf sie zu übertragen:

> „Autor und Leser sitzen im selben schwankenden Boot, die Lage ist schwer zu bestimmen. Der Prozeß des Erzählens ist zugleich der Prozeß des Lesens, er muß mit gleicher Anstrengung und Bewußtheit nachvollzogen werden. [...] Die Aufgabe der Literatur sei es, so Johnson 1961 als Erwiderung auf einen politischen Angriff, eine Geschichte nicht so zu erzählen, daß sie den Leser in Illusionen hineinführt, *sondern daß sie ihm zeigt, wie diese Geschichte angelegt ist.* [...] Die Erzählung fordere vom Leser nicht, daß er sich sofort verändere, sondern *daß er die Geschichte aufnimmt, sie überdenkt und daraus seine eigenen Schlüsse zieht.*"[59]

„Zwei Ansichten" deckt, wie das für *moderne Prosa* üblich ist, den Produktionsprozeß von Literatur auf, wenngleich – das ist hervorzuheben – auf ungewöhnliche und implizite Weise, so doch nicht minder eindrucksvoll.

VIII Schluß oder Wahrheitsfindung durch Klischeebildung

Hinweise darauf, welche Art von Leser und welche Lesart Johnson sich gewünscht hätte, gibt es – wenngleich nur spärlich und versteckt – durchaus. Über die *Rezeption* der „Zwei Ansichten" notierte Johnson Unterschiede, die trotz der Kürze aufschlußreich sind:

> „Ich habe den Anfang jenes Buches *Zwei Ansichten* in Deutschland vorgelesen und bekam dafür ernstes Schweigen. Dann habe ich ihn in Amerika vorgelesen und bekam Gelächter. Das gefiel mir besser." (G 229)

Damit ist etwas ausgesagt über die intendierte Wirkung. Die „Zwei Ansichten" tragen in der Tat bisweilen Züge einer Parodie. Und da man eine solche nicht mit den selben Maßstäben und Methoden eines herkömmlichen Romans messen kann, nimmt es nicht Wunder, wenn die deutschsprachige Literaturkritik wie -wissenschaft mit diesem Werk zumeist hart ins Gericht gegangen ist.

Was motiviert aber einen Autor dazu, einen Text zu schreiben, in dem gezielt das geschieht, was dem Selbstverständnis des Autors widerspricht und in dem genau jene Fehlerquellen versteckt sind, vor denen er warnt? *Eine* mögliche Antwort sei angedeutet, wobei der Blick auf die frühen sechziger Jahre zu richten ist: Johnson setzte sich nach dem Mauerbau und in einer Situation des zugespitzten Kalten Krieges weiter für eine Entspannung des Verhältnisses der beiden deutschen Staaten ein. Er engagierte sich gegen den Boykott der Berliner Stadtbahn, schrieb als Fernsehkritiker gegen den Boykott des DDR-Programms und intensivierte seine Beziehungen zu DDR-Autoren.[60] Johnson verstand sich damals als Intellektueller, der analytisch und nicht moralisierend der entstandenen Situation beizukommen suchte, trotz der persönlichen Betroffenheit! Unter diesen Bedingungen ging es ihm darum, das Interesse am Gespräch wachzuhalten und die Westdeutschen über die Wirklichkeit des Ostens „wenigstens in Kenntnis" zu setzen. Das war bereits eine Intention des Romans „Das dritte Buch über Achim". Die Vorstellung des Textes auf der Buchmesse im Oktober 1961 in Frankfurt am Main läßt mitunter vergessen, daß das Manuskript bereits am 2. März 1961 abgeschlossen vorlag, also einige Monate vor dem 13. August 1961. Insofern waren die „Zwei Ansichten" – neben kleineren Arbeiten – Johnsons erste größere *literarische* Reaktion auf den Mauerbau, die letzte Fassung der „Zwei Ansichten" stammt vom 25. 4. 1965.[61] Darüber hinaus kann man die Erzählung als *literarische Antwort* auf die Auseinandersetzung mit Hermann Kesten und die Situation der frühen 60er Jahre lesen.[62] Dies erklärt die Erzählstruktur, die Figurenanlage, wie auch den „politischen Sachgehalt". Johnson wollte – so die These – mit der vorgenommenen Typisierung ein Signal geben und zeigen, was folgt, wenn Personen und Verhältnisse in ein vorgefaßtes Bild gepreßt werden. Genau dies gilt ja für B.[63] Aber warum nutzt Johnson zur Typisierung nur die Figur des B.? Es hängt dies zum ersten mit persönlichen Erfahrungen und Angriffen im Westen zusammen (Stichwort: Kesten–Affäre), zum zweiten fühlt sich Johnson dem Osten weiter verbunden und befindet sich in Distanz zur westdeutschen Wirtschaftswunderwelt. Aber maßgeblicher scheint ein dritter Grund zu sein: Eine Klischeebildung würde angesichts des kalten Krieges bei westdeutschen Lesern als solche gar nicht erkannt, wenn der Erzähler sie an der ostdeutschen Figur exemplifizierte. Eben wegen der Unkenntnis und dem vorherrschenden Desinteresse war davon auszugehen, daß dem Erzähler über die ostdeutsche Figur alles abgenommen worden wäre. Die Schilderung etwa eines beliebigen DDR–Bürgers wie eines Funktionärs, und wenn sie noch so typisierend, klischeehaft, stereotyp, vereinfacht ausgesehen hätte, würde am Beginn der 60er Jahre von westdeutschen Lesern als 1:1–Entsprechung bzw. Abbild der realen Verhältnisse gelesen worden sein. Eine solche Leseweise – so ist zu vermuten – hätte damit nur bereits vorgefaßte Meinungen über den Osten als „einen nicht lebenswerten, aufgegebenen Ort" (ZA 66) affirmativ bestätigt. Ressentiments wären auf eine solche Weise ebensowenig aufzulösen gewesen, wie das Bemühen, eine genauere Kenntnisnahme der Wirklichkeit in der DDR anzuregen.

Bleibt die Frage, warum der Autor nicht reagiert, als er erkennen muß, wie wenig Literaturkritik und –wissenschaft mit dem Text anfangen können, wie sie die Funktion der gezielt eingesetzten Gestaltungsmittel verkennen, sogar in die öffentlich aufgestellten Fallen hineintappen und letztlich das Unvermögen zum genauen Lesen ihm, dem Autor, als Schwäche anlasten? Es gehört schon eine gehörige Portion von uneitlem Selbstbewußtsein dazu, wie Johnson die kritischen Reaktionen auf die „Zwei Ansichten" gelassen zur Kenntnis zu nehmen und sich nicht hinreichend motiviert zu sehen, das Geheimnis der Konstruktion zu lüften. Johnsons Zugeständnis ging lediglich so weit, in den „Begleitumständen" nochmals zu erklären:

> „Das Verhältnis des Erzählers zu diesen beiden Personen, obwohl im Text grundsätzlich ersichtlich, wird der guten Ordnung halber in den beiden letzten Kapiteln in seiner Entstehung vorgeführt ..." (BU 324).

Johnson zitiert dann jene beiden Passagen, in denen der Erzähler sich dem Leser als physisch anwesende Person entdeckt und kommentiert:

> „Es ist demnach dieser beider Material, das sie dem Erzähler zur Verwandlung in einem Falle überlassen, im anderen angeboten haben" (BU 325)

Mehr konnte Johnson sich allem Anschein nach nicht abringen, und dies um den Preis des Nicht–Verstehens, denn zweifellos sind wirkliche Intention, Erzählstruktur, literarischer Wert der „Zwei Ansichten" auch in der Folgezeit nie richtig erkannt worden. Diese Erzählung ist – im Gegensatz zu der bis heute gängigen Meinung – ein Werk von hohem Rang und zwar vor allem im poetologischen, weniger im poetischen Sinn. Und der Essay „Berliner Stadtbahn (veraltet)" ist nach allem Gesagtem eine Vorschau auf die „Zwei Ansichten", oder umgekehrt: Die „Zwei Ansichten" sind eine poetologische Inversion![64]

Darüber hinaus nehmen die „Zwei Ansichten" keineswegs eine Sonderstellung im Gesamtwerk ein oder sind in ihm isoliert, ganz im Gegenteil betreffen sie exakt ein Hauptthema Johnsons, es geht nämlich um die Darstellung der „Grenze: d(er) Entfernung: d(es) Unterschied(s)". Der Text läßt sich daher als eine konsequente Fortsetzung von Johnsons „Das dritte Buch über Achim" lesen. Beide Erzähler scheitern im Sinne von Johnsons poetologischem Anspruch.[65]

Johnsons Prosa ist – so läßt sich abschließend sagen – darum bemüht, Erfindungen wie Konstruktionen bewußt zu machen und Leerstellen zu bewahren statt zu schließen. Der Verfasser – heißt es bei Johnson – „sollte zugeben, daß er erfunden hat, was er vorbringt, er sollte nicht verschweigen, daß seine Informationen lückenhaft sind und ungenau" (BS 20f.). Und es folgt Uwe Johnsons poetologisches Credo:

> „Dies eingestehen kann er, indem er etwa *die schwierige Suche nach der Wahrheit ausdrücklich vorführt*, indem er seine Auffassung des Geschehens mit der seiner Person vergleicht und relativiert, indem er ausläßt, was er nicht wissen kann, indem er nicht für reine Kunst ausgibt, was noch eine Art der Wahrheitsfindung ist." (BS 21)

Der Erzähler der „Zwei Ansichten" allerdings ist von diesem Anspruch der Johnsonschen Poetik weit entfernt, und insofern bilden die „Zwei Ansichten" jene in Johnsons Schaffen gezielt und bis in Detail gebaute Ausnahme, weil gezeigt wird, wie es nicht zu machen ist, nicht gemacht werden darf!

Anmerkungen

1 Die Argumentation des Beitrages wurde im Rahmen der Uwe–Johnson–Tage zum Kolloquium „Fremdheit und Nähe" am 26. September 1997 in Neubrandenburg entwickelt. Siehe dazu Carsten Gansel: 'Klischeebildung statt Wahrheitsfindung'? Oder Vom 'Platz des Erzählers'. Zum Konstruktionsprinzp von Uwe Johnsons „Zwei Ansichten". Der vorliegende Beitrag stellt eine erweiterte Fassung dar. An Teilen der Ausarbeitung war Matthias Hund beteiligt, dem die Verfasser danken.

2 Siehe Nicolai Riedel: Uwe Johnson. Bibliographie 1959–1980. Band 1. Bonn: Bouvier Verlag, 1981. (= Abhandlungen zur Kunst–, Musik– und Literaturwissenschaft. 200).

3 Nach Information des Suhrkamp Verlages vom September 1997 hat sich die erste Auflage der Leinen–Ausgabe mit 30.000 Exemplaren verkauft. Das Taschenbuch, das zwischen 1970 bis 1991 aufgelegt war, erreichte eine Auflage von 32.000 Exemplaren. Hinzu kommt das Rowohlt–Taschenbuch, das von 1968 bis 1974 eine Auflage von 53.000 Exemplaren erreichte.

4 Zu diesem Ergebnis kommt Bernd W. Seiler: Uwe Johnsons „Zwei Ansichten"– oder: Zielloses Fahren und aufrechter Gang. In: Internationales Uwe–Johnson–Forum. Band 6. Beiträge zum Werkverständnis und Materialien zur Rezeptionsgeschichte. Herausgegeben von Carsten Gansel und Nicolai Riedel. Bern, Frankfurt/M.: Peter Lang, 1997, S. 109–128.

5 a. a. O., S. 109.

6 Bereits an anderer Stelle war darauf verwiesen worden, daß der „inhaltlichen Analyse" eine Untersuchung des Erzählverhaltens vorausgehen muß. Siehe dazu Carsten Gansel: „Echtes Ausland ist selten so fremd." Uwe Johnson, „Zwei Ansichten" und die deutsche Teilung im Literaturunterricht. In: Internationales Uwe–Johnson–Forum. Band 6. Beiträge zum Werkverständnis und Materialien zur Rezeptionsgeschichte. Herausgegeben von Carsten Gansel und Nicolai Riedel. Frankfurt/M, Bern: Peter Lang, 1997, S. 129–158, hier: S. 146f.

7 Jens Hoffmann: Die prosaische Selbstverstümmelung. Uwe Johnsons Träume und Tendenzen. In: Christ und Welt. Deutsche Wochenzeitung. Stuttgart. 18. Jg., Nr. 42 vom 15. 10. 1965, S. 35. Sämtliche Hervorhebungen in Kursivdruck durch die Verfasser.

8 Jürgen Lütge: Mauerblüte. In: Zürcher Woche. Zürich. 17. Jg., Nr. 44 vom 29. 10. 1965, S. 17.

9 Walter Henze: Die Liebe als Verlegenheits–Etikett. In: Hannoversche Allgemeine Zeitung. 17. Jg., Nr. 224 vom 25. 09. 1965, (Beil.) 'Der siebente Tag', [S. V].

10 A[nnemarie] M[eckel]: „Zwei Ansichten" oder nur eine? In: Badische Zeitung. Freiburg im Breisgau. 20. Jg., Nr. 228 vom 2./3. 10. 1965, (Beil.) 'Gestern und Heute', [S. VIII].

11 Urs Jenny: Vom Vakuum zwischen zwei Stühlen. In: Die Weltwoche. Unabhängige Schweizerische Umschau. Zürich. 33. Jg., Nr. 1663 vom 24. 09. 1965, S. 26.

12 H[arald] St[erk]: Johnson und das geteilte Deutschland. In: Arbeiter–Zeitung. Zen-

tralorgan der Sozialistischen Partei Österreichs. Wien. Nr. 271 vom 21. 11. 1965, (Beil.) 'AZ–Bücher', S. IV.

13 Marlies Gerhardt: Tief in die Kolportage abgesunken. In: Schwäbische Donau–Zeitung. Ulm. 21. Jg., Nr. 255 vom 4. 11. 1965, S. 7.

14 Reinhard Baumgart: Johnsons Voraussetzungen. In: Ders.: Über Uwe Johnson. Frankfurt/M.: Suhrkamp Verlag, 1970, S. 167. (= edition suhrkamp. 405).

15 E[rich] H[ermann]: Wieder von und in Berlin. Uwe Johnsons neue Ansichten. In: Stuttgarter Nachrichten. 20. Jg., Nr. 268 vom 13. 11. 1965, S. 41.

16 Otto F. Beer: Das zweimal geteilte Berlin. In: Neues Österreich. Unabhängiges Wiener Tageblatt. 21. Jg., Nr. 265 vom 13. 11. 1965, S. 23.

17 Manfred Durzak: Politische Bestandsaufnahme. In: Uwe Johnson. Herausgegeben von Rainer Gerlach und Mathias Richter. Frankfurt/M.: Suhrkamp Verlag, 1984, S. 223–236, hier S. 235f. (= suhrkamp taschenbuch materialien. 2061).

18 Darauf verweist auch Norbert Mecklenburg in seiner neuen Arbeit. Siehe ders.: Die Erzählkunst Uwe Johnsons. Frankfurt/M.: Suhrkamp Verlag, 1997, S. 24.

19 a. a. O., S. 27.

20 Siehe Ulrich Fries: Uwe Johnsons „Jahrestage". Erzählstruktur und politische Subjektivität. Göttingen: Vandenhoeck & Ruprecht, 1990. (= Palaestra. 290).

21 Theodor Fontane: Briefe an Georg Friedlaender. Herausgegeben von Kurt Schreinert. Heidelberg: Quelle & Meyer, 1954, S. 260. Zitiert a. a. O., S. 20. – Johnson hatte in den „Jahrestagen" die Elf A für die ersten sechs Seiten des „Schach von Wuthenow" von Theodor Fontane drei Wochen benötigen lassen. Was die Schüler damals als Zumutung empfanden, wurde später zu höchstem Lob: „Wir hatten bei ihm das Deutsche lesen gelernt", hieß es im Rückblick.

22 Eberhard Lämmert: Bauformen des Erzählens. Stuttgart: J. B. Metzlersche Verlagsbuchhandlung, 8., unveränd. Aufl. 1989, S. 104–108.

23 Wie Bernd W. Seiler anmerkt, betrug die Jahresproduktion von VW um 1961 ca. 1 Million Fahrzeuge. Siehe ders.: Die Leidigen Tatsachen. Von den Grenzen der Wahrscheinlichkeit in der Literatur seit dem 18. Jahrhundert. Stuttgart: Klett–Cotta, 1983, S. 298. (= Sprache und Geschichte. 6).

24 Jens Hoffmann: Die prosaische Selbstverstümmelung. Uwe Johnsons Träume und Tendenzen, a. a. O.

25 Jürgen H. Petersen: Erzählsysteme. Eine Poetik epischer Texte. Stuttgart, Weimar: Metzler, 1993, S. 53ff. Der Erzähler bzw. Narrator kann dabei aus großer Nähe die Figuren, Handlungen, Denk– und Verhaltensweisen beschreiben und dabei auch auf kleinste Details verweisen oder aber aus größerer Entfernung berichten. Die Nähe allerdings kann den Blickpunkt bzw. Blickwinkel einschränken, aber auch eine olympische Position zum Erzählten zur Folge haben. Möglicherweise kennt der Erzähler nämlich die Vor– und Nachgeschichte bereits, was Rückblicke und Vorausdeutungen ermöglichte. In diesem Falle könnte der Erzähler über sogenannte 'Allwissenheit' verfügen. Konsequent betrachtet liegt die aber nur in dem Fall vor, da der Erzähler

auch die Gedanken und Gefühle der Figuren kennt, also nicht nur auf ihre Außenseite blickt, sondern auch auf die Innenseite. Vgl. dazu Franz K. Stanzel: Typische Formen des Romans. Göttingen: Vandenhoeck & Ruprecht, 11. Aufl. 1987. (= Kleine Vandenhoeck-Reihe. 1187).

26 Dies ist so zutreffend nicht, denn „allwissend" kann man einen Erzähler eigentlich nur dann nennen, wenn er auch über die Innensicht verfügt. Aber dies würde mit Petersen in die Kategorie der „Sichtweise" führen (a. a. O., S. 65).

27 Die Sichtweise des Erzählers kann gerichtet sein auf die Außenseite der Figuren, der Erzähler kann aber auch in sie hineinblicken und damit die Innenseite erschließen.

28 Jürgen H. Petersen: Erzählsysteme... , a. a. O., S. 68.

29 a. a. O.

30 Monika Maron: Ein Schicksalsbuch. Warum ich in der DDR Uwe Johnson nicht las. In: Die Zeit. Hamburg. Nr. 49 vom 28. 11. 1997, S. 63.

31 Uwe Johnson: Berliner Stadtbahn (veraltet). In: Ders.: Berliner Sachen. Frankfurt/M.: Suhrkamp Verlag, 1975, S. 10. (= suhrkamp taschenbuch. 249).

32 Vgl. dazu die DDR-Ausgabe des Duden. Leipzig: VEB Bibliographisches Institut, 3. durchgesehene Auflage, 1987, S. 257.

33 Es wird dies u. a. realisiert durch den Einsatz von Dialog und indirekter Rede.

34 Bernd W. Seiler: Uwe Johnsons „Zwei Ansichten"... , a. a. O., S. 119.

35 Vgl. dazu: Patrick O'Neill: The System... , a. a. O., S. 535f.

36 Zur Bedeutung des Sportwagens als Ikone der spätkapitalistischen Gesellschaft vgl.: Bernd Neumann: Utopie und Mimesis. Zum Verhältnis von Ästhetik und Politik in den Romanen Uwe Johnsons. Kronberg/Ts.: 1978, S. 232ff.

37 Daß der Erzähler nicht mitteilt, was B. konkret sagt, kann in diesem Fall auch damit zusammenhängen, daß er B.s Äußerungen nicht versteht. Nicht nur an dieser Stelle drängt sich dem Leser erneut der Verdacht auf, bei dem Erzähler könne es sich um eine Person handeln, die B. gewissermaßen verfolgt, ja vielleicht gar um einen Detektiv. Schließt man die politische Nähe des Erzählers zur D. aus, könnte zugespitzt sogar vermutet werden, bei dem Erzähler handle es sich um einen Angehörigen der Staatssicherheit, der den westdeutschen Fotografen (!) B. und dessen ostdeutsche Bekannte observiert, aber im lauten Straßenverkehr nichts hören kann.

38 Außerdem: Wie kann sich jemand zugleich wohl, schwer und unglücklich fühlen? Das ist ein Eingeständnis, jemanden nicht zu verstehen.

39 Warum erfährt der Leser erst jetzt davon?! Die Tatsache, daß auch hier zu wenig Informationen und diese zu spät mitgeteilt werden, verhärtet den Verdacht gegen den Erzähler.

40 Trotz der unübersehbar negativen Haltung des Erzählers zu B. bleibt der *Fakt* bestehen, daß B. in dieser für das Leben der D. nicht unwichtigen Situation den Erwerb eines Sportwagens als für sich bedeutungsvoller empfindet. Eine solche Verhaltensweise wäre freilich auch für einen neutralen Beobachter ein hinreichender Grund für Kritik an der Person.

41 Patrick O'Neill: The System... , a. a. O., S. 538.

42 Ebenda, S. 535.

43 Offensichtlich befindet sich der Erzähler in einem Ermittlungsprozeß, bei dem Wissenslücken durch Recherche geschlossen werden, um Beweismaterial – gegen B.? – zu sammeln. In „Berliner Stadtbahn" heißt es: „Er befragte alle Zeugen, die ihm erreichbar sind. Und wenn sie ihn anlügen? Er mag nachher gar nicht an die richtigen gekommen sein." (BS 14)

44 Erneut entsteht der Eindruck, der Erzähler könne eine Art Detektiv sein, der B. observiert und belauscht.

45 Zum Beispiel: Eines Vormittags war der junge Herr B. tolpatschig genug gewesen...

46 Vgl. Bernd W. Seiler (a. a. O., S. 115). Bernd W. Seiler sieht – anders als wir – in den zitierten Periphrasen einen Hinweis darauf, daß Johnson (!) für die Darstellung der westdeutschen Verhältnisse zu diesem Zeitpunkt der Hintergrund fehlt. Das mag grundsätzlich zutreffen, und zweifellos mögen sich Johnson wie der von ihm eingesetzte Erzähler in der Sicht auf die Verhältnisse in Ost und West gleichen, aber im vorliegenden Fall handelt es sich um konsequent eingesetzte erzählerische Mittel, die den Erzähler (!) kennzeichnen.

47 a. a. O., S. 117.

48 Walter Henze nimmt diese Besonderheit sehr wohl wahr, aber er verkennt ihre Funktion, wenn es heißt: „Und warum unterdrückt der Autor nicht den unseligen Einfall, am Ende des Romans plötzlich als 'ich' in die Handlung einzugreifen?" (Die Liebe als Verlegenheits–Etikett, a. a. O., Anm. 7).

49 Man könnte vermuten, daß Erzähler und D. neben gegenseitiger Sympathie noch etwas vereint: Beide kommen aus dem Osten, sind mit den dortigen Verhältnissen vertraut, haben ihn verlassen müssen, und sehen den Westen eher distanziert. Das mag ohne viel Worte ein Übereinkommen erzeugen in der Sicht auf den jungen Herrn B. wie den Westen insgesamt.

50 Gerhard Kurz: Zu einer Theorie des literarischen Klischees. In: Sprache und Literatur in Wissenschaft und Unterricht. Paderborn. 1997, Heft 79, S. 108–116, hier S. 111.

51 a. a. O., S. 111. Kurz nimmt ferner an: „Im Klischee ist für den Rezipienten der Versuch mißglückt, originell und etwas Besonderes zu sein." (a. a. O., S. 114).

52 Es kann angenommen werden, daß Christa Wolf den Essay „Berliner Stadtbahn (veraltet)" von Uwe Johnson kannte, als sie ihre in der (literarischen) Öffentlichkeit in Ost und West vielbeachteten poetologischen Reflexionen in „Lesen und Schreiben" (1968) entwarf. Auf die dem Essay immanente Johnson–Rezeption indes ist bislang – soweit wir es übersehen – nicht eingegangen worden.

53 Johnson differenziert hier – wie uns scheint – nicht hinreichend zwischen Verfasser/Autor und Erzähler *im erzähltheoretischen Sinn*. So heißt es: „In diesem Fall, den ich ihnen vortragen darf, haben sie sich eigentlich ausgewirkt auf den *Platz des Erzählers*. Wo steht *der Autor* in seinem Text?" (BS 20). Zu beachten ist dabei, mit welchen erzähltheoretischen Positionen Johnson in Leipzig ausgestattet wurde und

wie überhaupt der Stand der Erzähltheorie am Beginn der 60er Jahre war.

54 Das läßt sich wie eine Art Plädoyer des Autors Johnson gegenüber der Figur des B. lesen, der ihn als Anwalt gegen die ungerechte, lieblose, klischeehafte, tendenziöse Darstellung durch den Erzähler in Schutz nimmt, verteidigt und zu rehabilitieren sucht.

55 In der wissenschaftlichen Diskussion über „Zwei Ansichten“ ist des öfteren von Karikatureskem die Rede, aber nur im Zusammenhang mit B., niemals mit dem Erzähler oder der ganzen Erzählung.

56 Beispielsweise kann der Leser die Erzählhaltung aus „Das dritte Buch über Achim“ einfordern. Hier schildert der Erzähler eine inhaltlich durchaus ähnliche Situation: Ein westdeutscher Journalist besucht seine ehemalige ostdeutsche Lebensgefährtin. Dieser Sachverhalt wird jedoch differenziert und beiden Seiten gerecht werdend dargelegt. Außerdem gibt sich der Erzähler nicht allwissend und gibt zu, daß er auf Zeugenaussagen zurückgreifen muß: „Er soll nach dem Krieg mit einer Schauspielerin zusammengelebt haben, das war in Berlin, die war aus dem Osten; augenscheinlich hatten sie bei ihrer Trennung einander gesagt: Wenn etwas ist, will ich dich nicht vergessen haben, oder ähnlich: Denn als sie ihn anrief und zu kommen bat, fuhr er ab von einem Tag auf den anderen.“ (DB 9)

57 Hieraus lassen sich allgemeine Ziele, auch im Hinblick auf den Literaturunterricht, ableiten: Generalisierung dieses Leseverhaltens, Einfordern von Gerechtigkeit im Umgang mit Menschen, kritisches Hinterfragen etc.

58 Patrick O'Neill: The System... , a. a. O., S. 531.

59 Bruno Hillebrand: Theorie des Romans. München: Deutscher Taschenbuch Verlag, 1980, S. 410f. (= dtv 4340).

60 Vgl. dazu Carsten Gansel: Verschiedene Wahrheiten? Zu einem Ost–West–Gespräch aus dem Jahre 1964. In: Wenigstens in Kenntnis leben. Notate zum Werk Uwe Johnsons. Herausgegeben von Carsten Gansel. Neubrandenburg: federchen Verlag, 1991, S. 118–123, sowie den Abdruck des Ost–West–Gesprächs vom März 1964 (a. a. O., S. 123–146).

61 Siehe dazu die Textfassungen im Frankfurter Uwe–Johnson–Archiv.

62 Die Umstände sind bekannt: Hermann Kesten hatte nach einer gemeinsamen Diskussion in Mailand Johnson in einem Artikel vorgeworfen, er würde den Bau der Mauer befürworten und wie „Ulbricht“ sprechen. Die Wellen schlugen hoch. Johnson konnte durch einen Tonbandmitschnitt der aufgeregten Öffentlichkeit nachweisen, daß Kestens Anschuldigungen unwahr, besser gelogen waren.

63 Bei aller Ungerechtigkeit des Erzählers gegenüber B. wird der Leser ja beständig aufgefordert, die angebotene „Version von Wirklichkeit“ mit seiner zu vergleichen. Dabei dürfte der Erzähler bei aller Zuspitzung, was die Charakterisierung des westdeutschen B. und der dortigen Verhältnisse betrifft, durchaus Treffendes vermerkt haben. Zweifellos gab es sehr wohl eine Reihe von Leuten, die im Innersten vom Bau der Mauer nicht richtig berührt waren, weil es für *ihr Leben* keinen Einschnitt bedeutete. Für ihre Äußerungen mag zutreffen, was der Erzähler dem B. unterstellt, daß es sich um „Geschwätz über die Mauer, als Weltläufigkeit vorgetragen“, handelt.

64 Haslé scheint das in vergleichbarer Weise zu sehen: „L'auteur revient très exactement sur ce qui caractérisait ses textes précédents: plus de primat de la réalité sur l'oeuvre [...] plus d'approche critique de la réalité caractérisée par la multiplication de conjectures ou de tentatives [...] mais un écrivain omniscient [...]." Maurice Haslé: L'appréhension de la réalité dans l'oeuvre de Uwe Johnson. Etude de sa première manière. Rennes: Université de Haute-Bretagne, 1978 [Dissertation]. Zitiert nach: Philippe Wellnitz: Traumebenen in Uwe Johnsons Prosa. Eine Ansicht zu „Zwei Ansichten". In: Internationales Uwe-Johnson-Forum. Band 5. Herausgegeben von Carsten Gansel, Bernd Neumann und Nicolai Riedel in Verbindung mit Ralf Zschachlitz. Frankfurt/M., Bern: Peter Lang, 1996, S. 129.

65 Aber während im „dritten Buch" der Schreibende – Karsch ist nicht zugleich auch Erzähler – die Unmöglichkeit seines Vorhabens im Verlauf der Geschichte erkennt, ist der Erzähler der „Zwei Ansichten" uneinsichtig. Gleichwohl unterliegen beide Werke den gleichen poetologischen Prinzipien.

OLIVER VOSS

Die 'moralische Schweiz' – und wie man ohne sie lebt.

Ein Blick auf die Lebensentwürfe der Bewohner der Jerichow–Welt in Uwe Johnsons „Jahrestagen"

Die Suche nach der 'moralischen Schweiz' – ein zentrales Thema für Gesine, ein zentrales Thema der „Jahrestage"

Es gehört zu den Charakteristiken Gesines, daß sie ihr Leben in New York beständig hinterfragen und vor sich selbst rechtfertigen muß.[1] Dadurch wird eine Frage zum zentralen Thema, ja gleichsam zu einem Leitmotiv des Romans: die Frage, wie ein Einklang zwischen privater und öffentlicher Moral herzustellen ist. Sicherlich eine alte und altbekannte Frage, aber doch eine, die nie allgemeingültig zu beantworten ist, die sich in jeder historischen Situation und für jeden einzelnen Menschen neu stellt. Für Gesine stellt sie sich, ausgelöst durch die Lektüre eines NYT–Artikels, der die rechtfertigenden Äußerungen eines Dow–Chemical–Vertreters zur Napalmproduktion seiner Firma wiedergibt, so:

> „Haushaltsprodukte der Firma Dow Chemical kaufen wir schon lange nicht mehr. Aber sollen wir auch nicht mehr mit einer Eisenbahn fahren, da sie an den Transporten von Kriegsmaterial verdient? Sollen wir nicht mehr mit den Fluggesellschaften fliegen, die Kampftruppen nach Viet Nam bringen? Sollen wir verzichten auf jeden Einkauf, weil er eine Steuer produziert, von deren endgültiger Verwendung wir nichts wissen? Wo ist die moralische Schweiz, in die wir emigrieren könnten?"

Gesines Suche nach der „moralischen Schweiz" ist die Suche nach einer Heimat, genauer betrachtet, nach einer „öffentlichen Heimat", d. h. nicht nach der „privaten Heimat" von Familie und Freunden, sondern nach einem Staat und einer Gesellschaft, mit deren Struktur und deren Ordnungsprinzipien, mit deren „öffentlicher Moral" sie sich im Einklang befindet. Ihr Nicht–einverstanden–Sein mit der öffentlichen Moral, das ihr im Jahr 1964 – d. h., als sie sich auf mehr als bloß einen vorübergehenden Aufenthalt in den USA eingestellt hat – erstmals dringlich bewußt wird,[2] ist für sie vor allem durch den Verlauf des Vietnamkriegs zu einem bedrängenden Problem geworden.

Da sie für sich selbst noch keine Antwort auf die Frage gefunden hat, wie man sich in einem Land zu verhalten habe, das offensichtlich keine „moralische Schweiz" darstellt, richten sich ihre Beobachtungen an anderen Menschen zu einem großen Teil darauf, wie diese mit dem Problem umgehen. Dies gilt sowohl für die Personen der New Yorker als der Gegenwartsebene des Romans als auch für die Bewohner von Jerichow bzw. Gneez als den Personen in Gesines erzählter Vergangenheit. Zwischen diesen beiden Personengruppen und auch in Gesines Sichtweise auf sie bestehen aber einige gravierende Unterschiede: Während sich Gesine auf der New–York–Ebene darauf beschränkt, das Verhalten der Personen beobachtend zu beschreiben – und diese Reduzierung auf das bloße Sichten gilt weitenteils selbst für ihr Verhältnis zu D. E. –, nimmt sie auf der Jerichow–Ebene – und insbesondere in den Stimmendialogen mit den Jerichower Toten – Bewertungen und Hinterfragungen vor. Dies kann dadurch bedingt sein, daß sie sich im historischen Abstand nicht sicher ist über die Motive des Verhaltens, das sie als Kind beobachtet hat, und daher der stetigen Nachfrage bedarf. Vor allem aber hatten und haben die betreffenden Personen – d. h. ihre Eltern – für sie eine dominante Bedeutung, insofern sie Gesines frühesten und einflußreichsten Vorbilder waren, die sie bis in die Gegenwart hinein prägten. Zuletzt ist Gesine im „Umgang" mit den Bewohnern Jerichows als ihrer Heimat zwangsläufig selbstbewußter als in dem mit den Bewohnern von New York, wo sie sich stets als nicht ganz zugehöriger Gast fühlt.

Bei Jerichow/Gneez und New York handelt es sich um zwei völlig unterschiedliche Gemeinwesen: Eine geschlossene und übersichtliche, weitgehend homogene Gruppe im ersten Fall steht einem unüberschaubaren und völlig diversen Völkergemisch im zweiten gegenüber. Auch am Personenspektrum des Romans wird deutlich, daß man wohl über „die Jerichower" bzw. „die Gneezer", keineswegs aber über „die New Yorker" verallgemeinernde Aussagen treffen kann.

Die historisch völlig unterschiedlichen Voraussetzungen sorgen für eine entsprechend anders gelagerte Problemstellung: Die politischen Systeme, mit denen sich die Personen der beiden Romanebenen konfrontiert sehen, sind in ihrem Charakter grundverschieden. Während es sich auf der Jerichow–Ebene um zwei neu installierte offene Unrechtssysteme handelt – im Fall der Naziherrschaft natürlich unvergleichlich verschärft durch die systematische Ermordung der Juden und den offenkundig diktatorischen und menschenverachtenden Charakter des Systems –, liegt im New York der 60er Jahre ein langlebiges demokratisches System vor, das von den Politikern größtenteils bloß verwaltet wird und in dem die Frage nach deren persönlicher Verantwortlichkeit oft schwierig zu klären ist. Entsprechend ist die Frage nach dem Verhältnis zur öffentlichen Moral auf der Jerichow–Ebene „monothematisch" in dem Sinne, daß sie das Verhalten gegenüber einer Herrschaft betrifft, die Verbrechen ausübt. Demgegenüber berührt sie auf der New–York–Ebene so verschiedenartige Problemkreise wie den Vietnamkrieg, den Rassismus, die Obdachlosigkeit, die alltägliche Kriminalität oder die Medienmoral.

Die einzelnen Mitglieder der beiden Personengruppen reagieren auf ihre jeweils eigene Art auf die Herausforderung durch eine fehlerhafte öffentliche Moral. Ihr Verhalten läßt sich sowohl gruppenintern als auch mit Blick auf die andere Gruppe vergleichen. Solche Vergleiche stellt der Roman nicht expressis verbis her; sie müssen vom Leser geleistet werden, der aber durch die geschickte Montagetechnik der „Jahrestage" gleichsam von selbst auf diese Aufgabe gestoßen wird. Auch Gesine nimmt sicherlich eine solche vergleichende Wertung vor; diese wird jedoch vom Genossen Schriftsteller ausgespart, der sich zumeist auf die Wiedergabe ihrer Beobachtungen beschränkt.

Im Rahmen dieser Untersuchung, die sich ausschließlich mit den Personen der Vergangenheitsebene befaßt, ist es zum Teil angebracht, einzelne Personen zu Gruppen zusammenzufassen, da sich ihr Verhalten unter einer bestimmten Rubrik einordnen läßt. Dies geschieht jedoch stets unter der Prämisse, daß eine solche Zuteilung Ungenauigkeiten einschließt und den differenziert gestalteten Personen der „Jahrestage" nicht ganz gerecht wird.[3]

Beim Blick auf die Menschen, die Gesine als Kind und Jugendliche umgaben, wird auch sichtbar werden, was Johnson häufig als einen wichtigen Aspekt der „Jahrestage" herausgestellt hat: „die Zu– und Abrichtung einer Person durch vier verschiedene gesellschaftliche Systeme"[4]. Eine solche „Abrichtung" – in bezug auf den Menschen üblicherweise mit dem milderen Ausdruck „Erziehung" belegt – vollzieht sich nie durch „das System" an sich, sondern immer vermittels einzelner Menschen in ihrem spezifischen Verhältnis zum herrschenden System.

Gerade dieses Verhältnis ist Gesine im Rückblick besonders wichtig: Sie fragt, wie sich die Menschen ihrer Umgebung verhielten und verhalten angesichts der Tatsache, daß sie nicht in einer „moralischen Schweiz" lebten und leben, sondern im sogenannten „Dritten Reich" – sicherlich die drängendste Frage –, in der frühen DDR, in der BRD oder in den USA. Darauf folgt für sie die Frage, wie sie selbst sich in ihrer Gegenwart verhalten soll, ob es Vorbilder und damit Handlungsanweisungen gibt, an denen sie sich ausrichten kann. Dabei spielt immer auch ihr Verhältnis zu Marie eine Rolle, der sie eine richtige „Abrichtung" bzw. Erziehung zuteil werden lassen möchte. Marie, die sich in einer entscheidenden Phase für die Herausbildung ihrer persönlichen Moral befindet, ist für Gesine ein beständiger Kontrolleur, der ihr Verhalten befragt und an den eigenen Ansprüchen mißt.

Wenn Gesine in der 1. Person Plural nach der „moralischen Schweiz“ fragt, so spiegelt sich darin nicht zuletzt ihr dringender Wunsch, Marie möge anders als sie selbst in einem moralischen Einverständnis mit ihrem Heimatland aufwachsen, das auch im Rückblick Bestand hat. Da sie aber um die Aussichtslosigkeit dieses Wunsches – zumindest in bezug auf ein Leben in den USA – weiß, bleibt ihr als realistisches Ziel nur die Bestrebung, für sich selbst eine Haltung zu entwickeln, die sie vor Marie dauerhaft rechtfertigen und ihr als Vorbild anbieten kann. Auch diesem Ziel dient also ihr Blick auf die wichtigen Personen ihrer Kindheit, der sich auf die Frage richtet, wie diese ihr Leben in einem „unmoralischen Deutschland“ führten.

Die Bürger von Jerichow/Gneez und ihre Lebensentwürfe in einem ungerechten Deutschland

Heinrich Cresspahl: der gescheiterte Versuch eines individuellen Lebens

Die zweite zentrale Person der „Jahrestage“ ist neben Gesine deren Vater Heinrich Cresspahl. Er ist der Fixpunkt nicht nur für ihre Erinnerungsarbeit, sondern damit auch für die Vergangenheitsebene der Romanhandlung in den ersten drei Bänden.

Ulrich Fries konstatiert als Konsens unter den Kritikern der „Jahrestage“, „daß die beiden Zeitebenen das Grundthema [d. i. die Suche nach dem richtigen Leben im falschen] variieren, indem sie Gesines tägliches Leben gegen das ihres Vaters setzen, so daß beide sich ineinander spiegeln und erhellen können“[5].

Für ihn schreiben die „Jahrestage“ „zwei Lebensgeschichten, die inhaltlich und formal aufeinander bezogen sind. Während die eine, Cresspahls, abgeschlossen ist, aber voller Unerklärlichkeiten steckt, wird Gesines sozusagen in ihrer Genesis vorgeführt *und* als Prozeß dargestellt. Sie ist also zur Zukunft hin offen, wenn auch verdüstert, während Cresspahls zur Vergangenheit hin offen erscheint, eben weil diese im Dunkel liegt“[6].

Was für Gesine größtenteils im dunkeln liegt, sind die Motive für Cresspahls Handeln. Die Lebensgeschichte Cresspahls, die sie Marie erzählt, ist ausdrücklich ein Entwurf, den sie möglichst plausibel, teilweise aber auch den Forderungen ihrer Tochter entsprechend, konstruiert.[7] Die offenen Stellen, die dieser Entwurf läßt, äußern sich in zahlreichen Fragen, die Gesine mit Marie diskutiert oder die sie an sich bzw. an Cresspahl stellt.

Aus diesen Fragen – beispielsweise, warum er Lisbeth geheiratet habe, warum er nach der Hochzeit länger allein in Richmond blieb oder warum er nach dem Krieg den Bürgermeisterposten übernahm – läßt sich eine als die Kernfrage herausstellen, deren Beantwortung Gesine ungemein wichtig ist, ihr aber zugleich unmöglich erscheint. Stellvertretend formuliert die von Gesine Cresspahl imaginierte Gesine Zabel das Problem mehr als Vorwurf denn als Frage: *„Worüm büst du bloß nich in Inglant blewn, Hinrich!“* (727).

Für Gesine ist Cresspahls Entscheidung, 1933 von Richmond nach Jerichow zu ziehen, ein unverzeihlicher Fehler, der sein und ihr Leben nachhaltig zerstörte. Sie kann nicht begreifen, wie er sie als sein Kind, das in England aufwachsen sollte, „dann eben bei den Nazis ließ“ (391).

Mit den Nationalsozialisten war in Deutschland offensichtlich eine verbrecherische (Un–) Moral an die Macht gelangt. Die Frage nach der Rückkehr in dieses Deutschland ist also sinnverwandt mit der nach der „moralischen Schweiz“: Wie stellte sich Cresspahl ein Leben – und die Erziehung eines Kindes – unter diesem Regime vor, d. h., wie glaubte er sein Verhalten und seine private Moral mit der herrschenden öffentlichen Moral in Einklang bringen zu können? Für Fries präsentiert Johnson diese Frage so, „daß sie sich verallgemeinert zur Problematik der ‚Schuld durch Anwesenheit und Wissen‘“[8].

Um Cresspahls Entscheidung zur Rückkehr und sein Leben unter der Nazi–Herrschaft beurteilen zu können, ist ein Blick auf seine Vorgeschichte notwendig, in der sich bereits einige seiner bestimmenden Charakterzüge ausmachen lassen.

Ein wesentliches Merkmal Cresspahls ist sein ausgeprägter Individualismus; jegliches Zugehörigkeitsgefühl zu einem Kollektiv ist ihm fremd. So begreift er sich nach eigener Auskunft[9] „nicht als ‚Deutscher‘“: „Er habe keine Lust, für die verantwortlich zu sein, weder für ihre Weltkriege noch für ihr Bild in der Welt“ (I).[10] Gesellschaftliche oder staatliche Vorgaben richtigen Verhaltens lehnt er ab: Er „habe .. sich genötigt und frei gesehen, von Mal zu Mal selbst und für sich selbst zu entscheiden“ (I). Aus diesen persönlichen Überlegungen heraus wird er politisch aktiv, tritt der SPD bei und beteiligt sich 1920 an der Leitung des Soldatenrates in Waren. Mit dessen Scheitern setzt aber seine politische Desillusionierung ein, die im Verlauf der Weimarer Republik und hier vor allem in seiner Enttäuschung über die SPD–Politik weiter fortschreitet.

In den frühen zwanziger Jahren trifft er eine Entscheidung, die sich in Gesines Leben wiederfinden läßt: Er wandert aus seinem Heimatland aus und lebt zunächst in Amsterdam, ab 1925 in Richmond. Auch wenn seine Gründe nicht restlos erhellt werden können, wird jedoch eine grundlegende Diskrepanz zu den späteren Entscheidungen Gesines deutlich: Während diese aufgrund für sie unerträglicher politischer Zustände exiliert, d. h. flieht, wandert Cresspahl wegen privater Interessen aus und kehrt gerade dann nach Deutschland zurück, als sich dort eine Diktatur installiert und viele Menschen ins Exil zwingt.

Die oft gezogene Parallele zwischen den „Exilanten" Heinrich und Gesine Cresspahl erscheint mir daher nicht haltbar, bestimmt Cresspahl den ersten Grund für seine Auswanderung doch durch die Umschreibung, er „sei lebendig gewesen, und habe einen Rock angehabt" (I). Auch der Umzug nach England geschieht seinen Angaben zufolge „einem Mädchen zuliebe" (I), nämlich Elizabeth Trowbridges wegen. Gerade dieses Muster – daß Cresspahl die Einrichtung seines Lebens der von ihm geliebten Frau bedingungslos unterordnet – wiederholt sich in der ungleich problematischeren Situation des Jahres 1933, als er zu Frau und Kind nach Jerichow zieht, „wo sie ihre Kirche besser verstand; ihr zuliebe" (IV). Auch vor Gesine Zabel gesteht er dieses Nachgeben wider eigene Überzeugung ein: *„Min Fru wull dat so"* (727).

Eine letztgültige Klarheit über die Motive ihres Vaters vermag Gesine – und mit ihr der Leser – jedoch nicht zu gewinnen. So kann sich Cresspahl ihr im imaginierten Dialog oft entziehen und läßt dort beispielsweise den Grund, aus dem heraus er länger als notwendig in Richmond blieb, durch ein dreimaliges ironisches *„Nich, Gesine?"* (353) im geheimen.

Mit der Entscheidung zur Rückkehr nach Deutschland aber hat Cresspahl einen Schritt ins Unglück getan. Für diese Sicht – d. h. die Sicht Gesines – gibt es im Roman einige Vorboten, deren stärkster die irritierende Montage des Brautgesprächs zwischen Cresspahl und Lisbeth mit den NYT–Berichten über Ilse Koch, die „Bestie von Buchenwald", ist (vgl. 48–51). Der scharfe Kontrast zwischen dem zärtlichen Bekanntwerden der beiden Verliebten und den schaudererregenden Ausführungen über die krankhaften Grausamkeiten der Nazi–Kommandantin zerstört von vornherein jegliche Illusion über ein Eheglück Cresspahls im faschistischen Deutschland: Genauso zerstörerisch wie die NYT–Erzählpartien auf das Gespräch wird sich die Nazi–Herrschaft auf das Privatleben dieser beiden Menschen auswirken.[11]

Was Cresspahls Entscheidung, nach Deutschland zu ziehen, für Gesine so unbegreiflich macht, ist die Tatsache, daß diesem sehr wohl bewußt ist, auf welche „Angebote der Reichsregierung" (vgl. 348–352) er sich eingelassen hat. In diesem Zustand erscheint er ihr „wie ein Hase, der ertappt ist und auf den Schlag wartet" (226). Cresspahls Reaktion auf diese Bemerkung ist der in den Stimmendialogen mehrmals anzutreffende Indikator für das Aussprechen einer unangenehmen Wahrheit, die er selbst nicht erklären kann: *„Holl din Muul, Gesine. Holl din Muul"* (226). Daß Cresspahl in seiner Unfähigkeit, seine Lebensentscheidungen zu erklären und zu rechtfertigen, nicht allein steht, zeigt sich, als er zu behaupten versucht, der nahende Krieg sei nicht zu sehen gewesen, und auf Gesines bohrendes Nachfragen hin ihr selbst die gleiche Inkonsequenz nachweist, die sie ihm vorwirft: *„Wo sittst denn du, Gesine? Kannstu din Kriech nich seihn? Worüm geihst du nich wech, dat du kein Schult* *krichst? Du kennst dat nu doch as dat iss mit de Kinner?"* (391). Gesines (Nicht–) Antwort ist dieselbe wie die ihres Vaters: *„Dat de Dodn dat Mul holln dedn"* (391). Sie einigt sich schließlich mit Cresspahl darauf, daß sich diesem das Problem damals nicht gestellt habe: *„Du harst din Fru in Dütschlant, un süss hest du di nich vel dacht. – Süss hev'ck mi nich vel dacht"* (392). So wünscht er sich für das Jahr 1934 vordringlich, „heil durchzukommen in diesem Deutschland" (417). Dies kann jedoch nicht gelingen: Sowohl sein privates wie auch das öffentliche Leben in diesem Deutschland steuern unaufhaltsam auf die Katastrophe zu.

Es bleibt unklar, in welchem Maße sich Cresspahl von Beginn an der Untragbarkeit seiner Lebensumstände in Deutschland bewußt ist. Nach dem Anschluß an die Handwerkskollegen des Winkels, so Gesines spöttischer Kommentar, „hatte sich herausgestellt, daß es so schlimm nicht war. Mit solchen Kollegen war doch gut umgehen, ... leben eben. War das doch" (448). Diese mögliche Selbsttäuschung war ein böser Irrtum Cresspahls, wie dessen Reaktion – *„Holl din Muul, Gesine. Holl din Muul"* (448) – erweist: Wie für alle anderen rechtschaffenen Menschen ist für ihn in Deutschland eben nicht mehr gut leben. Seine schuldhafte Verstrickung in die Politik seines Landes konkretisiert sich im Roman in seiner Tätigkeit als Tischler beim Bau des Militärflughafens Jerichow Nord, zu der er sich gezwungen sieht, um seine Familie ernähren zu können. Wie sehr er sich bewußt ist, sich damit am kommenden Krieg mitschuldig gemacht zu haben, zeigt seine unruhige Reaktion, als die Fliegertruppen in der Stadt begrüßt werden. Lisbeth gegenüber gesteht er diese Schuldgefühle ein: *„Es ist alles meine Schuld, Cresspahl. – Jetzt ist das meine auch, Lisbeth"* (704).

Diese Verantwortung kann auch nicht dadurch aufgewogen werden, daß Cresspahl in anderen Fällen gegen die herrschende Ideologie handelt, so, als er der Hauptinitiator für die Exilierung der Semigs ist. Zudem wird im späteren Verlauf der Handlung deutlich, daß die Rettung des jüdischen Ehepaars nur vorläufig ist und es nun nicht mehr in Cresspahls Macht steht, dessen stete Gefährdung zu beenden. Der Zwiespalt, nie genug tun zu können und nicht konsequent nach seinen Überzeugungen zu leben, ist Cresspahls durchgängiges Lebensgefühl in den frühen Jahren der Naziherrschaft, dem er gern durch ein Leben in England entkommen wäre. Angesichts dieser Neigung zu einer „Unschuld durch Abwesenheit" ist es ein passender Zufall, daß er sich nicht in Jerichow befindet, als in der Reichskristallnacht das Leben der zweiten jüdischen Familie in Jerichow zerstört wird. Die Geschehnisse dieser Nacht, die er in keiner Weise hätte verhindern können, laufen völlig an ihm vorbei und werden ihm erst aus zweiter Hand berichtet. Durch seine Abwesenheit kann Cresspahl aber auch seine private Katastrophe nicht verhindern: den Selbstmord Lisbeths, der auch eine Reaktion auf die Ermordung Marie Tannebaums ist. Er muß feststellen, daß seine Rückkehr nach Deutschland, die er allein Lisbeth zuliebe in Kauf nahm, letzten Endes zu ihrem Schaden war. Nun befindet er sich allein mit Gesine in Jerichow und muß zusehen, wie das öffentliche Leben in Deutschland seinen weiteren katastrophalen Verlauf nimmt.

Allerdings beschränkt sich Cresspahl nicht auf das kritisch–distanzierte Zusehen: Wie er bereits im Oktober 1938 auf Anfrage der alten SPD–Genossen zur Mithilfe bei Widerstandsaktionen bereit war – und zwar, wie der Sprecher der Versammlung betont, „nich als Genosse, du als Cresspahl" (678) –, sperrt er sich auch nicht, als die Briten ihn für eine Spionagetätigkeit gewinnen wollen. Ob er von sich aus eine solche Initiative entwickelt hätte, bleibt zweifelhaft, doch kann er die seinen Überzeugungen entgegenkommende Möglichkeit nicht ausschlagen; er ist für die Briten, wie Gesine formuliert, „(e)rpreßt und gekauft und sicher. Nur daß er sich aus eigenem entschlossen hatte und seine Freiheit zuverlässig behalten hatte" (814).

Doch selbst Cresspahls Widerstandstätigkeit, mit der er, wie Gesine Marie erklärt, nicht das Land, sondern die Nazis verrät (vgl. 834), ist nicht frei von moralischen Widersprüchen. So schickt er zu Ostern 1939 den jüdischen Flüchtling Gronberg allein auf den Weg nach Rande mit der späteren Erklärung, „er habe um dieses Einen willen nicht seine Sache mit den Engländern ... gefährden dürfen" (981). Diese Erklärung, die Gesine nicht verstehen kann, steht in Widerspruch zu Cresspahls ansonsten praktizierter Maxime, konkret denjenigen Menschen zu helfen, die seine Hilfe brauchen.[12] Er befindet sich in dem Dilemma, die Folgen der Unterstützung eines einzelnen gegen das Erfüllen einer umfassenderen Funktion innerhalb eines Systems abzuwägen und dabei zwangsläufig schuldig zu werden. Genau dieses Dilemma zeigt sich auch beim Bombenangriff auf Lübeck, auf den hin Gesine ihn befragt. Cresspahls wie eine Kinderausrede klingendes Argument, „*die Deutschen haben angefangen*" (872), ist natürlich bitterer Ernst, da die Deutschen sowohl den Krieg als auch die Massenbombardements begonnen haben. Dennoch bleibt die unangenehme Wahrheit bestehen, daß Cresspahl mit seiner Spionagetätigkeit am Tod der Lübecker Zivilbevölkerung mitschuldig geworden ist. Wie er mit diesem vernunftmäßig nicht aufzulösenden Dilemma umgegangen ist, erklärt er selbst Gesine folgendermaßen: „*Ich war jetzt weiter. Da, wo kein Vergleichen mehr war, kein Abzählen. Damals harr Kein ein mi verstann, un du hüt nich*" (873).

Zwar verhindert Cresspahl so viel Unrecht wie möglich – so, wenn er den Briten ausführliche Lageskizzen der KZs zukommen läßt, um diese vor der Bombardierung zu bewahren –, doch weiß er genau, daß er damit gegen die im großen Maßstab betriebene Vernichtung von Menschen nichts ausrichtet. In dieser Machtlosigkeit verkörpert er als Individuum auch, wie Fries schreibt, „in einer signifikanten Verkürzung den ... historisch gescheiterten Widerstand"[13].

Daß das Verhalten solcher Widerständler – an denen nach Gesines Auffassung „nichts besonders, ... nichts auffällig" war (834) – im Rückblick verständlich ist, bestreitet Cresspahl ausdrücklich: „(S)o eine englische Sache" sei weder mit Dokumentationen noch mit anderen wissenschaftlichen Methoden zu begreifen (XVII). Für ihn selbst mündet seine Tätigkeit in Resignation: Im Stimmendialog mit Gesine sagt er, er habe gegen Kriegsende *„aufgehört zu warten"*: *„Es kam nun nichts mehr für einen wie mich"* (969). Da aber sehr wohl noch einige Aufgaben und Prüfungen auf Cresspahl warteten – die Zeit als Bürgermeister und die in sowjetischer Haft –, kann er mit der fehlenden Perspektive für „einen wie sich" nur das verlorene Vertrauen meinen, er werde im Rahmen eines neuen, gerechten Systems sein privates Glück finden.

Cresspahls Verhalten gegenüber der russischen Besatzungsmacht ist entsprechend passiv: Widerstandslos nimmt er hin, daß die Sowjets ihn nach dem Abzug der Briten auf dem Posten des Bürgermeisters belassen, und führt die Befehle Pontijs aus, auch wenn er sie nicht versteht oder gutheißt. Der verständnislosen Tochter Gesine liefert er die Erklärung: *„Hei will dat so. – Dat kann hei doch nich daun. – De kann. – Worüm dest du't dann? – He hett wunnen"* (1059). Dies begründet aber keineswegs, warum gerade er diese unangenehme Aufgabe übernimmt. Frau Abs gegenüber liefert er statt der Ausflucht den Ansatz einer Erklärung: „Dazu hatte er einmal etwas gesagt, das leuchtete Frau Abs ein. Einer müsse es doch machen. Das verstand sie. ... Zu viel an ihm blieb nicht begreiflich" (1195). Cresspahls politische Tätigkeit in der Nachkriegszeit geschieht also nicht aus Idealismus heraus, sondern sie ist eine Fügung ins Übel, das er auf diese Weise möglichst gering halten kann. An einem bestimmten Punkt bleibt Cresspahl nämlich hart gegenüber dem sowjetischen Kommandanten: in der Frage der Vergewaltigungen durch Angehörige der Roten Armee (vgl. 1066). Zudem konzentriert er seine Anstrengungen als Bürgermeister auf das Ziel, die Versorgung der Grundbedürfnisse für die gesamte Bevölkerung, d. h. vor allem für die Flüchtlinge, sicherzustellen.

Seine Verhaftung durch die Sowjets nimmt Cresspahl in einer befremdlich geduldigen und ergebenen Manier hin. Seinem Grundsatz, einen Menschen stets allein auf seine persönliche Verantwortlichkeit hin zu betrachten, bleibt er auch während der langen Zeit des Verhörs treu; jegliche Anzeichen einer erwartbaren gerechten Wut läßt er vermissen. So kann er seinen Fallführern beim SMT „nicht einzeln übel verdenken", daß sie von ihm für den maschinengleich laufenden Gerichtshof „Trab und Schritt und aus dem Stand Galopp", d. h. die Fügung in eine unmenschliche Behandlung, verlangen müssen (1219). Zugleich weigert er sich trotz Prügelstrafen, die Adligen des Winkels zu denunzieren, obgleich er deren Vertreibung gutheißt: „(S)ie in Person anzuzeigen ging ihm gegen den Strich" (1283).

Diese integre persönliche Moral Cresspahls wird aber in der langen Haftzeit im Lager Fünfeichen gebrochen, in der er auch zu vereinzelten guten Taten nicht mehr in der Lage ist. Gesines Urteil, „daß ihm bloß der Mut abging" (1292), ist sicherlich zu hart, zumal ihr wie jedem anderen Menschen ohne eine solche Lagererfahrung der Zugang zu einem verständnisvollen Nachvollziehen seines Verhaltens fehlt. Sie selbst korrigiert auch Maries Bemerkung, Cresspahl sei nach seiner Entlassung „ängstlich" geworden, indem sie feststellt: „(E)r war krank" (1525). Marie wiederum faßt die Symptome dieser Krankheit – darunter Cresspahls Sorge, „er könne gegen die Vorschrift verstoßen haben, als sei die Obrigkeit im Recht, bloß weil sie ins Recht gesetzt war" – zusammen als „Haftfolgen" (1525).

In der frühen DDR lebt Cresspahl völlig zurückgezogen. Entsprechend sinnbildlich ist seine Errichtung einer kleinen Werkstatt, in der er – als Kunsttischler im sozialistischen Aufbaustaat ein kleinbürgerliches Relikt – nur noch allein arbeiten wird: „(F)ür seine Lebenszeit dachte er durchzukommen. Es war sein letzter Rückzug" (1572).[14] Dennoch hat Cresspahl wenn auch nicht seine politischen Ideale, so doch seine persönlichen moralischen Prinzipien bewahrt, die ihm eine bestimmte Art von Handlungen verbieten: Im Gespräch mit Böttcher versichert er, er hätte nicht wie dieser Wachtürme für die sowjetischen Zwangslager gebaut: *„Nich, wenn du dor twischen inspunnt wierst, Böttcher. Ihrlich"* (1568). Das hierin ausgedrückte Prinzip entspricht der Goldenen Regel der Bergpredigt – „Alles, was ihr also von anderen erwartet, das tut auch ihnen!" (MT 7,12) – oder in deren Umkehrung der säkularisierten Volksmundfassung „Was du nicht willst, daß man dir tu', das füg auch keinem andern zu!". Was die Befolgung dieses Prinzips jedoch für Cresspahl tragisch enden läßt, ist die Tatsache, daß sich allzu viele Menschen im Umgang mit ihm nicht an diese Maxime halten.[15]

Auch das Gefühl von Unabhängigkeit gegenüber dem neuentstandenen Staat hat sich Cresspahl bewahrt. Zwar achtet er dessen Gesetze, doch hält er sich von jeder möglichen Bindung an das System frei: Für ihn „war der Staat jemand, mit dem hatte er keinen Vertrag; der besaß bloß Macht über seine Arbeit. Von dem wollte er keine Studienbeihilfe für seine Tochter geschenkt" (1829). Nachdem er mehrmals in seinem Leben gegen seinen Willen dazu gezwungen war, vermeidet er es nun ausdrücklich, sich mit der „öffentlichen Sache" des Staates einzulassen. Sollte er je an die Möglichkeit geglaubt haben, in einem Staat zu leben, der seinen moralischen Ansprüchen völlig entspräche – der also seine „moralische Schweiz" wäre –, so ist er von diesem Glauben gründlich kuriert.

Dem Leser, der gemeinsam mit Gesine den Rückblick auf Cresspahls Leben vollzogen hat, ergibt sich das Bild eines Menschen, dessen Lebensentwurf scheitert. Cresspahls Glaube an die Möglichkeit eines gerechten Staates, der in ihm zumindest so weit ausgeprägt ist, daß er SPD–Parteigenosse wird und als 32jähriger am Aufstand gegen den Kapp–Putsch teilnimmt, verliert sich in den 20er Jahren. In der zunehmenden Distanzierung von seiner Partei zeigt sich sein unbestechliches Beharren auf konkreter und persönlicher Verantwortlichkeit: Die SPD–Parteitagsbeschlüsse sind für ihn nicht als solche bereits gerechtfertigt, sondern er unterzieht sie einer kritischen Hinterfragung und fühlt sich im Endeffekt zum Parteiaustritt genötigt.

In dieser von Vorverurteilungen absehenden und individuell abwägenden Haltung ist Cresspahl ein – um im Wortlaut Gesines zu bleiben – mit Kenntnis lebender Mensch (vgl. 210), d. h. ein Sehender und Durchschauender, der aber in einigen entscheidenden Momenten vor Liebe „blind" ist.[16] Die Liebe zu Lisbeth und das Interesse am Erhalt dieser Liebe läßt ihn die Tragweite einiger Entwicklungen übersehen; dem privaten Glück gibt er – einem gesunden, den allermeisten Menschen gemeinen Egoismus folgend – den Vorzug vor einer konsequenten Umsetzung seiner politischen Überzeugungen. Zugleich kann man ihm einen bereits ungesunden Mangel an Egoismus bescheinigen, der sich in einer Passivität niederschlägt, wie sie beispielsweise sichtbar wird, wenn er sich in Gesines früheste religiöse Erziehung fügt. Seine Bestrebung, niemandem etwas Schlechtes zu tun, reicht so weit, daß er Lisbeth gegenüber nichts durchsetzt, was diese für schlecht, er aber für gut – und zwar gut auch für sie und das Kind – erachtet. Dadurch wird er aber – so ergibt es sich für Gesine – schuldig durch Unterlassung: Er selbst hätte verhindern können, daß er durch die Rücksichtnahme auf private Interessen seine politischen Überzeugungen verrät und daß im Gegenzug die Politik des faschistischen Deutschland sein Privatleben zerstört. Nach dem Krieg leistet er als Bürgermeister noch einmal mehr widerwillig das, was in seinen Möglichkeiten steht, von dem er aber weiß, daß es nicht genug ist. In seiner Haftzeit wird auch dieser Wille gebrochen, so daß er resigniert einen Rückzug ins Private antritt – das aber wiederum zerstört ist. Cresspahl ist nunmehr in einem zweifachen Sinne heimatlos: Weder ist ihm die DDR eine „öffentliche Heimat", noch besitzt er die „private Heimat" einer intakten Familie. Zudem sperrt er sich hier wie in seinem gesamten Leben als eigenwilliges Individuum gegen eine Einordnung in ein Kollektiv und bleibt so in der Dorfgemeinschaft von Jerichow stets fremd.

In diesem wie in vielen anderen Punkten ist ihm Gesine sehr ähnlich.[17] Sie hat – bedingt durch den Ausfall ihrer Mutter als Erzieherin – eine ausgesprochen starke Bindung an ihren Vater, an dem sie ihr eigenes Verhalten mißt und den sie sich als uneingeschränktes Vorbild wünscht. Dies erklärt, warum sie besonders anfällig für Enttäuschungen ist, wenn sie Cresspahl ein fehlerhaftes Verhalten nachweist. Hierin ist oft auch eine Enttäuschung über sich selbst enthalten: Sie sieht sich als alleinerziehende Mutter von Marie in New York vor ähnliche Probleme wie er gestellt und weiß um die Gefahr, die gleichen Fehler noch einmal zu begehen bzw. begehen zu müssen. Auch ihr Lebensentwurf droht zu scheitern, auch sie lebt in der Angst, nicht zu ihrem Glück zu finden. Fries sieht dieses Scheitern bereits als beschlossene Sache an; für ihn sind Cresspahl und Gesine „die Personen, an denen Johnson zwei Möglichkeiten vorführt, in diesem Jahrhundert das Glück zu versäumen"[18].

Fries' Urteil ist zwar suggestiv, doch zugleich voreilig: Darüber, ob Gesine in ihrem Leben wirklich nicht heimisch wird, wird in den „Jahrestagen" das letzte Wort nicht gesprochen. Ihre Suche nach einer vollkommenen „privaten Heimat" bleibt gewiß vergebens: Strenggenommen endet sie mit Jakobs Tod.[19] Die Möglichkeit einer Ersatzheimat bei D. E., die sie am Ende des erzählten Jahres nach langem Zögern angenommen hat, wird durch dessen Tod hinfällig; ein nochmaliges Einlassen auf einen Menschen mit der damit verbundenen Verlustangst, wie Gesine sie Marie beschrieben hat (vgl. 388), erscheint ausgeschlossen. Marie schließlich, in der Jakob gleichsam weiterlebt und auf die sich Gesine in ihrem Privatleben völlig fixiert, wird sich eines Tages von ihrer Mutter trennen müssen – so wie Gesine ihren Vater allein in Jerichow zurückließ.

Viel weniger entschieden ist im Zuge der erzählten Zeit des Romans, ob Gesines Suche nach einer „öffentlichen Heimat" erfolglos bleibt. Nachdem sie zuvor zwei Staaten, die ihr in deren politischer Moral mißfielen, verlassen hat, steht ihr nun erstmals die vorrangige Entscheidung für anstatt gegen ein Land bevor: Die reformistische CSSR ist ein Staat, der ihren Vorstellungen außerordentlich nahe kommt und mit dem sie für sich selbst die Hoffnung auf eine erfüllende gesellschaftliche Funktion verbindet. Anders als im Falle Cresspahls, für den eine solche Hoffnung in einer frühen, im Roman wenig erhellten Vergangenheit lag und dessen Desillusionierung der Leser nachverfolgen kann, ist Gesines Hoffnung in der (unmittelbaren) Zukunft des Romans angesiedelt, sie bleibt romanintern intakt. Diese Konstellation erfährt aber eine entscheidende Brechung durch das Wissen des Lesers wie auch des Autors Johnson um das Scheitern des Prager Frühlings, das Gesine bei ihrer Ankunft erleben wird. Beiden kann man die Sichtweise unterstellen, Gesines Lebensentwurf scheitere ähnlich wie der ihres Vaters.

Im folgenden gilt es, die Frage zu stellen, welche Lebensentwürfe die anderen Personen der Jerichow–Ebene zu verwirklichen versuchen, ob sie mit diesen Entwürfen wie Cresspahl scheitern oder ob sie Gesine ein besseres Beispiel abgeben können.

Lisbeth Cresspahl, Frau Abs, Anita Gantlik: drei Arten gelebten Glaubens

Die zweite wichtige Romanperson, an deren Lebensführung sich Gesine intensiv reibt, ist ihre Mutter Lisbeth Cresspahl. In deutlichem Gegensatz zu ihrem Mann ist sie für Gesine kein Vorbild, sondern sie wird von ihr als ein regelrechtes Negativbeispiel betrachtet, wie die „jährliche Rede auf ihren Tod" (vgl. 286) erweist. Lisbeths Lebensentwurf ist offensichtlich gescheitert angesichts ihres Selbstmords im Jahr 1938.[20] Ihre Tat motiviert sich aus ihrer Unfähigkeit heraus, ein Leben im verbrecherischen Nazi–Deutschland zu führen; sie ist ein Entzug vor der persönlichen Verantwortung angesichts der herrschenden öffentlichen (Un–)Moral. Vor allem aber entspringt sie einem religiösen Wahn Lisbeths: Das in staatlichem Namen begangene Unrecht ist mit ihrer eigenwilligen christlichen Moral nicht in Einklang zu bringen.

Lisbeths Reaktion auf die nationalsozialistische Herrschaft als die Reaktion eines gläubigen und religiösen Menschen führt zu der interessanten Frage, welche möglichen Arten von Verhalten in den „Jahrestagen" erzählt werden, die sich aus einer christlichen Überzeugung herleiten. Drei zentrale Personen des Romans liefern zugleich drei fundamental verschiedene Antworten: Lisbeth, Frau Abs und Anita entwickeln aus einem christlichen Glauben heraus einen je eigenen Lebensentwurf und ein eigenes Verhältnis zur Politik ihres Landes.[21]

Dabei stellt Lisbeth, wie bereits angedeutet, einen Fall von fehlentwickelter und fehlgeleiteter Religiosität dar. Ihr falsch verstandener Glaube macht sie unselbständig und versetzt sie in ein ständiges Schuldbewußtsein. Dieser Entwicklung kommt Lisbeth von ihrer Persönlichkeitsstruktur her entgegen: Sie fühlt sich permanent und von allen Seiten unter Druck gesetzt, „(m)anisch verantwortlich noch für die Vögel im Garten" (775). Als jüngstes Kind der Familie gerät sie unter den unseligen Einfluß ihrer Mutter und wird bis zu ihrer Hochzeit unmündig und unverantwortlich gehalten.[22] Als sie aus dieser schützenden Behütung herausfällt und in der Ehe mit Cresspahl selbst Verantwortung übernehmen muß, ist sie dazu nicht fähig und wird unglücklich.

Ihre fehlende innere Stärke macht ihr ein Leben in England – „in Lisbeths fremdem Land" (300) – unmöglich: Sie braucht die Bestätigung durch eine bergende „öffentliche Heimat", d. h., sie braucht, wie sie im Dialog mit Cresspahl sagt, „ein Stück Deutschland" zum Leben (vgl. 251). Folgerichtig geht sie zu Gesines Geburt nach Jerichow zurück.[23] Als sie aber in den ersten Monaten nach der Machtergreifung merkt, daß dieses Deutschland keine Heimat mehr für sie sein kann, ist sie „verwirrt" und „durcheinander" (363) und von der neuen Situation völlig überfordert, wie sich beispielsweise in ihrem unsicheren Verhalten gegenüber den Semigs zeigt. Ihr Beten gegen die ersten

Anzeichen der nationalsozialistischen Verbrechen zeugt weniger von Hoffnung als von Hilflosigkeit und steht stellvertretend für die passive – d. h. im Wortsinne (er)leidende – Haltung, die vielen gläubigen Menschen als ein wesentlicher Bestandteil christlicher Moral vermittelt wurde.

Tragisch wirkt sich für Lisbeth aus, daß sie kein Vertrauen zum Priester Brüshaver fassen kann, den sie hätte fragen wollen, „ob die Kirche ausreichend Unrecht erkannte für ein Leben in einem anderen Land" (364). „Unrecht" definiert sich für sie dabei ausschließlich und automatisch nach den Lehren der christlichen Moral, nämlich als „die Ungerechtigkeit, was die Vorschriften der Bibel untersagten und mit Strafe belegten" (365). Von Cresspahl vermutet sie, daß er „das Unrecht in seinem England verpassen wollte, bloß um keine Schuld abzukriegen. War das nicht selbstsüchtig? Durfte Einer aus seinem eigenen Land weggehen, bloß um in Sicherheit zu leben?" (365). Diese Zweifel vermag sie ihm aber nicht zu schreiben; sie ficht sie allein mit sich und der Bibel aus, in der sie, die keine selbständige Entscheidung von Problemen gelernt hat, die entsprechenden Handlungsanweisungen zu finden hofft.[24] Insgeheim wünscht sich Lisbeth, Cresspahl möge die Verantwortung auch für ihr Leben übernehmen und sie von den über den Arbeitsalltag hinausreichenden Entscheidungen befreien. Er gibt jedoch ihren vorgetragenen Wünschen – d. h. vor allem dem nach seiner Rückkehr nach Deutschland – nach und bezieht sie damit in die Verantwortung ein. Diese Mitverantwortung und damit Mitschuld Lisbeths wird augenfällig, als sie beim Heeresbauamt Formulare für den Flughafenbau abholen muß. Als sie sich dagegen wehrt, kommt es zu einem Dialog mit Cresspahl (470), der trotz seiner lakonischen Kürze den gesamten Umfang der Aporie widerspiegelt, in der sich Lisbeth befindet:

> „Aber ich werd doch mitschuldig, Heinrich! – Woran wirst du mitschuldig. – Am Krieg! Die Kasernen sind doch für den Krieg. – Lisbeth, ick kann di nich helpn. – Könnten wir nicht … kannst du nicht rausgehen aus dem Auftrag? – Und wovon leben wir dann, Lisbeth? – Ach Heinrich, leben. Aber die Schuld dabei. – Wistu nå Inglant? – Nee! – Weiß nich was du willst, Lisbeth. – Cresspahl. – Hörst du nicht, daß das Kind schreit?"

Lisbeths Reaktion auf die Erkenntnis, sich im nationalsozialistischen Deutschland mitschuldig zu machen, ist eine Flucht nicht aus dem Land, sondern aus dem Leben und damit vor einem für sie unlösbaren Dilemma. Ihre moralische Empörung und ihr überwiegend mit sich selbst und im Verborgenen ausgetragenes Aufbegehren findet seinen hilflosen Ausdruck in der Ohrfeige am Kristallnachtsmörder Jansen. Eine eindeutige Bewertung dieser Widerstandstat erscheint schwierig: Zwar setzt Lisbeth vor den Augen Jerichows ein zutiefst menschliches Zeichen ihrer Ablehnung gegen das staatlich inszenierte Verbrechen, doch ist der von ihr bewiesene Mut ein Mut der blinden Verzweiflung und nicht einer der besonnenen und sehenden Vernunft, da ihre Tat zweckrational betrachtet völlig nutzlos bleibt.

Insbesondere gilt dies für ihre Selbstverbrennung, mit der sie niemandem schadet als sich selbst und ihrer Familie, für die sie erschreckend wenig Verantwortungsgefühl aufbringen kann. So erklärt sich auch, daß Lisbeth von Brüshaver in seiner mutigen Predigt exkulpiert, von Cresspahl jedoch nach ihrer Beerdigung in einer irritierenden Hartnäckigkeit ignoriert und von der erwachsenen Gesine wenn nicht gehaßt, so doch mit scharfen Vorwürfen bedacht wird (vgl. 286).[25] Gesines skeptische Distanz gegenüber religiösen Überzeugungen ist sicherlich im abschreckenden Lebensbeispiel ihrer Mutter angelegt, die in ihren wahnhaften Schuldvorstellungen lebensuntüchtig wird:[26] Ihr Glaube macht sie in einer extremen Fehlleitung unselbständig und handlungsunfähig, so daß sie auf den ungerechten Staat allein mit hilfloser Verwirrung und letztlich tödlicher Verzweiflung reagieren kann.

Neben Lisbeth stellen die „Jahrestage" aber auch andere gläubige Menschen vor, die sich durch Lebenstüchtigkeit und Handlungsfähigkeit auszeichnen und die für Gesine einen großen Vorbildcharakter besitzen. Zunächst einmal betrifft dies Frau Abs, die als Gesines spätere „Ersatzmutter" auch gefühlsmäßig den Platz von Lisbeth einnimmt. Sie ist ein sehr gläubiger und religiöser Mensch, entwickelt aber im Gegensatz zur unmündigen Lisbeth eine große Eigenständigkeit und Unabhängigkeit. Diese völlig unterschiedliche Disposition ihres Charakters zeigt sich beispielsweise in ihrer jahrelangen Bereitschaft, mit ihrem Mann nach Brasilien auszusiedeln und dafür im Unfrieden mit der eigenen Familie zu leben. Als sie gegen Kriegsende mit Jakob bei den Cresspahls einzieht, steht sie als faktische Witwe vor einem ebenso zerstörten Lebensplan wie Gesines Vater. Beide leben nun in gegenseitigem sympathischen Respekt mehr neben– als miteinander, mehr für ihre Kinder als für sich selbst. Gesine aber entwickelt zu ihr mit der Zeit eine tochterähnliche Beziehung, so daß sie von sich sagen kann: „(I)ch habe eine Mutter gehabt alle Zeit" (1192).[27]

Frau Abs ist diejenige Person, die Gesine wieder eine Familie und eine „private Heimat" stiftet, indem sie den Cresspahlschen Haushalt führt und dort eine gemeinsame Wirtschaft aller Hausbewohner einrichtet. Ihr Wirken richtet sich ausschließlich auf die private Sphäre; indem sie diese funktionsfähig erhält, ermöglicht sie den anderen Bewohnern – und hier vor allem dem Bürgermeister Cresspahl – die Wahrnehmung ihrer öffentlichen Aufgaben. Auf den ersten Blick also besetzt Frau Abs in der klassischen Dichotomie einer Familie die Position der Hüterin des Hauses, während die anderen Bewohner in die Welt – im Roman konkret in den Ernteeinsatz – hinausgehen. Mit ihrer Berufstätigkeit als Köchin im Krankenhaus zeigt sie aber, „daß sie sich nicht anbinden ließ an Cresspahls Haus" (1199), daß sie ihr Leben also nicht auf die Funktion der Hausfrau und Mutter reduzieren läßt.

Dennoch bleibt festzuhalten, daß sie alle ihre nach außen, d. h. auf die Welt, gerichteten Entscheidungen von anderen Personen und deren Ratschlägen abhängig macht. Besonders deutlich wird dies, als sie sich den Plan, im Zuge der Bodenreform neu zu siedeln, von Jakob und Cresspahl ausreden läßt. Sie selbst ist in der politischen Sphäre völlig unkundig, was im Roman durch die verständnisvoll–ironische Bemerkung kommentiert wird, sie verstehe in Hoernles Aufruf zur Bodenreform als einer Verbindung der Menschen mit dem demokratischen Deutschland „das Wort demokratisch nicht" (1197). Zugleich ist Frau Abs den Verwaltern der politischen Macht gegenüber weniger ignorant als vielmehr skeptisch bis mißtrauisch: „(V)on Behörden wollte sie nichts Gutes erwarten; sie hat es sich bis zu ihrem Tode nicht ausreden lassen" (1291). Auf die erste Haussuchung durch die Sowjets nach Cresspahls Verhaftung reagiert sie völlig furchtsam, so daß Jakob ins Haus ziehen muß. Der vorrangige Grund für Frau Abs' Bleiben sind die beiden Kinder Gesine und Hannah, denen sie durch ihre sorgende Anwesenheit ein Zuhause erhält.

Die Tatsache, daß sie für sich selbst nichts mehr vom Leben erwartet, äußert sich in ihrem Silvestergebet des Jahres 1950, das der heimgekehrte Cresspahl mit freundlichem Pragmatismus kommentiert: *„Freudig will ich dich umfassen,/ wenn ich soll die Welt verlassen. – Bliwen Se man bi uns, Fru Abs"* (1690). Frau Abs' feste Jenseitserwartung läßt sie gleichmütig sein gegenüber der ihr fehlenden Erwartung, daß die Welt ein Paradies sei. Gegen das Unrecht im großen lehnt sie sich nicht auf; eine Problemstellung wie die Frage nach der „moralischen Schweiz", d. h. nach der Vereinbarkeit ihrer privaten mit der öffentlichen Moral, wäre ihr wahrscheinlich fremd und unverständlich. Sie beschränkt sich darauf, in ihrer unmittelbaren Umgebung ihre Aufgabe zu erfüllen, d. h. vor allem im Rahmen der (Ersatz–)Familie die Rolle der Mutter zu übernehmen. Nicht nur hat sie mit den zahlreichen dabei anfallenden Problemen genügend zu tun, sie hat auch zeit ihres Lebens keine andere Existenzform kennengelernt als die, die anliegende Arbeit zu erledigen. Da sie keine Bildung genossen hat, kann sie kein „mit Kenntnis lebender Mensch" wie Cresspahl oder Gesine sein. Diese bringt für ihre Lebensweise aber einen großen Respekt – wenn nicht sogar einen gewissen Anflug von Neid – auf. Sie weiß, wieviel Gutes sie ihrer zweiten Mutter verdankt und wieviel Lebenskraft Frau Abs in ihrem Haus bewiesen hat.

Die blinde Furchtsamkeit gegenüber dem Staat und seinen Institutionen kann Jakobs Mutter jedoch nicht ablegen, und sie führt dazu, daß Cresspahls Wunsch und Angebot, sie möge in Jerichow bleiben, nicht in Erfüllung geht und daß Frau Abs ihre Ersatzheimat verliert: Als sie vom Stasi–Hauptmann

Rohlfs in ein Erkundungsgespräch verwickelt wird, flieht sie in panischer Angst vor dieser Konfrontation in den Westen, wo sie ihre letzten Lebensjahre vereinsamt und voller Kummer über den Verlust ihrer Familie verbringt. In ihrer völligen Abkehr von der politischen Sphäre – die natürlich nicht unbedingt religiös bedingt ist – erscheint sie folglich wohl fähig zum Überleben, nicht aber zum – erfüllten und glücklichen – Leben. Ihr Lebensmodell ist für Gesine akzeptabel, nicht aber vorbildhaft. Um so mehr Vorbildcharakter hat aber die dritte wichtige gläubige Person der „Jahrestage", die ungemein politisch ist und die in der Konfrontation mit einem ungerechten Staat gleichsam den angebotenen Kampf aufnimmt: „Auftritt Anita" (1605).

Anita Gantlik als die einzige Person, die sowohl auf der Jerichow- als auch auf der New-York-Ebene eine entscheidende Rolle spielt, ist Gesines beste Freundin. Gesine weiß sich mit ihr in den entscheidenden Fragen – und in ihrem politischen Weltbild (vgl. 450f.) – „einig"; sie ist überzeugt, Anita und sie seien „als Freundinnen bestimmt" (1610). Beide haben eine ähnliche Biographie, insofern sie früh ihre Mutter verlieren und ihren Vater für die Rückkehr der Familie ins nationalsozialistische Deutschland verantwortlich machen. Anders als Gesine aber hat Anita einen hassenswerten Vater, der sie völlig vernachlässigt und dem sie zeitlebens nicht vergeben wird, daß er sich begeistert mit den Nazis einließ: *„Das war sein Krieg. Der hat es gemacht"* (1609). Somit muß Anita ohne jegliche „private Heimat" einer Familie leben und ist völlig auf sich gestellt.

Ein weiterer wesentlicher Unterschied zwischen den beiden Freundinnen ist der, daß Anita gläubig ist. Was diesen Umstand für Gesine besonders bemerkenswert macht, ist die für sie unerklärliche Tatsache, daß Anita „sieht und doch glaubt", d. h., daß sie die Einsichten der Naturwissenschaften nachvollzieht „und dennoch unterm Strich unbeirrt einen Gott herausbe[kommt], der anwesend ist im Molekül, im Atom und in den Sperlingen, die er vermittels Kernwaffen vom Dache schießt" (1612). Als ein „Mädchen, das die Sache mit der Ubiquität sowohl aufsagen als auch auf sie vertrauen [kann]" (1604), besitzt sie genau den Glauben, der Gesine im Konfirmandenunterricht mißlingt (vgl. 1603). Beide Mädchen beten nicht blind die Lehren der Kirche nach, doch allein Gesine bekommt, als sie für sich selbst weiterdenkt, am Ende keinen Gott heraus. Ihr anfänglicher Widerstand gegen diese Einsicht erklärt sich aus dem kindlichen Bestreben, den Anforderungen der Umgebung gerecht zu werden; er wird sicherlich aufgefangen durch die für das Kind offenkundige Tatsache, daß auch Cresspahl nicht gläubig ist. Gesine jedenfalls tut ihr „Einfall", sie könne nicht an die Allgegenwart Gottes glauben, „Dienste bis auf diesen Tag" (1605). Ihre Zweifel vermögen selbst Aggie Brüshaver nachdenklich zu machen, die Cresspahl vor der unfreiwillig lauschenden Gesine fragt: „Und wenn das Kind nun recht hätte, Cresspahl?" (1604). In dieser Bemerkung scheint auf, daß sich in der Mitte des 20. Jahrhunderts – d. h. nach den Erfahrungen des Holocaust und der ersten Atombombenabwürfe – die Theodizee–Frage und die nach der Ubiquität eines guten Gottes in ungleich verschärfter Form stellt: Die Befähigung der christlichen Kirche, auf alle Lebensfragen eine Antwort zu geben, ist – nicht nur für die jugendliche Gesine – fragwürdig geworden.[28]

Anita jedoch besitzt eine ungebrochene Glaubens– wie Lebenskraft. Ihre Gläubigkeit ist nicht im geringsten passiv oder kontemplativ, hilft ihr aber wohl, die zahlreichen Schicksalsschläge zu überstehen, die sie erleidet. Deren schlimmster ist ihre Vergewaltigung durch drei Rotarmisten, durch die Anita mit einer Gonorrhöe infiziert und unfruchtbar gemacht wird. Doch anstatt über der Unmöglichkeit, Mutter zu werden, zu resignieren, wird sie nach der Geburt von Alexander Brüshaver im konkreten Einzelfall das, was sie in den Augen Gesines mit ihrem gesamten Leben darstellt: „die Patin" (1621).

„Anita, als Patin" (1619) erhält im Tageskapitel zum 24. Juli einen „Schnelldurchlauf" durch ihr Leben, wie er in den „Jahrestagen" ansonsten nur Pius zugestanden wird.[29] Bezeichnend ist jedoch, daß diese Lebensbeschreibung (1619–1625) fast ausschließlich ihre Sorge für das Patenkind Alexander festhält: Wie die kleine Chronologie im Roman macht sich Anitas gesamte Lebensgeschichte an der Verantwortung für andere fest, was sie aber – anders als im Falle Lisbeths – erfüllt und glücklich macht. In der Sorge für ihr Patenkind faßt sie die Erziehung zu einer eigenständigen Einstellung zum Staat und zu dessen Propaganda als eine vorrangige Aufgabe auf. Indem sie als Patin für andere, jüngere Menschen sorgt, hat Anita Hoffnung auf die Zukunft – von daher macht auch der zunächst seltsam anmutende Bibelspruch in Alexanders Taufgeschenk Sinn[30] – und muß nicht alle ihre Ansprüche und Vorstellungen in der Gegenwart verwirklicht sehen.

Gesine bewundert an Anita, daß diese eine ungebrochene vertrauensvolle Kraft besitzt, wie sie ihr selbst oftmals abgeht. Zugleich weiß sie, daß die Freundin in ihrer konsequenten Verwirklichung der christlichen Forderung nach tätiger Nächstenliebe eine große Ausnahme darstellt und somit in einem aussichtslosen Kampf gegen das globale Ausmaß von Ungerechtigkeit steht. Daß es für die vielen gescheiterten Existenzen in Gesines New York nicht genügend „Paten" gibt, wird in der kurzen Episode deutlich, die Anitas Lebenslauf vorangestellt ist und die in biblischem Tonfall von einem „Stadtstreicher in Fetzen und im Barte" erzählt, „kenntlich an den beiden Tragetüten, die sein irdisch Gut enthalten" (1618). Nach seinem kurzen und lieblosen Polizeigewahrsam kommentiert Gesine: „Der brauchte einen anderen Hüter und Hirten als die Polizei" (1619).

Anita ist wie Gesine ein Republikflüchtling aus politischer Überzeugung: Sie verweigert sich mit Gesines Hilfe dem Waffenbeschluß der FDJ und damit dem blinden Nachbeten einer verlogenen, dem politischen Tagesgeschehen angepaßten öffentlichen Moral. Ihr Widerstand und ihr Beharren auf ihren persönlichen Überzeugungen ist „still", aber „beharrlich" (1822). Da sie sich durch ihre Konsequenz um die Möglichkeit eines Studiums gebracht hat, geht sie unmittelbar nach dem Abitur nach Westberlin.

Angesichts der „Unentbehrlichkeit der Landschaft, in der Kinder aufwachsen und das Leben erlernen" (1822), wie sie sich Gesine und Anita kurz zuvor am Heidberg gestanden haben, ist ihre Ausreise ein Opfer, das sie der Aufrechterhaltung ihrer persönlichen Moral bringt. Anita lebt aber im Gegensatz zu Gesine ausschließlich in der Gegenwart, sie ist stets zu einem neuen Anfang und zu neuem Handeln fähig. Eine nostalgische Heimatverhaftung, wie sie sich bei Gesine äußert, ist ihr fremd, so daß diese Anitas Taxifahrt nach Jerichow – ausgerechnet zu Himmelfahrt im Jahr 1968 – verständnislos kommentiert: „Es war einmal Anitas Schulweg gewesen; sie spricht von ‚deinem' Mecklenburg" (1771). Nicht nur in diesem Punkt besitzt Anita anscheinend genau jene Lebenskraft und jene Eigenschaften, die Gesine abgehen.[31] Sie wird in den entscheidenden Momenten auch für Gesine zur „Hüterin und Hirtin", so, als sie im Juni 1953 deren gutgläubige voreilige Rückkehr in die DDR verhindert oder als sie ihr über die erste Zeit nach D. E.s Tod hinweghilft. Vor allem aber ist sie für Gesine eine, wenn nicht die moralische Instanz: Sie ist es, die in den „Jahrestagen" das definitive Urteil fällen darf, ob jemand einen „goden Minschen" darstellt – das höchste Lob, das im Roman verteilt wird – oder ob er, wie der Denunziant Gabriel Manfras, „die schlimmste Verdammung aus Anitas Mund" erfahren muß: „(D)er ist ein schlechter Mensch" (1783).

Das schlichte moralische Urteil „gut" vs. „schlecht" fällt Anita ausschließlich aufgrund ihrer selbstentwickelten persönlichen Maßstäbe. Ihr hierin gespiegeltes Selbstbewußtsein zeigt sich auch in ihrer Tätigkeit als Fluchthelferin, mit der sie sich permanent gegen den DDR-Staat auflehnt, der wie zuvor sie selbst nun zahlreiche andersdenkende Bürger ihrer Eigenständigkeit und ihrer Freiheit beraubt. Anita ist diesem Unrecht nicht einfach in ein anderes Land ausgewichen, sondern sie mischt sich weiterhin unter Gefährdung ihrer eigenen Person in die bestehenden Mißstände ein. Ihr fehlender Respekt vor den Buchstaben des Gesetzes, das sie stets anhand der Meßlatte ihres Verstandes überprüft, wird von Gesine bestaunt: „Findet Anita eine gesetzliche Vorschrift ohne Vernunft, benutzt sie ihre Umwege bedenkenlos. Anarchismus? Eigensinn? Mutwille?" (1622). Durch ihr Beispiel bringt sie selbst die ängstlich auf ihr Gastrecht in den USA bedachte Gesine dazu, für die Unterstützung von Anitas Aktionen Gesetzesbrüche zu begehen. Sie ist für ihre Freundin ein vorbildliches, aber nie zu erreichendes Beispiel für ein handelndes Leben, da sie fähig ist, Dinge zu tun, ohne in Gesines absoluter Art nach der letztgültigen Richtigkeit des Getanen und den Auswirkungen auf das gesamte System zu fragen.

Anitas Glaube – und sei es ein Glaube wider besseres Wissen – verleiht ihr ein Grundvertrauen in die Richtigkeit ihres Handelns, ohne das ein glückliches und veränderndes Leben nicht möglich ist.[32] Diese Art von Glauben respektiert Gesine, wie auch Anita Gesines Unglauben hinnimmt und sich „(m)issionarische Anwandlungen versagt" (1621). Anitas Beispiel ist sicherlich ausschlaggebend auch für Gesines allgemeinen Respekt vor Religiosität, wie er sich im Brief an J. B. ausdrückt, wenn sie schreibt „Anderen Leuten sagen wir Tschüß oder Take care oder Mind where you go, auf Verlangen A Dieu" (1642): Solange Religion kein Ersatz für die Ausbildung eigener Verhaltensmaßregeln ist und nicht eine persönliche Sorge für das Wohlergehen des anderen verhindert, wie sie sich in den anteilnehmenden Grußformeln „Take care" und „Mind where you go" ausdrückt, kann Gesine sie als Glaubenssystem eines Menschen gutheißen, der sich „à dieu" fühlt. Ihr selbst aber bleibt ein Schritt vom Nicht-Sehen zum Doch-Glauben fremd: Für sie spricht vielmehr alles, was sie sieht, gegen eine Möglichkeit zu glauben.

Trotz dieser Differenz ist Anita für Gesine wie eine – spät gefundene – Schwester, von der sie in allen Notlagen behütet wird. In dieser schützenden Funktion ersetzt sie ihr die verlorene Familie: den Vater und den als Bruder angenommenen Jakob, die beide für Gesine sorgten: „Ick häud. Ich hüte: wie Cresspahl sagen konnte auf Befragen nach solcher Tätigkeit. Ich war noch lange Zeit ein Kind, und so sagte es noch Jakob" (1008).

Jakob Abs: der zu früh verlorene brüderliche Freund

Jakob Abs geht in seiner Bedeutung für Gesine noch über Anita hinaus, obwohl sie ihrer Tochter Marie gegenüber zugeben muß, von ihm „nur das Notwendigste" zu wissen (387). Die „Jahrestage" liefern entsprechend wenig Informationen über Jakobs Verhalten und dessen Motivation, der Leser muß sich – weiterhin – größtenteils mit „Mutmassungen über Jakob" zufriedengeben.

Deutlich wird jedoch, daß er einen ausgesprochen „guten" und verträglichen Menschen darstellt. Wie er zu Gesines Entscheidung steht, in den Westen zu gehen, wird ihr selbst und dem Leser nicht klar: Bei ihrer ersten Ankündigung nach der Vergraulung des jüdischen Professors Ertzenberger bittet er sich aus, sie solle sich „den Abschied überlegen für ein Vierteljahr" (1836). Er ist es aber, der Gesines reibungslose Flucht organisiert, jedoch nicht ohne ihr durch den morgendlichen Blick auf die funkelnde Mecklenburger Seenplatte die Tragweite des beschlossenen Abschieds vor Augen zu führen und ihr die Entscheidung durch das Ausstellen einer Rückfahrkarte offenzuhalten.[33]

Er selbst hat sich jedoch für ein Bleiben in der DDR entschlossen, was Marie nicht versteht: „Aus einem solchen Lande ginge ich weg. Wenn ich nur wüßte, warum Jakob da blieb!" Gesine antwortet: „Daß wir es wüßten! Vielleicht weil er eine Arbeit versprochen hatte bei der Deutschen Reichsbahn; Einer muß sie doch tun" (1835). Dieses Argument erinnert an Cresspahls Begründung für seine Übernahme des Bürgermeisteramts und liefe darauf hinaus, daß auch Jakob versucht, an seinem Platz so viel Gutes wie möglich zu tun. Mir will allerdings scheinen, daß sich für Jakob die Frage nach einem Heimatwechsel gar nicht stellt: Er ist der Politik seines Landes gegenüber eher gleichmütig und gelassen und stellt an sie keine hohen und idealisierten Erwartungen. Unbeirrbar vermag er sein Privatleben auch in der frühen DDR einzurichten; im konkreten Umgang mit seinen Mitmenschen und in seiner Arbeit lebt er gemäß seinen Überzeugungen und erscheint dabei als ein vollkommen in sich ruhender Mensch.

Entsprechend „(s)chnuppe" (1866) ist ihm auch das unterschiedliche westliche Leben, als er Gesine 1956 in Düsseldorf besucht und sich allein um ihr Wohlergehen sorgt: „Er war zu Besuch, Cresspahls Tochter wegen" (1867). Entscheidend für seinen Gleichmut ist, daß er sich nicht mit dem Land identifizieren muß, in dem er wohnt: „Wohl, zehn Sorten Brot den täglichen Tag, er wünschte es auch für sein Land; oder das Land, aus dem er kam" (1867).

Folglich empfindet Jakob staatlich begangenes Unrecht als nicht in seiner Verantwortung liegend und läßt sich dadurch nicht in seinem Selbstbewußtsein angreifen. Seine Irritation nach der Rückkehr aus Düsseldorf, die wohl für seinen Unfalltod verantwortlich ist, resultiert nicht aus der Unsicherheit, ob er ein Leben in der DDR für sich verantworten könne, sondern aus dem Gefühl, Gesine gerade erst als Geliebte gewonnen und doch durch die trennenden Erfahrungen in den beiden deutschen Staaten verloren zu haben.

Durch Jakobs Tod bleibt die Frage offen, ob die DDR auch für junge „gute Menschen" im Sinne der „Jahrestage" ein möglicher Platz zum Leben gewesen wäre. Während die betreffenden älteren Leute – Cresspahl, Frau Abs und Kliefoth – ihre verbleibende Lebenszeit weitgehend ungestört abwarten können, gehen alle in Frage kommenden jungen Leute – Gesine, Anita, Pius und zahlreiche andere – aus dem Land. Ob nun Jakob ein vor sich und vor Gesine zu rechtfertigendes Leben hätte führen können, ist nicht aufzuklären.

Für Gesine wäre Jakob in der DDR nicht erreichbar gewesen; nach seinem Tod ist er ihr endgültig allein in ihrer Erinnerung zugänglich, der sie zunehmend mißtraut. Wie grausam dieser Abschied für sie ist, verdeutlicht sich, als der Abriß des Hauses, in dem sich ihre Düsseldorfer Wohnung befand, wie die Tötung eines Lebewesens beschrieben wird (vgl. 1868f.) und Gesine nur noch feststellen kann: „Oben in der flimmernden Luft, da habe ich mit Jakob gelebt" (1869).

In Jakob hatte Gesine den Bruder gefunden, der ihr von Hause aus verwehrt blieb und der für sie vor allem die Qualitäten eines beschützenden und absolut vertrauenswürdigen Freundes besaß. In dieser Brüderlichkeit, d. h. in der verläßlichen Loyalität, verkörpert er das in den „Jahrestagen" verfolgte Ideal von Freundschaft und (Mit–)Menschlichkeit, das Gesine in ihrem vernichtenden Brief an den Nicht–mehr–Freund J. B. in einem Zitat von E. M. Forster faßt: „If I have to choose between betraying my friend and betraying my country, I hope I shall have the guts to betray my country" (1642).

Die für Jakob vorrangige Kategorie seines Denkens und Handelns wäre immer die des Freundes bzw. Mitmenschen und nicht die des Staates als eines abstrakten Gebildes gewesen. Er verwirklicht damit – ohne eine religiöse Herleitung – das Prinzip der christlichen Nächstenliebe, d. h. die Goldene Regel, dem anderen keinen Schaden zuzufügen. Mit dieser Lebenseinstellung kann er für Gesine zum brüderlichen Freund werden, so wie Anita ihr eine schwesterliche Freundin ist und wie andere Personen des Romans für sie gleichsam eine nicht durch Blutsverwandtschaft begründete Familie darstellen.[34] Frau Abs wird ihr wie beschrieben zur Ersatzmutter, Jakob zum Ersatzbruder, die Familie der Paepckes sogar für die als paradiesisch erinnerten Ferien auf dem Fischland zur kompletten Ersatzfamilie, an die sie immer noch eine starke gefühlsmäßige Bindung hat.[35]

Robert Pagenkopf: der Rückzug auf sich selbst

An der Oberschule in Gneez gewinnt Gesine „noch einen Bruder" (1716), mit dem sie eine lebenslange Freundschaft verbindet: Robert („Pius") Pagenkopf wird für sie zu einem Menschen, dem sie bedingungslos vertrauen kann. Dies erkennt sie, als Pius ihr heimlich das FDJ–feindliche Flugblatt zukommen läßt und mit ihr einen Blick tauscht, „solchen kriegst du im Leben, wenn es hoch kommt und gut gegangen ist, vielleicht drei Mal" (1716). Auch Pius ist sich ihrer geschwisterähnlichen Beziehung als einer des gegenseitigen Vertrauens und Wohlwollens bewußt; er redet sie in seinen späteren Briefen mit dem russischen Wort für „kleine Schwester" an (vgl. 1762).[36] In ihrer Schulzeit sehen die Mitschüler Gesine und Pius als „das Paar" an, doch überschätzen sie in diesem Bild der Kleinstfamilie die Nähe und Vertrautheit ihrer Beziehung: Die beiden wahren in großem Maße ihre Unabhängigkeit und bleiben für sich allein, können sich dabei aber auf die Unterstützung des anderen und auf dessen Diskretion verlassen.[37]

So macht Pius auch die frühe Entscheidung über seinen Lebensweg allein mit sich aus und meldet sich im Frühjahr 1951 zu einer Luftwaffenausbildung bei der Bewaffneten Volkspolizei. Mit diesem Entschluß stößt er bei allen von ihm geschätzten Menschen auf Unverständnis oder Widerstand; nicht nur, weil im

Gegenzug viele seiner Mitschüler in den Westen – und damit in die kommende Wehrpflicht – gehen, kann Gesine von ihm sagen: „Pius stellte sich auf die andere Seite“ (1758). Wie er ihr im Stimmendialog erklärt, ist sein ausschlaggebendes Motiv die unerträgliche Scheinheiligkeit, mit der er in der Schule (Schein–)Lehren wiederholen muß, die niemand wirklich glaubt: *„Dann ist das Zwinkern weg, das kaputte Lächeln, das deine Lüge überführt und belobigt in einem. Dann darf ich denken was ich will, und keiner wird es erfahren“* (1759).

Gesine kann dem nicht widersprechen, doch hält sie ihm entgegen: *„So hast du nie mehr einen Freund, Pius“* (1759). Dies nimmt er aber bewußt in Kauf; er hat sich zu einem totalen Rückzug auf sich selbst entschlossen und wird auch in der verbleibenden Schulzeit den alten Freunden fremd: „(E)r blickte uns an aus einer Ferne, fast war er erwachsen“ (1761). In seinem einmal gefaßten Entschluß ist er stur und konsequent, er zieht ihn in völligem Ernst durch: „Lässigkeit und Pius, das waren zwei verschiedene Eigenschaften“ (1760). Wie sehr er nur für sich und nach seinem Willen handelt, erweist sich, als er das Husarenstück vollbringt, mit einer MIG 15 unter einer Autobahnbrücke hindurchzufliegen, und dafür eine Zurückstufung im Dienstgrad hinnimmt.

Dennoch muß sich Pius die Frage gefallen lassen, warum er, um das verlogene Bildungssystem seines Landes zu umgehen, sich in die militärische Maschinerie einspannen läßt, die letztlich der Verteidigung auch dieses Systems dient. Als Offizier der NVA wird er zwar nicht zum verbalen, dafür aber zum notfalls schlagkräftigen Verfechter einer von ihm offensichtlich nicht gutgeheißenen öffentlichen Moral. Auf die Frage nach der Vereinbarkeit dieser Verpflichtung mit seiner privaten Moral antwortet er zumindest annäherungsweise, als Gesine ihn fragt, was er sich für den Fall eines Krieges vorgenommen habe: *„Dazu mußte ich an jene Stelle, wo auf den Knopf gedrückt wird. Denn was ich schließlich anfange mit der Maschine, das bestimme ich als Kommandeur allein“* (1759).

Bei aller Unschlüssigkeit und jugendlichen Naivität dieses Arguments, das im übrigen wieder an Cresspahls Begründung für seine Bürgermeistertätigkeit erinnert, zeigt sich in ihm doch Pius' unbeugsamer Wille, einen eigenen Weg zu finden und seine Entscheidungen völlig unabhängig zu fällen. In diesem Punkt fühlt sich ihm Gesine sehr verwandt, was dem Leser auch expressis verbis mitgeteilt wird, als sie Marie ihre Teilnahme an der staatlichen Schießausbildung erklärt: „Was Pius Pagenkopf bestimmen wollte über einen fliegenden Waffenträger als Kommandeur, das nahm seine Freundin sich heraus mit einem Kleinkalibergewehr. Auf wen sie am Ende anlegen wollte und drücken, so daß der Schuß traf, das gedachte sie in Ruhe zu überlegen“ (1831). Daß in dieser Einstellung ein Stück Inkonsequenz enthalten ist, verdeutlicht sich aber in Anitas Verweigerung gegenüber dem FDJ–Waffenbeschluß, die die prinzipielle Möglichkeit einer rigorosen Haltung wie auch deren Folgen aufzeigt.

In jedem Falle bewahren sich sowohl Gesine als auch Pius ihre innere Unabhängigkeit, und zwar auch dann, als sie äußerlich betrachtet Schritt für Schritt in die beiden gegensätzlichen Systeme des Westens und des Ostens hineingezogen werden, was der Roman parallel erzählt (vgl. 1763f.). Beide werden nicht blindlings ideologisiert, sondern sie bleiben in ihrem Urteil frei und distanziert. Zugleich sind sie damit aber ihrer Umgebung nicht zugehörig, sie bleiben ohne öffentliche Heimat. Pius rückt zudem im Verlauf seiner Karriere für Gesine in eine immer weitere Ferne; in der Sowjetunion ist er selbst für die findige Anita „unerreichbar" (1764). Daß er im Kontakt zu neuen Freunden oder in seiner offensichtlich sehr kurzlebigen Ehe eine private Heimat gefunden habe, erscheint Gesine ausgeschlossen: „Der war endgültig allein. Kam nun dieser Mensch zu sich selbst in seiner Arbeit?" (1765).

Die Antwort muß wohl negativ ausfallen: In seiner mit sturer Ausschließlichkeit verrichteten Arbeit kommt Pius nicht – wie es die um ihn herrschende Ideologie vorsah – zu sich selbst oder zu seinem Glück, sondern durch einen Absturz im Dezember 1964 vorzeitig zu Tode. In der wahllosen Zufälligkeit seiner katholischen Beerdigungszeremonien und dem Fehlen jeglicher militärischer Präsenz am Grab wird deutlich, daß die Armee für ihn nur ein Versteck darstellte, in dem er nicht wirklich zu Hause war, und daß er keinen ihm gemäßen Platz in der Welt gefunden hatte. Ob eine andere Sinnvorgabe auf ihn gepaßt und ihm eine öffentliche Heimat geboten hätte, bleibt fraglich. Seine Flucht in den Offiziersdienst war ein Rückzug auf sich selbst, der irritierend bleibt angesichts des Prinzips des Befehlsgehorsams, dem er sich damit unterwarf, und angesichts der weitreichenden Verantwortung, die er mit diesem Dienst übernahm und die er an vielen anderen Stellen der Gesellschaft hätte umgehen können. Doch Aus-dem-Wege-Gehen und Pius, das waren wohl auch zwei verschiedene Eigenschaften.

Albert und Louise Papenbrock und die anderen „guten Leute" von Jerichow/Gneez: Leben nach den Gesetzen der Bürgerlichkeit

Ein Mensch, der im Gegensatz zu den bislang behandelten Personen jeglicher Verantwortung für die Gesellschaft und für seine Mitmenschen aus dem Wege zu gehen trachtet, ist – trotz seiner Titulierung als „König von Jerichow" – Gesines Großvater Albert Papenbrock. Im Geschäft und in der Familie die Rolle des patriarchalischen Hausherren spielend, erweist er sich doch im gesellschaftlichen Leben als eine schwache Persönlichkeit, da er nicht den Mut aufbringt, für eventuelle Überzeugungen einzustehen, und stets auf sein eigenes unbeschadetes Durchkommen fixiert ist. So wagt er es nicht sofort, seine Teilnahme an der Beerdigung des ermordeten Ministerpräsidenten von Mecklenburg zuzusagen, und hält sich aus den Versuchen heraus, die Semigs zum Auswandern zu überreden. Auch weiß man durch sein Verhalten als Gutspächter gegenüber dem Kommando des Warener Soldatenrates um den Wert, den ein von ihm geschworener Eid besitzt.[38] Papenbrock, der stets im Verborgenen den für ihn größtmöglichen Vorteil herauszuschlagen versucht, richtet sein gesamtes Handeln an seinem geschäftlichen Interesse aus; er ist, wie Cresspahl sagt, „zu nichts erzogen als zum Berufe des Agrarkapitalisten" (IV). Er und die ihm völlig unterwürfige Louise übernehmen somit keinerlei Verantwortung für andere oder für die Gesellschaft. Eine humane persönliche Moral, d. h. eine Moral, die (mit)menschlich ist, indem sie auch andere Interessen als die eigenen berücksichtigt, haben sie nicht ausgebildet; die herrschende öffentliche Moral wiederum spielt für sie nur eine Rolle im Hinblick darauf, ob sie den eigenen Interessen dient oder schadet.

Auch in der Protektion der eigenen Familie spiegelt sich nur scheinbar ein Verantwortungsgefühl Papenbrocks für andere Personen: Ihm geht es bei genauerem Hinsehen allein um den Namen, nicht aber um den Menschen, der zu schützen ist; eine heile Familie gilt es nur nach außen vorzuspielen. So beansprucht er für sich das unausgesprochene Recht auf Ehebruch und verhandelt vor Louises Augen über die Abfindung für das uneheliche Kind aus seinen frühen Ehejahren. Auch zeugt es von wenig väterlichem Verantwortungsgefühl, wenn er mit ansieht, wie Lisbeth am unseligen Einfluß seiner Frau zugrunde geht.

Louise Papenbrock treibt ihre Tochter durch beständige christliche Belehrungen in einen religiösen Schuldwahn, was für Cresspahl „einem Mordversuch gleich[kommt]" (V). Ihre christliche Moral ist aber durch und durch falsch – organisiert Louise doch die Abtreibung von Roberts unehelichem Kind –; hinter ihr verbirgt sich purer Egoismus: „Oh, was konnte sie säuerlich blicken, wenn sie Gutherzigkeit, bereitwilliges Opfer vortäuschen mußte!" (1370). Für die Interessen und Bedürfnisse anderer Menschen ist sie völlig blind; werden die Brotpreise festgeschrieben, läßt sie Kleie untermischen und glaubt sich dabei womöglich noch im Recht: „Mir schenkt auch keiner was, das sagte sie; sie durfte friedlich denken: Viel hat mir keiner genommen" (1351).

In dieser Egozentrik ist Louise unfähig zu echten mitmenschlichen Beziehungen; sie kann niemandem wirklich Freund sein, da sie neben den geschäftlich-materiellen keine weiteren Werte kennt. Dieser Logik entspringt ihre plötzliche Feindseligkeit gegenüber den enteigneten Adligen des Winkels: „Wie konnte sie eine Freundschaft fortführen, die unpraktisch geworden war, nämlich schädlich für das Geschäft? Freundschaft bloß so, als sittliches Muster ohne Wert?" (1352). Ein solches sittliches Muster ohne Wert sind aber allein die gesellschaftlichen Beziehungen, die Louise unter dem Etikett Freundschaft pflegt: Ihr Verständnis dieses Begriffs hat – in den Worten von Brüshavers Predigt – nichts mit dem Tugendideal der Freundschaft zu tun, er wird von ihr nicht „verwandelt in Eigenschaften" (1371). Wie falsch und ausschließlich vom Kalkül geleitet Louises Verhalten gegenüber anderen Menschen ist, zeigt sich in ihrer Schikanierung der in ihr Haus eingewiesenen von Haases, bei denen sie trotzdem „kleine Steine … ins adlige Brett" zurücklegt: „Konnte doch alles anders werden" (1352).

In blinder Scheinheiligkeit und im erschreckenden „Bewußtsein ihrer Unschuld" (1351) mokiert sich Louise im nachhinein über die Zwangsarbeiterhaltung der Adligen während des Krieges und spricht „mit frommer Strenge von der Gerechtigkeit" (1352). Inwieweit sie – gerade in Anbetracht des Anteils ihrer Söhne an den nationalsozialistischen Verbrechen – an ihre Unschuld glaubt und wie wenig sie wirklich die Ungerechtigkeit ihrer Position erkennt, ist schwierig zu beurteilen, doch scheint sie ihre Bigotterie weitgehend verinnerlicht zu haben. So beobachtet der erschreckte Leser mit Cresspahls Augen Louises „Regieren" in der Bäckerei: „(D)a fielen Frauen vor Hunger in Ohnmacht, und Louise in ihrer prallen Leiblichkeit fuhr den Kunden über den Mund und verteilte das Brot wie eine Gnade" (VII). Ihre Unfähigkeit zu (mit)menschlichen Gefühlen geht so weit, daß sie die Trauer bei Lisbeths und Horsts Beerdigung „nicht nur als Kleidung [trägt], auch als Stolz darauf, daß die Gelegenheit Niemand Anderem als der Papenbrock gehöre" (VI).

Louise als eine Person, der die Fähigkeit zur einfühlenden Teilnahme am Leben anderer völlig abhanden gekommen ist, und damit als ein Mensch ohne eine wirkliche private Moral[39] nimmt als Gattin des „Königs von Jerichow" in der Gesellschaft des Dorfes eine führende und offensichtlich akzeptierte Position ein. Sie vereinigt in extremer Form die Merkmale jener Bevölkerungsschicht, die der Roman an anderer Stelle „die guten Leute" (1585) nennt[40] und der eine große – und oft übersehene – Bedeutung zukommt.

Der Begriff „die guten Leute" steht innerhalb der „Jahrestage" wie auch innerhalb Johnsons Gesamtwerks in einem größeren Bedeutungszusammenhang. Zunächst einmal kontrastiert er mit dem bereits erwähnten Begriff der „guten Menschen" als dem von Anita eingeführten höchsten moralischen Werturteil des Romans. Zum anderen gibt es auch auf der New–York–Ebene „gute Leute", die eine bestimmte „Haltung des Protestierens" (vgl. Johnsons gleichnamigen polemischen Aufsatz aus dem Jahr 1967) verkörpern. Schließlich ergibt sich ein intertextueller Bezug auf die „Mutmassungen über Jakob", in denen der Stasi–Offizier Rohlfs Brechts Lied über die guten Leute zitiert und seinerseits anhand der in diesem Lied aufgestellten Maßstäbe bewertet und zu den „guten Leuten" gerechnet werden kann.[41]

Die „guten Leute" von Jerichow bzw. Gneez stellen die bürgerliche Mittelschicht dieser Orte, d. h. die breite Masse der etablierten Besitzbürger als den wortführenden Teil der Gesellschaft dar, der im Roman auf sein Verhalten im faschistischen Deutschland und in der SBZ bzw. der frühen DDR befragt wird.[42] Dieses Verhalten ist nun am besten unter dem Begriff Opportunismus zu fassen: Es handelt sich bei den „guten Leuten" um die oft zitierte Menge der Mitläufer, die nicht unbedingt überzeugte Nationalsozialisten sind und begeistert mit ihnen mitlaufen, die aber auch nicht überzeugt gegen sie auftreten und durch ihr angepaßtes Verhalten das ungerechte System mit „am Laufen" halten. Als Geschäftsleute, die sie überwiegend sind, wägen sie ihr Handeln allein an der Sicherung ihrer Position ab, die ihnen nur gelingen kann, wenn sie sich nicht mit den Machthabern überwerfen. Beispiele für ein solches rein taktisches – anstatt moralisches – Verhalten geben der „wohl eher aus geschäftlichen Berechnungen" mit der SA marschierende Schneider Pahl (XI) und der Großhändler Johannes Knoop ab, dem es im Jahre 1932 „undeutlich [ist], wem ein Geschäftsmann sich anzuschließen die sittliche Pflicht hat" (1498).

Mit ihrer Anpassung, die im schlimmsten Fall bis zur Andienerei reichen kann, schafft es „die feine Gesellschaft ungeschoren" (1457), ihren Besitz und ihre Position in die sowjetische Besatzungszeit hinüberzuretten. Hier greifen dieselben Mechanismen der Adaptation und des Opportunismus, was im Bild der Musikalienhandlung Schröder besonders augenfällig wird, die wie zuvor der Kollege Schmidt unter den Nazis nun die deklarative Unterstützung der neuen Herrschaft in ihrem Schaufenster ausstellt. Auf eine solche Unterstützung nicht aus Überzeugung, sondern aus rationalem Nutzenkalkül heraus kann sich offensichtlich jede Gruppe von Machthabern – und sei ihre Moral noch so fragwürdig – verlassen, solange sie dem beherrschenden Eigeninteresse dieser Menschen entgegenkommt: „Sie wollten wahrlich alles hingeben, vornweg das Bewußtsein von der eigenen Person, wenn sie dafür nur das Geld behielten, nämlich als ein Mittel zur Vermehrung von Besitz und wiederum Geld" (1351). Daß sie das Dritte Reich heil überstanden haben, heißt für solche Menschen vor allem: mit Geld, und zwar mit mehr als genug Geld, was für ihre Position in der Gesellschaftshierarchie entscheidend ist. In der Fixierung auf die Vermehrung ihres Besitzes müssen sie deutlich unterschieden werden von denjenigen Personen, die allein wegen der materiellen Sicherung ihrer selbst und ihrer Familie Kompromisse eingehen.

Für Menschen dieses zweiten Typs liefern die „Jahrestage" eine Reihe von Beispielen, beginnend bei Cresspahl, der am Flugplatz Jerichow Nord mitbaut, und endend bei Gesine, die für die Sicherung von Maries und ihrem Lebensunterhalt bei der NATO und später in einer Bank arbeitet. Beide bringen sie Verständnis auf für Personen, die sich in demselben Dilemma befinden: für

Peter Niebuhr, dem „nicht wohl" ist, weil er „wegen des Brots für die Familie zu einer anderen [Partei, nämlich der nationalsozialistischen] übergelaufen" ist (729); für Böttcher, der für die Sowjets Wachtürme baut und dafür seinen Sohn Klaus zurückerhält (vgl. 1572); für die Lehrerin Habelschwerdt, die sich an die „Neue Pädagogik" anpassen muß, will sie ihre Kinder zur Oberschule schicken (vgl. 1573); und schließlich auch für die „Brotarbeit" (1819) Bertolt Brechts, die von der Schule propagandistisch genutzt wird.

Spätestens im Falle Brechts wird aber deutlich, wie schwierig die Grenze zu ziehen ist zwischen dem Zwang, sein tägliches Brot zu sichern, und der Verführung, die eigene Inkonsequenz hinter einem scheinbaren Zwang zu verstecken. Irritierenderweise äußert das KZ–Opfer Mrs. Ferwalter dasselbe verzeihende Verständnis wie Gesine in einem Fall, in dem für diese wie wohl auch für den Leser die besagte Grenze eindeutig überschritten ist: Die Vorwürfe gegen den Bundespräsidenten Lübke, er habe KZ–Pläne unterzeichnet, kommentiert sie mit den Worten: „Sicherlich mußte jener das damals tun, gewiß hatte er eine Ehefrau" (789). Wer, wenn nicht ein KZ–Häftling, darf dann noch ein moralisches Urteil fällen über diejenigen Menschen, die die unsäglichen Verbrechen im Dritten Reich nicht begangen, aber hingenommen und damit ermöglicht haben?

Der Roman legt in dieser Frage eine vorsichtige und vorläufige Grenzziehung nahe. Er sucht diese Grenze in der Unterscheidung „Brot" vs. „(mehr) Geld", d. h. materielle Absicherung vs. materieller Anreiz, weiß aber zugleich um die besondere Schwierigkeit, diese Grenze im Zusammenhang mit dem Leben in totalitären Systemen zu ziehen. Anita ist die Romanperson, die – gleichsam als die moralische Instanz des Buches – diese Unterscheidung festschreibt und in einer sprichwortartigen Sentenz den Gegenbegriff zur materiellen Absicherung liefert, nachdem Gesine Marie die Motivation junger Männer zum Beitritt in die Grenztruppen der DDR erklärt hat: „Materieller Anreiz; was vermag dagegen das Gewissen: ANITA" (1837). Alexander Paepcke – als eine weitere moralische Instanz für Gesine – faßt dieselbe Erkenntnis in die volkstümliche Form eines Mecklenburger Spruchs: „Vel Kinner, vel Segen: sä de Köster. As he den Döpschilling inne Tasch steckt." (951). Daß Menschen ein grundlegendes materielles Interesse besitzen, ist eben eine Volks– und damit eine unabänderliche Weisheit.[43] Problematisch wird dieses Interesse dann, wenn ihm das gesamte Verhalten und damit die persönliche Moral – in den Worten Anitas das Gewissen – untergeordnet wird.

Gerade dies ist das Kriterium, das die „guten Leute" von den „guten Menschen" des Romans unterscheidet. Sie entwickeln statt einer Moral ein System von „Anstand" und „guten Formen" (1460), innerhalb dessen jeder sein eigenes Interesse ohne Blick auf den anderen verfolgen darf. Ihr Begriff von Sittlichkeit (vgl. 1353) hat keinen ethisch–moralischen Kern, sondern er meint allein die Wahrung der verabredeten Formen; Sitte ist hier im Sinne des Bedeutungsbestandteils „Brauch" das, was gewohnt ist und was sich – allein aus diesem Grunde – gehört.[44]

Besonders deutlich wird die Inhalts– und Gedankenlosigkeit dieses Verhaltenskodex im philisterhaften Verhältnis der „guten Leute" zur Kultur und zur Religion, die ihnen ausschließlich zur gesellschaftlichen Distinktion dienen: „Sie fanden einander in einer Provinz, die sie für ihre angestammte hielten: in den kulturellen Veranstaltungen" (1458).[45] Ihre verständnislose Pflege der Literatur als einer standesgemäßen Pflicht des (Bildungs–)Bürgertums wird schonungslos offenbar, als sie die den Nazis nicht genehmen Gedichtbände „ein wenig nach hinten gestellt in den Vitrinen" überwintern lassen, weil sie einmal „dernier cri" waren, „schlicht unerläßlich für die Selbstachtung, auch war ja ihr künftiger Geldeswert vielleicht bloß vorläufig zu verachten" (1459). Eine ähnliche Ignoranz gegenüber den Inhalten kultureller Überlieferungen zeigt sich auch in ihrer ohne jeglichen Glauben als bloße Etikette praktizierten Religiosität: „Die Kirche gehörte dazu, die Religion war gewiß eine Schicklichkeit; bei abendlichen Orgelkonzerten war der Dom praller gefüllt als zu den Gottesdiensten" (1459).[46] Daß sich die Musik in ihrer prinzipiellen Inhaltslosigkeit in nahezu jeder Umgebung als Kulturgut pflegen läßt und doch für die verschiedensten Zwecke instrumentalisiert werden kann, zeigt sich in der Person Joachim Bucks, des „schöne[n] Joachim", der „in seiner Unschuld" bei sozialistischen Feierstunden „auch dieser Obrigkeit sein jeweils Letztes [gibt]" (1629f.). Natürlich ist seine Unschuld nur eingeredet bzw. ein Resultat seiner Ignoranz: In letzter Konsequenz, so drängt sich hier der Gedanke auf, gibt es nichts „schuldlos Schönes", gibt es keine Ästhetik ohne Ethik.

Wie unehrlich und falsch das Leben in der Gesellschaft der „guten Leute" ist und wie sehr es wirklicher menschlicher Beziehungen ermangelt, wird immer dann besonders deutlich, wenn ein – potentielles – Mitglied dieser Gesellschaft sich nicht nach deren Regeln verhält. Neben Lisbeth betrifft dies auch deren Freundin Leslie Danzmann, die sich „aus den Sitten von Anstand und Eigentum" fallen läßt (1462). Im originalgetreu eingefangenen Gesellschaftsklatsch der „guten Damen" wird klar, welches von deren Grundprinzipien sie verletzt hat, als sie dem sowjetischen Kommandanten ihre Verweigerung eines Parteibeitritts erklärt: „Sie hatte es ziemlich richtig getroffen mit den Gedanken der Nachbarn; stellt sich hin, spricht das aus. Bringt man doch schon den Kindern bei: Sagt man doch nicht" (1461).

Daß es zu den Regeln der „guten Leute" gehört, weite Teile ihrer persönlichen Erfahrungen und Ansichten zu verbergen und zu verschweigen, erfährt auch Gesine, als sie um den inhaftierten Cresspahl trauert: „Das war aber eine

Sache, die auszusprechen war unschicklich" (1463). Wie sich aber unter der zur Schau gestellten heilen Oberfläche der anständigen Bürgerlichkeit eine oftmals krankhafte Deformation verbergen kann, wird am Beispiel der Familie Papenbrock besonders deutlich. Auch Gesine trägt durch die Verdrängung der unaussprechbaren Konflikte ihrer Kindheit und Jugend bleibende Traumata davon, deren Aufarbeitung sie erst mit der im Roman erzählten Rekonstruktion ihrer Lebensgeschichte im Jahr 1967/68 angeht.

Zu den tabuisierten Themen der „guten Leute" zählen auch politisch–moralische Fragen, über die somit kein gesellschaftlicher Diskurs stattfindet. Das herrschende politische System wird nicht öffentlich diskutiert und hinterfragt, sondern jeder einzelne Bürger nimmt es nach außen unwidersprochen hin und arrangiert sich nach seinen Möglichkeiten. Damit ist die bürgerliche Mittelschicht zwar nicht der ideologische Nährboden, wohl aber das notwendige (er)tragende Fundament des Herrschaftssystems; sie ist im Falle der Nationalsozialisten gleichsam „der Schoß, auf den das kroch", insofern sie deren Regierung durch ihr Stillhalten ermöglicht, insofern also die „guten Leute" zulassen, daß ihr Land von schlechten Menschen geleitet wird.

Die Vertreter der Herrschaft: Solchen wie ihnen gehört das Land

Die Nationalsozialisten treten in den „Jahrestagen" in Form einiger grundverschiedener Menschen auf, die in ihren Persönlichkeitsprofilen einen je eigenen Typus der NS–Mitglieder verkörpern. Zunächst gibt es die „gläubigen Nationalsozialisten" (vgl. 869) in den Personen des Kriminalkommissars Vick und des Bürgermeisters Tamms. Sie sind keine durchschnittlichen NSDAP–Mitglieder, da sie dem gehobenen Bürgertum entstammen und ein hohes Maß an Bildung und an Denkvermögen aufweisen. Tamms ist auch ein absolut korrekter und allseits geschätzter Bürgermeister, der nicht in die propagandistische Nazi–Sprache verfällt und – beispielsweise im Verhalten zu den Kriegsgefangenen bei Cresspahls – eine große menschliche Vernunft beweist. Auch Vick erkennt die Verwerflichkeit beispielsweise der Methoden der Gestapo, von der er sich stets aufdringlich demonstrativ distanziert. Beide Männer besitzen aber einen Glauben an die neue Herrschaft und lassen sich in dieser ideologischen Verblendung auf eine verhängnisvolle Einspannung in ein System ein, dessen Auswüchse von Unmoral sie selbst nicht gutheißen. Sie verkörpern damit jene Gruppe konservativer Intellektueller – die sie zumindest im Rahmen der Mecklenburger Provinz darstellen –, die sich in ihrer gefährlichen Affinität zum national(sozial)istischen Gedankengut zu Mittätern machten, indem sie ihre Arbeit als bewußten Dienst am neuen, faschistischen Staat verrichteten. Ihre persönlichen moralischen Bedenken angesichts der offenkundigen Verbrechen des Systems, dem sie dienten, stellten sie hintan gegen ihre gläubige Überzeugung von dessen Notwendigkeit. Ihr im Roman von Vick formulierter Wunsch „Der Nationalsozialismus soll rein bleiben!" (913) ist aber verblendeter Selbstbetrug: Zum einen war der Nationalsozialismus nie rein, und zum anderen verbindet seine Ideologie gerade mit dem Begriff der Reinheit eine nicht gutzuheißende, menschenverachtende Politik. Tamms und Vick trifft somit trotz ihrer durchaus anständigen privaten Moral ein gehöriges Maß an Mitschuld an den Verbrechen ihres Landes; verwunderlich bleibt, wie sie als prinzipiell rationale Menschen im faschistischen Deutschland „sehen und doch glauben" können.

Viel einfacher zu erklären ist die nationalsozialistische Überzeugung von Friedrich Jansen, der offensichtlich nicht das intellektuelle Format besitzt, um Überlegungen über die Legitimität der neuen Herrschaft anzustellen. Er kennt nur die private Moral des persönlichen Vorteils, den er auf recht ungeschickte Art als NS–Funktionär herauszuschlagen versucht. Er ist nach Cresspahls Urteil völlig „verkommen" (XIII); nicht nur in seiner Physiognomie gibt er das Bild des primitiven „Nazi–Schweins" ab.[47] In diesem Charakter ist er zwar erschreckend, aber wenig ernstzunehmen und weitaus harmloser als der Typus des Naziverbrechers, wie er in Robert Papenbrock einen exponierten Vertreter findet. Dieser ist ein mit hundertprozentiger Sicherheit schlechter Mensch, wobei es keine Rolle spielt, ob er Lisbeths leiblicher Bruder ist.[48] Daß skrupellose und bösartige Menschen wie er im Deutschland der 30er Jahre an die Macht und in die entscheidenden Positionen kommen, in denen sie für die öffentliche Moral des Staates verantwortlich sind, ist ein in den „Jahrestagen" beklagtes dramatisches Verhängnis. Es ist zugleich das Versäumnis und die (Mit–)Schuld weiter Teile der Gesellschaft, die ihrer kontrollierenden Verantwortung für den Staat und die in seinem Namen begangene Politik nicht gerecht wurden. Dieses Versagen wird in der Familie der Papenbrocks sinnbildlich, gebiert sich aus den „guten Leuten" Albert und Louise doch sowohl der hochrangige Nationalsozialist Robert wie auch der typische Mitläufer Horst, der durch die wilhelminische Erziehung seines Vaters „unsicher blieb, schwach, schlapp" (VIII), und, „bis zur Gleichgültigkeit geknutet" (IX), nie zu einer Eigen– und Selbständigkeit findet.[49]

Ebenso sinnbildlich wird in Louises Gefühl von Unschuld in der Zeit nach dem Krieg (vgl. o.) die Einstellung der „guten Leute" zu der von ihnen mitverschuldeten Vergangenheit. In ihrem Mangel an reflexiver Erkenntnis kann ihnen gar keine wirkliche Vergangenheitsbewältigung gelingen, auch wenn diese vom Staat verordnet und gehorsam öffentlich nachvollzogen wird.[50] Der neue alte Gehorsam breiter Kreise der Bevölkerung zeigt sich auch, als trotz der ungerührt durchgezogenen Waldheim–Prozesse die Volkskammerwahlen im August 1950 eine Zustimmung von 99,7 % ergeben. Solch eine Quote erklärt sich aber nicht allein aus dem gleichgültigen Opportunismus der „guten Leute“; sie ist vielmehr – im Rahmen einer nicht wirklich freien und geheimen Wahl – auch das Ergebnis von Einschüchterung. Wie weit diese in der frühen DDR reicht, wird offensichtlich, als Klaus Böttcher in panischer Angst vor dem Besuch dreier Männer in Anzügen flieht und dies mit der (volks)weisen Frage begründet: „Woans sall de Haas bewiesn, dat he kein Voss is?“ (1688).

In einem Willkürstaat ohne Rechtssicherheit können selbst kleine Widerstandstaten existenzbedrohend sein; die möglichen Reaktionen darauf bestehen in Heldentum, Anpassung oder Auswanderung. Im Roman – und auch in der Realität der frühen DDR – wählen viele „gute Menschen“ die letzte Lösung, d. h. die bekannte Abstimmung mit den Füßen, als die einzige für sie praktikable. So kommentiert Gesine die Übersiedlung des Referendars Weserich in den Westen abschließend: „Und vielleicht waren Erwachsene so: hat einmal ein Schuß sie in den Mund getroffen, gehen sie einem zweiten aus dem Wege“ (1707).

In der DDR wurde das räumliche Aus–dem–Wege–Gehen, das wegen des mit ihm verbundenen Heimatverlusts prinzipiell keine einfache Entscheidung darstellt, durch den Mauerbau unmöglich gemacht. Doch auch für die Jahre zuvor fällen die „Jahrestage“ keine Verurteilung über die Menschen, die sich in ein inneres Exil zurückziehen und dadurch ihre Existenz sichern. Zuletzt bringt der Roman gar Verständnis dafür auf, wie Gabriel Manfras zu einem hohen SED–Funktionär und damit zu einem Herrscher seines Landes – „solchen wie ihm gehört es“ (1784) – werden kann. Manfras ist ein Mensch, dem die sozialistische Partei nach einer zerrütteten Kindheit zur Ersatzfamilie wird und der in völliger Identifikation mit ihr deren Lehre und Moral verinnerlicht. Er macht sich dabei zu einem Werkzeug, das ohne die Frage nach einem persönlichen Urteil funktioniert und in dieser Verblendung die elementarsten mitmenschlichen Regungen vermissen läßt – er ist, in Anitas Urteil, „ein schlechter Mensch“ (1783).[51]

Die Paepckes, die Brüshavers, die Niebuhrs, Emil Knoop, Gerd Schumann: einige ‘gute Menschen’ der „Jahrestage“

Durch das Nachwachsen von Menschen wie Manfras und deren Streben nach den führenden Positionen der Gesellschaft ist garantiert, daß sich „gute Menschen“ im Sinne der „Jahrestage“ ständig vor das Problem gestellt sehen, wie sie sich im Angesicht der Herrschaft solcher „schlechter Menschen“ verhalten sollen. Der Roman liefert hier in den Lebensentwürfen einer Reihe von Personen eine große Bandbreite möglicher Antworten.

Hilde und Alexander Paepcke sind zwei Menschen, die ein ausgesprochen naiv–unbefangenes Naturell besitzen. So steht Hilde in ahnungsloser Treuherzigkeit kurz davor, beim boykottierten Juden Tannebaum einen reduzierten Pelzmantel zu kaufen, während der sorglose Alexander sich darauf verlassen kann, daß die mannigfachen Schulden seiner Junggesellenzeit stets von der hochgestellten Familie beglichen werden.[52] In dieser charakterlichen Verwandtschaft erscheinen die beiden wie zum gegenseitigen Glück bestimmt; mit der bereits acht Wochen nach dem Kennenlernen begangenen Hochzeit beginnen „Hildes große Ferien von den Eltern" (XV), in denen sie und Alexander leben „so unbefangen wie Kinder" (418). Unbekümmert um die gesellschaftlichen Konventionen, vermitteln sie ihren eigenen Kindern wie auch ihrer Nichte Gesine „ein Gefühl von ansteckender Begeisterung, von dem Vergnügen, bei solchem Leben dabeizusein" (837f.).

Wie Gesine fühlt sich auch ihr Vater bei seinen Besuchen bei den Paepckes zu Hause; Alexander beginnt mit ihm vom ersten Moment an eine „Freundschaft ..., als er sich nur in die Verwandtschaft hätte fügen müssen" (XIV). Cresspahl wird auch „nicht angst .. bei Alexanders und Hildes Achtlosigkeit gegen die Ordnungen" (XVI), die bis hin zu Hildes ungeschicktem Versicherungsbetrug durch Anzünden der Ziegelei reicht.

In ihrer ungebrochenen Naivität ist Hilde fähig zu eigenem Glück wie auch dazu, ihren und anderen Kindern dieses unbefragte Glücksgefühl weiterzuvermitteln und ihnen ein regelrechtes „Kinderparadies" zu schaffen.[53] Ob sie damit einen praktikablen und verantwortbaren Lebensentwurf liefert, wird aber nicht klar. Zumindest Alexander als der Ernährer der Familie wird mit den politischen Zwängen der Zeit konfrontiert; er ist angesichts seines politischen Interesses von Beginn an nicht so ungebrochen – und blind – naiv wie seine Frau. Als ein herzensguter Kinder– und Menschenfreund leidet er an der verlorenen Unschuld vieler Erwachsener und kann sich ahnungsvoll–depressiver Anflüge nicht erwehren.

Sein Verhalten im Dienst der Heeresintendantur ist unbefangen und ehrlich, damit aber zugleich leichtsinnig. So wird ihm auch sein Einsatz für zur Deportation bestimmte Kinder zum Verhängnis; er stirbt im September 1944 einen sinnlosen Tod. Auch Hilde und die Kinder trifft das blinde Verderben in Form eines Tieffliegerangriffs; die lakonische Kürze, in der dieses Unglück – unmittelbar nach der Schilderung des Frühlingsanfangs in Cresspahls Garten – erzählt wird, verbirgt Gesines verzweifelte Trauer darüber, daß der einzige ihr bekannte Entwurf eines glücklichen Familienlebens und die tröstlich–bergende Ersatzheimat ihrer Kindheit unwiederbringlich[54] ausgelöscht sind. Ihr bleibt die Erkenntnis, daß das Glück von Menschen, die werden – bzw. bleiben – „wie die Kinder", durch die Herrschaft eines diktatorischen Unrechtssystems unmöglich gemacht wird: Die naive Sorglosigkeit (herzens)guter Menschen schützt diese nicht vor dem folgenreichen Zugriff einer solchen Herrschaft.

Besser als die Paepckes – wenn auch beileibe nicht heil – kommen Wilhelm und Agathe Brüshaver durch die Jahre des Nationalsozialismus. Der Jerichower Pastor ist mit seiner Predigt im November 1938 die – neben Lisbeth – einzige Person, die in Jerichow öffentlich Stellung gegen die Nazis bezieht. Als Familienvater kann er diese Widerstandstat vollbringen, weil er sich im Einverständnis mit seiner Frau weiß, die *„stolz"* auf ihn ist: *„So war er mir recht"* (761). Er handelt nicht aus abstrakten christlichen Moralvorstellungen – die Aggie als *„theologischen Quatsch"* (761) bezeichnet –, sondern aus der Verpflichtung einer echten Freundschaft heraus, die in ihrer Solidarität über den Tod hinausreicht: *„Wir haben es für Lisbeth getan, Gesine"* (761). Die Brüshavers liefern also ein Beispiel dafür, wie selbst der Zwang, für die materielle Absicherung der Familie Kompromisse einzugehen, überwunden werden kann – allerdings mit der mittelbaren Konsequenz, daß ihre Kinder bei einem Bombenangriff auf Rostock umkommen.

Nach dem Krieg finden sich die beiden Eheleute in Jerichow wieder, wo sie in völliger Selbstverständlichkeit ihre Aufgaben wiederaufnehmen. Dabei irritiert zunächst, daß für Aggie dazu auch die Tätigkeit als Straßenvertrauensfrau gehört; ihre Begründung klärt aber die Lauterkeit ihrer Motive, die mit denjenigen Cresspahls für seine Arbeit als Bürgermeister (vgl. o.) übereinstimmen: „(W)eil einer es doch machen muß, und weil sie von mir bloß die Abrechnung kriegen, keine Leumundszeugnisse" (1599). In ihrer unbeirrten Art, das Naheliegende und konkret Anliegende zu tun – und sei es die Massage von Cresspahls verspanntem Rücken –, lebt sie die Forderung nach christlicher Nächstenliebe: „Da bin ich doch die Nächste zu: sagte Aggie, wenn er sich bedankte" (1599).

Das Wiedereinleben ihres Mannes gestaltet sich dagegen schwieriger, da er schwer an den Folgen seiner KZ-Haft trägt. Daß für ihn das Leben dennoch weitergeht, verdankt er der unversehrten Lebenskraft seiner Frau, die noch einmal ein Kind empfängt – „bei mir wächst alles so" (1604) – und damit ihrer beider Blick trotz aller erlittenen Verluste wieder hoffnungsvoll in die Zukunft richtet.

Eine ähnliche späte Erfüllung ihrer Existenz in der Sorge für die Nachkommen erfahren auch Martin und Gertrud Niebuhr, die nach dem Tod von Peter und Martha deren Kinder adoptieren. Martin Niebuhr erweist sich auch in einigen anderen Fällen trotz seiner vordergründigen „Schußligkeit, Trödligkeit, Bequemlichkeit" (729) als ein Mensch, der ohne lange Überlegung die konkret notwendige Hilfe leistet, nämlich als einer, „der überraschend ‚aufgewacht' ist, nicht nur umsichtig auch schnell handelt, notfalls verschlagen und verlogen, schließlich richtig" (976). Der im Roman erzählte beispielhafte Fall, in dem er „schließlich", d. h. im Rückblick der Geschichte, richtig handelt, ist seine Rettung der von ihm verwalteten Havelschleuse vor einer sinnlosen Sprengung und der Stadt Wendisch Burg vor einem blutigen Verteidigungskampf: „Niebuhr sagte kurz und endgültig: Dat geit nich" (976). Er leistet damit im entscheidenden Moment Widerstand gegen das ungerechte System und dessen unsinnigen Befehle, so wie er auch den Deserteur Karsch bei sich versteckt und den beiden SS–Soldaten, die die Schleuse sprengen sollten, ihre Fahnenflucht ermöglicht. An seinem angestammten Platz tut er das notwendige Gute und bezieht damit die ihm einleuchtende Position; nicht umsonst versieht Cresspahl seine Geschichte mit dem abschließenden Motto „ALLEN / ZU GEFALLEN / TUT EIN / MALLEN" (979). Natürlich wird ihm dieses Verhalten durch die Abgeschiedenheit seiner Schleuse auch leichtgemacht. Hier aber kann Niebuhr unbeirrt richtig und zugleich völlig bescheiden bleiben: Er sieht allein die konkreten – moralischen – Handlungsanforderungen in seinem Leben und hat mit großen Entwürfen und historischen Einordnungen – z. B. der Geschichte seiner Rettung Wendisch Burgs – nichts im Sinn. Dies erweist vor allem sein abschließender Stimmendialog mit Gesine, in dem er die oft zitierten, aber dennoch nicht eindeutig auszulegenden Schlußworte spricht: *„Wahrheit. Wahrheit. Schietkråm"* (980).

Eine Person, über die sich nur schwierig eine Wahrheit herstellen läßt und deren Einstufung als ein „guter Mensch" der „Jahrestage" erstaunen mag, ist der „außerhalb der Gesetze" stehende Emil Knoop mit seiner steilen Nachkriegskarriere als Schieber: „(A)uf den wußten die Leute bald keine Vergleiche" (1497). Er ist eine schillernde Persönlichkeit, insofern er sich trotz seiner geschäftlichen Zielstrebigkeit die Fähigkeit zu unverstellten (mit)menschlichen Gefühlen bewahrt hat; er gilt den Gneezern „als treue Seele" (1501) und sagt von sich selbst, er könne sich freuen „wie'n Kint" (1500). Seine Rührseligkeit verhilft nicht nur den Gneezer Kindern zu einer Apfelsine als Kur gegen die Krätze, sie läßt ihn auch das für Anita lebensnotwendige Penicillin beschaffen: „(F)ür bloß ein Flüchtlingsmädchen machte er sich kein Gewissen aus den Gesetzen und Vorschriften" (1614). In dieser Mißachtung menschenfeindlicher Vorschriften des Staates ist er – nicht nur für Anita in ihrer späteren Fluchthilfetätigkeit – ein Vorbild: „Von Knoop war etwas zu lernen; leider Strafbares" (1615). Dennoch bleibt die Einschätzung seiner Person zwiespältig vor allem aufgrund seiner ungeklärten Vergangenheit in der Zeit des Krieges. Auch wenn er mit der Beendigung der Entnazifizierung als „unschuldig" gilt (1501) und auch wenn er auf seine Lkw „Stutthof bleibt deutsch!" schreiben läßt und damit zu einer echten Vergangenheitsbewältigung mahnt, wird nicht klar, welchem Vorleben er seine spätere Existenz „in Pracht über Pracht" (1501) verdankt und ob seine Verhaftung im Jahr 1957 nicht doch eine gerechte Strafe durch die neue Herrschaft darstellt.

Diese neue Herrschaft besitzt – im Gegensatz zur nationalsozialistischen Diktatur – als Sieger und Befreier vom Faschismus eine ausgewiesene Legitimität; sie versteht sich selbst – innerhalb ihres Gedankensystems durchaus berechtigt – als gerechte Herrschaft. Unter ihren Machtträgern befinden sich auch idealistische, „gute Menschen", von denen Gesine ihrer Tochter einen zeigen kann: „einen, dem das Spaß macht. ... Der das freiwillig tut. ... Der Bescheid weiß. Der glücklich ist damit" (1375). Dieser eine gläubige – und im Gegensatz zu Manfras „gute" – Sozialist ist der Landrat Gerd Schumann.

Er ist im Krieg zu den Sowjets übergelaufen, die er in ernsthafter Überzeugung als „die Freunde" (z. B. 1376) bezeichnet: „Dankbar ist er ihnen, und nämlich nicht in jener bürgerlichen Art (der ‚guten Leute', O. V.), bei der allein das Materielle zählt" (1396). Nach seiner „Erziehung im Denken" (1397) durch die Moskauer Schulung hat Schumann die sozialistischen Lehren als die eigenen Überzeugungen angenommen; er glaubt an den „Neuen Anfang" in der SBZ, der für ihn vor allem in einer Erziehung zum Antifaschismus bestehen muß. Daß er sich für diese Aufgabe einspannen läßt, ist eben kein egoistischer „Karrierismus" (1382), sondern die selbstlose und bereitwillige Entschlossenheit, den Deutschen „die Gerechtigkeit [zu] bringen" (1380): „Die richtigen Sachen müssen unter die Leute" (1396). Da er sich in einem gerechten Kampf für die gute Sache glaubt, erscheint ihm auch die Bevorzugung und Unterstützung seiner Partei durch die Sowjets ebenso legitim wie die Verwendung agitatorischer Wahlkampftricks.[55]

Gleichzeitig läßt sich Schumann aber auch von den Besatzungsbehörden ausnutzen und reibt sich in seinem Amt völlig auf. Jegliche Eigeninteressen stellt er in dieser Aufopferung an seine Aufgabe zurück: Er nimmt es widerspruchslos hin, in das ihm völlig fremde Mecklenburg delegiert zu werden, gibt also seine private Heimat Baden für die öffentliche Heimat eines sozialistischen Staates – in einem ihm fremden Land – auf. Seine Angst vor einer Wahlniederlage denkt er sich weg, „nachdem er sie einmal erkannt hatte als Eigennutz" (1408), und er leidet stumm an seiner vergeblichen Liebe zu Slata.[56] Die Rachegefühle gegenüber Papenbrock nach Slatas Verhaftung erkennt er als „etwas Privates" und damit als „Schwäche", die er nur vor sich selbst eingestehen darf (1408f.).

Schumann ist diejenige Person des Romans, die den sozialistischen deutschen Staat nicht aus Eigeninteresse, sondern aus ehrlicher – und vorwiegend moralisch begründeter – Überzeugung verkörpert. Sein Glaube macht ihn aber blind für eine Überprüfung der Realität dieses Staates an der sozialistischen Lehre, bei der sich gravierende Unstimmigkeiten auftun: Daß die tatsächlich herrschende öffentliche Moral mit der ursprünglichen sozialistischen Moral nicht mehr viel zu tun hat, bleibt Schumann in seinem Idealismus zumindest bis zur Landtagswahl 1949 verborgen. Sein weiterer Lebensverlauf ist im Roman allerdings ebenso kurz wie rätselhaft erzählt (vgl. 1420) und läßt einige Fragen offen. Daß der „Abschluß seiner Erziehung" in einer Desillusionierung besteht, kann der Leser nur vermuten; festzuhalten bleibt seine „endgültige Abkehr von privaten Wünschen, das vollständige Aufgehen in der Partei" (1420). Daß er diesen Dienst immer noch als einen an der guten Sache begreift, ist aber ebenso fraglich wie sein Gefallen am Erkennen der Unhaltbarkeit seiner jugendlichen Ideale: Indem er einen existentiellen Glauben zu verlieren hat, ist er in seinem Verhältnis zum „deutschen Weg des Sozialismus" anfälliger für Enttäuschungen als Parteifunktionäre wie Manfras, die ihren Dienst in nüchternem Eigeninteresse als „Karrierismus" (1382) betreiben.

Dieter Lockenvitz und die 'Neue Schule': guter Schüler, schlechte Lehrer

In ihrer Oberschulklasse trifft Gesine in der Mehrzahl auf Mitschüler, die – wie sie selbst und im Gegensatz zum überzeugten Jugendfunktionär Manfras – in der Konfrontation mit dem vermittelten Lehrstoff eine bezeichnende eigene Position beziehen und Verhaltensmuster an den Tag legen, wie sie ihr gesamtes weiteres Leben bestimmen werden.[57] Eine herausragende Persönlichkeit stellt dabei neben Pius und Anita Dieter Lockenvitz dar. Er ist ein ausgesprochen gründlicher Denker, der in dieser Eigenart gefährliche Ansätze zu einer Weltfremdheit entwickelt, insofern er keine freundschaftlichen Beziehungen eingeht. In der Klasse bleibt er weitgehend fremd; seine Integration beim Kartoffelkäfereinsatz, bei dem er ausnahmsweise von sich und seinen Mitschülern als „wir" spricht, ist nur ein zwischenzeitlicher Sieg Gesines und Anitas (vgl. 1727).

Lockenvitz' hervorragendes Kennzeichen ist seine absolute Wahrheitsliebe: „(E)s tat ihm weh zu lügen. Wenn's die Schule verlangte, so schien ihm das eher ein Schaden für die Anstalt" (1724). Bei all seinem Verständnis für zweckrationale Überlegungen der Staatsraison ist das – moralische – Kriterium der Aufrichtigkeit der entscheidende Ausgangspunkt seiner Kritik am neuen Staat und an dessen verlogener Propaganda. Daher besteht sein mutiger, aber aussichtsloser Widerstand gegen die neue Herrschaft im Bekanntmachen der unterdrückten Wahrheit über die zahllosen Willkürurteile der neuen Justiz. Gesine und Anita wird er in dieser Rigorosität „unheimlich" (1805). Daß er „für irgend welche Wahrheit, sei sie eine erwiesene Tatsache, eine Zukunft riskiert", ist ihnen nicht nur unerklärlich, es beunruhigt sie auch noch im nachhinein, werden sie doch mit der Inkonsequenz ihres eigenen Verhaltens konfrontiert, das sie eben auch an ihrem – in ihren Augen berechtigten – Eigeninteresse ausrichten: „Die Erinnerung an Lockenvitz bringt ein geringfügiges Flattern ins Denken; im Dunkeln aufgescheuchte Vögel" (1805).

Nicht nur durch seine Haft bleibt Lockenvitz von Gesine wie von der übrigen Umwelt völlig isoliert und wird niemandem Freund. Gesine faßt die bedrückende Einsicht, daß er in seiner unbarmherzigen rationalen Welterkenntnis stets ein Fremder und Außenstehender bleibt, in der hilflosen abschließenden Bemerkung „Matthäus XVI.26. Ja, Schiet!" (1733), hinter der sich die – auch für sie selbst unangenehme – biblische Erkenntnis verbirgt: „Was nützt es einem Menschen, wenn er die ganze Welt gewinnt, dabei aber sein Leben einbüßt?" Daß Anita und sie sich nicht genügend um eine Freundschaft mit Lockenvitz bemüht haben und ihn auch während seiner Haftzeit allein ließen, erkennen sie als ihr persönliches Versagen: „Schuldig sind wir vor ihm" (1805).[58]

Lockenvitz' Leben wird zerstört durch die Konsequenzen seiner rigorosen persönlichen Aufrichtigkeitsmoral. Seine Mitschüler sehen die Lügenhaftigkeit ihrer Schule genausogut wie er, doch leiden sie nicht dermaßen unmittelbar unter dem Verhalten und den Forderungen ihrer Lehrer, die die „Neue Schule" für sie verkörpern. Diese tragen – wie alle Lehrer – eine besondere Verantwortung für die Gesellschaft, indem sie den in ihrem Urteil noch schwankenden und formbaren Jugendlichen als richtungweisende Erzieher gegenübertreten und vor ihnen die öffentliche Moral, d. h. die Wertvorstellungen und Zielsetzungen des Gesellschaftssystems, vertreten sollen. Diese Vermittlung kann nur gelingen, wenn sie glaubwürdig sind, d. h., wenn ihre eigene Lebensführung mit dem von ihnen Gelehrten übereinstimmt. Gerade dieses Vorbildverhalten lassen Gesines Lehrer aber zum größten Teil vermissen: „(W)ir haben an den Erwachsenen weniges zum Nachmachen gefunden" (1607).

Zwar gibt es innerhalb des Lehrerkollegiums der Fritz–Reuter–Schule einige positive Ausnahmen – so Frau Dr. Weidling, die Gesine vor dem russischen Spitzel das Ferry–Gedicht aufsagen läßt, weil sie „sich wie ihren Schülerinnen [Kriecherei verbietet]" (1455), oder Frau Dr. Gollnow in ihrem Verhalten während der Schülerverhöre –, doch geschieht solch solidarisches Einverständnis mit den Schülern immer nur verborgen und in Ansätzen. Überwiegend entdeckt Gesine bei ihren Lehrern Ignoranz oder stumme Hilflosigkeit gegenüber den Anforderungen, die die „Neue Schule" an ihre Lehre stellt. Symptomatisch für letzteres Verhalten ist die Reaktion von Direktor Dr. Vollbrecht, als er die „wilde Natur der Russen" in Gesines Aufsatz mit der Nagelschere und der Begründung korrigiert „Das geht doch nicht, Kind";[59] er erscheint ihr „wie Einer, der ist schon genug mit dem eigenen Ertrinken beschäftigt, nun fragst du ihn nach der Uhrzeit" (1333). Auch Frau Dr. Gollnow scheut im entscheidenden Moment davor zurück, öffentlich Stellung zu beziehen und sich auf eine Konfrontation ihrer Positionen mit den offiziell vorgegebenen einzulassen: Sie redet sich vor der Verantwortung des Rektorenamtes heraus, indem sie viel seufzt und sich für „zu schwächlich" erklärt (1682). Ob man solches Verhalten als vernünftige Einsicht be– oder als Feigheit verurteilen sollte, bleibt jedoch eine offene Frage.

Ein – Gesine wie den Leser – erschreckendes Beispiel für die gelungene Umerziehung eines Lehrers zu einem gläubigen Vertreter des neuen Systems ist die Wandlung der idealistischen Junglehrerin Bettina Riepschläger zum „blonden Gift" Bettina Selbich. Insofern diese aber mehr als Betrogene denn als bewußte Betrügerin erscheint und ihr gesamtes Leben der neuerworbenen Überzeugung widmet, gegen deren Widersprüchlichkeit und Unglaubwürdigkeit sie blind ist, ist ihr Verhalten weniger verwerflich als das der meisten Abiturlehrer Gesines. Diese werden in einer regelrechten Galerie des Schreckens vorgestellt, reichen ihre Gesichter doch vom verkriecherischen, bildungsbürgerlichen Lateinlehrer über eine dummdreist Staatspropaganda nachbetende Musiklehrerin bis hin zum mathematiklehrenden unverbesserlichen Altnazi, der es nur mit der Lehre von der Rassenschande nicht allzu genau nahm (vgl. 1813ff.). Ein bei solchen Lehrern abgelegtes Abitur zählt für Gesine nicht; für sie ist ihre (Lebens–)Reife erst mit der anschließenden Unterrichtung durch den vorzeitig pensionierten Rektor Kliefoth überprüft: „Das dritte Abitur, das soll gelten" (1826).

Julius Kliefoth: ein Lehrer fürs Leben

Julius Kliefoth wird für Gesine nicht nur durch sein Wissen, sondern auch durch sein Lebensvorbild zu einem „Lehrer für Englisch und Anstand" (1888). Er ist ein störrischer „Murrjahn" (1626), der bis zu seinem Lebensende „eigenwillig aufrecht" (1888) bleibt. In seinem Beamtendasein versteht er sich als pflichtbewußter Verwalter eines Auftrags, jedoch in eigener Verantwortung und gemäß seiner privaten Moral: Für den Schulplan hat er der Verwaltung „einzustehen ... in Person" (1628). Er fühlt sich auch für alle seine Diensthandlungen persönlich zuständig und verweigert ihre Ausführung, wann immer sie eine ihm nicht genehme öffentliche Moral umsetzen sollen. So verläßt er „aus eigenem Gutdünken und Ungehorsam" (1627) seinen Wahlleiterposten, als er zur Wahlfälschung angehalten wird, und verweigert die Teilnahme seiner Schüler an einem Aufsatzwettbewerb zum Lobe Stalins mit den Worten *„Nich in min Schaul"* (1634). Wem er sich als Lehrer verantwortlich fühlt, zeigt seine im Streit mit dem Kreisschulrat lautstark verfochtene Devise „Maxima debetur puero reverentia!": Es sind seine Schüler, denen er auf dem Weg in die Welt „Aufsicht schuldig" zu sein glaubt (1630).

Zu dieser Aufsicht gehört für Kliefoth auch, daß er seiner Klasse die politischen Geschehnisse in Art von „Pressekonferenzen" „als Meldung" präsentiert (1649) und ihr in der Lektüre mehrerer Zeitungen – als einer Nahrung „für ein Bewußtsein von der Gegenwart" (1650) – die Möglichkeit verschiedener Beurteilungen gleicher Sachverhalte aufzeigt. Sein Erziehungsziel ist nicht die Übernahme eines fremden, sondern die Entwicklung eines eigenen Urteils. Daß er damit im Interesse der Schüler handelt, spüren diese genau: „Mit dem hatten wir einen Vertrag" (1649f.). Sie sehen, daß er nicht nur mit seinen Worten, sondern mit seinem ganzen Leben ein glaubwürdiges Vorbild abgibt: Kliefoth ist kein allein im Reich seiner Bücherweisheiten lebender Intellektueller, sondern er ist ein ausgesprochen lebenspraktischer Mensch, der die Ideale seiner geliebten antiken Klassiker in konkretes Handeln umsetzt. Beispielhaft im doppelten Sinne des Wortes sind hier sein Entzug vor einer NS–Parteimitgliedschaft und seine offensichtlich moralisch unanfechtbare Wehrmachtkarriere, seine freiwillige Teilnahme an den Ernteeinsätzen im Nachkriegs–Jerichow oder die vorschriftswidrige Beerdigung seiner Frau gemäß seinen Vorstellungen von einer ihr würdigen Bestattung.

Alle seine Tätigkeiten betreibt Kliefoth bis zur völligen körperlichen Erschöpfung; er bringt sich mit dem hilfreichen Einsatz seiner ganzen Person ins Leben ein. Dabei wahrt er stets die korrekte äußere Form und erweist sich als ein Kavalier „alter Schule". In seinem Falle stellt das Äußere aber nicht eine inhaltlose Form, sondern einen Spiegel des Inneren dar, es drückt seine persönliche Überzeugung und seine Achtung vor der Würde des anderen aus und macht ihn damit zu einem wahren „Gentleman".[60]

Für Gesine wird Kliefoth zu einem Freund spezieller Art: In ihrer gegenseitigen Sympathie fühlt sie sich dem alten Lehrer auf eine gleichsam moralische Weise unterlegen,[61] er ist für sie ein Autorität genießendes Vorbild, von dem sie „mit einem Wohlgefallen" betrachtet wurde, „während sie ihm zwei Jahre Schulzeit beichtete" (1825). Nicht nur in diesen sprachlichen Anklängen an eine göttliche Autorität zeigt sich, daß Kliefoth in Gesines Augen völlig glaubwürdig ist und ihr einen väterlichen Freund darstellt, für den sie große Dankbarkeit empfindet und zu dem sie bei ihren Besuchen in Jerichow „nach Hause" kommt (1825). Kliefoth ist auch diejenige Person des Romans, die ihrem Vater am ähnlichsten ist und der ihr in seinen Erzählungen und Briefen eine Vorstellung vom Leben Cresspahls vermitteln kann. Beide Männer sind an einem fortgeschrittenen Punkt ihres Lebens „ermüdet" (1628), doch verfällt Kliefoth nicht in das resignierte Abwarten Cresspahls, sondern er widmet sich bis zum Schluß seinen Aufgaben und wird zum einzigen – für Gesine wichtigen – Jerichower Überlebenden in den „Jahrestagen".

Indem er durch seine Lebensführung über seine Berufstätigkeit hinaus ein Lehrer bleibt, ist er auch – seinem eigenen sehnsüchtigen Wunsch entsprechend – „vermögend in der Zukunft" (1890). Dies kann ihn mit der einzigen Erkenntnis versöhnen, die er in seinem Leben gewonnen zu haben glaubt:

„(W)as dem Gesetze des Werdens unterliegt, muß nach diesem Gesetze vergehen" (1891). Daß durch Lehrer wie ihn neues Gutes wird, ist im Schlußbild des Romans – den drei im Strandwasser vereinten Generationen – sinnbildlich erfaßt: Kliefoth, dem Cresspahl „die Ehre seiner Freundschaft erwiesen" hat, Gesine, die von Kliefoth als „my friend" bezeichnet wird, und Marie, die sich mit ihrer Mutter „befreundet" weiß, halten in dieser gegenseitigen freundschaftlichen Verbundenheit „einander an den Händen" (1891).

Wer suchet, der findet?

Kliefoth, der „dem Geschicke dankbar" ist, ihn „so gnädig behandelt zu haben", weiß, daß Gesine „dazu geholfen" hat (1891). Das Geschick – oder persönliche Glück – wird also immer von einzelnen Menschen und deren freundschaftlichen Beziehungen gemacht; es kann nur gelingen, wenn Menschen im Umgang miteinander die Goldene Regel beherzigen, einander keinen Schaden zuzufügen. Diese moralische Grundregel gewinnt besonders dann an Bedeutung, wenn sie von der öffentlichen Moral außer Kraft gesetzt wird. Sie auch dann beizubehalten erfordert eine große Konsequenz; die Außerkraftsetzung der Regel durch die Mitmenschen zu ertragen verlangt eine ebenso große Lebenskraft. Beides bringen Menschen – und bringen die Jerichower und Gneezer Personen des Romans – in unterschiedlichem Ausmaß auf. Kliefoth ist sicherlich in dieser Hinsicht die für Gesine absolut vorbildliche Gestalt. Er hat sie als ein „Lehrer für Englisch und Anstand" in zweifacher Hinsicht für ein Leben im Westen präpariert, was ihr zugute kommt, als sie 1953 in die Bundesrepublik übersiedelt.

Der zentrale Grund für Gesines Auswanderung ist die Unaufrichtigkeit und Lügenhaftigkeit, die ein Leben in der DDR von ihr wie in der Schulzeit, so auch im Studium verlangt und die sich in ihrem gesamten weiteren Leben fortgesetzt hätte. Zwar sind es andere auslösende Momente, die zu Gesines unmittelbarer Entscheidung führen – darunter das Ende von Johnny Schlegels Kommune mit der Tötung von Jakobs Fuchs –, doch wäre sie fast auf die „Vorschläge" (1847) des „Sachwalters" und seiner Partei für den Fall ihrer Rückkehr eingegangen[62] und sagt, sie wäre auch nach dem 17. Juni zurückgekehrt, „hätte nun jedermann ... sagen dürfen: wir haben gesehen, wer in diesem Lande regiert; die Sowjets" (1853). Was es ihr unmöglich macht, in der DDR zu leben, ist die Scheinheiligkeit der öffentlichen Moral, der Zwang zur Unaufrichtigkeit, oder, wie D. E. es ihr erklärt, der Abstand zwischen Gedachtem und Aufzusagendem.

Es ist Gesines Dilemma, daß sie sowohl eine private als auch eine öffentliche Heimat dringend benötigt,[63] daß sie letztere nun nicht in der frühen DDR finden kann, dort aber ihre private Heimat – die Leute und die Landschaft – zurücklassen muß.

Ihre Empfindlichkeit gegenüber der politischen Moral „ihres" Landes macht Gesine auch ein Leben in der Bundesrepublik unmöglich.[64] Sie geht daher zwar in beruflichem Auftrag, doch auch mit innerer Überzeugung im Jahr 1961 nach New York. Dort trifft sie aber auf keine „moralische Schweiz", sondern sie findet sich inmitten einer Reihe von Problemen und Mißständen wieder, die von den politischen und gesellschaftlichen Institutionen teils produziert, teils widerstandslos hingenommen werden – wichtige Stichwörter sind hier die Rassendiskriminierung, die große Zahl der Obdachlosen und insbesondere der Vietnamkrieg. Er verfolgt Gesine bzw. sie verfolgt ihn das gesamte Jahr hindurch; er liefert auch – wie anfangs beschrieben – das Stichwort der „moralischen Schweiz". Die Suche nach ihr muß wie in Jerichow, so auch in New York vergebens bleiben und sich in das verwandeln, was demjenigen, der die Unerreichbarkeit einer „moralischen Schweiz" gesehen und eingesehen hat, bleibt: in die Sehnsucht nach ihr.

Anmerkungen

1 Nicht nur in dieser Hinsicht ist Gesine keineswegs die alltägliche Person, als die Johnson sie wiederholt bezeichnete. Wohl gehört sie den äußeren Umständen nach als Bankangestellte zu den sogenannten kleinen Leuten, doch machen sie sowohl ihr Intellekt als auch ihre ausgeprägten Charakterzüge – darunter eben ihr enormes moralisches Bewußtsein – zu einer besonderen Person und einer Ausnahmeerscheinung. Ebenso ist Marie ein ganz und gar nicht alltägliches, nach Meinung vieler Kritiker völlig unrealistisch geschildertes Kind. Hierzu ist anzumerken, daß Menschen wie die Cresspahls zwar außergewöhnlich, aber nicht unmöglich sind – in vielem erscheinen beispielsweise Gesine und Johnson als geistes- und charakterverwandt – und daß Literatur zumeist das Besondere zu ihrem Gegenstand wählt.

2 Nach den Rassenunruhen vom Juli 1964 trägt Gesine wochenlang ihren deutschen Paß bei sich; zugleich beginnt ihr „Heimweh nach New York inmitten New Yorks" (JT 1882; Zitate aus den „Jahrestagen" stehen im folgenden ohne Sigle).

3 Es ist gerade eine Stärke der Romane Johnsons – mit Ausnahme der „Zwei Ansichten" –, daß in ihnen echte Individuen entstehen, die sich schwerlich als Typus oder Vertreter einer gesellschaftlichen Gruppe einordnen lassen; es handelt sich eben um 'Personen' und nicht um 'Figuren'.

4 Horst Lehner/Helmut Heissenbüttel: Interview mit Uwe Johnson am 30.11.1973. Abdruck u. d. T. „Die letzten Tage im Leben der Gesine Cresspahl?" In: Johnsons „Jahrestage". Herausgegeben von Michael Bengel. Frankfurt am Main: Suhrkamp Verlag, 1985, S. 106–119. (= suhrkamp taschenbuch materialien. 2057).

5 Ulrich Fries: Uwe Johnsons „Jahrestage". Erzählstruktur und Politische Subjektivität. Göttingen: Vandenhoeck & Ruprecht, 1990, S. 124. (= Palaestra. 290).

6 A. a. O., S. 151.

7 Vgl. 229: „Wir werden es ein wenig anders hinstellen" und 300: „Mehr ändern kann ich es nicht", am Ende des Kapitels beziehungsreich kommentiert durch die Warnung vor Falschgeld: „Einiges Geld in unserer Tasche ist wahrscheinlich falsch" (300).

8 Ulrich Fries, a. a. O., S. 157.

9 Daß Cresspahl im „Anhang" zum Band 2 als einzige Romanperson neben Gesine und Marie ausführlich selbst zu Wort kommt, zeigt nochmals seine große Bedeutung in den Jahrestagen. Seine Ausführungen sind – entgegen der Meinung vieler Kritiker – kein bloßer registerähnlicher Anhang zur Orientierung des Lesers; sie haben als Kontrolle und Ergänzung des zuvor Erzählten und als Einsicht in sein Denken eine eigenständige Funktion im Roman. Da sie als eine von Johnsons „Fingerübungen im Konjunktiv" permanent einen wiedergebenden Zuhörer – wohl die 16jährige Gesine – zwischengeschaltet lassen, erzeugen sie zwar wiederum eine erzählerische Distanz, doch bleiben die Ausführungen Cresspahls eine authentische, nicht durch die rückblickende Perspektive der Jahre 1967/68 verstellte Quelle der Vergangenheitshandlung.

10 Mit dieser Haltung steht er in deutlichem Kontrast zu Gesine; er wird in seinem täglichen Leben in der DDR aber auch nicht mit diesem Problem konfrontiert.

11 Interessant ist in diesem Zusammenhang die von Johnson eingeflochtene Gretchen–Frage Lisbeths *„Glaubst du an Gott?"* (51). Die spätestens an dieser Stelle unübersehbare Parallele zur Faust–Szene „Garten" führt zu der Überlegung, daß in den „Jahrestagen" die Problematik der Gretchen–Tragödie aufgegriffen und in zeitgemäßer Abwandlung präsentiert wird: Lisbeth geht in der Beziehung zu Cresspahl zugrunde, jedoch nicht aufgrund dessen persönlicher Schuld, sondern aufgrund der schicksalhaften äußeren Umstände. Beide müssen sich in Schuld verstricken in einer Zeit, in der Menschen wie Ilse Koch herrschen und im Namen ihres Volkes einen Vernichtungskampf gegen andere Menschengruppen führen. – Daß und inwiefern die Frage nach Gott für Lisbeth wirklich eine Gretchenfrage ist, wird im folgenden noch ausführlich erläutert.

12 Daß dies zugleich die christliche Maxime der tätigen Nächstenliebe ist, deutet sich in der biblischen Formulierung „um dieses Einen willen" an. Die Frage nach der Wirkungslosigkeit der christlichen Moral angesichts der Vernichtungssysteme des 20. Jahrhunderts, die hier anklingt, wird im folgenden noch genauer untersucht.

13 Ulrich Fries, a. a. O., S. 155.

14 Hier wird die Erinnerung wach an Cresspahls Wunsch an das Jahr 1934, „heil durchzukommen in diesem Deutschland" (417; vgl. o.). Das „Durchkommen" im Nachkriegsdeutschland – als Plan anstatt als Wunsch – ist für ihn leichter zu verwirklichen und wird ihm auch gelingen, meint es doch einfach das finanzielle Überleben.

15 Das Prinzip, anderen Menschen keinen Schaden zuzufügen, den man selber nicht erleiden möchte, verliert als Grundprinzip einer jeden humanen Moral – sei es nun religiös begründet oder nicht – dann seine Wirksamkeit, wenn es von einer zu großen Anzahl von Menschen aufgekündigt wird. Eine Steigerung erfährt diese Gefahr, wenn

es der öffentlichen Moral eines Staates nicht mehr als Leitprinzip zugrunde liegt, wenn also wie im faschistischen Deutschland die Diskriminierung einzelner Bevölkerungsgruppen auf (schein)legalem Wege betrieben und bis zu ihrer Ermordung hin durchgesetzt wird. Der einzelne, der sich in einem solchen Staat wiederfindet, ist in der Ausrichtung an seiner persönlichen Moral und an deren Prinzip der einfühlenden Rücksichtnahme stets unterlegen und zugleich hilflos gegen das Unrecht, das geschieht.

16 In Gesines Worten: „Er hat sich vergessen" (88).

17 Wie Cresspahl in Jerichow „der Engländer" ist, fühlt sie sich in New York permanent als „die Deutsche".

18 Ulrich Fries, a. a. O., S. 93.

19 Daß Gesine mit Jakob einen für sie unersetzlichen Menschen verloren und dabei eine Veränderung ihrer Persönlichkeit erlitten hat, wird an vielen Stellen des Romans offenbar. Auch hierin fühlt sie sich Cresspahl verwandt, wie im Dialog mit ihm deutlich wird, nachdem die Spionageabwehr Cresspahl als „wunderlich geworden, dumm im Kopf von einem Unglück mit seiner Frau" abgetan hat: *„Vielleicht war ich es, Gesine. – Ja. Nicht mehr als ich"* (968f.).

20 Daß es sich bei dem Unglück um eine Selbsttötung handelte, ist zumindest für Cresspahl und für Gesine eine beschlossene (Tat–)Sache; vgl. Cresspahls Rekonstruktion des Tathergangs (747–750) und Gesines Bemerkung, Cresspahl habe die Versicherungssumme nicht zugestanden: „Nicht wenn es Selbstmord war" (811). Maries Nachfrage „Wieso Selbstmord! O. K. Ich weiß. Entschuldige" (811) ist im übrigen ein Beleg dafür, daß die im Roman erzählte Jerichow–Geschichte mehr enthält und damit eine andere ist als die Marie erzählte Jerichow–Geschichte.

21 Weitere religiöse bzw. gläubige Menschen in den Jahrestagen sind Louise Papenbrock und die Brüshavers, auf die später noch einzugehen ist. Daß im Roman Religiosität – vom Priester Brüshaver abgesehen – „Frauensache" ist, verdankt sich im übrigen weniger einer böswilligen Verkürzung als vielmehr der Beobachtungsgabe Johnsons.

22 Der Abstand, in den sie damit zu ihrem welterfahrenen und seit langer Zeit erwachsenen Ehemann gesetzt ist, verdeutlicht sich dadurch, daß die beiden im Roman fast ausschließlich mit „Cresspahl" und „Lisbeth" tituliert werden und diese Namen als gegenseitige Anrede verwenden.

23 Sie tut dies auch und vor allem für „das Kind" (vgl. 250–252). Tragischerweise denkt das Kind jedoch, daß sie ihm damit genau das Falsche angetan hat.

24 Diese Hoffnung ist trügerisch allein aufgrund der inneren Widersprüchlichkeit des in der Bibel zusammengestellten Materials; die müßige Suche nach einschlägigen biblischen Belegstellen im Rahmen zahlloser Problemstellungen – sei es die Abtreibungs– oder die Nachrüstungsfrage – illustriert dieses Dilemma sehr anschaulich. Eine weitergehende und zugleich eine im Rahmen der „Jahrestage" zentrale Fragestellung ist die, ob die christliche Moral auch in diesem Jahrhundert noch praktikable und verantwortbare Handlungsanweisungen liefert.

25 Die Schärfe ihrer Vorwürfe resultiert sicherlich auch aus der Tatsache, daß Gesine sich der Mutter in vielen Dingen verwandt fühlt und Angst hat, eine ähnliche Lebensunfähigkeit zu entwickeln; auffällig ist hier beispielsweise Lisbeths wie Gesines

häufige Abwesenheit in Tagträumen. Vor allem aber ist zu bedenken, daß sie als Kind beinahe von Lisbeth umgebracht worden wäre. Nicht umsonst wird die Bezeichnung „Wassertonnengeschichte" in den „Jahrestagen" zum Synonym für eine angstbesetzte Erfahrung, die nach Möglichkeit gemieden oder verdrängt wird.

26 Vgl. hier vor allem Lisbeths verquaste Überlegungen, die sie Dr. Berling nach ihrem Selbstmordversuch durch Abtreibung mitteilt (511f.).

27 Die gesamte Passage, der dieser Satz entstammt, ist als ein wörtliches Zitat aus den „Mutmassungen über Jakob" (S. 18) einer von verschiedenen Intertextualismen, dem die „Jahrestage" gleichsam als Bestätigung des lang schon Erkannten/Geschriebenen ein zweites, wiederholendes „Alle Zeit" hinzufügen (vgl. 1192).

28 Hinzu kommt, daß sich die Kirchen durch ihr Verhalten im Dritten Reich unglaubwürdig gemacht hatten. Im Roman ist dies sinnbildlich in der Tatsache erfaßt, daß der zurückgekehrte Brüshaver ein Pfarrhaus erbt, das dem nationalsozialistischen Jubelpriester Wallschläger sabotiert wurde: „Der Pastor von Jerichow wohnte in einem kaputten Haus" (1604).

29 Dies spiegelt die Bedeutung, die Anita und Pius für Gesine als „Ersatzgeschwister" – neben Jakob – besitzen (vgl. im folgenden).

30 „Daher sollst du auf seine Gesetze und seine Gebote, auf die ich dich heute verpflichte, achten, damit es dir und später deinen Nachkommen gut geht und du lange lebst in dem Land, das der Herr, dein Gott, dir gibt für alle Zeit" (5 Mo 4,40).

31 Wenn man diese Überlegung weitertreibt, ist das Verhältnis der beiden Freundinnen aber eher komplementär: Im Gegenzug besitzt Gesine vieles, was Anita entbehren muß. So findet und heiratet Anita einen Lebenspartner, während die zweifache vorzeitige Witwe Gesine das Glück erfahren darf, ein Kind großzuziehen.

32 In dieser Wirkung ist ein solcher Glaube der (kindlichen) Naivität verwandt, die nicht wider, sondern ohne besseres Wissen glücklich macht; in diesem Zusammenhang sind besonders die Personen Marie und Hilde interessant.

33 Hier läßt sich eine Verbindung zu Rita Seidel aus Christa Wolfs Geteiltem Himmel herstellen, die sich geradezu demonstrativ eine Rückfahrkarte nach Ostberlin kauft und die nicht zuletzt eine – wenig adäquate – Antwort auf die republikflüchtige Gesine Cresspahl in Johnsons „Mutmassungen über Jakob" darstellt. Johnsons „Re-Replik" trifft in Gesines innerer Zerrissenheit und Unschlüssigkeit sicher besser die Befindlichkeit der Menschen in der damaligen Zeit.

34 Die „Jahrestage" führen – unter ausdrücklicher Verwendung des betreffenden Vokabulars (Familie, Bruder, Schwester samt adjektivischen Ableitungen) – eine große Menge von (Pseudo–)Familien vor: Zu nennen sind hier die Mafia, die Kennedys, die Wochenend–Frauen–WG, die Aktionärsversammlung, die Kundschaft in Wes' Bar, die verschworenen Subway–Benutzer oder die „Gesellschaft zum Studium der D.D.R.". Da die Erzählung Gesines Bewußtsein entspringt, spiegelt diese Sichtweise ihre permanente Suche nach der Aufgehobenheit in einer Gruppe wohlgesonnener Menschen, gleichzeitig aber auch ihre allergische Abneigung gegen „Scheinfamilien", die einen solchen loyalen Zusammenhalt nur vortäuschen. Gesines Suche nach einer Ersatzfamilie, d. h. das Eingehen von „Wahlverwandtschaften", setzt sich in Marie fort, die im Dia-

log mit ihrer Mutter fragt: „Bin ich verläßlich mit niemand auf der Welt verwandt? ... – Außer mit mir. – Na ja, mit dir. Aber die anderen darf ich mir aussuchen" (259).

35 Die zahlreichen Nenntanten hingegen, die sich nach Lisbeths Tod die Klinke des Cresspahlschen Hauses in die Hand geben, sind ein Beispiel für eine scheinhafte verwandtschaftliche Beziehung: Nicht alles, was sich Familie nennt, entspricht dem, was man von einer Familie erwartet. Für Gesine gilt dies in verstärktem Maße: Mit vielen Mitgliedern der Papenbrockschen Familie fühlt sie sich nicht im geringsten verwandt.

36 In Gesines Anrede für ihn – da der Name Pius ihn vor den Kameraden blamieren würde, ringt sie sich zu der Anrede „Robertino" durch (vgl. 1763) – zeigt sich ihre Scheu vor Pius' namentlicher Verwandtschaft zu dem – wahrscheinlich – falschen Bruder Lisbeths, Robert Papenbrock, die bis hin zum Vokalgleichklang im Nachnamen angelegt ist. Pius ist für sie in einer Art Ausgleich ein „richtiger" Bruder, der ihr beweist, daß man auch in einer erfolgreichen militärischen Karriere integer bleiben kann, und der die schockhafte Erinnerung an den Nazi–Verbrecher Robert lindert.

37 Beide wissen, daß der andere unglücklich in eine andere Person – nämlich in Jakob bzw. in Lise Wollenberger – verliebt ist.

38 Daß nicht nur ihm, sondern weiten Kreisen seiner Gesellschaft ein Eid nicht heilig ist, zeigt sich in Cresspahls Bemerkung, „(a)ls Schande habe nicht das falsche Ehrenwort gegolten, sondern daß er sich erwischen ließ" (V). Vgl. dazu im folgenden die Ausführungen zur (Schein–)Moral der „guten Leute".

39 Wer sich nicht vorstellen kann, wie sich der Schaden anfühlt, den man jemand anderem zufügt, der kann sich die Goldene Regel der Bergpredigt als das Grundprinzip einer menschenwürdigen Moral (vgl. o.) nicht zu eigen machen, auch wenn er wie Louise diese und andere Bibelstellen im Schlaf zitieren kann.

40 Die betreffende Textstelle bezieht sich auf die Gneezer und deren Mißtrauen gegen Herrn Pagenkopfs idealistischen politischen Einsatz, d. h. in den Worten der „anständigen" Bürger gegen seinen „schweriner 'Lebenswandel', wie die guten Leute von Gneez die politischen Betätigungen des Herrn Pagenkopf ja begreifen mußten" (1585).

41 Hier ist zu beachten, daß die Zuordnung eines Menschen zu den „guten Leuten" im Sinne Bertolt Brechts und im Sinne der „Mutmassungen" eine positive Beurteilung darstellt und daß somit in den „Jahrestagen" und zuvor in der kurzen Betrachtung „Über eine Haltung des Protestierens" eine ironische Umwertung und eine Bedeutungsverschiebung des Begriffs stattfindet.

42 Die „guten Leute von Gneez" sind – in ihren typischen Eigenschaften als „gute Leute" – ausführlicher und zusammenhängender beschrieben als die von Jerichow (vgl. v. a. 1457–1463), sicherlich nicht zuletzt weil Gesine zum Zeitpunkt ihrer Beobachtung älter ist und einen schärferen Blick für die Problematik entwickelt hat, auch weil ihre Erinnerung an diese Zeit einfach genauer ist, ihre Urteile sicherer sind. Daher entstammen die folgenden Belegstellen überwiegend dem Gneez–Komplex, auch wenn das Verhalten der Jerichower im Dritten Reich ungleich entscheidender erscheint. Die „guten Leute von Gneez" liefern aber ein übertragbares Verhaltensmuster; zudem bleibt ihre Einstellung zum deutschen Faschismus im Roman – und in den folgenden Ausführungen – nicht unberührt.

43 Hier wie an vielen anderen Stellen des Romans drückt sich in den niederdeutschen Sprüchen eine humorvoll–einverstandene Fügung in den Umstand aus, daß Menschen nun einmal so sind, wie sie sind. Für einen solchen versöhnlichen Humor, wie Alexander Paepcke ihn am überzeugendsten verkörpert, hat Gesine zwar großen Sinn, doch vermag sie ihn selbst oft nicht aufzubringen und droht an der Schlechtigkeit der Welt zu verzweifeln.

44 Auch das Wort „gut" wird in diesem Zusammenhang seiner moralischen Bedeutung entwertet; „gute Leute" sind eben diejenigen mit den guten Formen und nicht die mit den guten Eigenschaften bzw. Taten.

45 Die Passagen zum Kulturbanausentum der „guten Leute" sind ausgesprochen amüsant und zugleich ebenso bitter, da Johnson am Beispiel seines Alter ego Joachim de Catt die ignorante Vereinnahmung eines Schriftstellers durch dessen selbsternannte Heimat vorführt. Er zeigt, wie er nicht gelesen werden möchte – nämlich u. a. in völliger Blindheit für die vorgeführte eigene Schuldhaftigkeit –, und weiß zugleich, daß er so gelesen wird, „weil Leser eben so sind". Um so erstaunlicher ist es, daß ihm auch hier – wie in der Beschreibung der Jerichower in den ersten beiden Bänden – ein zumindest in Ansätzen humorvoller und damit versöhnlicher Ton gelingt.

46 In dieser Art von Religiosität unterscheiden sich die „guten Leute" deutlich von den gläubigen Romanpersonen Frau Abs, Anita und auch von Lisbeth, die sich von der „guten Gesellschaft" abhebt, der sie entstammt, und die nicht zufällig den einfachen Handwerksmeister Cresspahl heiratet.

47 Vgl. 663: „Er [Cresspahl] hätte den als Schwein beschrieben. Nicht im deutschen Sinn des Wortes, schlicht wegen seiner Ähnlichkeit."

48 Auch dieser – sollte er mit dem erwachsenen Robert nicht identisch sein – hat sich in seiner Jugend „nach Belieben genommen, worauf er Lust hatte, auch die Menschen wie Sachen" (VII).

49 In seinem Falle tritt – angesichts der verständnisvollen Schilderung des Romans – wie an vielen anderen Stellen die Schwierigkeit auf, die Linie zwischen Opfer– und Täterschaft zu ziehen – ein Dilemma, das Johnson nicht erfindet, sondern beobachtet und berichtet.

50 Für diese scheinhafte, deklarative Vergangenheitsbewältigung steht das von Azaleen umrahmte und in Goldleisten gefaßte Schild in Wauwi Schröders Musikalienhandlung, auf dem er verkündet, er stelle seine Verstärker „im Dienste der antifaschistischen Sache sowie auch ohne Rechnung zur Verfügung" (1458).

51 Die Grenze zwischen notwendiger Absicherung und schuldhaftem Handeln ist in seinem Falle also eindeutig überschritten; dennoch überläßt die vorsichtige Gesine der moralischen Instanz Anita die wörtliche Verurteilung.

52 Die Paepckesche Verwandtschaft ist auch in ihrer solidarischen Sorge für den in Bedrängnis geratenen Major Alexander im Sommer 1944 (vgl. 955f.) das Musterbeispiel der Jahrestage für eine intakte, heimatstiftende Großfamilie.

53 Indem sie Gesine in den Ferien das geborgene Heimatgefühl einer Familie ermöglicht, wird für diese das Fischland „das schönste Land in der Welt" (1495).

54 Die Gräber aller Familienmitglieder sind nach dem Krieg nicht auffindbar.

55 Schumann ist damit eine jener problematischen Personen, die glauben, mehr zu sehen und zu erkennen als ihre Mitmenschen und damit das Recht – und die Moral – auf ihrer Seite zu haben. Nicht nur in diesem Punkt ist er im übrigen wie auch in seiner Biographie eng mit Hauptmann Rohlfs aus den „Mutmassungen über Jakob" verwandt.

56 Slata ist sicherlich ein weiteres Beispiel für einen „guten Menschen" in den Jahrestagen. Die Verbindung mit ihr – zu einem der zahlreichen Paare von „guten Menschen" – und damit die Errichtung einer neuen privaten Heimat bleibt Schumann verwehrt; er ist damit eine weitere Person des Romans, die nicht zu ihrem Glück findet.

57 So ist Lise Wollenberger ein prädestiniertes Mitglied der Gesellschaft der „guten Leute".

58 Im Falle dieses späteren, die Lockenvitz–Geschichte abschließenden Kapitels hat Anita mit ihrem Schuldspruch „das letzte Wort" (1805); einmal mehr ist sie damit Gesines moralische Instanz. – Siehe dazu auch Wolfgang Wittkowski: Zeugnis geben. Religiöses Heldentum und Pseudo–Heldentum im zweiten Band von Uwe Johnsons „Jahrestage". In: Internationales Uwe–Johnson–Forum. Band 4. Beiträge zum Werkverständnis und Materialien zur Rezeptionsgeschichte. Bern. 1996, S. 125–142, und Carsten Gansel: Zwischen Aufbau und Demission der Helden – Uwe Johnson, das Gedächtnis und die DDR. In: Uwe Johnson zwischen Vormoderne und Postmoderne. Herausgegeben von Carsten Gansel und Nicolai Riedel. Berlin, New York: Walter de Gruyter, 1995, S. 31–54.

59 Vgl. o. das „Sagt man doch nicht" der „guten Leute", aber auch Martin Niebuhrs „Dat geit nich".

60 Das Wort Anstand – dessen Bedeutung er Gesine ja auch lehrt – verliert unter diesem Gesichtspunkt seine im heutigen Sprachgebrauch existierende Lastigkeit hin zur Bedeutung Schicklichkeit, gutes Benehmen. Hier meint es vielmehr den moralischen Bedeutungsbestandteil des Wortes im Sinne von anständiger, guter Gesinnung und dem daraus resultierenden Verhalten. Für Kliefoth ist beides nicht zu trennen.

61 Gesine berichtet, Kliefoth beginne seine Briefe „mit den Worten: Liebe, verehrte Frau und Freundin Cresspahl" und kommentiert: „Hätten wir's doch verdient" (1826).

62 Diese Vorschläge sind ähnlich erzählt wie die „Angebote" der Reichsregierung an Cresspahl im Jahr 1933; anders als ihr Vater erhält Gesine positive – d. h. verlockende – Angebote, anders als er geht sie aber nicht zurück. Der persönliche Redeton – „Na, wie wärs?", „Nun sagen Sie mal an, junge Frau" (1848) – entspricht natürlich nicht dem Verhältnis des Staates zum einzelnen Bürger, spiegelt aber das Verhältnis der Bürgerin Gesine zu ihrem jeweiligen Staat, dessen Politik sie stets auf ihre Person bezieht und mit der sie sich ständig konfrontiert.

63 In dem Ausmaß ihres Bedürfnisses nach einer öffentlichen Heimat steht ihr nur Lisbeth nicht nach.

64 Die auslösenden Momente sind hier die Anzeichen für einen neuen Antisemitismus und die Karriere von Franz Josef Strauß.

RALF ZSCHACHLITZ

Bilder der 'Heimat': Deutsche Geschichte und Erinnerung in Uwe Johnsons Roman „Jahrestage" und in Edgar Reitz' Film „Heimat"

Es ist eine Täuschung und fühlt sich an wie Heimat
(Uwe Johnson: Jahrestage, 134)

In der ersten Hälfte der achtziger Jahre kamen zwei künstlerische Großprojekte zu ihrem Abschluß, die im Kontext der zu jener Zeit aktuellen Heimatdiskussion eine wichtige Rolle spielten. 1983 schloß Uwe Johnson nach dreizehnjähriger Arbeit mit dem vierten Band seinen Mammut-Roman „Jahrestage. Aus dem Leben von Gesine Cresspahl" ab. Edgar Reitz hatte fünf Jahre an seinem elfteiligen und fast sechzehnstündigen Film „Heimat" gearbeitet, der 1984 Premiere und einen überraschenden internationalen Erfolg feierte. Während in Reitz' Filmtitel das Thema „Heimat" (zunächst sollte der Film allerdings „Made in Germany" heißen) schon Programm ist, fällt die Kategorisierung des Johnsonschen Romans weniger leicht. Immer wieder wurde aber auch dieser Roman als (kritischer) Heimatroman gesehen.

Sowohl der Schriftsteller als auch der Drehbuchautor und Filmemacher kehren in ihren Werken an die Orte ihrer Kindheit und Jugend zurück: Edgar Reitz schafft den fiktiven Ort „Schabbach" in seiner Heimat, dem Hunsrück, Johnson stellt die aus seinem Roman „Mutmassungen über Jakob" bereits bekannte, ebenfalls fiktive Kleinstadt „Jerichow" in seiner Heimat Mecklenburg in den Mittelpunkt.

Johnson wie auch Reitz geht es aber nicht allein um eine Erinnerung an die Kindheit und eine Darstellung der (verlorenen) Heimat. In beiden Werken wird deutlich, daß Heimat im Rahmen der deutschen Geschichte betrachtet werden soll. An den beiden fiktiven Familien werden die Auswirkungen der Geschichte auf das Privatleben dargestellt. Als Träger dieser Geschichtsdarstellung im Privaten wählen der Regisseur und der Autor jeweils Frauen mit symbolischen Geburtsdaten: Für Reitz scheint die 1900 geborene Maria Symbol für die Geschichte des 20. Jahrhunderts zu sein, Johnson setzt den Akzent *etwas* anders: Gesine Cresspahl wird 1933 geboren. Die Handlung von „Heimat" setzt direkt mit dem Ende des Ersten Weltkriegs ein, Johnson geht vor die Geburt seiner Hauptfigur in den August 1931 zurück[1], indem hier im Rahmen der fiktiven Erzählsituation Gesine ihrer Tochter Marie erzählt, „wie die Großmutter den Großvater nahm" (JT 143). „Heimat" endet 1982, im Jahr der Beendigung der Dreharbeiten am Film. Die „Jahrestage" enden im New York der sechziger Jahre, dem Ort der 'Rahmenhandlung', die sich über die 365 Tage eines Jahres von August 1967 bis August 1968 erstreckt.

Gemeinsame Motive in „Jahrestage" und „Heimat"

Johnsons „Jahrestage", deren erster Band bereits 1970 erschien, dürften für manche Motive und Ideen des Films „Heimat", der Ende der siebziger Jahre konzipiert wurde, Pate gestanden haben. Die Parallelen sind zahlreich, und es können nur im Vorübergehen einige Beispiele behandelt werden, auch wenn ein eingehenderer Vergleich durchaus der Mühe wert wäre. Da wird beispielsweise der alte Cresspahl in der Nazizeit verdächtigt, sich einen Rundfunksender gebaut zu haben, „damit er abends sich mit den Engländern unterhalten konnte" (JT 410). Paul Simon baut sich in den zwanziger Jahren ein Radio[2], um Kontakt mit der weiten Welt aufzunehmen, die ihn schließlich so in ihren Bann zieht, daß er seine Frau Maria und die gemeinsamen Kinder verläßt, um nach Amerika auszuwandern.

Bis in phonetische Aspekte und ironische Spiele mit der Etymologie der Namen wird die Frage des mit der Machtübernahme der Nazis für die deutsche Bevölkerung in den dreißiger Jahren virulent werdenden Problems des Ariernachweises in Roman und Film behandelt: In „Jahrestage" klatschen für den Leser anonym bleibende Jerichower über den arischen Ursprung des Namens des Dorflehrers Ottje Stoffregen: „Stoffregen klingt auch nicht arisch. Klingt dir das arisch? Stoffregen" (JT 413) und man erfährt, daß der Englischlehrer Dr. Kliefoth den Betroffenen beruhigen konnte:

> „Das ist Mittel-Nieder-Deutsch, früher mit ein langen o gesprochn, und es kommt von stôven, und das heißt schnell jagen und bezieht sich auf das Wetter zur Zeit der Geburt. Ganz einfach, nich. Mittelniederdeutsch is arisch, unt Ottje is nu auch wieder arisch" (JT 413).

Im Film „Heimat" macht sich Eduard Simon, Marias Schwager, durch seine frühe NSDAP-Parteizugehörigkeit Bürgermeister im Nachbardorf geworden, Sorgen um den arischen Ursprung seiner Familie, als er für seinen nach Amerika emigrierten Bruder Paul Simon, der 1939 Deutschland besuchen will, einen Ariernachweis besorgen muß. Mit seinem Schwager und angehenden SS-Mann Wilfried Wiegand streitet er um die etymologische und phonetische arische Unbedenklichkeit ihrer Namen.[3]

Die Kriegsvorbereitungen der Nazis sind im Roman wie im Film für die Figuren nur indirekt erfahrbar und werden auch für die Leser oder Zuschauer mit Bezug auf Großprojekte angedeutet: In „Jahrestage" heißt es zum Jahr 1936 „Mein Krieg war gut versteckt" (JT 495), bevor Johnson zur Beschreibung des Baus des Militärflugplatzes bei Jerichow übergeht, von dem selbst Heinrich Cresspahl als Schreinermeister profitiert, obwohl er den militärischen Zweck des Projekts in aller Deutlichkeit erkennt (JT 497). Im äußersten Westen Deutschlands wird im Film „Heimat" im Hunsrück die „Reichshöhenstraße" als Nachschubstraße für den künftigen Krieg im Westen in den Film aufgenommen und zwei Randfiguren des Films stellen fest: „... und die Straß', die geht von Bunker zu Bunker zu Bunker... und net von Dorf zu Dorf."[4]

Ein eher ungewöhnliches Motiv, das sich in beiden Werken findet, ist das der 'aufbewahrten' (vgl. JT 910) Frauen: In „Jahrestage" schickt Robert Papenbrock, ältester Bruder von Gesines Mutter Lisbeth, eine von ihm schwangere Russin, Slata, die er an der Front kennengelernt hatte, in seine Heimatstadt Jerichow, wo sie bei den Eltern auf ihn warten soll (JT 1343). In „Heimat" schickt Marias zweiter Sohn Ernst die Düsseldorferin Klärchen, der er ebenfalls als Soldat begegnet war, nach Schabbach, wo sie im Schoße der Familie und des Dorfes vor alliierten Bomben sicher ist. Slata wird als „Engel von Gneez" eine kleine Rolle in „Jahrestage" spielen, bis sie für immer in Stalins Lagern verschwindet (vgl. JT 1343ff.); Klärchen ist eine ganze Episode von „Heimat" gewidmet, wo sie eine nonkonformistische Liebesgeschichte mit dem jüngsten Sohn Marias, Hermann, erlebt (Film 9: „Hermännchen").

Ein gemeinsames Beispiel für inneren Widerstand gegen Nazi–Verordnungen gibt es in „Jahrestage" und „Heimat" bei der Behandlung der französischen Kriegsgefangenen in den Familien Cresspahl und Simon. Bei den Cresspahls werden die Kriegsgefangenen Maurice und Albert an den Mahlzeiten beteiligt (JT 869) und scheinen allgemein Familienanschluß zu haben (JT 985); im Film „Heimat" zeigt Großmutter Katharina Simon große Zivilcourage gegenüber ihrem Verwandten, dem SS–Mann Wilfried Wiegand, als sie die menschliche Behandlung ihrer französischen Kriegsgefangenen Marcel und Roger, die als Landarbeiter in Schabbach arbeiten müssen, vehement verteidigt.[5]

Nach der Besetzung Deutschlands durch die Alliierten, Engländer und dann die Sowjetarmee im Mecklenburg der „Jahrestage" (JT 984ff.), durch die Amerikaner im Hunsrück von „Heimat"[6], werden die Parallelen seltener, fast als ob mit der beginnenden Teilung Deutschlands auch die gemeinsamen Motive verschwänden. Einen höchst interessanten Vergleich könnte man allerdings zwischen der berühmten Passage „Wenn Jerichow zum Westen gekommen wäre" aus „Jahrestage" (JT 1240) – die die Ereignisse in der DDR nach 1989 antizipiert – und dem modernisierenden Umbau westdeutscher Dörfer, wie er in der Episode „Die stolzen Jahre" von „Heimat" beschrieben wird, anstellen. Marias zweiter Sohn Ernst, unterdessen Antiquitätenhändler, überredet hier die Bewohner der Hunsrück–Dörfer in den sechziger Jahren zur Renovierung ihrer alten Häuser. Der Zuschauer verfolgt plastisch die Entstehung der 'modernen', tristen, sterilen Dorfbilder, wie sie heute noch viele Dörfer in Westdeutschland prägen. Ernst nutzt diese Renovierungen, um den Dorfbewohnern ihre Antiquitäten abzuluchsen, die unterdessen in den Städten wachsenden Wert haben und sich gut und teuer verkaufen lassen (Drehbuch 479, 491ff.).

Kritische Geschichtsdarstellung oder Sehnsucht nach Heimat?

Wir kommen damit zum zentralen Thema dieses Beitrags: den trotz aller Ähnlichkeiten zwischen „Jahrestage" und „Heimat" bestehenden Unterschieden. Beiden Autoren darf wohl eine kritische Haltung zum stark belasteten deutschen Begriff 'Heimat' unterstellt werden, dem Schriftsteller Johnson so gut wie dem Unterzeichner des Oberhausener Manifests und Mitarbeiters Alexander Kluges am Ulmer Institut für Filmgestaltung, Edgar Reitz.

Die kritische Haltung der Werke hat sich im Blick auf die Geschichte beziehungsweise in der Gestaltung der Geschichte in ihnen zu erweisen. Vor allem der Film „Heimat" wird sich dabei die Frage gefallen lassen müssen, wie er sich vom Genre des unpolitischen und konservativen deutschen 'Heimatfilms' aus den fünfziger Jahren distanziert und an die Stelle nostalgischer Geschichtsvergessenheit und Verdrängung der schlechten deutschen Geschichte, die den deutschen Heimatfilm charakterisierten, einen kritischen Blick auf die nähere deutsche Vergangenheit richtet. In einer Kritik der amerikanischen Serie „Holocaust" fordert Reitz, daß der deutsche Film „soviel wie möglich Aufarbeitung von *Erinnerungen* betreiben" müsse, daß es deutsche Filme geben müsse, in denen die „eigene Geschichte in Besitz" genommen werde und man sich diese Geschichte nicht durch schlechte amerikanische Serien wie „Holocaust" wegnehmen lassen dürfe.[7]

In einer sonst recht positiven Besprechung von „Heimat" in der „tageszeitung" durch Timothy Garton Ash widerfährt dem Film eine seinem Regisseur sicher unliebsame Kritik. Garton Ash behauptet, daß sich „Heimat" auf die gleichen Eigenschaften gründe, die auch den Erfolg von „Holocaust" ausmachten.[8] Im Vergleich mit dem bislang wohl gelungensten Beispiel für eine filmische Auseinandersetzung mit dem Thema der Judenvernichtung, Claude Lanzmanns „Shoah", stellt Garton Ash fest: „Reitz gesteht den Deutschen Vergessen zu, Claude Lanzmann zwingt jeden sich zu erinnern." Schuld daran gibt Garton

Ash der „bewußt amoralischen Haltung" von Reitz, dem Verlangen, keine Urteile abzugeben, während Lanzmanns Film „verbissen moralisch" sei. Später fragt sich der Kritiker, warum Reitz' Film über die deutsche Erinnerung so viel „leichter, lockerer, oberflächlicher" sei als Lanzmanns Film über die jüdische und polnische Erinnerung. Seine Antwort lautet, daß die deutsche Erinnerung an diesen Zeitraum selbst ganz einfach leichter sei. Garton Ash betont, daß er nicht die Erinnerung der historisch bewußten und durch dieses Kapitel der deutschen Geschichte moralisch gepeinigten Deutschen meine, sondern die der öffentlichen und privaten Erinnerung der meisten Westdeutschen, „also etwa die Erinnerung des Herrn Kohl in seinen vier Wänden." Garton Ash behauptet weiter, daß anhand des Vergleichs von „Heimat" und „Shoah" deutlich werde, daß die Opfer, nicht die Henker, am meisten an der Erinnerung leiden: „Die Opfer brechen zusammen, während die Henker glücklich der Heimat gedenken." Hier liegt meines Erachtens in der Tat das Problem des Films „Heimat": er kann zwar Anlaß zu einer höchst kritischen Erinnerung durch den historisch gebildeten und politisch bewußten Zuschauer geben, erlaubt aber genausogut eine verniedlichende Sichtweise auf die deutsche Geschichte.

Gegen Ende seines Artikels warnt Garton Ash vor beiden Filmen: „Hütet Euch vor der Tyrannei der Regisseure". „Heimat" als auch „Shoah" sieht er als geformt und verbogen durch die Parteilichkeit der eigenen Haltungen und die Biographie der Regisseure. Nur die Historiker, die Berufshistoriker, so Garton Ash, könnten die Normen an die Hand geben, „Heimat" und „Shoah" zu bewerten, nur sie können uns vor einer falschen, reduzierten Erinnerung schützen. In seinem Produktionstagebuch zu „Heimat" scheint Reitz diese Gefahr seines Films selbst gesehen zu haben:

> „Ein Thema für 'Heimat', der ein Ausstattungsfilm ist, muß vorgemerkt werden: Der Ausstattungsfilm neigt zur Nostalgie, wenn er den Blick aufs Historische einengt. Es sollte versucht werden, diesen Zwang aufzuheben und teilweise den Blick aufs Heutige zuzulassen, damit man diesen Zwang thematisiert" („Liebe zum Kino" 152).

Obwohl er sich des Problems bewußt war, gelang es Reitz nicht, die Klippe einer nostalgischen Rückschau erfolgreich zu umschiffen. Allein die Rezeption, der große Erfolg des Films beim deutschen Fernsehpublikum, laßt zuruckhaltend werden, was die kritische Rezeption und den Blick auf die historischen Hintergründe angeht. Der Film „Heimat", dessen Episoden bei ihrer Erstausstrahlung im Herbst 1984 mit einer Einschaltquote von 20 bis 31 Prozent das Medienereignis des Jahres 1984 in der Bundesrepublik waren und nach einer Umfrage für viele Bundesbürger zu den „beeindruckendsten Geschehnissen des Jahres 1984" gehörte, dürfte von einem Großteil des Millionenpublikums durchaus nicht im Sinne einer kritischen Geschichtsrezeption angeschaut worden sein: wenn man erfährt, daß der Film den Hunsrück zu einer Touristenattraktion und zum Wallfahrtsort machte, die Besucher in die Drehorte von „Heimat" pilgerten, nach dem inexistenten Dorf Schabbach forschten, auf dem Friedhof die Gräber der fiktiven Familie Simon suchten, oder sich mit Souvenirs, beispielsweise einem Schlüsselanhänger mit der Aufschrift „Ich war in Schabbach", eindeckten.[9] Diese Art von Reaktionen läßt vermuten, daß diese Zuschauer den Film keinesfalls anders rezipiert haben als irgendeine beliebige der von Reitz so gehaßten amerikanische Serien; sie haben den Film höchstens noch versetzt mit etwas Nostalgie, weil man es ja selbst noch so erlebt hatte. Man muß annehmen, daß ein Großteil der Fernsehzuschauer durch „Heimat" nicht von alten Fernsehkonsumgewohnheiten Abstand genommen hat und nicht zu einer neuen Sicht der Dinge vorgedrungen ist, wie sie Reitz beabsichtigte. „Heimat" ist eben auch „Rückbesinnung auf Heimat", wie das Nachrichtenmagazin „Der Spiegel" kritisch vermerkte.[10] Der nostalgische, identifizierende Blick scheint zu dominieren und einen kritisch-distanzierten zu verdrängen. Es ist durchaus vorstellbar, ja wahrscheinlich, daß der nostalgische „Heimat"-Betrachter die Episoden aus der Zeit des Dritten Reiches, die das Dorf fast unberührt von der Geschichte zeigen, unter Abstraktion von all den im Film verstreuten Hinweisen auf die düstere Geschichte des „Dritten Reichs", identifizierend ansehen konnte, im Sinne eines „ja so war es" oder „wir haben ja wirklich nichts mitgekriegt". „Heimat" kann so betrachtet werden, daß der Zuschauer im Bann des Individuellen verbleibt, versucht, eigene Erfahrungen nachzu(er)leben, sich in die Charaktere versetzt, sich identifiziert, ohne den für die kritische Betrachtung notwendigen Schritt zum historischen Rahmen zu vollziehen. In der Tat kann der nostalgische und verdrängende Zuschauer etwa im sechsten Filmteil „Heimatfront" sich mit der gemeinsam mit ihrer schwangeren Schwiegertochter fröhlich einen Filmsong aus der letzten deutschen Produktion singenden Maria identifizieren, somit nur die idyllischen Aspekte der Heimat von damals wahrnehmen und einige Szenen später SS-Mann Wilfrieds Hinweis auf die „Endlösung" – so wie auch die Figuren im Film – schnell übergehen. Solch ein Betrachter des Reitz'schen „Ausstattungsfilms" pickt sich heraus, was eine nostalgische Erinnerung zuläßt und eliminiert damit den düsteren historischen Hintergrund der Idylle. Daß die von Reitz intendierte kritische Verarbeitung der Geschichte mit den von ihm benutzten filmischen Mitteln nicht immer erreicht werden konnte, zeigt sich auch an den widersprüchlichen Kritiken des Films, die in der Tagespresse anläßlich der Ausstrahlung im deutschen Fernsehen vom Vorwurf der Verharmlosung bis zur Kritik an 'übertriebenen' Darstellungen von Nazigreueln reichten.

Ähnlich widersprüchliche Kritiken erfuhr auch Uwe Johnsons Roman „Jahrestage. Aus dem Leben von Gesine Cresspahl". So glaubte Marcel Reich-Ranicki

1970, bei der Besprechung des ersten Bandes von „Jahrestage", bei einigen Naturbeschreibungen „die unmittelbare Nachbarschaft der Blut- und Boden-Literatur von gestern" sowie „herbe Innerlichkeit und spröde Sentimentalität"[11] ausmachen zu können. Helmut Heissenbüttel warf demselben Band vor, er decke mehr zu, als er aufdecke, und suggerierte boshaft, ein Tagebuch in der Art Ernst Jüngers wäre für Johnsons Unternehmen sinnvoller gewesen.[12] Heute dürfte sich aufgrund einer profunderen Auseinandersetzung mit dem Werk von Uwe Johnson bestätigt haben, was Norbert Mecklenburg schon 1986 vermutete, nämlich daß der Vorwurf der Blut- und Boden-Literatur gegen Johnson durch einige Kritiker keiner Auseinandersetzung bedürfe.[13] Mit der Wiedervereinigung hat Johnsons Roman vor allem dadurch an Bedeutung und Aktualität gewonnen, daß er den Lesern der DDR zugänglich wurde. In einem Interview mit Roland Berbig, nach der Bedeutung der „Jahrestage" für die DDR befragt, antwortete Günter Grass 1991, sie seien, was die Beschreibung der Entstehung der DDR angehe, „die genaueste Geschichtsschreibung – wie sie kein Historiker leisten kann".[14] Der DDR-Bürgerrechtler und alternative deutsche Präsidentschaftskandidat von 1994, Jens Reich, bezeichnete Johnsons Roman „Mutmassungen über Jakob" gar als „das authentische DDR-Buch."[15]

Wie kommt es, daß man Johnsons Roman die Qualität einer äußerst differenzierten Geschichtsschreibung bescheinigt, während „Heimat" der Ergänzung durch die Historiker bedürfen soll? Wie gelingt es Johnson in „Jahrestage", ein Buch über die Heimat, statt einen Heimatroman zu schreiben? Warum ist der Vorwurf der 'Heimatelei' gegenüber Johnsons Hauptwerk unbegründet? Die Antworten auf diese Fragen liegen in der komplizierten Erzählstruktur von „Jahrestage" begründet. Während in „Heimat" die deutsche Geschichte des 20. Jahrhunderts kontinuierlich und chronologisch erzählt wird, ist der Erzählstrang in „Jahrestage" immer wieder unterbrochen. Die über Jahrzehnte langsam dahinlaufenden Heimat-Erinnerungen Gesines auf der Jerichow-Ebene werden konfrontiert mit den Tagen der Protagonistin auf der schnellebigen Gegenwartsebene von New York und mit Gesines täglicher Lektüre der "New York Times". Durch den Blick aus der Großstadt der Moderne entsteht Distanz zur erzählten und erinnerten Heimat in der Provinz. Die Koppelung der verschiedenen Erzählebenen verhindert das kontinuierliche, 'langsame Erzählen' und identifizierende Rezipieren auf beiden Ebenen: Weder die Gegenwartsebene von New York, noch die Vergangenheitsebene von Jerichow sind als einheitliche Erzählstränge lesbar und beleuchten und durchdringen sich in den einzelnen Tagen des New Yorker Jahres immer wieder neu. Dabei gehen diese zwei Ebenen nicht automatisch neue, harmonische Einheiten ein, stehen sich eher zunächst fremd gegenüber. Diese Fremdheit muß durch die geistige Arbeit des Lesers erst überwunden werden. Von neuer mythisch-symbolischer Einheit im Sinne von 'Korrespondenzen', wie sie in der Sekundärliteratur immer wieder für „Jahrestage" behauptet werden, kann nicht die Rede sein.[16] Uwe Johnson ist in dem Sinne ein Erzähler der Moderne, für den es eine einheitliche bzw. vereinheitlichende, alles überschauende Erzählperspektive des allwissenden Erzählers nicht mehr gibt. „Jahrestage" ist eine Illustration von Walter Benjamins These, daß es mit der Kunst der Erzählens zu Ende gehe[17], weil unter dem Druck der Presse und ihrer schnell vergessenen Informationen im schnellebigen bürgerlichen Zeitalter die durch die Erzählung vermittelten Erfahrungen nicht mehr möglich sind. Diesen veränderten Bedingungen entspricht für Benjamin der moderne Roman, der die Erfahrungslosigkeit des modernen Individuums konstitutiv in sich aufnimmt und den Verlust der Erfahrung gestaltet. Für Benjamin ist der Roman mit Lukács gesprochen „die Form der transzendentalen Heimatlosigkeit."[18] Im modernen Roman des zwanzigsten Jahrhunderts können die inkonsistenten, gebrochenen Figuren von einheitlicher, überschaubarer Erfahrung nicht mehr profitieren. In „Jahrestage" zeigt sich dieser Bruch in der Koppelung der zum Erzählen tendierenden Jerichow–Geschichten mit der Zeitungslektüre und ihren überwältigenden Informationen auf der New–York–Ebene, die alle Tendenzen archaisierenden Erzählens aus der Heimat immer wieder unterbrechen und in Frage stellen.

Freilich gibt es auch in der modernen Literatur Versuche, die Entfremdung in der Moderne im Roman zu überwinden. In einer vergleichenden Studie von Uwe Johnsons „Mutmassungen über Jakob" und Christa Wolfs „Der geteilte Himmel" weist Bernd Neumann darauf hin, daß Christa Wolfs Roman einen realen sozialistischen Gegenentwurf von verwirklichter Heimat in der DDR zu Johnsons nur noch erinnerter, verlorener Heimat im Roman „Mutmassungen über Jakob" bieten soll: die DDR erscheint bei Christa Wolf als „schlichte Natürlichkeit"[19] gegenüber der entfremdeten, übertechnisierten Westberliner Gesellschaft. Neumann glaubt in diesem Konservativismus Wolfscher Manier die alte deutsche Antithese Stadt–Land wiederzufinden, die das (sozialistisch) Gemütliche gegen das (kapitalistisch) Zivlisatorisch–Unvertraute stellt, die es nach Meinung Neumanns dem Stadt–Roman in Deutschland immer schon schwer gemacht hat[20]. In „Jahrestage" gestaltet Johnson diesen Kontrast bewußt, hier wird, wie Bernd Neumann sagt, Heimatliteratur zur „Weltliteratur".[21] Statt wie Christa Wolf realisierte Utopie und Heimat suggerieren zu wollen, stellt Johnson den Verlust dar, zeigt die Entfremdung, die es zu überwinden gilt. Für Johnson ist der Roman in deutlicher Absetzung von der Theorie des sozialistischen Realismus kein „Spiegel der Welt und weiterhin nicht ihre Widerspiegelung; es ist eine Welt gegen die Welt zu halten."[22] Das Prädikat des realistischeren Erzählens verdient Johnsons Prosa dabei mehr als alle idealistisch–ideologische Literatur.

Auf ähnliche Weise wie Christa Wolf scheint Edgar Reitz zu traditionellen und antiquierten Formen des Lebens und Erzählens zurückkehren zu wollen. Reitz erklärt: „und als Filmemacher verstehe ich mich als Erzähler", nachdem er vorher „die erzählerische Kunst: Literatur, Poesie, Film" zur notwendigen Voraussetzung für authentische Erinnerungsarbeit erklärt hatte („Liebe zum Kino" 106f.; die folgenden Seitenangaben ebenda). Dieser Rückgriff auf traditionelle Erzählkonzepte, so zeigt sich, geht auf Kosten rational-kritischen Erzählens. Immer wieder greift der sich doch so nüchtern als Filmemacher bezeichnende Regisseur auf mystisch-magische Konzepte zurück, wenn es um sein Handwerk geht. So nimmt für Reitz das im Film Erzählte „eine magische Existenz an und ist stärker als der Wille des Erzählers" (107), die Kamera wird zu einem „Instrument der Magie" (109) und im Produktionstagebuch zu „Heimat" spricht er mystifizierend und anthropomorphisierend von „diesem erzählerischen Ich, das im Bauch unserer alten Blimp-Kamera lebt" (136). Dieser mystifizierenden Wiedergeburt traditioneller Erzählmuster im Film ist wohl nichts hinzuzufügen. Statt das Erzählen von Geschichte einer rationalen Betrachtung zugänglich zu machen, wird reauratisiert. Für die geistige Aktivität der Zuschauer scheint unter dem Zwang der Magie nicht mehr viel Spielraum zu bleiben. Das wird auch deutlich, wenn Reitz im Produktionstagebuch regelrecht in eine Sprache der Herrschaft verfällt, wenn er etwa die Motive, die Situation, die Drehorte des Films absolut „beherrschen" will, nichts geschehen dürfen soll, was nicht dem „filmischen Willen unterliegt" und er zuguterletzt feststellt: „Film verwandelt sich dann in eine Folge von total hergestellten Bildern" (202). „Montage", so schließt Reitz an, „das ist, von hier aus betrachtet, die extrem andere Methode" (202). Edgar Reitz will in „Heimat" offenkundig zu einer geschlossenen, total hergestellten Form des Kunstwerks zurückkehren, auf die moderne Form der Montage – „Jahrestage" ist solch ein Montage-Roman – will er verzichten.

Im Licht dieser Ausführungen überrascht es nicht, wenn auch Reitz' Konzept von Heimat in seinen Aufzeichnungen sich als ein recht konservatives entpuppt. So will er die deutsche Heimat im Rahmen eines von Timothy Garton Ash angemerkten Antiamerikanismus vor ihrer Entäußerung in einer internationalen Ästhetik bewahren (141f.). An anderer Stelle notiert der Filmemacher, daß er das Gefühl von Heimat „hier auch als Lebensgefühl vermitteln" wolle (185). In einer selbst entworfenen (nicht ausgestrahlten) Fernsehansage zu „Heimat" erfahren wir, daß Reitz' Lieblingstitel für seinen Film „Geheischnis" gewesen wäre, ein Hunsrücker Wort, das so viel wie „Geborgenheit und Vertrauen, Beziehung zu ganz besonderen, ausgewählten Menschen [...], ein Zuhause, eine Heimat haben" bedeutet (206). Die Rückkehr zu einem traditionellen Erzählbegriff, so zeigt sich hier, ist auch verbunden mit einer zu einem solchen Heimatbegriff. Der Film soll den Deutschen entgegen allem Internationalismus eine neue Geborgenheit vermitteln. Die Devise des Oberhausener Manifests, „Der alte Film ist tot, wir glauben an den neuen" (209), verliert hier an Glaubwürdigkeit. Statt eines offenen Films, der dem Zuschauer ein größeres Maß an Engagement abverlangt, zeigt sich in Reitz' Äußerungen ein geschlossener, ja 'total hergestellter' Film; statt einer modernen, offenen Form entsteht eine hermetisch abgeriegelte. Die Kritik von Garton Ash wird verständlicher. Eine unkritische Betrachtungsweise dieses Films über die deutsche Geschichte durch das Publikum scheint schon im Konzept angelegt. In der Tat ist „Heimat" an vielen Stellen auch ein symbolischer Film, der den Zuschauer über Symbole und ihre festen Bedeutungen gängelt und in überkommenen Vorstellungen von Heimat festhält.

Wenn „Heimat" dennoch über weite Strecken ein gelungenes Kunstwerk ist, so ist das wohl der Tatsache zu verdanken, daß Reitz seine theoretischen Äußerungen nicht konsequent umgesetzt hat. So hat der Farbwechsel im Film, der so viele Fernsehzuschauer irritierte, durchaus offenen Charakter und auch im stark an den Fassbinderschen Epilog zu dessen Alexanderplatz–Film erinnernden elften Teil von „Heimat" „Das Fest der Lebenden und der Toten", unternimmt Reitz einen – allerdings nicht ganz gelungenen – Versuch, die bisherige Struktur des Films durch neue Formen aufzubrechen.

Roman und Film als Medien der Geschichtsdarstellung

Wenn beim Vergleich von Uwe Johnsons Roman „Jahrestage" mit Edgar Reitz' „Heimat" der Roman als der deutlich überlegenere erscheint, was die kritische und differenzierte Geschichtsdarstellung betrifft, so könnte moniert werden, daß hier Unvergleichbares verglichen wird. Daß Film und Roman sich in der künstlerischen Gestaltungsweise und Form grundlegend unterscheiden, braucht als Banalität nicht eigens betont zu werden. Wenn nun aber Edgar Reitz Literatur, Poesie und Film zur erzählerischen Kunst rechnet, deren Aufgabe es ist, Erinnerungen und Geschichte authentisch aufzuarbeiten („Liebe zum Kino" 106), so scheint er den Film zu den epischen Formen zu rechnen, die sich nach Walter Benjamin wie die Spektralfarben zum weißen Licht der Geschichtsschreibung verhalten.[23] In diesem Falle müssen diese epischen, spektralfarbenen Ausprägungen historischer Erinnerung auch in bezug auf ihren gemeinsamen Ursprung, das weiße Licht der Geschichte, verglichen werden können. Benjamin schreibt:

> „Jedwede Untersuchung einer bestimmten epischen Form hat es mit dem Verhältnis zu tun, in dem diese Form zur Geschichtsschreibung steht."[24]

Ähnlich formuliert es Adorno in seiner Ästhetik:

> „Geschichte darf der Gehalt der Kunstwerke heißen. Kunstwerke analysieren heißt so viel wie der in ihnen aufgespeicherten immanenten Geschichte innezuwerden."[25]

Es soll im Folgenden die These formuliert werden, daß das Problem der Darstellung historischer Erinnerung im Medium Film selbst begründet liegt, zumindest in der Form seines heutigen Gebrauchs. Damit wäre auch das partielle Scheitern historischer Darstellung in „Heimat" eher gestalterischen Problemen des Mediums Film im allgemeinen als dem Regisseur Reitz ganz allein anzulasten.

Der totalisierende, den Zuschauer eher gängelnde, statt dessen kritische Kapazitäten freisetzende Charakter scheint für den heutigen Film noch immer typisch zu sein. Die Unmittelbarkeit filmischer Bilder ist nicht unbedingt geeignet, Erinnerungsbilder in kritische Reflexion zu überführen. In einer Diskussion Hegelscher Unmittelbarkeit schreibt Adorno in „Negative Dialektik":

> „was nicht denkt, sondern der Anschauung sich überläßt, neigt zum schlecht Positiven (...). Etwas so empfangen, wie es jeweils sich darbietet, unter Verzicht auf Reflexion, ist potentiell immer schon: es anerkennen, wie es ist; dagegen veranlaßt jeder Gedanke virtuell zu einer negativen Bewegung."[26]

In diesem Sinne lassen die schnell laufenden Bilder des Films nicht viel Spielraum für das Einschalten kritischen Denkens. Für Adorno muß das bildhaft Symbolische durch geistige Arbeit aufgelöst werden. So heißt es später in „Negative Dialektik":

> „Die aufklärende Intention des Gedankens, Entmythologisierung, tilgt den Bildcharakter des Bewußtseins. Was ans Bild sich klammert, bleibt mythisch befangen, Götzendienst. Der Inbegriff der Bilder fügt sich zum Wall vor der Realität."[27]

Was Adorno hier als Kritik der für ihn mythologischen materialistischen Abbildtheorie meint, läßt sich auch auf die laufenden Bilder des Films anwenden. Werden die Erinnerungsbilder des Films nicht zum Stillstand gebracht und damit einer geistigen, d. h. sprachlichen Auflösung zugänglich, verhindern sie in ihrer Schnelligkeit alle gedankliche Arbeit und Bewußtwerdung und wirken totalitär. Erinnerungsbilder werden so nicht als historische Bilder zugänglich. Erst das sprachliche, interpretierende Eingreifen in die Bilder ermöglicht deren konstruktive Umarbeitung in historische Erfahrung. Hier liegt der konstitutive Unterschied zum epischen Sprachkunstwerk, dessen Bilder immer schon sprachlich vermittelt sind, stets Reflexion voraussetzen. Damit wird verständlich, daß eine sprachliche epische Darstellung der Erinnerung, wenn sie zudem noch geprägt ist von einer intensiven theoretischen Reflexion wie bei Johnson, der Darstellung von Erinnerung und Geschichte zunächst immer besser gerecht wird als der Film.

Johnson selbst kritisiert in einem Verlagsgutachten die „verschwenderische Vollständigkeit des Filmbildes" und eine daraus resultierende „rein optische Undeutlichkeit".[28] Sprachliche, literarische Gestaltung der Wirklichkeit hat sich nicht zu begnügen mit einer optischen Wiedergabe, sie muß ihre erzählerische, d. h. sprachlich–vermittelnde Funktion immer mitdenken, darf nicht um Unmittelbarkeit mit den optischen Medien konkurrieren, sondern muß die Vorteile des erzählerischen Mediums nutzen.

In seiner Abhandlung „Die Erfindung photographischer Bilder im zeitgenössischen Erzählen" zeigt Jürgen Zetzsche, daß in Johnsons „Jahrestage" photographische Bilder aus der Presse, insbesondere der "New York Times", allein durch Beschreibung erzählerischen Eingang in den Roman finden.[29] Indem die Photos aus ihrem Zeitungskontext herausgenommen und in Sprache transformiert werden, werden sie erst zu erinnerbarer Erfahrung, denn alle Bilder, auch die stillgestellten Photographien, erhalten „Sinn erst durch Worte"[30], die die erstarrten Bilder in Bewegung setzen und ihnen diachrone Zeitlichkeit vermitteln. Photographien müssen aus ihrer Unmittelbarkeit und Zeitlosigkeit, aus ihrem anschaulichen Schweigen erst durch den erzählenden Betrachter in Sprache übersetzt werden, sind somit auf Erzählung angewiesen.[31] Besonders anschaulich leistet Johnson diese erzählerische Arbeit der Verbindung privater Erinnerungen mit der Geschichte auch an den Photos von Hitler und Stalin, die er in seinen Poetikvorlesungen „Begleitumstände"[32] aus seiner persönlichen Erinnerung heraus interpretiert.

Der Film hingegen bedient sich der Bilder auf eine ganz andere Art. Er entfaltet die starren Bilder, die eigentlich alle der sprachlichen Übersetzung bedurft hätten, nicht diskursiv, sondern bringt sie allein durch schnelle Aneinanderreihung in Bewegung, zum Laufen. Ganz im Unterschied zur erzählerischen, linearen Verzeitlichung verhindert die filmische Verkettung der Bilder den sprachlich–diskursiven, d. h. den geistig eingreifenden Prozeß. Statt diskursiver Verzeitlichung der stillgestellten Bilder in die Sprache, nimmt der Film eine Akzelerierung der zeitlosen Bilder vor und wirkt damit einer diskursiven Zugänglichmachung für die Erfahrung entgegen. Statt die Bilder in erfahrungsvermittelnde epische Breite und Langsamkeit zu überführen, beschleunigt er sie zu nicht mehr diskursiv faßbaren vorbeihuschenden bildlichen Symbolen.

In der Monographie „Für die Geschichte – Medien in Uwe Johnsons Romanen" untersucht Alfons Kaiser die Rolle der Medien in Uwe Johnsons erzählerischen Darstellungen deutscher Geschichte. Kaiser will an Johnsons „Jahrestage" vor allem auch die beschränkte Gültigkeit von Walter Benjamins Thesen aus dem Erzähler–Aufsatz nachweisen, d. h. er will zeigen, daß Benjamins Feststellung der Zerstörung der Erzählung durch das Medium Zeitung und deren schnell vergessene Informationen historischem Wandel unterworfen ist, das schnelle Medium Zeitung von damals heute im Verhältnis zu den andern Medien wie dem Fernsehen zu einem langsamen, fixierenden geworden ist. Der Roman „Jahrestage", der zu einem Achtel[33] aus Nachrichtenmeldungen aus den „New York Times" besteht, zeigt das für Kaiser in aller Deutlichkeit: die schnelle Information, die nach Benjamin das traditionelle Erzählen zerstörte, wird in Johnsons Roman konstruktiv zu einer neuen Art von Erfahrungsvermittlung verarbeitet. Gesine wird durch ihre Zeitungslektüre entgegen Benjamins These gerade angeregt zu Erinnerungen an ihre Vergangenheit. Die konservative „New York Times" ist auch ein konservierendes Medium. Der Autor Johnson bewahrt im Unterschied zu Benjamins These die Information, indem er sie in den Roman integriert, weitererzählt und anreichert.[34] Bei dieser Literarisierung werden die verwendeten Informationen freilich durch den Autor oft gegen den Strich gelesen, Zitate bis zur „vollkommenen Kenntlichkeit" entstellt.[35] In „Jahrestage" wird die Differenz von journalistischem und literarischem Diskurs aufgehoben, für Alfons Kaiser erleben wir hier „Die Geburt des Erzählens aus der Nachricht."[36] Besonders gegenüber dem schnellen Medium Fernsehen zeigen sich in „Jahrestage" die Vorteile des „Fixiermediums" Zeitung. An die Stelle des benjaminschen Todesmediums der Erzählung, der schnellen Presseinformation, tritt in Johnsons Roman das noch schnellere Medium Fernsehen als das Medium, das in seiner Form unmittelbarer Vergegenwärtigung kein kritisches Denken, keine Erfahrung mehr zuläßt. Film und Fernsehen erscheinen in „Jahrestage" in mythischer Gestalt. Maries Fernsehkonsum anläßlich der Beerdigung Robert Kennedys wird zu einer ritualisierten, symbolischen, quasi-religiösen Veranstaltung,[37] aus der sie erst D. E., Gesines amerikaerfahrener Geliebter, zu retten vermag, indem er ihr kritischen Einblick in die liturgisch-medialen Inszenierungen des Fernsehens vermittelt, ihr „Sendungs-Bewußtsein" beibringt, wie Kaiser es formuliert.[38] Der kritische Blick Johnsons, Gesines oder D. E.s und eventuell später auch Maries durchschaut die mediale Fernsehinszenierung der Trauerfeier. So heißt es dort: „Der wahre Herrscher ist ein Kameramann, hoch über allen hängt er vor seinem Gerät in einem Sessel, der sein Gesäß nachbildet" (JT 1317). Alfons Kaiser interpretiert die Textstelle folgendermaßen:

> „Der über den Dingen schwebende 'Herrscher', der die Realität aus der ordnenden Vogelperspektive sieht, ist die ironische Figuration eines Erzählers, der göttergleich die Handlung ordnet, die sich unter ihm abspielt."[39]

Im Spiegel der Johnsonschen Medienkritik finden wir hier genau das Bild des über den Dingen stehenden, autoritären, die eigene Bilderwelt total beherrschenden Regisseurs wieder, wie es Edgar Reitz von sich gezeichnet hatte. Die Position des allwissenden Erzählers, die Balzac'sche Erzählhaltung[40], die ein Prosaerzähler des zwanzigsten Jahrhunderts für sich als überholt ablehnen muß, wird, wie sich zeigt, vom Medium des Films und Fernsehens heute immer noch und immer wieder beansprucht.[41] Dieser sich über die Dinge erhebenden autoritären Haltung, die sich in mythischen, symbolisch–unmittelbaren Totalisierungen ergeht, ist wenig emanzipatorischer Elan zueigen. Kritisch distanzierte Betrachtung von deutscher Geschichte und Heimat ist dementsprechend beim heutigen Stand der Entwicklung eher von den schriftlichen Medien als vom Film zu erwarten. Man könnte die These wagen, daß das Medium Film, das 1995 erst seinen hundertsten Geburtstag feierte, noch nicht über die avancierte Ästhetik verfügt wie die Literatur und sich noch – mit wenigen Ausnahmen: im deutschen Film etwa Herbert Achternbusch und Alexander Kluge – auf einer archaischen, mythischen und mythisiernden Entwicklungsstufe bewegt. Während der moderne Roman wie z. B. die „Jahrestage" einem auf nostalgische Lektüre orientierten Leser aufgrund seiner komplizierten Struktur gar nicht erst zugänglich sein würde – solch ein Leser wird das Buch schnell beiseite legen – hat der erzählende Film, der Spielfilm, wie es scheint, noch nicht die darstellerischen Mittel entwickelt, die ein distanziertes Erinnern und damit Rettung geschichtlichen Bewußtseins ermöglichen: wie sich an „Heimat" zeigte, kann selbst in einem kritisch gemeinten Filmwerk der Zuschauer mythisch–nostalgisch gefangen bleiben. „Heimat" fordert zwar dazu auf, aus der Privatheit der Episoden ins Politische überzugehen, der Schritt muß aber nicht notwendig vollzogen werden, der Zuschauer kann an der schnellen filmischen Oberfläche haften bleiben. Die kritische Betrachtung erfordert einen nicht von traditionellen Film– und Fernsehgewohnheiten und ihren Abstumpfungsmechanismen geistiger Partizipation entwöhnten Zuschauer. „Jahrestage" hingegen ist ohne diese Arbeit gar nicht erst lesbar.

Die Rolle des Plattdeutschen in „Jahrestage" und „Heimat"

Die bisher festgestellten Unterschiede in der Darstellung deutscher Geschichte in Johnsons und Reitz' Werken, sollen abschließend noch an der Verwendung des mecklenburger Platts in „Jahrestage" und des hunsrücker Platts in „Heimat" untersucht werden. Das Mundartliche spielt in beiden Werken eine große Rolle. Mit der Integration des Dialekts in ihren Anfang der achtziger Jahre abgeschlossenen Werken stehen Johnson und Reitz durchaus nicht allein. In den siebziger Jahren hatte der Dialekt in Kunst und Literatur der Bundesrepublik Erfolge zu verzeichnen gehabt, die nicht nur auf seinem rückwärtsgewandten, volkstümlichen oder provinziellen Charakter beruhten. Dichter wie H. C. Artmann und Dramatiker wie Franz Xaver Kroetz hatten die verschiedenen Facetten mundartlichen Sprechens für sich zu nutzen gewußt, dieses einerseits als Ausdrucksform gegen die sogenannte Hochsprache gestellt, andererseits aber auch gerade den beschränkten Aspekt dieses restringierten Codes des Dialekts deutlich gemacht. Für Kroetz ist der Dialekt auch die „introvertierteste, verschlossenste Sprache".[42]

In „Jahrestage" und „Heimat" zeigen sich auch in der Verwendung des Plattdeutschen wieder grundlegende Unterschiede. In „Heimat" ist es Maria, der wandelnde Kalender des zwanzigsten Jahrhunderts, die die Kontinuität der Verwendung der hunsrücker Mundart gewährleistet. Sie ist es, die das über das Platt vermittelte Heimatgefühl im Film vom Jahre 1918 bis ins Jahr 1982 rettet. Maria ist damit Vertreterin einer sterbenden heilen Welt. In aller Deutlichkeit zeigt sich in „Heimat" insbesondere an der Dialektsprache, wie die Entwicklungen des zwanzigsten Jahrhunderts in Deutschland, vor allem aber der Faschismus und der Zweite Weltkrieg die traditionellen Strukturen zerstört haben. Durch die großen Umwälzungen dringen immer mehr fremde Dialekte und Sprachen nach Schabbach ein und lösen die ehemals homogene Sprachstruktur des Dorfes auf. Wie ein Felsen steht Maria als Bewahrerin alter Dialektkultur in dieser Brandung. Daß ihr Traditionalismus auch für den Regisseur Edgar Reitz nostalgisches Idealbild einer sich verlierenden Tradition ist, wird deutlich, wenn er im Produktionstagebuch zu „Heimat" beklagt, daß der Amerikanismus „die ursprüngliche, die bäuerliche Dialektkultur" zerstöre („Liebe zum Kino" 146). Im Rahmen des westdeutschen Regionalismus der achtziger Jahre, dem es unterschwellig auch darum ging, eine bundesdeutsche Identität zu entwickeln, sucht auch Reitz im Dialekt traditionelle Werte zu bewahren.

Ganz anders stellt sich die Situation für die 33 Jahre jüngere Gesine Cresspahl dar: auch sie ist mit dem (mecklenburgischen) Dialekt aufgewachsen und beherrscht ihn noch vollkommen, aber in ihrem alltäglichen Sprechen und Denken hat sie ihn überwunden. Die mecklenburgische Regionalsprache spielt zwar wie Norbert Mecklenburg feststellt, eine zentrale Rolle innerhalb der „sprachlichen Vielstimmigkeit"[43] von „Jahrestage", dient aber meist zur kritischen, ironischen, satirischen Verfremdung.[44] Besonders deutlich wird der differenzierte Einsatz der Mundart an den auffälligen, durch gesperrten Druck herausgestellten Einsprengseln in „Jahrestage". Diese sind oft in Platt gehalten, es handelt sich dann um von Gesine imaginierte Dialoge mit oder unter meist toten Bekannten und Verwandten aus der mecklenburger Heimat: um die Stimmen der Toten. Sicherlich sollen die vielen plattdeutschen Sprüche, die Gesine in ihrem Repertoire hat, ihr „individuelles Sprechen mit einem kollektiven Hintergrund versehen", wie Mecklenburg formuliert[45], doch sind Gesines Versuche sprachlicher Rückkehr in die Heimat niemals Beispiele gelungener Identifizierung mit der Heimat, sondern immer schon ironisch distanziert. Immer wieder wird das Gefühl von Heimat, das das Platt vermitteln könnte, von der hochdeutschen Metaebene gebrochen, ein Verweilen in dieser verlorenen Welt ist für Gesine nicht mehr möglich. Auch Gesine mag die heile Welt, wie Maria sie über weite Strecken im Film verkörpert, vermissen, sie ist sich aber des endgültigen Verlusts bewußt und glaubt nicht mehr nostalgisch dorthin zurückkehren zu können. Jürgen Grambow stellt fest, daß das Mundartliche in „Jahrestage" keine „Heimatsuche im Sprachlichen" sei und überlegter und differenzierter eingesetzt werde.[46] In bestimmten lautmalerischen Schreibweisen stellt Grambow eine Ironisierung des Platt bei Johnson fest und konstatiert ganz allgemein, daß im Dialekt die Zustände in der Heimat einer ironischen Kritik unterzogen werden.[47] Der Gebrauch des Platt ist ansonsten sehr vielfältig, so kann es beispielsweise von den Personen des Romans zum „Einverständnis gegen die Oberen"[48] benutzt werden. Klaus Böttcher, Soldat an der Ostfront, berichtet auf mecklenburgisch im kleinen Kreis von der Ermordung russischer Zivilbevölkerung durch die SS (JT 921ff.). Ganz anders wird dem in einem russischen Lager internierten Cresspahl ein plattdeutscher Spruch zum Verhängnis, worin er die neuen sowjetischen Herren mit der alten mecklenburger „Ritterschaft" vergleicht: er wird den deutschen Kapos des Lagers zur brutalsten Folter überlassen (JT 1293ff.). Dialekt in „Jahrestage" bedeutet alles andere als heimatliches Lokalkolorit, sondern dient dem Autor fast immer zur Distanzierung vom mundartlich Formulierten. Wie sollte etwa auch die im amerikanischen Exil lebende Gesine sich der antiamerikanischen Bemerkungen des mecklenburgischen Mundartdichters John Brinckman – Johnson legte sein Abitur auf dem gleichnamigen Güstrower Gymnasium ab – ohne Ironie erinnern können?[49]

Im Unterschied zu Reitz' Film ist solcher Anti–Amerikanismus[50] provinziell–konservativer Provenienz in „Jahrestage" nicht möglich, auch wenn es in diesem Roman an Amerika–Kritik nicht fehlt. Gesines persönliche Situation ist auch die der Romanstruktur: der Blick auf die Heimat aus dem amerikanischen Exil, auf die Provinz aus der Metropole New York. Diese Überlagerung der Perspektiven verhindert voreilige Identifikationen und eine einseitige Parteinahme, hält den Roman in der Schwebe.

Diese Distanzierung ist im eher linearen, eindimensionalen Film „Heimat" nicht per se gegeben. Auch der Farbwechsel und später die kritische Perspektive des die Heimat verlassenden 'Hermännchen' können eine globalisierende und identifizierende Rezeption des Films nicht automatisch verhindern. Was Johnson in einem einzigen Werk realisierte, die Kreuzung von synchronem und diachronem Blick auf die Geschichte, scheint Reitz in zwei Filmen realisieren zu wollen: dem linearen, chronologisch–diachron durch die Geschichte verlaufenden Film „Heimat" fügte er in den neunziger Jahren eine ähnlich der New–Yorker Ebene von „Jahrestage" ebenfalls in der 68er Zeit spielende, vierundzwanzigstündige „Zweite Heimat" hinzu, freilich mit sehr viel weniger Erfolg. Sollte nicht gar die „Villa Cerphal", Treffpunkt der jungen Künstler in „Die zweite Heimat", eine diskrete Hommage an Johnsons „Cresspahls" sein?

Daß uns „Jahrestage" als eine gelungenere Betrachtung deutscher Geschichte des 20. Jahrhunderts erscheint, dürfte neben den hier ausgeführten formalen und medialen Eigenschaften außerdem auch an der geographisch glücklicheren Situierung des Romans liegen. Während Johnson sein „Jerichow" direkt dort ansiedelt, wo der kalte Krieg das Land teilte, befindet sich Schabbach im äußersten Westen der Bundesrepublik. Auch hier hat sich Johnsons symbolische Wahl als die geeignetere für die epische Darstellung deutscher Geschichte erwiesen. Während „Heimat" Ausdruck westdeutscher Identitätssuche ist, die mit der Implosion der DDR ein abruptes Ende fand, erfuhr Johnsons Roman durch die Ereignisse nach 1989 eine in solcher Vehemenz nicht erwartete Aktualisierung und Aufwertung. Der große Vorteil der „Jahrestage" besteht darin, daß Geschichte hier weder historistisch festgeschrieben noch nostalgisch verklärt wird, sondern durch die offene Struktur immer Distanz zur Geschichte der Heimat gewahrt und immer wieder daran erinnert wird, daß Geschichte, wie es auf der letzten Seite von „Jahrestage" heißt, nur „ein Entwurf" ist (JT 1891). Mit der distanzierten Sicht auf die deutsche Geschichte, wie sie „Jahrestage" vermittelt, ist die Methode an die Hand gegeben, mit der auch der Film „Heimat" angemessen zu betrachten wäre.

Anmerkungen

1 Uwe Johnson: Jahrestage. Aus dem Leben von Gesine Cresspahl. Frankfurt/M.: Suhrkamp Verlag, 1970, S. 16. – Die von 1970 bis 1983 erschienenen vier Bände der „Jahrestage" werden hier im weiteren mit dem Kürzel „JT" und der Seitenzahl direkt im Text zitiert.

2 Film 1: „Fernweh"; vgl. auch das Drehbuch zum Film: Edgar Reitz und Peter Steinbach, Heimat – Eine deutsche Chronik. Nördlingen: Greno-Verlag, 1985, S. 43; weiterhin zitiert als „Drehbuch" mit Seitenzahl.

3 Film 5: „Auf und davon und zurück". Drehbuch, S. 260f.

4 Film 5: „Auf und davon und zurück". Drehbuch, S. 234.

5 Film 6: „Heimatfront". Drehbuch, S. 274.

6 Film 8: „Der Amerikaner". Drehbuch, S. 327ff. Die Besetzung Leipzigs durch die Amerikaner mit anschließender Übergabe der Stadt an die Sowjetarmee hat Reitz in einem eigenen Film („Stunde Null") von 1976 behandelt.

7 Edgar Reitz: Liebe zum Kino. Utopien und Gedanken zum Autorenfilm. 1962–1983.

Köln: Verlag Köln 78 [1984], S. 102f.; weiterhin zitiert im Text als „Liebe zum Kino" mit Seitenzahl.

8 Timothy Garton Ash: Das Leben des Todes. Anmerkungen zu zwei Arten, die Vergangenheit zu betrachten: Edgar Reitz' „Heimat" und Claude Lanzmanns „Shoah". Deutsch von Meino Büning. In: die tageszeitung. Berlin. 15. 02. 1986, S. 14–15.

9 Rolf Dieckmann: „Wo geht's denn hier nach Schabbach?" In: Stern. Hamburg. Nr. 26 vom 20. 06. 1985, S. 80–84.

10 „Geh über die Dörfer". In: Der Spiegel. Hamburg, 38. Jg., Nr. 40 vom 1. 10. 1984, S. 252–261.

11 Marcel Reich–Ranicki: Uwe Johnsons neuer Roman. Der erste Band des Prosawerks „Jahrestage". In: Die Zeit. Hamburg. 25. Jg., Nr. 40 vom 2. 10. 1970, S. 20–21; hier zitiert nach: Johnsons „Jahrestage". Herausgegeben von Michael Bengel. Frankfurt/M.: Suhrkamp Verlag, 1985, S. 141f. (= suhrkamp taschenbuch materialien. 2057).

12 Helmut Heissenbüttel: Uwe spinnt sein Garn. Der Jahrestage erster Teil. Zitert nach: Uwe Johnson. Herausgegeben von Rainer Gerlach und Matthias Richter. Frankfurt/M.: Suhrkamp Verlag, 1984, S. 296. (= suhrkamp taschenbuch materialien. 2061).

13 Vgl. Norbert Mecklenburg: Die Grünen Inseln. Zur Kritik des literarischen Heimatkomplexes. München: Iudicium Verlag, 1986, S.112.

14 'Distanz, heftige Nähe, Fremdwerden und Fremdbleiben.' Günter Grass im Gespräch über Uwe Johnson. In: „Wo ich her bin..." Uwe Johnson in der D.D.R. Herausgegeben von Roland Berbig und Erdmut Wizisla. Berlin: editionKONTEXT, 1993, S. 99. – Vgl. dazu auch Carsten Gansel: Zwischen Aufbau und Demission der Helden – Uwe Johnson, das Gedächtnis und die DDR. In: Uwe Johnson zwischen Vormoderne und Postmoderne. Herausgegeben von Carsten Gansel und Nicolai Riedel. Berlin, New York: Walter de Gruyter, 1995, S. 31–54.

15 Jens Reich: Da sind wir, Figuren, federwerkgetrieben. Das verhinderte Kultbuch einer Generation in der DDR: Eine Neulektüre von Uwe Johnsons „Mutmassungen über Jakob". In: Frankfurter Allgemeine Zeitung. Nr. 114 vom 18.05.1994, S. 37.

16 Vgl. dazu ausführlicher Ralf Zschachlitz: 'Ali Babas Parole' – Uwe Johnsons „Jahrestage". Ein auratischer Roman? In: Uwe Johnson zwischen Vormoderne und Postmoderne, a. a. O., S. 169–187, insbesondere S. 172ff.

17 Walter Benjamin: Der Erzähler. Betrachtungen zum Werk Nikolai Lesskows. In: Walter Benjamin: Gesammelte Schriften. Band II.2. Herausgegeben von Rolf Tiedemann und Hermann Schweppenhäuser. Frankfurt/M.: Suhrkamp Verlag, 1977, S. 439.

18 Walter Benjamin, a. a. O., S. 454.

19 Bernd Neumann: Aspekte des deutsch–deutschen Romans. Uwe Johnson und Christa Wolf. In: Internationales Uwe–Johnson–Forum. Band 5 (1996). Herausgegeben von Carsten Gansel, Bernd Neumann, Nicolai Riedel und Ralf Zschachlitz. Bern, Frankfurt/M.: Peter Lang, 1996, S. 45.

20 Bernd Neumann, a. a. O., S. 45.

21 Vgl. Bernd Neumann, a. a. O., S. 47.

22 Uwe Johnson: Vorschläge zur Prüfung eines Romans. In: Uwe Johnson. Herausgegeben von Rainer Gerlach und Matthias Richter, a. a. O., S. 35.

23 Walter Benjamin: Der Erzähler. Betrachtungen zum Werk Nikolai Lesskows. In: Walter Benjamin, Gesammelte Schriften. Band II.2. Frankfurt/M.: Suhrkamp Verlag, 1977, S. 451.

24 Walter Benjamin, a. a. O.

25 Theodor W. Adorno: Ästhetische Theorie. Frankfurt/M.: Suhrkamp Verlag, 1970, S. 132.

26 Theodor W. Adorno: Negative Dialektik. Frankfurt/M.: Suhrkamp Verlag, 1966, S. 48.

27 Theodor W. Adorno, a. a. O. S. 205.

28 Uwe Johnson: „Wo ist der Erzähler auffindbar?" Gutachten für Verlage 1956–1958. Mit einem Nachwort herausgegeben von Bernd Neumann: Frankfurt/M.: Suhrkamp Verlag, 1992, S. 158f. (= Schriften des Uwe–Johnson–Archivs. 4).

29 Jürgen Zetzsche: Die Erfindung photographischer Bilder im zeitgenössischen Erzählen. Zum Werk von Uwe Johnson und Jürgen Becker. Heidelberg: Carl Winter, 1994, S. 242. (= Frankfurter Beiträge zur Germanistik. 27).

30 Jürgen Zetzsche, a. a. O., S. 78.

31 Jürgen Zetzsche, a. a. O., S. 16.

32 Uwe Johnson: Begleitumstände. Frankfurter Vorlesungen. Frankfurt/M.: Suhrkamp Verlag, 1980, S. 9f. (= edition suhrkamp. 1019).

33 Alfons Kaiser: „Für die Geschichte". Medien in Uwe Johnsons Romanen. St. Ingbert: Röhrig Universitätsverlag, 1995, S. 89. (= Mannheimer Studien zur Literatur– und Kulturwissenschaft. 6).

34 Alfons Kaiser, a. a. O., S. 112f.

35 Alfons Kaiser, a. a. O., S. 166.

36 Alfons Kaiser, a. a. O., S. 113f.

37 Alfons Kaiser, a. a. O., S. 199f.

38 Alfons Kaiser, a. a. O., S. 200.

39 Alfons Kaiser, a. a. O., S. 200.

40 Vgl. Alfons Kaiser a. a. O., S. 201.

41 Auch Wim Wenders hat ähnlich traditionelle Vorstellungen von einem neuen Erzählen im Film: vgl.: Ralf Zschachlitz: Angelus Novus – Angelus Postnovus: „Der Himmel über Berlin". In: Weimarer Beiträge. 1994, Heft 1, S. 29–43.

42 Vgl. Volker Bohn: Deutsche Literatur seit 1945. Texte und Bilder. Frankfurt/M.: Suhrkamp Verlag, 1993, S. 340.

43 Norbert Mecklenburg: Die grünen Inseln, a. a. O., S. 134f.

44 Vgl. Norbert Mecklenburg, a. a. O., S. 135.

45 Norbert Mecklenburg, a. a. O., S.135.

46 Jürgen Grambow: Möglichkeiten einer intellektuellen Kritik an diesem Mecklenburg.

In: Johnson–Jahrbuch. Herausgegeben von Ulrich Fries und Holger Helbig. Göttingen. Band 1 (1994), S. 74.

47 Jürgen Grambow, a. a. O., S. 94.

48 Jürgen Grambow, a. a. O., S. 82.

49 Vgl. Norbert Mecklenburg: Die grünen Inseln, a. a. O., S. 136.

50 Vgl. Norbert Mecklenburg, a. a. O., S. 136.

ANNE GRETE REISS

Intertextuelle Entdeckungen zu Uwe Johnsons „Jahrestagen" und Marie Luise Kaschnitz' „Tage, Tage, Jahre"

Zwischen Uwe Johnsons „Jahrestagen"[1] und „Tage, Tage, Jahre" von Marie Luise Kaschnitz[2] besteht ein enges Netz von intertextuellen Beziehungen, die sich vor allem auf inhaltliche, bildliche und motivische Bereiche beziehen. Die vorliegende Skizze ergab sich aus einer ausführlichen Beschäftigung mit Uwe Johnsons „Jahrestagen", deren Ergebnisse später veröffentlicht werden sollen.

Intertextualität wird hier nicht im umfassenden Sinne der semiotischen Theorie von Julia Kristeva verstanden[3], sondern nach Burkhard Moennighoff als „Bezugnahme eines Textes auf mindestens einen anderen Text"[4]. Moennighoff fügt zur Konkretisierung dieser immer noch sehr weiten Bestimmung als zweites Kriterium hinzu, daß „diese Verweisung eine Bedeutungsfunktion haben" müsse, wozu erstens die Nachweisbarkeit der Bezugnahme gehört und zweitens deren „semantische [...] Funktionalität"[5]. Dies bedeutet, daß es sich nicht um eine einfache „Entlehnung" handelt, sondern um eine „Verweisung", die „eine Bereicherung des Sinns eines Textes" darstellt und als intendiert betrachtet werden kann[6]. Daß es sich im vorliegenden Fall um eine intendierte Verweisung handelt, ist aufgrund der expliziten namentlichen Bezugnahme in den „Jahrestagen" offensichtlich (JT 1449). In diesem Zitat wird somit auch die bedeutungserweiternde Funktion von Kaschnitz–Texten im Rahmen der „Jahrestage" eindeutig. Die Verweise beziehen sich vor allem auf „Tage, Tage, Jahre", sie betreffen jedoch darüber hinaus noch weitere Texte der Autorin.

Bei der Darstellung der Beziehung der Gesine Cresspahl zu ihren Eltern werden zwei Ansichten genannt, deren eine der „Gräfin Seydlitz", gemeint ist Hannah Arendt[7], und deren andere der Kaschnitz zuzuschreiben ist. Es geht in dem Kapitel vom 29. Juni 1968 der „Jahrestage" darum, daß Gesine sich als Kind für die Werte ihres Vaters entscheidet. Sie ist in dieser Situation 13 Jahre alt, der Vater in russischer Kriegsgefangenschaft und die Mutter bereits seit Jahren tot. Gesines Mutter hatte sehr rigorose moralische Einstellungen und jede Lüge hätte sich ihr verboten, selbst wenn sie damit ihr eigenes Leben oder das naher Verwandter in Gefahr brachte (JT 57). Gesine aber lernt, um des Überlebens willen zu lügen und übernimmt damit die Haltung ihres Vaters.

Im Gegensatz zu Hannah Arendt wird Marie Luise Kaschnitz direkt mit der Ansicht zitiert, daß es für ein Kind besser sei, wenn die Eltern nicht vollkommen übereinstimmten:

> „Marie Luise Kaschnitz aber hat gesehen und sagt, wie ein Kind sich schaden kann an einem vollkommenen Bündnis der Eltern. Die halten zusammen gegen das Kind, lassen es nicht zu sich einzeln, verweigern ihm das Aussuchen unterschiedlicher Ansätze fürs Lieben, halten es fest in dem unweigerlichen Verzicht, noch mit dreizehn Jahren kaum mehr zu sein als das Kind der Eltern, fast nur beschrieben durch sie (JT 1449)."[8]

Hiermit trifft diese Textstelle die Situation Gesines, allerdings nur insoweit, als ihre Eltern tatsächlich sehr unterschiedliche moralische Haltungen haben. Gesine ist mit ihren 13 Jahren bereits elternlos. Sie hat zwar in Gestalt einer Flüchtlingsfrau und deren Sohn eine 'Ersatzfamilie' gefunden, aber von deren Mitgliedern wird Gesine keineswegs immer als Kind betrachtet. Jakob ist zwar für sie eine Art großer Bruder, doch seine Mutter, Marie Abs, wird von Gesine „gewünscht als Mutter für alle Zeiten", aber „die durfte sie schwerlich bitten: Nimm mich an an Kindes Statt. Sie half, mehr noch, sie ließ sich helfen" und Gesine erfährt von ihr, daß sie „nun selber Kinder kriegen" könne (JT 1450). Gesine faßt daraufhin einen Entschluß, der ihre Ich–Stärke zeigt: sie läuft nämlich weder in blindem Vertrauen jedem hinterher noch mißtraut sie allen. Sie beginnt, „den Erwachsenen das verlangte Teil zu geben, dabei sich selbst von dannen zu schmuggeln und in ein Leben zu kommen, in dem durfte sie dann sein, wie sie würde sein wollen" (JT 1450). Dieser Entschluß zeigt Ich–Stärke, ohne daß Gesines Eltern eine vollkommene Ehe geführt hätten, und belegt damit die Kaschnitz'sche Ansicht. Gesine ist mit ihren dreizehn Jahren weit mehr „als das Kind der Eltern". Sie muß bereits wie eine Erwachsene Verantwortung für ihr Leben übernehmen und ihren eigenen Weg trotz der so unterschiedlichen Eltern finden. Bei Gesine ist es zeitweise vornehmlich der Vater, der sie erzieht, weil die Mutter schon früh nicht mehr in der Lage ist, verantwortungsvoll mit dem Kind umzugehen. Damit wird seine Art, die Dinge zu sehen, zur einzigen, die Gesine überhaupt gut genug kennt, um sie übernehmen zu können. Die mütterliche Unbedingtheit in moralischen Ansichten bleibt dennoch erhalten, denn Gesine entschließt sich zwar zu einer realistischen Haltung, indem sie ihr wahres Ich und damit auch ihre Angst in einer Situation ohne Eltern versteckt. Aber sie tut dies, um unter anderen Bedingungen dann tatsächlich so leben zu können, „wie sie würde sein wollen." Ihr Ziel ist es, in Übereinstimmung mit sich selbst zu leben, aber sie sieht ein, daß das unter diesen Bedingungen nicht möglich ist, und verschiebt es. Wie ernst es Gesine bleibt, nach ihren eigenen Vorstellungen zu leben, wird im Laufe des Romans deutlich. In dieser Textstelle wird jedenfalls die Kaschnitz'sche Position auch insofern bestätigt, als Gesine trotz des frühen Todes der Mutter gleichfalls deren

Ansichten registriert und damit tatsächlich eine Wahlmöglichkeit hat. Sie schafft es, die beiden unterschiedlichen Ansätze in ihr Handeln zu integrieren.

Diese Position ist angreifbar, und das wird im Roman ebenfalls deutlich. Die Ansicht der „Gräfin Seydlitz“ wird beispielsweise durch die Antwort gestützt, die der „Psychoanalytiker Alexander Mitscherlich“ Gesine auf eine Anfrage hinsichtlich ihrer psychischen Gesundheit schreibt. Er bescheinigt Gesine indirekt einen Mangel an Ich–Stärke, indem er die Ansicht vertritt, ein Psychotherapeut könne ihr „zu mehr zeitgemäßer innerer Sicherheit verhelfen“ (JT 1857). Hier sei schon auf eine der vielen weiteren korrespondierenden Stellen zwischen den „Jahrestagen“ und „Tage, Tage, Jahre“ hingewiesen: Sowohl Gesines Eltern als auch die der Ich–Erzählerin aus „Tage, Tage, Jahre“ gelten zunächst als ideales Paar (JT 392 – TTJ 136) und leben sich nach zwischenzeitlicher längerer Trennung so sehr auseinander, daß sie – zumindest zeitweise – gar nicht mehr unter einem Dach schlafen (JT 409 – TTJ 136).

Noch ein Punkt soll im Zusammenhang mit dieser Textstelle erwähnt werden: Die Anmerkung nämlich, daß die Kaschnitz „gesehen“ (JT 1449) habe, statt, wie die Gräfin Seydlitz „Bescheid [zu] wissen“ (JT 1449), schafft eine Übereinstimmung mit der Johnsonschen Poetik, der es um möglichst exakte Beschreibungen geht, ein Urteil jedoch dem Leser überläßt.

Gesines Entscheidung zur Selbstverantwortung und zu einer pragmatischen moralischen Haltung wird in dem Kapitel, in dem es um den Kauf eines Mantels geht, bildlich dargestellt. Das Bild dieses Mantels läßt sich auf vielerlei Weise mit dem Vater in Verbindung bringen, und es ist zugleich als Metapher dafür zu sehen, wie sie ihr wahres Ich versteckt. Dieses Bild verweist im übrigen zugleich auf die Erzählung „Das dicke Kind“ von Marie Luise Kaschnitz[9], zu der es noch weitere Verbindungen gibt (so hält sich Gesine selbst als Kind für dick, JT 937). An dieser Stelle kann auf weitere und ausführlichere Deutungsmöglichkeiten des Mantelbildes nicht eingegangen werden[10]. Es wird jedoch klar, daß die Bildlichkeit in den „Jahrestagen“ eine wichtige Rolle spielt und daß mit der Hilfe dieses Darstellungsmittels für die Anlage der Hauptfigur zentrale Punkte dargestellt werden.

Es ist aus diesem Grund nicht zu vernachlässigen, daß zwischen den „Jahrestagen“ Uwe Johnsons und „Tage, Tage, Jahre“ von Marie Luise Kaschnitz eine ganze Reihe weiterer Übereinstimmungen in der Verwendung von Bildern und Motiven vorkommen.

Kaschnitz' Aufzeichnungen korrespondieren in der erzählten Zeit, im Titel und in der gewählten Form des Tagebuches mit den „Jahrestagen“. „Tage, Tage, Jahre“ behandelt die Zeit vom 22. Juni 1966 bis zum 31. Dezember 1967, die „Jahrestage“ die vom 21. August 1967 bis zum 20. August 1968. Auch inhaltlich zeigen sich Parallelen. In „Tage, Tage, Jahre“ beschreibt eine weibliche Erzählerin eine unterbrochene Reihe von Tagen aus eindreiviertel Jahren ihres Lebens, in den „Jahrestagen“ wird ein Jahr aus dem Leben einer Frau beschrieben. Wie in den „Jahrestagen“ die Form im Roman reflektiert wird, z. B. durch Gespräche des „Genossen Schriftsteller“ mit der Protagonistin „Gesine Cresspahl“, denkt die Ich–Erzählerin in „Tage, Tage, Jahre“ über das Genre der Autobiographie und damit über ihr eigenes Erzählen nach (TTJ 210f.). Schon das Konzept der „Jahrestage“, die zu einem großen Teil aus Zeitungsartikeln bestehen, enthält einen Verweis auf „Tage, Tage, Jahre“: „Eine Sammlung von Zeitungsausschnitten nämlich, die ich später zusammenstellen will und die ein selbstgeschriebenes Buch durchaus ersetzen können. Das Persönliche, das man von einem Buch verlangt, läge in diesem Fall in der Auswahl“ (TTJ 79). Eine weitere formale Übereinstimmung zwischen den „Jahrestagen“ und „Tage, Tage, Jahre“ stellt die Verwendung des Prosagedichtes für einige Tageskapitel dar (z. B. JT 1367f., JT 1690–1693 – TTJ 42–45).

In beiden Büchern kommen der Autor bzw. die Autorin als Romanfiguren vor. Beide halten Lesungen. Allerdings ist die Situation bei Uwe Johnson insofern komplizierter, als die „Jahrestage“ aus der Perspektive einer weiblichen „Person“ geschrieben sind – so jedenfalls will es der sich im Roman äußernde „Genosse Schriftsteller“ ausdrücklich. Aus der Perspektive dieser Gesine Cresspahl heraus wird der Schriftsteller Uwe Johnson bei einem mißglückten Vortrag in New York gesehen (JT 253–257). In „Tage, Tage, Jahre“ hingegen beschreibt die Ich–Erzählerin, wie sie sich bei einer eigenen Lesung verspätet (TTJ 158–160) und an einer weiteren Stelle allgemein über das Gefühl, einen eigenen Text vor anderen vorzulesen (TTJ 321–323).

Die Erzählerin in „Tage, Tage, Jahre“ beschreibt häufig ihre Wohnung und die Häuser in ihrer Stadt. Dabei bringt sie erstere mehr mit ihrer persönlichen und letztere mehr mit der allgemeinen Geschichte in Verbindung.[11] Zur Beschreibung der Häuser werden in beiden Werken sehr häufig menschliche Attribute verwendet. Die Kaschnitz beschreibt in „Tage, Tage, Jahre“ den Abriß alter Villen und den Bau von Hochhäusern in der Stadt Frankfurt am Main. Das Abreißen von Häusern wird in beiden Werken als „Sterben“ bezeichnet (z. B. JT 421 – TTJ 19, 147f.). Damit einher geht das Fällen von Bäumen in den Alleen der Stadt (TTJ 64f.). Bäume stehen auch allgemein in Zusammenhang mit Häusern – in den „Jahrestagen“ fast immer in Verbindung mit den jeweiligen Wohnungen bzw. Wohnhäusern Gesines (z. B. JT 26f., 274, 468, 1080–1085 – TTJ 192f.). Die Wohnungen Gesines werden jeweils beschrieben: am genauesten ihr Elternhaus, ebenfalls sehr präzise ihre New Yorker Wohnung und die Bank, in der sie arbeitet. Gesines Elternhaus wurde von ihrem Vater weitgehend allein hergerichtet und später mehrmals wieder umgebaut (u. a.

JT 409–412). Auch in „Tage, Tage, Jahre" gibt es eine Stelle, in der erzählt wird, wie der Vater das Elternhaus umbaut (TTJ 283f.). Als Gesine und Marie ihre Wohnung in New York gefunden haben, wird einmal der Blick aus dem Fenster auf einen winterlichen Fluß beschrieben (JT 475). Ganz ähnlich erscheint die Beschreibung des Blicks aus dem Fenster eines Berner Hotels auf den Fluß Aare in „Tage, Tage, Jahre" (TTJ 192f.). Bei der Beschreibung der Bank und der Straße, in der die Bank steht, ergeben sich Ähnlichkeiten zur Beschreibung der Stadt Frankfurt in „Tage, Tage, Jahre". In der New Yorker Straße sind die Bankgebäude aus einer Reihe älterer Häuser entstanden, welche, im Gegensatz zu den modernen Bankgebäuden, noch so etwas wie eine 'Persönlichkeit' besaßen (JT 34f., [vgl. auch 842f.] – TTJ 9). In den „Jahrestagen" und in „Tage, Tage, Jahre" stehen die modernen Großstadthäuser auf „Stelzen" (JT 119 – TTJ 9). Sowohl Gesine Cresspahl als auch die Ich–Erzählerin von „Tage, Tage, Jahre" werden einmal morgens durch Klopfgeräusche geweckt (JT 131f. – TTJ 17), die sie zum Nachdenken darüber bringen, ob das eigene Haus wohl „verrottet" ist (JT 132) oder abgerissen werden wird (TTJ 17–19).

Auch im Bereich der Großstadtbeschreibungen finden sich erstaunliche intertextuelle Verweise. In „Tage, Tage, Jahre" kommen ebenso wie in den „Jahrestagen" Amerika–Kapitel vor, die sich auf New York und dort wieder häufig auf Manhattan beziehen (TTJ 236–242, 246–248, 250f., 254f., 257–259, 262–265, 268–271, 273–275, 280f., 304f.). Erwähnt oder beschrieben werden, parallel zu den „Jahrestagen", eine Brücke, die man bei der Ankunft in New York sieht (JT 12 – TTJ 238f.), eine Frau, die, wie die Gesine Cresspahl der „Jahrestage", in der Nähe eines Parkes wohnt (JT 26 – TTJ 264f.), die Fähre über den Hudson (JT 25, 90 – TTJ 262f.), der Riverside Drive mit seinen Parkanlagen (JT 26 – TTJ 264) und ein Haus in New Jersey, das in den „Jahrestagen" D. E., in „Tage, Tage, Jahre" einem „Onkel Rudi" gehört (JT 42 – TTJ 239f.). Die Geräusche, die die Ich–Erzählerin in der Nacht in Manhattan hört, erzeugen in ihr eine Art „Weltuntergangsstimmung", die sie mit den „Trompeten von Jericho" vergleicht (TTJ 236f.). Obwohl normalerweise in den „Jahrestagen" eher von dem „Jerichow" aus Gesines Heimat die Rede ist, wird im Zusammenhang mit der amerikanischen Redensart „I wish you were in Jericho" über den biblischen Ort reflektiert (JT 385). Weiter werden im Zusammenhang mit der Amerika–Reise der Friedhof in Ithaca (TTJ 254f.)[12] sowie ein abgebranntes Studentenwohnheim (TTJ 257–259)[13] erwähnt. Ebenfalls nach New York situiert werden die Leichen eines jungen „Streuners", der „mitsamt seinem Mädchen in einem Keller ermordet aufgefunden wurde" (TTJ 320). In den „Jahrestagen" werden „die Leichen eines Hippiepaares [...] tot in einem Keller gefunden" (JT 157). In beiden Werken wird auf die Diskriminierung der Farbigen in den USA hingewiesen, die in den „Jahrestagen" zuweilen mit den

Anfängen der Judenverfolgungen des Nationalsozialismus analogisiert wird (z. B. JT 7, 609–612, 844f. – TTJ 280f.). Das Problem wird auch hier wieder auf individueller Ebene im Verhältnis Maries zu den Farbigen, besonders zu ihrer Klassenkameradin Francine verdeutlicht (z. B. JT 247–250).

Eine sehr wichtige Parallele in beiden Werken ist die Art, in der die Wasser–Bildlichkeit eingesetzt wird. In beiden Romanen ist häufig vom Regen (z. B. JT 615f., 1276, 1579 – TTJ 180f.; ausdrückliche Verbindung von Regen und Tod/Unheil: JT 817 – TTJ 37–39, 180, 183), von der Angst vor oder von tatsächlichen Überschwemmungen die Rede (JT 28: Gesine fühlt sich in ihrer neuen Wohnung trotz ständigen Regens vor Überschwemmungen sicher, TTJ 68, 177–179), ferner vom Meer und von Seen. Das Schwimmbad–Motiv wird neben „Tage, Tage, Jahre" auch in „Orte"[14] von Marie Luise Kaschnitz korrespondierend zu den „Jahrestagen" gebraucht (JT 487–491 – TTJ 30–33; „Orte", S. 617). Fast immer hat die Wasser–Bildlichkeit etwas zu tun mit dem Tod (JT 615–619: „Wassertonnengeschichte"; Gesines Mutter rettet ihre kleine Tochter nicht, als diese in eine offenstehende Wassertonne fällt; 675–678: unbekannte Tote im Preetzer See) oder mit belastenden Erinnerungen. Auffallend ist hierbei, daß die intertextuellen Bezüge die Anfangskapitel der ersten drei Bände der „Jahrestage" betreffen, in denen die Verbindung zwischen der Wasserthematik und den belastenden Erinnerungen besonders deutlich wird[15]. Gesines Kopfsprung, der im ersten Kapitel des zweiten Bandes der „Jahrestage" beschrieben wird (JT 487–491), korrespondiert in „Tage, Tage, Jahre" mit den Kopfsprüngen der anmutigen Schwester ins Schwimmbecken (TTJ 30–33). Aber bereits für das erste, undatierte Kapitel der „Jahrestage" findet sich ein ähnlicher, dabei noch mehr mit Bedeutung aufgeladener Verweis: „Im Stillstehen holt das Wasser ihr in zwei Anläufen den Grund unter den Füßen hervor, spült sie zu" (JT 8). Fast analog dazu findet man in „Tage, Tage, Jahre" auf Seite 131: „Schon die erste Uferwelle riß einem gurgelnd den Boden unter den Füßen weg." Die Textstelle zu Beginn der „Jahrestage" spielt auf der persönlichen Ebene auf die verlorene Gefühlserinnerung an Gesines traumatisches Kindheitserlebnis an, die Wassertonnengeschichte, auf der politischen Ebene auf die von den Nazis in der Ostsee versenkten jüdischen Leichen (JT 1110–1119), d. h. auf das Trauma, daß sie „das Kind eines Vaters [ist], der von der planmäßigen Ermordung der Juden gewußt hat" (JT 232). Eine Bezugsstelle in „Tage, Tage, Jahre" ist mit einem Kapitel über Sylvia Plath vorhanden, deren Vater selbst ein „Kriegsverbrecher" war (TTJ 138f.). Auch der Beginn des dritten Bandes der „Jahrestage" – Gesine und ihre Tochter Marie schwimmen in einem See – enthält Verweise auf „Tage, Tage, Jahre" (JT 1017–1020 – TTJ 10f., 30–33). Einer der Selbstmordversuche Lisbeths in „Jahrestage" hat eine bildhafte Ähnlichkeit mit einer Situation in „Tage, Tage, Jahre": Von Lisbeth, die bei kaltem Wetter in der Ostsee schwimmt, ist von der Küste her nur noch die Badekappe zu sehen (JT 579). Die Ich-Erzählerin in „Tage, Tage, Jahre" beschließt, nicht mehr so weit ins Meer hinauszuschwimmen, daß „Die Gefahrenfahne, dieser rote Wimpel, nicht mehr deutlich zu erkennen ist" (TTJ 130f.). Das Thema des Selbstmords wird in den „Jahrestagen" häufiger aufgenommen (z. B. JT 88, 643–646) und auch in „Tage, Tage, Jahre" reflektiert (TTJ 156–158).

Weitere korrespondierende Motive liegen im häufigen Auftauchen von Flugzeugen. Sie werden mit dem Todesthema verbunden, indem die Erzählerin in „Tage, Tage, Jahre" häufiger ihre Angst vor Flugzeugabstürzen erwähnt (TTJ 11f., 133–135). In den „Jahrestagen" sterben zwei für Gesine wichtige Männer durch Flugzeugabstürze (Pius Pagenkopf [1765] und D.[ietrich] E.[richson] [1740–1742]) und sie selbst zeigt in Form von Träumen ihre Angst vor Flugzeugunglücken (JT 117–120, 419, 1777).

Ähnlich wie mit Flugzeugen verhält es mit der Rolle der Bahn. In „Tage, Tage, Jahre" ist eine Reflexion über die Rolle von Eisenbahnen und Flugzeugen als Motive für die Dichtung vorhanden (TTJ 228–230). Auch die Bahn ist in den „Jahrestagen" mit 'Gesines Männern' verknüpft. Jakob, ihr „großer Bruder" und der spätere Vater ihrer Tochter Marie, arbeitet als Dispatcher bei der Bahn und kommt bei einem Zugunglück ums Leben (JT 1867f.). An weiteren Stellen wird die Verbindung von D. E., Gesines New Yorker Freund, mit dem Bahn-Motiv deutlich. Marie möchte, daß D. E. aus seinem Leben erzählt. Sie sagt: „Aus deinem Leben, D. E. Die Reichsbahn genügt uns nicht" (JT 1144). Auch Gesines Leben ist mit der Bahn verbunden. In New York wird sie des öfteren in der U-Bahn geschildert (z. B. JT 367–374 und 1227–1230). Als Gesine einen Ausflug mit Marie und D. E. macht, sagt sie: „Dies wäre eine meiner zähesten Erinnerungen gewesen: auf der Brücke über der Southern-Eisenbahn stehen, über den rasselnden Zügen, freundlich auf die Wagendächer spucken" (JT 334–335).

Außerdem nehmen die „Jahrestage" auf „Tage, Tage, Jahre" bei der Behandlung abstrakterer Themen wie dem des Gedächtnisses Bezug, wobei ähnliche Metaphern zu dessen Beschreibung gebraucht werden (JT 63f. und TTJ 55f., 79f.). In beiden Büchern findet eine intensive Auseinandersetzung mit dem Judentum im allgemeinen und im besonderen mit den Judenmorden des Nationalsozialismus statt und in beiden Büchern wird die Neugründung der NPD in der Bundesrepublik Deutschland erwähnt (JT 374f. – TTJ 215).

Das Thema 'Vergewaltigungen' kommt in den „Jahrestagen" häufiger vor (JT 361, 375, 652, 1066f.), in „Tage, Tage, Jahre" gibt es ein Kapitel, in dem jemand von einer sensationslüsternen Boulevard-Zeitung fälschlicherweise einer Vergewaltigung bezichtigt wird (TTJ 108–110).

In sehr ähnlicher und eindrücklicher Weise wird auch beschrieben, wie ein Mensch seine Hand betrachtet und dabei über sich selbst nachdenkt. In den „Jahrestagen" ist es Gesine als Säugling (JT 399), ein Kind, für das die Beschäftigung mit seinen Händen die erste Möglichkeit ist, etwas im buchstäblichen Sinne zu 'begreifen'. Für die älter werdende Ich–Erzählerin in „Tage, Tage, Jahre" ist mit dem Betrachten der Hände umgekehrt ein Rückblick auf das Leben verbunden, auf all die „Bewegungen" und „Händedrücke", die man mit den Händen ausgeführt hat (TTJ 271–273). Dabei wird jeweils auch reflektiert, wie man diese Hände schon, noch oder vielleicht auch einmal nicht mehr beherrscht und inwieweit diese Hände möglicherweise ein Eigenleben führen, mit anderen Worten: das Subjekt–Objekt–Verhältnis am Beginn und am Ende eines Lebens wird anhand dieses Beispieles reflektiert. Beim Verhältnis zum eigenen Körper gibt es noch an einer anderen Stelle einen Verweis der „Jahrestage" auf „Tage, Tage, Jahre": Der jugendlichen Gesine fallen durch Typhus ihre Haare aus (JT 998). In „Tage, Tage, Jahre" gibt es eine „Frau Astorga", der ebenfalls durch Typhus die Haare ausgefallen sind (TTJ 55–57). Lisbeth läßt die kleine Gesine hungern, um durch das Leiden ihres Kindes ihre eigenen Schuldgefühle wieder gut zu machen. Gesine beißt deswegen in das Brot eines Gesellen ihres Vaters (JT 693f.). In „Tage, Tage, Jahre" wird erzählt, wie ein Internatsschüler ein Stück vom Kuchen einer Bediensteten der Internatsschule nimmt, weil er, wie alle Schüler im Jahr 1946, Hunger hat.

Auch das Prag–Thema, das mit Gesines Zukunftsplänen zusammenhängt – Gesine will für ihre Bank nach Prag gehen und verbindet damit die Hoffnung, hier besser ihren Vorstellungen gemäß leben zu können – findet bereits in „Tage, Tage, Jahre" Erwähnung (TTJ 132f.). Beide Bücher weisen schließlich auf Ingeborg Bachmann hin. Die „Jahrestage" beziehen sich darauf, daß man in New York keine Frau wie die Bachmann sähe (JT 1710). Die Ich–Erzählerin in „Tage, Tage, Jahre" besucht Ingeborg Bachmann in Rom, wobei ihr diese von einer Geschichte erzählt, die sie zu schreiben vorhat: Ein Schriftsteller versucht, einen lebenden Menschen ganz genau zu beschreiben, und ermordet ihn damit (TTJ 128f.). Zwar bezieht sich diese Stelle im engeren Sinne auf Bachmanns späteres Romanfragment „Der Fall Franza"[16], doch wird auch in den „Jahrestagen" ein Jahr aus dem Leben einer Frau äußerst detailliert beschrieben. Diese stirbt am Ende dieses Jahres nicht, wird aber ständig auf den verschiedensten Ebenen mit der Todesthematik konfrontiert[17].

Die Protagonistinnen beider Werke beschäftigen sich immer wieder mit dem Todesthema und hören sogar „Stimmen" verstorbener Verwandter oder unterhalten sich mit diesen (z. B. JT 45, 419, 1178f., 1538–1541 – TTJ 90–92, 163–165).

Es wären noch eine ganze Reihe weiterer paralleler Textstellen zu nennen. Die genannten Korrespondenzen zeigen jedoch bereits, daß es auf den verschiedensten Ebenen des Romans intertextuelle Verweise der „Jahrestage" auf „Tage, Tage, Jahre" gibt. Diese Verweise haben eine besondere Bedeutung, weil sie einerseits besonders exponierte Textstellen wie die Anfänge der drei ersten Romanbände betreffen (der Roman war ursprünglich nur auf drei Bände angelegt!), andererseits, weil sie besonders häufig im Zusammenhang mit der Anlage der weiblichen Protagonistin der „Jahrestage" auftauchen. Uwe Johnson hat wohl bei seiner Biographie einer imaginierten weiblichen Person einige Anleihen bei den „realen" autobiographischen Aufzeichnungen der Kaschnitz gemacht, um seine Romanfigur in psychologischer Hinsicht überzeugender darstellen zu können[18]. Eine ausführlichere Interpretation dieser intertextuellen Bezüge konnte hier nicht geleistet werden.

Anmerkungen

1 Uwe Johnson: Jahrestage. Aus dem Leben von Gesine Cresspahl. Frankfurt/M.: Suhrkamp Verlag, 4 Bände, 1970–1983, im folgenden abgekürzt als „JT".

2 Marie Luise Kaschnitz: Tage, Tage, Jahre. In: Dies.: Gesammelte Werke. Band 3. Herausgegeben von Christian Büttrich und Norbert Miller. Frankfurt/M.: Insel Verlag, 1982, S. 7–338, im folgenden abgekürzt als „TTJ".

3 Julia Kristeva: Sémeioitiké. Recherches pour une sémanalyse. Paris: Editions du Seuil, 1969. (= Points. 96).

4 Burkhard Moennighoff: Intertextualität im scherzhaften Epos des 18. Jahrhunderts. Göttingen, Zürich: Vandenhoeck & Ruprecht, 1991, S. 17. (= Palaestra. 293). Moennighoff bezieht sich bei seiner Begriffsbildung u. a. auf Rainer Grübel: Die Geburt des Textes aus dem Tod des Textes. In: Dialog der Texte. Hamburger Kolloquium zur Intertextualität. Herausgegeben von Wolf Schmid und Wolf-Dieter Stempel. Wien: Gesellschaft zur Förderung Slawistischer Studien, 1983, S. 228. (= Wiener slawistischer Almanach. Sonderband 11) und auf Ingeborg Hoesterey: Verschlungene Schriftzeichen. Intertextualität versus Kunst in der Moderne/Postmoderne. Frankfurt/M.: Athenäum Verlag, 1988, S. 42. (= Athenäum Monographien Literaturwissenschaft. 92)

5 Burkhard Moennighoff, a. a. O.

6 Burkhard Moennighoff, a. a. O., S. 18.

7 Brief Uwe Johnsons an Hannah Arendt-Blücher und Heinrich Blücher vom 4. Juli 1970, abgedruckt in: „Die Katze Erinnerung". Uwe Johnson – Eine Chronik in Briefen und Bildern. Zusammengestellt von Eberhard Fahlke. Frankfurt/M.: Suhrkamp Verlag, 1994, S. 206f.

8 Dieses Zitat geht zurück auf einen Text aus Marie Luise Kaschnitz: Orte. In: Gesam-

melte Werke. Band 3. Frankfurt/M.: Insel Verlag, 1982, S. 415–649. Auf Seite 503 schreibt sie: „Die größte Sünde, die ich an meinem Kind begangen habe, war die Liebe zu meinem Mann, das Ein–Herz–und–eine–Seele–Sein. Dies ist der Grund, warum ich immer behaupte, eine schlechte Ehe sei für Kinder, besonders für Einzelkinder, vorzuziehen. Da wissen sie doch, an wen sie sich zu halten haben."
Eine weitere Parallelstelle befindet sich in demselben Band auf Seite 770: „Der Egoismus à deux, den manche Ehepaare praktizieren, hat mich immer abgestoßen, unter dem Deckmantel der ehelichen Liebe, aber vielleicht auch unter der Gewohnheit, schützt der eine den andern, die bequeme Sicherheit des häuslichen Friedens weist dem (fremden) Bettler die Tür. Erst als ich allein geblieben, die 33 Jahre meiner Ehe überdachte, wurde mir klar, daß wir nicht anders empfunden, nicht anders gehandelt hatten, daß wir trotz aller Gastfreundschaft und Hilfsbereitschaft niemanden haben eindringen lassen in unser Alleinsein zu zweit. Auch nicht das Kind? Nein, und ich erfuhr es mit Entsetzen, auch nicht das Kind."
Auf eine dritte Parallele weist schon Dagmar von Gersdorff hin: Marie Luise Kaschnitz. Eine Biographie. Frankfurt a Main: Leipzig: Insel Verlag, 2. Aufl. 1993, S. 315. – Sie befindet sich im dritten Band der Werkausgabe auf Seite 850. Nach Gersdorff handelt es sich dabei um den letzten Text der Schriftstellerin überhaupt: „[...] und immer die Sorge, welche Last schwer wie Backsteine auf dem Kopf besonders eines Einzelkindes ruht. Eine glückliche Ehe, das habe ich schon einmal gesagt, ist für ein Einzelkind ein weiterer Haufen von Backsteinen. Ihr haltet auch immer zusammen, sagte unsere Tochter vierjährig und stellte sich mit geballten Fäusten mit dem Gesicht zur Wand."

9 Marie Luise Kaschnitz: Das dicke Kind. In: Gesammelte Werke. Band 4. Frankfurt/M.: Insel Verlag, 1983, S. 58–68, S. 58.

10 Vgl. hierzu meine schriftliche Hausarbeit für die Erste Staatsprüfung: Uwe Johnsons „Jahrestage". Subjektivität und 'gender' in der Biographie der Gesine Cresspahl. Göttingen 1994. [Diese Arbeit ist im Uwe–Johnson–Archiv, Frankfurt am Main, und im Deutschen Literaturarchiv, Marbach am Neckar, zugänglich]. In dieser Untersuchung wird deutlich, daß das Bild des Mantels auch für die Reflexion über Gesines Erzählen verwendet wird. Damit erweist es sich auch auf erzähltheoretischer Ebene als eine zentrale Metapher für die „Jahrestage".

11 Zum Bild des Hauses vgl. Thomas Schmidt: „Es ist unser Haus, Marie." Zur Doppelbedeutung des Romantitels „Jahrestage". In: Johnson–Jahrbuch. Band 1. Herausgegeben von Ulrich Fries und Holger Helbig. Göttingen. 1994, S. 143–160.

12 Vgl. das immer wiederkehrende Friedhofsmotiv in den „Jahrestagen", z. B. S. 273.

13 Vgl. das Motiv des abgebrannten Hauses in den „Jahrestagen", das besonders bedeutsam ist, weil sich Gesines Mutter mit hoher Wahrscheinlichkeit selbst in der Scheune ihres Bauernhofes verbrannt hat, z. B. S. 176–179, S. 596 und S. 747–750.

14 Marie Luise Kaschnitz: Orte, a. a. O., S. 617.

15 Vgl. hierzu Ulrich Fries: 'Riverside Drive Revisited'. Utopische 'Randmuster' gegen die Hoffnungslosigkeit in der Geschichte. Eine allegorische Dimension in Uwe Johnsons „Jahrestage". In: Internationales Uwe–Johnson–Forum. Band 1 (1989). Beiträ-

ge zum Werkverständnis und Materialien zur Rezeptionsgeschichte. Herausgegeben von Nicolai Riedel. Bern, Frankfurt/M.: Peter Lang, 1990, S. 46–71, und Uwe Neumann: „Behandeln Sie den Anfang so unnachsichtig wie möglich". Vorläufiges zu Romananfängen bei Uwe Johnson. In: Johnson–Jahrbuch. Band 3. Herausgegeben von Ulrich Fries und Holger Helbig. Göttingen. 1996, S. 19–49.

16 Ingeborg Bachmann: Der Fall Franza. In: Dies.: Werke. Band 3. Herausgegeben von Christine Koschel, Inge von Weidenbaum und Clemens Münster. München, Zürich: R. Piper, 1982, S. 339–482.

17 Auf die 'Überforderung' dieser Romanfigur weist z. B. Ulrich Fries hin: Uwe Johnsons „Jahrestage". Erzählstruktur und politische Subjektivität. Göttingen: Vandenhoeck & Ruprecht, 1990, S. 134. (= Palaestra. 290), vgl. auch das Kap. „Geschichte und Subjekt", a. a. O., S. 127–142.

18 Daß die Bildlichkeit für die psychologische Ausgestaltung der Romanfigur eine entscheidende Rolle spielt, habe ich in meiner Examensarbeit (s. Anm. 10) gezeigt. Vgl. hierzu auch Colin Riordan: „...was ich im Gedächtnis ertrage". Die Metaphorik der Jahrestage. In: Johnson–Jahrbuch. Herausgegeben von Ulrich Fries und Holger Helbig. Göttingen. Band 2, 1995, S. 134–154, und zur Frauendarstellung Stefanie Golisch: Weiblichkeit als Metapher. Anmerkungen zum Frauenbild in den Romanen Uwe Johnsons. In: Uwe Johnson zwischen Vormoderne und Postmoderne. Internationales Uwe Johnson Symposium 22.–24. 9. 1994. Herausgegeben von Carsten Gansel und Nicolai Riedel. Berlin, New York: Walter de Gruyter, 1995, S. 81–94.

STEFANIE GOLISCH

Fremdheit als Herausforderung. Uwe Johnson und Ingeborg Bachmann

„*Er (d. i. der Künstler) verabscheut die Halbherzigkeit, die logische* Feigheit, das Kompromiß, er lebt im Protest gegen die Verderbnis der Idee durch die Wirklichkeit."

Thomas Mann

I Radwechsel

Zu Beginn sei ein kurzes Gedicht von Bertolt Brecht zitiert. Es wird vielen von Ihnen bekannt sein, denn es handelt sich um die erste „Buckower Elegie":

„Ich sitze am Straßenrand
Der Fahrer wechselt das Rad.
Ich bin nicht gern, wo ich herkomme.
Ich bin nicht gern, wo ich hinfahre.
Warum sehe ich den Radwechsel
Mit Ungeduld?"[1]

Weshalb gerade dieses Gedicht? Auf den ersten Blick mag es unscheinbar wirken, fast banal. Aber, wie nicht selten bei Brecht, liegt eben in seiner vorgeblichen Einfachheit die – wenn man so will – Tücke des Objekts beschlossen. So einfach, wie die Sache scheint, ist sie natürlich nicht.

Eine Autopanne. Die Minuten des Wartens beim Radwechsel. – Was macht ein Mensch, wenn er warten muß und wenn ihm keine Ablenkung die müßige Zeit verkürzt? Er horcht in sich hinein. Der Vielgereiste spürt Überdruß und schließlich – zu seiner eigenen Verwunderung – etwas wie Ungeduld. Wie paßt das zusammen: lebenssatt und ungeduldig zugleich? Ein Widerspruch? – Ein Widerspruch nur scheinbar. Eine merkwürdige Gleichzeitigkeit einander widerstrebender Empfindungen eher, spricht Brecht in seiner ersten „Buckower Elegie" doch von einer für unser Jahrhundert in besonderer Weise typisch gewordenen Erfahrung.

Der Weg aus der Heimat in die Fremde, aus der vertrauten Umgebung zu unbekannten Orten und Landschaften ist in seinem kurzen Gedicht aufgehoben, das Dilemma des Fortgehen–Müssens aus einer Notwendigkeit, die Desillusionierung der Ankunft und schließlich – meisterlich verborgen in einer Alltagssituation – die trotzige Frage nach der Utopie, dem tieferen Sinn des permanenten Ungenügens: Warum, trotz allem, wider besseres Wissen sozusagen, sehe ich den Radwechsel mit Ungeduld? – Am Straßenrand sitzen, die Heimat verloren, die Fremde ungewiß und ohne Glücksversprechen allemal und dennoch diese eigentümliche Erwartungshaltung, die leise Neugierde, die entgegen aller Erfahrung zur raschen Weiterfahrt drängt: in diesem Bilde verdichtet sich eine beunruhigende Wahrheit. Die Lebenswahrheit eines bedeutenden Teils der kritischen Intelligenz unseres Jahrhunderts.

Kaum ein Lebensweg, der nicht fortführt von den Orten der Herkunft. Aufbruch und Ankunft, meist nur für eine kurze Weile. Länder gewechselt wie das Hemd. Permanentes Unterwegssein ohne konkreten Fluchtpunkt. Im Kopf allerdings eine Idee: die Vorstellung einer besseren Welt, gerechterer Lebensverhältnisse.

Nicht nur für die von den Nationalsozialisten ins Exil gezwungenen Regime–Gegner wird die Auseinandersetzung mit Heimat und Fremde – gewollt oder ungewollt – zu einer menschlichen und künstlerischen Herausforderung zugleich. Thomas Manns vollmundiges Diktum, nach dem, wenn die Heimat fremd wird, die Fremde zur Heimat wird, ist nur bedingt gültig. Für die meisten ist die Sache doch komplizierter, menschlich und künstlerisch: das Leben in der Fremde eine tägliche Bewährungsprobe, der längst nicht jeder standzuhalten vermag.

Ist einmal die eigene Haut gerettet, drängen sich neue Fragen auf, nicht minder drängend. Wer seinen natürlichen Lebensraum verlassen hat, beginnt sich selbst und seine Umgebung mit fremden Augen zu betrachten: er ist aus der Selbstverständlichkeit gefallen. Ein für alle Male.

Gehen oder Bleiben – so lautet fortan die Kardinalfrage, um die sich alles dreht. Peinigend. Unbeantwortbar. Täglich aufs Neue gestellt ist sie es fortan, die den Rhythmus des Lebens bestimmt. Ist die Reise einmal begonnen, ist sie kaum mehr aufzuhalten. Orte, Länder, Kontinente werden zu einer Gewissensentscheidung: wo ist die moralische Schweiz, in die wir emigrieren könnten? Die „moralische Schweiz", der sagenhafte Ort Nirgendheim, das Land, in dem die Menschen „schwarzgoldene" Augen haben – hellere Orte auf einer inneren Landkarte – verbirgt sich hinter dem Leiden am Verlust der Heimat doch allemal mehr als nur der Wunsch nach Rückkehr an die Orte der eigenen Kindheit: Heimat – das ist die notwendige Vision der Versöhnung, die dem Künstler die Kraft verleiht, sein Werk gegen alle Widerstände doch hervorzubringen.

Zwei bedeutende Schriftsteller der deutschsprachigen Nachkriegsliteratur. Zwei Lebenswege, unvergleichbar im Detail, verwandt in der obsessiven Hingabe an die eigene Heimat, die verlassen wurde und erst im Werk wiederaufersteht. Vielleicht verlassen werden mußte, um im Werk wieder auferstehen zu können.

Ich spreche natürlich von Mecklenburg und Wien. Von Uwe Johnson und Ingeborg Bachmann.

Unter dem Begriff Exil fassen wir gemeinhin die Notwendigkeit, einen aus politischen Gründen lebensbedrohlich gewordenen Ort, nicht selten unter dramatischen Begleitumständen, verlassen zu müssen. Ein fremdes Land gewährt dem Flüchtenden vorübergehend oder längerfristig das Bleiberecht. Aus dem selbstbewußten Bürger wird ein nurmehr Geduldeter. Man ist nun „im Exil": fern von der Heimat, nicht freiwillig sondern massivem äußeren Druck gehorchend, der die physische und psychische Existenz unmittelbar bedroht.

Können Johnson und Bachmann, die beide das Land ihrer Herkunft früh verließen, Exilierte genannt werden? Ihre physische Existenz ist niemals bedroht gewesen und dennoch handelt es sich in beiden Fällen – bei Johnson freilich konkreter als bei Bachmann – maßgeblich um historisch–politische Motive, die den Ausschlag zum Verlassen der Heimat gegeben haben.

„Exil" betitelt Bachmann eines ihrer späten Gedichte, eine lyrisch geformte Bilanz der eigenen Lebenserfahrung. Der Exilierte erscheint hier in einem weiteren Sinne als ein Toter „gemeldet nirgends mehr", als ein Mensch, der „unter Menschen nicht leben kann".[2]

„Ich mit der deutschen Sprache", so heißt es weiter, „dieser Wolke um mich/ die ich halte als Haus/treibe durch alle Sprachen."[3]

In „Exil" findet Ingeborg Bachmann ein eindringliches Bild, das den gesamten Horizont moderner Fremdheitserfahrung auf den Punkt zu bringen scheint: die Unmöglichkeit, sich nach dem Verlust der eigenen Heimat in der Welt noch zu Hause zu fühlen und die angedeutete Rettung in die Muttersprache: Schreiben als Überlebensstrategie.

II Eine Reise wegwohin

Im Jahr 1926 bzw. 1934 geboren, gehören Bachmann und Johnson zu den Autoren, die – ein jeder auf seine Weise – die deutschsprachige Nachkriegsliteratur entscheidend geprägt haben.

Aufgewachsen im Nationalsozialismus stellt die Epoche einen lebenslangen Bezugsrahmen bereit, der im Laufe der Zeit nicht etwa von gegenwartsbezogenen Themen verdrängt wird, sondern sich kontinuierlich ausdifferenziert, um schließlich im Spätwerk zum universalen Parameter kritischer Gegenwartsanalyse aufzurücken. Sowohl in „Malina" als auch in den „Jahrestagen" stellt die Auseinandersetzung mit dem Nationalsozialismus die (Zentral)Perspektive bereit, unter der die politischen und gesellschaftlichen Entwicklungen der Nachkriegszeit in Ost und West in ihrer grundsätzlichen Verfehltheit bewußt gemacht werden sollen. Die nationalsozialistische Ideologie wird in ihren Auswirkungen auf das Denken und Handeln der Menschen von beiden Autoren gleichermaßen als Probe aufs Exempel begriffen: als Prüfstein für gesellschaftlichen Fortschritt im Sinne der philosophischen Analyse in Horkheimer/ Adornos „Dialektik der Aufklärung". Daß sowohl Johnsons als auch Bachmanns Zeit–Diagnose vernichtend ausfällt, überrascht kaum. Die Radikalität des Urteils, seine moralische Strenge, sein analytischer Scharfsinn und nicht zuletzt seine vollkommene geistige Unabhängigkeit, nimmt sich jedoch selbst im Kontext der wahrlich nicht unkritisch zu nennenden Literatur der Nachkriegszeit fulminant aus.

Bei aller Unterschiedlichkeit im Detail verbindet Johnson und Bachmann ein entschiedener moralischer Rigorismus, der in der ausgesprochenen Suche nach der Wahrheit in der Literatur manifest wird. Für Bachmann als Suche nach einer neuen Sprache schlechthin, für Johnson als ästhetische Technik der Wahrheitsfindung.

> „Wie der Schriftsteller die anderen zur Wahrheit zu ermutigen versucht durch Darstellung, so ermutigen ihn die anderen, wenn sie ihm, durch Lob und Tadel, zu verstehen geben, daß sie die Wahrheit von ihm fordern und in den Stand kommen wollen, wo ihnen die Augen aufgehen. Die Wahrheit nämlich ist dem Menschen zumutbar."[4]

– heißt es dazu unmißverständlich in Bachmanns bekannter Rede zur Verleihung des Hörspielpreises der Kriegsblinden von 1959. In seinen „Vorschlägen zur Prüfung eines Romans" schreibt Johnson mit der ihm eigenen Ironie zum Thema „Wahrheit":

> „Jeder sachliche Irrtum, ob er bei einem historischen Datum passiert oder bei der Unschuld eines Staatsmannes am Tode von Millionen Menschen, an dem er schuldig ist; jede Schlampigkeit in der Arbeit, jede lügenhafte Spekulation gilt als Grund zur Beschwerde in schlimmeren Fällen als Anlaß zu öffentlichem Protest, in den schwersten Fällen die Verwandlung des Buches in Altpapier. Wahrheit ist Bimsstein."[5]

Daß die Suche nach Wahrheit dabei weder für Bachmann noch für Johnson in der ästhetisch geformten Wirklichkeit ihrer Romane zur Ruhe kommt, versteht sich von selbst. Wahrhaftigkeit ist für beide Schriftsteller eine Kategorie, die den eigenen Lebensvollzug einschließt, die Suche mithin nach einer Existenzform, die nicht zuletzt auch dem impliziten Anspruch auf persönliche Integrität Genüge tun sollte. Es ist eine schwierige, zutiefst komplexe Wahrheit, oder besser der Weg zu ihr, den beide Schriftsteller konsequent beschreiten. Der durch nichts zu erschütternde Versuch, die Widersprüche und Ungereimtheiten individuellen und kollektiven Lebensvollzuges stets aufs Neue zu erhellen.

Sowohl Bachmann als auch Johnson verlassen das Land ihrer Herkunft in relativ jungen Jahren, kehren jedoch in ihrem Werk hartnäckig an die Orte ihrer Kindheit zurück – sind doch gerade die „Jugendjahre eines Schriftstellers, ohne daß er es anfangs weiß, sein wirkliches Kapital"[6], wie Ingeborg Bachmann in einem Interview erklärt hat.

Die äußeren Umstände von Johnsons, wie er es selbst genannt hat, „Umzug nach West-Berlin" – er sah, nachdem die „Mutmassungen über Jakob" vom Suhrkamp Verlag zur Publikation angenommen waren, seine Existenz als Schriftsteller in der DDR quasi annulliert – haben zwar einen konkreteren Anlaß als Bachmanns Umsiedlung nach Italien – zugrunde liegt dem fluchtartigen Verlassen der Heimat indes ein vergleichbares Lebensgefühl. Johnson, zutiefst enttäuscht über die gestrenge Lehrerin DDR, deren propagierte Moral er zunehmend in all ihrer Lügenhaftigkeit erfahren mußte, Bachmann, die fatale Kontinuität der politischen Machtverhältnisse in ihrem Heimatland Österreich erkennend.

Die „Henker von gestern" sind, wie es in ihrem Gedicht „Früher Mittag" heißt, nicht nur unter uns, sondern trinken sogar aus „goldenen Bechern"[7] – das faschistoide Weltbild – nichts anderes besagt die Metapher – lebt in der Gegenwartsgesellschaft ungehindert fort. Die historische Chance einer wirklichen moralischen Erneuerung, so die Botschaft des Gedichts, hat die Nachkriegsgesellschaft bereits in ihren Anfängen ein für alle Mal verspielt. Dies die bedrückende Einsicht, mit der sich die Generation Johnsons und Bachmanns um den Preis der Wahrhaftigkeit ihres Schreibens auseinanderzusetzen hatte. Implizit stets die Frage nach Alternativen, nach einer gesellschaftlichen Utopie. Kaum zu unterdrücken zugleich die zunehmenden Zweifel an deren Realisierbarkeit.

Johnsons Enttäuschung, was die Verhältnisse in Westdeutschland betrifft, ist bekannt. Ich zitiere aus dem immer noch oder gerade wieder überaus lesenswerten Aufsatz „Versuch eine Mentalität zu erklären" aus dem Jahre 1970:

> „Die gesellschaftliche Lüge saß auch hier [d. i. in der BRD] nach Strich und Faden, aber die Werberichtung war eine andere, und die Wahrheit schien an ganz unverdächtigen Stellen durch. Und die Westdeutschen, da hatte das Gerücht nicht übertrieben, waren in der Tat anders. Die fuhren wahrhaftig so gerne Auto, und auch das mit den sagenhaften Fernseh-Abenden traf zu. Die lebten ganz harmlos privat. Die westdeutschen Freundschaften wuchsen langsam, anfangs immer noch mit der Hoffnung, es sei an einem der Hiesigen doch Interesse zu finden für das wichtig-

> ste, das so ein Auswärtiger kennen gelernt hatte: die Politik. Die leisteten es sich, darauf zu verzichten. Deren Haltung war, genau wie die eigene, von Produktionsverhältnissen erzeugt; die Erkenntnis von der Formbarkeit des Individuums war doch niederschmetternd."[8]

Die Bundesrepublik stellte sich für Johnson zu keinem Zeitpunkt als Alternative zum gescheiterten Experiment DDR dar, ja, im Grunde genommen bestätigte sich nach seinem „Umzug" lediglich all das, was in „Ingrid Babendererde" als ahnungsvoller Ton mitschwingt und in den „Mutmassungen" an Hand von Jakobs Schicksal nurmehr unmißverständlich dargestellt wird: Die Qual einer apriori absurden Wahl. Das Dilemma, um die tiefe innere Fragwürdigkeit der nur vermeintlichen Antipoden zu wissen und sich dennoch entscheiden zu müssen.

Die Frage nach der „moralischen Schweiz", nach einem besseren Ort zum Leben, wird Johnson gleichwohl Zeit seines Lebens gegen die eigene zunehmende Hoffnungslosigkeit dennoch stellen; in den „Jahrestagen" wird sie gar zum Leitmotiv des gesamten Romans. Ein Kehrreim wie in alten Kinderliedern, fast eine Beschwörungsformel gegen das wachsende Gefühl der Fremdheit in der Welt. Vor dem Horizont seiner Lebenserfahrung und geistigen Formation gibt es auf die Frage, was nach der Hoffnung noch kommen könne, begreiflicher Weise keine Antwort.

In seinem Erinnerungsbuch „Eine Reise nach Klagenfurt", dem Tagebuch einer Reise in die Heimatstadt Bachmanns, die Johnson unmittelbar nach ihrem Tode im Herbst 1973 unternahm, zeichnet der Autor die unruhige Bewegtheit ihres Lebensweges unter der angedeuteten Perspektive universeller Fremdheit nach:

> „In Rom lebte sie zwanzig Jahre lang, mit Unterbrechungen, so in Bayern, in England, in der Schweiz, in den USA, in West–Berlin, in Frankreich, in Hessen, gelegentlich in Österreich. In Rom ist sie gestorben. [...] Aber Ingeborg Bachmann liegt nicht in Rom begraben. Ihr Grab ist in Klagenfurt."[9]

Heimkehr wird für den Heimatlosen erst im Tode möglich – so das bittere Fazit des Johnsonschen Nachrufs. Rom erscheint in diesem Sinne nurmehr als die kühle Heimatvision eines entwurzelten Menschen, als notwendige Konstruktion einer Schriftstellerin, die ein Werk hervorzubringen hatte. Anders jedoch als Johnson, der, soweit ich es überblicke, die eigene Fremdheitserfahrung nicht ausdrücklich thematisiert, hebt Bachmann sie zunehmend in ihrer Funktion für ihr Werk hervor. Auf die Frage, was Rom für sie bedeute, antwortet die Schriftstellerin in einem Interview aus dem Jahre 1957:

> „Mit einem Bild kann ich es Ihnen vielleicht erklären. Man sagt, Bernini habe den Kolonnaden von St. Peter den Umriß von zwei Armen gegeben, welche die Menschheit umfassen. In anderen Großstädten Europas oder Amerikas vereinsamt man

leicht. Zur Faszination Roms gehört, für mich jedenfalls, die Tatsache, daß es mir als letzte Großstadt unter den mir bekannten erscheint, wo man ein geistiges Heimatgefühl haben kann. Vielleicht als einer der letzten Orte, wo man – wie soll ich es ausdrücken –aufgefangen wird. Rom ist wie die Kolonnaden, eine offene Stadt, und sie übt wohl doch eine besondere Kraft aus, mit diesen ineinander geschlungenen Bildern vergangener Zeiten. Darin liegt vielleicht eine Botschaft, die Botschaft einer auch utopischen Stadt. Rom wirkt nicht nur durch das Bestehende, es wirkt auch durch die in seinem vielschichtigen Dasein bestehenden Möglichkeiten."[10]

Die erlebte Fremdheit in der Stadt wird für die Schriftstellerin erträglich nur durch die Einsicht in die in ihr verborgenen Möglichkeiten: Rom, ehemals Hauptstadt des christlichen Abendlandes als nurmehr geistige Heimat der Heimatlosen. Ein Konstrukt diese Vorstellung, gewiß, ein Gebot der Vernunft, welche das Herz nicht zu beruhigen vermochte, die Schriftstellerin jedoch zum Weiter–Schreiben befähigte.

III Doppelleben

Die „Jahrestage" wurden in New York konzipiert und begonnen. Das strukturelle Gerüst des Romans, sein Spiel mit Zeit– und Wirkungsebenen reflektiert Johnsons eigene Erfahrung als Fremder in dieser Großstadt.

Ein längerer Aufenthalt in der heimlichen Hauptstadt der USA war Johnsons Wunsch gewesen; keine der in den Vereinigten Staaten so beliebten Professuren für „creative writing" sollte ihm jedoch den Lebensunterhalt bestreiten, sondern die Tätigkeit eines Schulbuchlektors im angesehenen Verlagshaus Harcourt, Brace & World, die ihm seine amerikanische Verlegerin Helen Wolff vermittelt hatte. Wohl erhoffte er sich dabei neue Impulse für seine Arbeit, die nach den „Zwei Ansichten" (1965) ins Stocken geraten zu sein schien. In der literarischen Verarbeitung der deutschen Teilung allein konnte sich sein Werk nicht erschöpfen; die bewußt herbeigeführte persönliche Konfrontation mit einer grundsätzlich unterschiedlichen, dem ehemaligen DDR–Bürger zutiefst fremden Lebenswelt, erscheint in diesem Sinne als der Versuch, eine künstlerische Krise zu überwinden.

Johnson selbst spricht in diesem Zusammenhang in den „Begleitumständen" unumwunden von einem „Fluchtversuch"[11]. Und in der Tat, in New York „begegnete Johnson schließlich „seiner" Gesine. Wie er dieses Erlebnis beschreibt, gehört in seiner Hintergründigkeit zu den Glanzlichtern seiner über weite Strekken recht trockenen Frankfurter Poetik–Vorlesungen:

„Am Dienstag der folgenden Woche sah ich Mrs. Cresspahl auf der Südseite der 42. Straße auf die Sechste Avenue zugehen. Sie war zu erkennen an der Kopfhaltung, an der lockeren acht– und wachsamen Art, in der sie den rechten Arm pendeln liess, in der Hand eine kompakte schwarze Börse (im Notfall zum Zurückschlagen geeig-

> net), verriegelt im Griff der Finger, von denen die ersten zwei die Bügel einer Sonnenbrille wippen ließen. (Das Tageslicht war für einen Moment beschlagen.) Meine Damen und Herren, Sie werden mir vorhalten, sicherlich sei ich der einzige gewesen auf der ganzen 42. Straße, ungefähr unterhalb der Rückfront der Public Library einer Gesine Cresspahl zu begegnen, wie sie unterwegs ist, geringschätzig die Blumenverkäufer musternd. Ich gestehe die Einschränkung zu: dazu war ich ja da. Folgen Sie mir lediglich in der Annahme, sie hätte da gehen können, es sei immerhin möglich gewesen, so geraten Sie bereits in die Zwangslage zu beweisen, wieso und warum denn das ausgeschlossen bleiben müsse."[12]

Gesine Cresspahl also. Gebürtige Mecklenburgerin wie Johnson selbst. Mitte dreißig – wie ihr Autor zum Zeitpunkt der Niederschrift des Romans, „angelangt in einem psychischen Zustand, für den die Wissenschaften noch keinen genauen Namen nennen. Grob umrissen war das ein Mangel an Vorfreude auf die Zukunft."[13] Über die Affinitäten zwischen Johnson und seiner Protagonistin ist viel spekuliert worden. Der Autor selbst hat sie in den „Begleitumständen" heftig dementiert, den – wie er sagt – „Vorwurf des Autobiographischen" entschieden zurückgewiesen und als Entwertung der Person Gesine Cresspahls einerseits, als Angriff auf seine Einbildungskraft als Schriftsteller andererseits begriffen. Bei aller gebotenen Vorsicht und Diskretion liegen Parallelen gleichwohl auf der Hand. Der Lebenslauf, mit dem Johnson Gesine ausstattet, mehr noch aber ihre unverwechselbare Sichtweise der Dinge, d. h. ihre überaus eigenwillige innere Welt stehen unübersehbar in einem besonderen Verhältnis zu der ihres Autors.

Fremdheit ist auch in diesem Zusammenhang ein zentraler Topos – ist es doch eben Gesines existentielles Ausgeschlossensein aus dem selbstverständlichen Miteinander ihrer Arbeitskollegen und Nachbarn, das die besondere Perspektive bereitstellt, unter der Johnson in den „Jahrestagen" Gegenwart und Vergangenheit kritisch beleuchtet. Erst der fremde Blick der Europäerin Gesine vermag die scheinbar normalen Verhaltens– und Sichtweisen ihrer amerikanischen Umgebung überzeugend zu hinterfragen; erst die räumliche und zeitliche Distanz zur Mecklenburger Vergangenheit ihrer Familie ermöglicht deren kritische Reflexion: Außenseitertum als Voraussetzung und Medium nachdenklicher Erkenntnis – ist Gesines gewollte und zugleich erlittene Unzugehörigkeit doch keine zufällige Konstruktion, sondern eine innere Notwendigkeit des gesamten Romans.

In einer Gesellschaft, welche den Menschen durch eine ausgeklügelte Unterhaltungs–„Kultur" nurmehr systematisch „witzigt und verdummt"[14], wie Horkheimer und Adorno es formulieren und so den Wunsch nach Erkenntnis bereits im Keime ersticken, ist Abspaltung und Isolation die einzig verbleibende Möglichkeit des Individuums, sich ein Mindestmaß an Klarheit zu verschaffen. Dies und nichts anderes meint Gesines minimalistisch anmutender

Wunsch „Wenigstens in Kenntnis leben". Die fremde Stadt ist dabei für Gesine – und den „Genossen Schriftsteller" – unabdingbar, um an die Orte der Herkunft zurückkehren zu können: New York als Voraussetzung von Jerichow und Umgebung.

Nun sind die „Jahrestage" nicht der einzige, stark im Lokalen verhaftete Roman des 20. Jahrhunderts, der an fremden Orten geschrieben wurde. James Joyce Roman „Ulysses" entstand bekanntlich in Triest, weniger bekannt ist, daß auch Thomas Mann weite Teile seiner „Buddenbrooks" bei einem längeren Aufenthalt in Italien niederschrieb. Ingeborg Bachmanns fulminante Abrechnung mit der nationalsozialistischen Vergangenheit Österreichs in ihrem „Todesarten–Zyklus" schließlich erfolgte ausschließlich in der Fremde, in Rom. Zum Phänomen der Ungleichzeitigkeit von Wohnort und literarischem Schauplatz befragt, erklärt die Schriftstellerin in einem Interview unmißverständlich:

> Das schwer Erklärliche ist aber, daß ich zwar in Rom lebe, aber ein Doppelleben führe, denn in dem Augenblick, in dem ich in mein Arbeitszimmer gehe, bin ich in Wien und nicht in Rom. Das ist natürlich eine etwas anstrengende oder schizophrene Art zu leben. Aber ich bin besser in Wien, weil ich in Rom bin, denn ohne diese Distanz könnte ich es mir nicht für die Arbeit vorstellen."[15]

Mit dem Begriff „Doppelleben" kennzeichnet Bachmann ihre besondere Situation als deutschsprachige Schriftstellerin mit lebenslangem Wohnsitz im Ausland, in Italien.

Nicht anders als Uwe Johnson in New York fühlte auch sie sich in Rom zeit ihres Lebens als Fremde; wie ihm gelingt es ihr, das Gefühl der Unzugehörigkeit im Interesse ihres Schreibens produktiv zu machen. Als innere Voraussetzung ihrer Arbeit, speziell der an „Malina", benennt sie folgerichtig ihre römische Existenz: „Wäre ich in meinem 'Ungarngassenland' geblieben, ich hätte „Malina" nie geschrieben."[16]

Wenngleich wir von Johnson keine vergleichbare Äußerung kennen, ist man – nolens volens – versucht, die Bachmannsche Selbstaussage, auch auf die Begleitumstände seiner „Jahrestage" zu übertragen: Hätte Johnson seinen letzten Roman in dieser Form überhaupt zu Papier bringen können, wäre er in Mecklenburg geblieben?

Eine zugegebenermaßen rhetorische Frage – kann es doch selbstverständlich nicht darum gehen, sie mit einem klaren und deutlichen Ja oder Nein zu beantworten. Die Frage soll in unserem Zusammenhang vielmehr eine Richtung andeuten, in die es sich, wie ich glaube, zu denken lohnt – ist die Distanz, die Bachmann ausdrücklich zu einer inneren Notwendigkeit erklärt, mit Sicherheit auch im Kontext des Johnsonschen Werkes von zentraler Bedeutung.

Nicht zufällig ließ sich der Autor nach seiner Rückkehr aus New York nicht in der Bundesrepublik nieder, sondern erwarb ein Haus in einem ihm vollkommen unbekannten Ort, dem englischen Sheerness–on–Sea. Hier lebte er bekanntlich weitgehend unerkannt bis zu seinem frühen Tode: ein Doppelleben allemal – war der in der Bundesrepublik anerkannte und mit den angesehensten Literaturpreisen ausgezeichnete Schriftsteller für die meisten seiner Nachbarn doch schlicht „Charles", ein kauziger Zeitgenosse, von dem niemand genau wußte, womit er eigentlich seine Tage verbrachte.

Was die Einwohner von Sheerness nicht wissen konnten, ist allen am Werk Uwe Johnsons Interessierten indes hinlänglich bekannt: hier, im Keller seines Hauses, umgeben von Büchern, Landkarten und allem, was ihm bei der imaginären Reise in seine Heimat Mecklenburg sonst noch dienlich sein konnte, vollendete der Schriftsteller, ungeachtet aller inneren und äußeren Schwierigkeiten, die sich seinem Vorhaben im Laufe der Jahre in den Weg stellen sollten und in zunehmender menschlicher Isolation, seine „Jahrestage".

Auch Bachmann wollte am Ende, so sehr sie am Verlust ihrer Wurzeln litt, ihr römisches „Doppelleben" als einzig mögliche Existenzform erscheinen. Dazu sie selbst in dem kurzen Prosa–Fragment „Zugegeben":

> „Zugegeben, daß ich nicht mehr weiß, warum ich hier lebe, denn ich schreibe ja über Wien, oder ich bin vielmehr, wenn ich schreibe, in Wien. [...] Zugegeben, ich habe hier erlernt, mit den anderen auszukommen. Ich habe es wieder erlernt, aber ich gebe auch zu, wenn die Tür zufällt zu dem Zimmer, in dem ich arbeite, dann gibt es keinen Zweifel: Denken ist solitär, Alleinsein ist eine gute Sache."[17]

Räumliche Distanz zu ihren literarischen Orten ist sowohl für Johnson als auch für Bachmann in zunehmendem Maße die Voraussetzung ihres Schreibens. Beide Schriftsteller funktionalisieren ihre besondere Existenzform im Sinne ihrer Arbeit; über den Preis ihres Doppellebens sind sich beide bewußt. Dies ist die andere, die dunkle Seite des literarischen Gelingens, welche als Höchstmaß menschlicher Gefährdung, als bedrohliche Nähe zum Tod benannt werden muß.

Gegen den verführerischen Klang des Wortes 'Heimat' war gleichwohl keiner von beiden immun – wohl wissend, daß in einer unfriedlichen Welt der Begriff Heimat zwangsläufig zu einer von Erfahrung uneinholbaren Abstraktion werden muß. In einer frühen Prosaskizze aus dem Jahre 1952, die den Titel „Auch ich habe in Arkadien gelebt" trägt, beschreibt Bachmann den Verlust der Heimat als *die* menschliche Tragödie schlechthin.

Ein junger Mensch bricht ohne besonderen Grund – vielleicht einfach aus jugendlicher Abenteuerlust – aus seiner angestammten Heimat in eine unbekannte Fremde auf. Er hat nach anfänglichen Schwierigkeiten Erfolg und steigt zu einer geachteten Persönlichkeit des öffentlichen Lebens auf, als sich urplötzlich Überdruß breitmacht und ihn eine vage Sehnsucht nach den Orten seiner Kindheit überfällt. Er erkennt die Fadenscheinigkeit seines äußeren Erfolgs und weiß zugleich, daß der Weg in die Vergangenheit ihm ein für alle Mal versperrt ist. Das Gefühl einer umfassenden Fremdheit, so die Botschaft der kurzen Erzählung, ist die einzig gültige Wahrheit des Wanderers zwischen den Kulturen:

„Nun aber erreicht mich wieder eine vom Wind verstärkte Melodie, aus schrecklicher Nähe ein nicht zu überhörender Ruf, und mir ist, als käme er aus meinem Herzen, das über mir zusammenschlägt, als legten sich mir die herbstlichen Hügel an die zitternde Brust, und als zöge der makellose Himmel in mich ein, um mich zu töten. Oder ist es der Ton einer Glocke, die ich trage, wenn meine Sehnsucht an die Büsche streift, um die roten reifen Früchte des letzten Jahres zu ernten? Oder rühren diese Klänge vom Dröhnen der im Abendlicht sprühenden Geleise, die mich an die Hütte am Bach tragen und von dort geradewegs auf den zerfließenden Sonnenball, der wie ein riesiger, versinkender Bahnhof alle Wanderer in den Himmel holt?“[18]

IV Kunst oder Leben?

Sowohl Johnson als auch Bachmann haben höchste Begriffe von Wesen und Funktion der Literatur. Bachmann spricht in ihren literarischen Essays und den Frankfurter Poetik–Vorlesungen wiederholt von der inneren Notwendigkeit großer Kunstwerke, „dem Zwingenden, dem Unausweichlichen, der Härte“[19]. Johnson legt denselben Gedanken durch die besondere Art und Weise nahe, wie er etwa in den „Begleitumständen“ seine fiktive Begegnung mit Gesine schildert: als eine Art „selffulfilling profethy“: es konnte nur so und nicht anders geschehen.

Der Begriff „Wahrheitsfindung“ ist für beide Schriftsteller von zentraler Bedeutung. Der ästhetische und moralische Impuls fallen in ihm unmittelbar zusammen – ganz im Sinne Thomas Manns, der in seinem Aufsatz „Meine Zeit“ aus dem Jahre 1950 die Vereidigung des Schriftstellers auf die Wahrheit folgendermaßen beschreibt:

> „Als Schriftsteller, als Psycholog, als Darsteller des Menschlichen bin ich der Wahrheit verschworen und auf sie angewiesen. Ich liebe ihren Reiz, wie ich durchdrungen bin von ihrer Würde und von der Verächtlichkeit des Unwahren. Die Illusion ist künstlerisch; die Lüge ist unterträglich, ästhetisch wie moralisch, und es zeigt sich da, daß diese beiden Bereiche näher verwandt sind, zu größerem Teile sich dekken, als ihre einander oft befehdenden Protagonisten wohl meinen.“[20]

Ein hoher Anspruch, der ohne den unmittelbaren menschlichen Einsatz seiner Autoren undenkbar ist. Sowohl Johnson als auch Bachmann haben im

Laufe ihres Lebens deren äußere Bedingungen zunehmend ihrem Werk unterstellt. Uwe Johnsons letzte Lebensjahre waren ebenso wie die Ingeborg Bachmanns gezeichnet von dem alle anderen Wünsche und Erwartungen überlagernden Willen zur Fertigstellung ihrer ambitionierten Werke: der „Jahrestage" und des „Todesarten–Zyklus".

Beklagen Schriftsteller heutzutage nicht selten einen eklatanten Mangel an Erzählenswertem, der schlicht auf der Banalität der allgemeinen Lebensverhältnisse beruht, so gilt für Schriftsteller wie Johnson und Bachmann das genaue Gegenteil: in ihrer Generation dominiert die Übermacht des Stoffes, die stete Furcht, dem impliziten Anspruch ihrer Aufgabe nicht gerecht werden zu können. Was sowohl Johnson als auch Bachmann – jeder auf seine besondere, höchst eigenwillige Art – wollen, ist seinem Anspruch nach nicht geringer als der von etwa Balzacs „Comédie humaine", Tolstois „Krieg und Frieden", Prousts „Recerche" oder Robert Musils „Mann ohne Eigenschaften": ein universelles Zeit–Panorama, ein modernes Epos mithin, Geschichtsbuch und raffiniertes Artefact zugleich.

Nicht zufällig spricht Ingeborg Bachmann in einem Interview von ihrem „Todesarten–Zyklus" als „einzig großer Studie aller möglichen Todesarten, einem Kompendium, einem Manuale, wie man hier sagen würde"[21], und fügt wenig später hinzu, daß es auf die drängenden Probleme der jeweiligen Gegenwart des Schriftstellers stets nur eine einzige Antwort gibt: „die Arbeit, das Werk und das Gelingen dieses Werks."[22] Daß Leben und Kunst dabei zwangsläufig in ein überaus gespanntes, ja (selbst)zerstörerisches, weil einander ausschließendes Verhältnis zueinander treten, ist unschwer einsehbar. Wie zutiefst problematisch die totale Unterordnung des Werks unter den Lebensvollzug auf menschlicher Ebene ist – dafür hält die Literaturgeschichtsschreibung unzählige Varianten bereit. Immer wieder passiert es, daß Künstler, indem sie alle Kraft ihrem Werke darbringen, sich dabei zunehmend fremder werden, ja am Ende in den von ihnen selbst geschaffenen Kunstwerken gleichsam verschwinden. „Das Werk, das die Aufgabe hatte, unsterblich zu machen, hat das Recht erhalten, zu töten, seinen Autor umzubringen.", heißt es dazu bei Faucoult. Und Thomas Bernhard formuliert lapidar: „Das Kunststück lebt, der es macht ist tot".[23]

In einem Interview spricht Ingeborg Bachmann angesichts eines Ballettabends hellsichtig von dem „Preis, den jemand für das Zaubern und Bezaubern zu bezahlen hat":

> Aber schauen Sie [...], auch bei Tänzern glauben Sie, jemand schweben zu sehen, und merken nichts von der Muskelarbeit, der ungeheuren Anstrengung. Ich habe einmal die Margot Fonteyn nach einem Ballett aus der Nähe gesehen, diesen Körper, der doch beim Tanzen kaum vorhanden ist, die schwebt doch Zentimeter über

dem Erdboden, und ich war furchtbar erschrocken und mir über den Preis klar, den jemand für das zaubern und Bezaubern zu bezahlen hat."[24]

In einer Zeit, in der die Kunst in einem nie zuvor gekannten Maße mit den vielfältigen Ablenkungsmanövern der Unterhaltungsindustrie zu konkurrieren hat, ruft die Vorstellung einer existentiellen Verklammerung von Leben und Kunst, Befremden, ja Abwehr hervor. Um jedoch Romane wie die „Jahrestage" und den „Todesarten–Zyklus" im Kontext ihrer Zeit, die bereits nicht mehr die unsere ist, zu erfassen, ist die Einsicht in ihre besonderen Voraussetzungen, die nicht mehr die unseren sind, unabdingbar.

Der fremde Blick auf scheinbar nur allzu Selbstverständliches, der sowohl in den Romanen Uwe Johnson als auch Ingeborg Bachmanns deren Erkenntnisfähigkeit verbürgt, ist – so steht zu vermuten – nur zu haben um den Preis der zunehmenden Ungeborgenheit ihrer Schöpfer in der Welt; die Utopie des Gelingens wäre demnach erkauft durch menschliche Entäußerung.

Zwischen Leben und Kunst tut sich jener Abgrund auf, der sich tief in die Romane beider Autoren eingeschrieben hat und ihnen so einen Grad von Wahrhaftigkeit verleiht, der sie bei aller möglichen Kritik im Detail, in ihrer Gesamtheit mit einer Aura umgibt, die sie unanfechtbar machen.

Wenn der Schriftsteller Botho Strauss in seinem neuen Buch „Die Fehler des Kopisten"[25] völlig zu Recht beklagt, daß ein Großteil des heutzutage Geschriebenen trotz wachsender Professionalität unterhalb jeder Schwelle der Bewußtseinsreizung bleibt, so beinhaltet seine Feststellung über die reine Kulturkritik hinaus eben auch jene schwierige Frage nach dem Einsatz des Künstlers in seinem Werk.

In die Fremde gehen. Sich selbst fremd werden müssen, um das Altvertraute mit neuen Augen betrachten zu können – Erfahrungen so alt wie die Menschheit. Erfahrungen, die die Literatur von je beflügelt haben. Der Wille zu einem tieferen Verständnis der eigenen Lebensbedingungen. Die Vorstellung eines anderen Lebens. Der Wunsch, wie immer auch unbestimmt, nach Veränderung.

„Warum sehe ich den Radwechsel mit Ungeduld", läßt Brecht sein lyrisches Ich, scheinbar nebenbei, wie erstaunt über sich selbst fragen. Die von Erfahrung gründlich dementierte Hoffnung ist unabhängig von der Wahrscheinlichkeit, daß sie sich einmal doch realisieren möge, notwendig. Notwendig ist, auch wenn die Antwort schwer, ja unmöglich wird, die Frage.

In einer Gesellschaft, die ganz und gar auf die Wahrnehmung der Oberfläche hin organisiert ist, gerät die Kunst mit ihren Fragen zwangsläufig in Widerspruch zum allgemeinen Interesse nach kollektiver Fraglosigkeit. Für Schriftsteller wie Uwe Johnson und Ingeborg Bachmann aber wird die inszenierte Fremdheit des Künstlers in der Gesellschaft ihrer Zeit zu einer Herausforderung, der sie sich unter Einsatz ihrer gesamten Person stellen. Tragik und Triumph eines gewissenhaft geführten Lebenskampfes fallen dabei unmittelbar zusammen. Unversöhnt.

„Was ist Leben?" läßt Ingeborg Bachmann ihr namenloses Ich in „Malina" fragen – und antworten: „Es ist das, was man nicht leben kann."[26] Und deshalb, so könnte man vielleicht hinzufügen, schreiben muß.

Anmerkungen

Motto: Thomas Mann: Der Künstler und der Literat. In: Ders.: Stockholmer Gesamtausgabe. Band 1: Reden und Aufsätze. Frankfurt/M.: S. Fischer, 1965, S. 117.

1 Bertolt Brecht: Der Radwechsel. In: Gesammelte Gedichte. Band 3. Frankfurt/M.: Suhrkamp Verlag, 1981, S. 1009.

2 Ingeborg Bachmann: Exil. In: Dies.: Werke. 4 Bände. Herausgegeben von Christine Koschel und Inge von Weidenbaum. München, Zürich: R. Piper, 1978, Band 1, S. 153.

3 Ingeborg Bachmann, a. a. O.

4 Ingeborg Bachmann: Die Wahrheit ist dem Menschen zumutbar. In: Werke, a. a. O., Band 4, S. 277.

5 Uwe Johnson: Vorschläge zur Prüfung eines Romans. In: Uwe Johnson. Herausgegeben von Rainer Gerlach und Matthias Richter. Frankfurt/M.: Suhrkamp Verlag, 1984, S. 33. (= suhrkamp taschenbuch materialien. 2061).

6 Ingeborg Bachmann: Wir müssen wahre Sätze finden. Gespräche und Interviews. Herausgegeben von Christine Koschel und Inge von Weidenbaum. München, Zürich: R. Piper, 1991, S. 79.

7 Ingeborg Bachmann: Früher Mittag. In: Werke, Band 1, a. a. O., S. 44.

8 Uwe Johnson: Vergebliche Verabredung. Ausgewählte Prosa. Herausgegeben von Jürgen Grambow. Leipzig: Reclam-Verlag, 1992, S. 28f. (= Reclam-Bibliothek. 1451).

9 Uwe Johnson: Eine Reise nach Klagenfurt. Frankfurt/M.: Suhrkamp Verlag, 1974, S. 8. (= suhrkamp taschenbuch. 235).

10 Ingeborg Bachmann: Wir müssen wahre Sätze finden, a. a. O., S. 23.

11 Uwe Johnson: Begleitumstände. Frankfurter Vorlesungen. Frankfurt/M.: Suhrkamp Verlag, 1980, S. 335. (= edition suhrkamp. 1019).

12 Uwe Johnson, a. a. O., S. 406f.

13 Uwe Johnson, a. a. O., S. 414f.

14 Max Horkheimer/Theodor W. Adorno: Dialektik der Aufklärung. Philosophische Fragmente. Frankfurt/M.: Fischer, 1988, S. 5. (= Fischer Taschenbücher. 7404).

15 Ingeborg Bachmann: Wir müssen wahre Sätze finden, a. a. O., S. 65.

16 Ingeborg Bachmann, a. a. O., S. 107.

17 Ingeborg Bachmann: Zugegeben. In: Werke, a. a. O., Band 4, S. 341.

18 Ingeborg Bachmann: Auch ich habe in Arkadien gelebt. In: Werke, a. a. O., Band 2, S. 40.

19 Ingeborg Bachmann: Literatur ist Utopie. Frankfurter Vorlesungen. In: Werke, a. a. O., Band 4, S. 163.

20 Thomas Mann: Meine Zeit. In: a. a. O., S. 581.

21 Ingeborg Bachmann: Wir müssen wahre Sätze finden, a. a. O., S. 66.

22 Ingeborg Bachmann, a. a. O., S. 67.

23 Thomas Bernhard: Midland in Stilfs. Drei Erzählungen. Frankfurt/M.: Suhrkamp Verlag, 1971, S. 195. (= Bibliothek Suhrkamp. 272).

24 Ingeborg Bachmann: Wir müssen wahre Sätze finden, a. a. O., S. 115.

25 Botho Strauss: Die Fehler des Kopisten. München, Wien: Carl Hanser Verlag, 1997.

26 Ingeborg Bachmann: Malina. In Werke, a. a. O., Band 3, S. 292.

JAN MOLZAHN

Uwe Johnson und Skandinavien

Aspekte einer wechselseitigen Rezeption[1]

Für Michael Jesse war Uwe Johnson zuerst ein unbekannter skandinavischer Schriftsteller.[2] Die schwedischen Vorfahren Johnsons sind tatsächlich unter dem Namen Mård als Soldaten bis ins frühe 18. Jahrhundert hinein im småländischen Ljuder bezeugt.[3] Hans Werner Richter hielt fest: „Er war ein Neuling, kam mir sehr nordisch, fast exotisch vor, nordisch exotisch, und interessierte mich infolge seiner Erscheinung."[4] Uwe Johnson hatte Nordisches geerbt: groß, blond, schweigsam.[5] „Man war, aus Schweden stammend, ohne jeden Zweifel arisch und hatte es auch nachweisen können."[6] Obwohl er sonst stolz auf seine schwedische Herkunft war, reagierte er manchmal auch verärgert: „Han verkar snarast surmulen över sitt svenska blod, låter förstå att ämnet blev uttjatat under nazisttiden. [Er scheint sich eher über sein schwedisches Blut zu ärgern und läßt verstehen, daß das Thema in der Zeit der Nazis zur Genüge strapaziert wurde]."[7] Johnson hat stets darauf geachtet, daß sein Name mit einem langen „o" ausgesprochen wird. Er korrigierte deswegen sogar einmal den Göttinger Germanisten Albrecht Schöne, der den kurzen englischen Vokal verwandt hatte.[8] Obwohl Johnson seine Großeltern mütterlicherseits immerhin kannte, bei ihnen auf Wollin oft die Sommerferien verbrachte, sah er sich eher in einer schwedischen Abfolge.[9] Familiengeschichten gehörten auch immer zum Gesprächsstoff, wenn er sich mit seiner Schwester Elke traf.[10]

Bei Johnson lassen sich zahlreiche Beziehungen zu Skandinavien aufspüren. Elisabeth Schmidt floh im Februar 1962 via Trelleborg und Kopenhagen zu ihrem Verlobten. Der jüngere Bruder Elisabeths, Michael Schmidt, lebt gegenwärtig in Schweden, aber Kontakte gab es wahrscheinlich nicht. Auch der Bruder von Johnsons Schulfreundin Antonie Landgraf lebt heute dort. Und Johnson berichtet nach einigen Wochen des Einlebens in Sheerness:

> „Von den Leuten in der Stadt werden wir gelegentlich auf unsere norwegische Herkunft angesprochen, weil wir manchmal Englisch sprechen können und die Kinder Norwegens dies in der Schule erlernen".[11]

Uwe Johnson hat oftmals Reisen nach Schweden, Dänemark und Norwegen unternommen. Finnland hat er, soweit bekannt ist, allerdings nicht besucht.

Auf Segelreisen nach Dänemark und Schweden in den Jahren 1952 bis 1954 und auf einer Schweden–Reise 1957 oder 1958 hatte er erste Eindrücke vom Norden sammeln können.[12] Eine Lesetour führte ihn im Frühjahr 1963 in die skandinavischen Länder, „denn gerade hier wurden seine übersetzten Werke mit besonderem Interesse aufgenommen, nicht zuletzt wegen der schwedischen Herkunft seiner Vorfahren".[13] Auf dänischem Boden las er zuerst auf einer von der Århuser Studentenschaft und dem Verein der Deutschstudierenden organisierten Veranstaltung am 23. April in Århus, nachdem er am 22. schon auf einer von seinem Verlag Gyldendal in Kopenhagen veranstalteten Pressekonferenz anläßlich der Herausgabe des dänischen „Achim" im Mittelpunkt des Interesses stand. Am 24. liest er dann in Kopenhagen am Deutschen Kulturinstitut aus „Achim", alles auf Deutsch natürlich.[14] Am 25. April geht es nach Göteborg.[15] Am 26. (?) findet eine Lesung in Uppsala und am 27. eine weitere in Lund statt.[16] Im Vorfeld der Reise nach Schweden gab es Schwierigkeiten. Man wollte Johnson trotz vorliegender Einladungen lange Zeit nicht reisen lassen. In einem dänischen Artikel heißt es dazu:

> „Uwe Johnson har i lang tid været inviteret til Stockholm for at tale, men han faar ikke udrejsetilladelse, officielt fordi han är flygtning fra Østtyskland, uofficielt fordi han ikke just har været blid i sin satire mod Vesttyskland. [Uwe Johnson ist seit langem nach Stockholm eingeladen, um dort zu sprechen, aber er bekommt keine Ausreiseerlaubnis. Offiziell, weil er ein Flüchtling aus Ostdeutschland ist, inoffiziell, weil er in seiner Satire nicht gerade sanft gegenüber Westdeutschland vorgeht]."[17]

Johnson war besonders neugierig auf seine schwedischen Leser:

> „Han är alltjämt undrande över vad som kan förmå folk att höra en författare läsa ur egna verk, i all synnerhet om det inte sker på deras modersmål. Och han är tydligen en smula nyfiken på den skandinaviska publikens reaktion. [Er fragt sich nach wie vor, was die Leute dazu bringen kann, einem Schriftsteller zuzuhören, der aus eigenen Werken vorliest. Besonders dann, wenn es nicht ihre Muttersprache ist. Und er ist offenbar ein wenig neugierig auf die Reaktionen des skandinavischen Publikums]."[18]

Am 28. April 1963 flog er aber via Kopenhagen erst nach Korfu, um über den Gewinner des internationalen Verlegerpreises mitzuentscheiden.[19] Am 6. Mai kam er dann nach Stockholm. Er war beim Radio und besuchte auch Nelly Sachs. Abends las er auf Einladung des Deutschen Kulturinstituts in der bei solchen Ereignissen meist vollbesetzten Aula der Handelshochschule, in der bis 1968 insgesamt 36 deutsche Schriftsteller lesen sollten.[20] Am 7. Mai fährt er nochmals ins nahegelegene Uppsala, wo er sogar einmal studieren wollte.[21] Diesmal vom Schwedisch–Deutschen Studentenverein und dem Literaturklub eingeladen, las er auch die Erzählung „Jonas zum Beispiel". Angekündigt wurde sein Besuch als einer der spannendsten der letzten Jahre. Am 8. Mai war Johnson in Oslo zu Gast, wo ihn sein norwegischer Lektor Fredrik Dahl auf dem Flughafen Fornebo abholte und sein Verlag die Gelegenheit für eine

Pressekonferenz nutzte. Er blieb zwei Tage, besuchte auch Hans Magnus Enzensberger und dessen norwegische Frau Dagrun auf der Halbinsel Tjøme im Oslofjord. Die Lesung am 9. Mai 1963 in der Dovrehalle wurde von der Deutschen Botschaft, der Deutschen Bibliothek in Oslo und der Norwegischen Studentenvereinigung organisiert. Am 13. Mai arrangierte das Goethe–Institut in Bergen eine Pressekonferenz, und Johnson las im Saal der Bibliothek.[22] Dieser Stadt hat er sogar einige Briefzeilen (Blick aus dem Hotelfenster über den Marktplatz) gewidmet. Hier müßte auch Siegfried Unseld dabeigewesen sein, denn in einem Brief vom 1. Januar 1964 heißt es: „das Vorhaben [ZA], von dem ich dir in Bergen erzählte."[23] Abschließend las er an der Universität Trondheim; diese Stadt machte auf ihn aber keinen nachhaltigen Eindruck. Danach ging es über Kopenhagen wieder zurück nach Berlin.

Ein genaueres Kennenlernen der nordischen Länder war, bedingt durch den engen Zeitplan der Veranstaltungen, allerdings unmöglich. Johnson schreibt: „nachdem ich auf meiner Reise durch Skandinavien nicht viel mehr gesehen habe als Flugplätze, Pressekonferenzen, Hotelzimmer, Vortragsräume, Rundfunkstudios und ab und zu Gegend aus zweitausend Meter Höhe".[24] Und in einem schwedischen Artikel hieß es:

> „Av Sverige har han inte hunnit se någonting. Men han kommer gärna tillbaka. 'Inkognito'. Och med återupplivade svenska språkkunskaper. [Von Schweden hat er nichts gesehen. Aber er kommt gerne wieder. 'Inkognito'. Und mit wiederbelebten schwedischen Sprachkenntnissen]."[25]

Im Frühjahr 1980 hatte Johnson den Plan einer dreiwöchigen Lesereise durch den Norden, die ihn erstmals auch nach Finnland geführt hätte, für das Jahr 1982 akzeptiert, sagte dann aber kurzfristig ab. [26] Auch die Teilnahme an der Tagung der Gruppe 47 im schwedischen Sigtuna im September 1964 hatte er in einem Brief vom 20. Juni 1964 abgesagt. Er wollte „das groß angekündigte und ungewöhnlich 'offiziell' gehaltene Treffen" meiden, das auch „der Verbesserung der Handelsbeziehungen zwischen beiden Ländern dienen sollte". [27]

Ende März 1965 flog Johnson ein Wochenende nach Kopenhagen, um einen Schauplatz der „Ansichten" zu besichtigen. Er wohnte im „Hotel Royal" in der Nähe des Flughafens Kastrup. Im Oktober 1970 gönnte er sich, wie schon nach Vollendung der „Ansichten", diesmal zusammen mit seiner Frau, im selben Hotel ein paar Tage der Ruhe und Entspannung. Er hat seine Ferien oft auf der dänischen Insel Bornholm verbracht, so in den Jahren 1969 und 1973 in einem Ferienhaus südlich des Hauptortes Rønne. Am 20. August 1973 hatte er brieflich von einer Forderung Gesines berichtet: „Bornholm muss ins Buch. Oder wir kündigen den Vertrag".[28] Gleichzeitig liefert er eine begeisterte Schilderung der Insel, obwohl er gesteht: „Wie es auf der Insel Bornholm zugeht oder wie sie aussieht, das werde ich dieses Mal nicht erfahren."[29] Auch Gesine und Marie verleben ihre Ferien in Dänemark, „seitdem die Neonazis in Westdeutschland etwas mehr als fünf Prozent Stimmen bekommen haben".[30]

Am 24. Mai 1982 war Johnson der einzige westdeutsche Schriftsteller, der an der Beerdigung von Peter Weiss auf dem Nordfriedhof in Stockholm teilnahm. Es war sein letzter Skandinavien-Aufenthalt. In der schwedischen Hauptstadt war er wohl öfter:

> „Uwe Johnson älskade kartor och gick när han besökte Stockholm alltid först till Esseltes stora kartbutik på Vasagatan. [Uwe Johnson liebte Karten und ging, wenn er Stockholm besuchte, immer zuerst in das große Kartengeschäft von Esselte in der Vasastraße]."[31]

Johnson hat sich immer für Sprache und Sprachen interessiert.[32] Er belegte im Herbstsemester 1952 in Rostock einen Anfängerkurs in Schwedisch, was ihm nicht gerade leicht fiel.[33] Er wurde 2 Stunden pro Woche von der Muttersprachlerin Marie-Helene Lundquist unterrichtet. Wie lange und wie intensiv er seine Sprachstudien betrieb, ist schwer zu sagen, mehr als die vier Semester in Rostock waren es auf keinen Fall.[34] Das meiste hat er mangels Übung wohl schnell wieder vergessen. Als er auf einer Lesereise Schwedisch hätte sprechen können, mußte er bekennen, daß es mit seinen Sprachkenntnissen nicht so weit her sei. Beeindruckt war er vom schwedischen Film „Sie tanzte nur einen Sommer", wie er Charlotte Luthe ausführlich beschreibt. „Es ist dieser Film die Geschichte einer Liebe, erzählt in so wunderbarer Reinheit und realistischer Echtheit.(...) So einen Film bringt die DEFA nicht zustande, sie kann es einfach nicht."[35] Johnson hatte sich erfolglos in eine von ihm „Waldgesicht" genannte Mitstudentin verliebt, die den Film auch mochte. Sie hieß Gertrud, war „damals bereits in Schweden gewesen und kannte auch einen in der DDR arbeitenden schwedischen Journalisten."[36] Sofort hatte sich der Staatssicherheitsdienst um eine Zusammenarbeit mit ihr bemüht, um für Geld und Reisemöglichkeiten „brauchbare Nachrichten über Skandinavien" (BU 120) zu erhalten. Sie betreute auf der Leipziger Messe den skandinavischen Stand, was auf Kenntnisse einer nordischen Sprache schließen läßt.

Gegenstände aus Skandinavien in Uwe Johnsons Leben: In Güstrow hatte er ein schwedisches Markenrad, mit dem er u. a. Eilzustellungen für die Post besorgen konnte. Man kann sich fragen, wie ein mittelloser Sohn einer Güterzugschaffnerin in der DDR um das Jahr 1950 herum zu einem teuren Importfahrrad schwedischer Fabrikation kam. In seiner ersten Wohnung in Berlin-Friedenau benutzte Johnson eine der „vielgelenkigen Schreibtischlampen aus buntem Blech, wie sie die schwedische Möbelindustrie damals in Deutschland verbreitet hatte."[37] Diese einfachen Lampen gefielen Johnson sicher deshalb, weil sie praktisch und schmucklos waren, so konnte ihn nichts von der Arbeit ablenken.[38] Zum Geburtstag erhielt Johnson 1965 von Siegfried Unseld eine Karte von Schweden, „aus dem Großvaterland".[39] „Wir sind hier Gäste, wir benutzen schwedisches Brot."[40] Johnson spielt damit auf das Knäckebrot an, das die Familie während der „Brotkrise" 1974 essen mußte, wenn Elisabeth das Brot nicht selbst backen würde.

Über Johnsons Verhältnis zur skandinavischen Literatur ist wenig bekannt.[41] Er erwähnte in einigen Interviews Pär Lagerkvist und Eyvind Johnson.[42] Sie hat er wohl gelesen. Er bedauerte, daß er nicht die Zeit fand, mehr schwedische Literatur zu lesen, seine Wissenslücken waren ihm peinlich. Er würde es begrüßen, wenn mehr schwedische Literatur in deutscher Übersetzung vorhanden wäre.

> „Han beklagar att så lite av svensk dikt är tillgängligt på världsspråken och gläder sig åt att Gunnar Ekelöf i höst blir tolkad till tyska av Nelly Sachs och utgiven på Johnsons eget förlag, Suhrkamp. [Er bedauert, daß so wenig an schwedischer Dichtung in den Weltsprachen vorhanden ist und freut sich, daß Gunnar Ekelöf in diesem Herbst von Nelly Sachs ins Deutsche übertragen wird und bei Johnsons eigenem Verlag Suhrkamp herauskommt]."[43]

Das Buch ist pünktlich erschienen. Warten mußte Johnson aber immer auf die Übersetzungen der Krimis von Sjöwall/Wahlöö, die ihn faszinierten:[44]

> „Undersökningen var hans metod och hans ämne: ett tålamodigt registrerande av fakta, av indicier. Inte för intet var han fascinerat av Sjöwall–Wahlöös romaner och beklagade att han måste vänta på översättningarna för att kunna läsa dem. [Die Untersuchung war seine Methode und sein Thema: ein geduldiges Registrieren von Fakten, von Indizien. Nicht umsonst war er von Sjöwall/Wahlöös Romanen fasziniert und bedauerte, daß er auf die Übersetzungen warten mußte, um die Schweden lesen zu können]."[45]

Zu Knut Hamsuns politischen Irrwegen kommentierte Johnson auf der Pressekonferenz beim Verlag Gyldendal in Kopenhagen:

> „Men hvis De mener, Hamsuns politiske holdning under krigen kan influere paa bedømmelsen af hans tidlige bøger, saa vil jeg mene, at skaden kommer af hans prominens, ikke af litteraturen ... [Aber wenn Sie meinen, Hamsuns politische Haltung während des Krieges kann die Beurteilung seiner früheren Bücher beeinflussen, so meine ich, daß der Schaden von seiner Prominenz und nicht von der Literatur herrührt ...]."[46]

Unter skandinavischen Schriftstellern kannte Johnson wohl nur Lars Gustafsson näher. Mit ihm pflegte er zwischen 1972 und 1974 zusammen mit Max Frisch, Hans Magnus Enzensberger und anderen in Berlin freundschaftlichen Umgang.[47] Gustafsson konnte ihn im Herbst 1973 zu einer Aktion politischen Engagements überreden.[48] Es ging um die IB–Affäre, „so etwas wie eine schwedische Spiegelaffäre."[49] Die Journalisten Jan Guillou und Peter Bratt hatten aufgedeckt, daß die regierenden Sozialdemokraten eine geheime staatliche Organisation damit beauftragt hatte, Gesinnungsschnüffelei und Registrierung von Meinungsgegnern zu betreiben. Sie wurden wegen Spionage zu einem

Jahr Gefängnis verurteilt. Mit dem schwedischen Schriftsteller Per Olof Enquist entwarf Gustafsson einen Protestaufruf, der die Meinungsfreiheit verteidigen und direkt an Palme gehen sollte. Ernst Bloch, Heinrich Böll, Hans Magnus Enzensberger, Max Frisch und Johnson waren die Mitunterzeichner. Enzensberger, Johnson und Frisch lesen den Aufruf und verbessern das Deutsch des Schweden Gustafsson, ohne zu wissen, daß sie oft just die Formulierungen der deutschen Schriftstellerkollegen beanstanden. Im „Expressen" ist dann doch die erste Version erschienen, nachdem die schwedische Nachrichtenagentur TT zuerst eine Publikation abgelehnt hatte. Danach warnte die Provinzpresse 'alte Nazis' wie Böll und Frisch davor, sich in einem demokratischen Musterland wie Schweden über Meinungsfreiheit äußern zu wollen. Wie gut Johnson den seit 1939 in Schweden lebenden Peter Weiss kannte, ist schwer einzuschätzen.[50] Zur Beerdigung fuhr er ja auch als Vertreter der Berliner Akademie der Künste. In den „Begleitumständen" wird Weiss nur kurz erwähnt: „dann wird dieser Stockholm vorziehen. Das war schade, Herr Weiss" (BU 162). Es ist nicht überliefert, ob Johnson bei seinen Stockholmer Aufenthalten Weiss besucht hat.

Skandinavien im Werk: Stellen auf Dänisch: Das orthographische Problem 'Gedser' (ZA 240 und JT 785 und 995) oder 'Gjedser' (HN 10f.) wird von Joe Hinterhand sogar in der „Skizze eines Verunglückten" thematisiert: „Es sei ihm zuverlässig gegenwärtig, daß der Hafenort Gjedser neuerdings anders geschrieben werde."[51] Wann die Schreibweise verändert wurde, konnte leider nicht genau ermittelt werden. Die landessprachliche Form København (z. B. JT 710, 1735, 1885) wechselt in den Texten mit der des deutschen Kopenhagen, wobei die deutsche Schreibweise eindeutig überwiegt.[52] Die Ostsee wird einmal „Østersøen" genannt (HN 95). Am Ende der „Jahrestage" sind einige dänische Sätze unübersetzt eingefügt, als sich Gesine und Marie in einem Badehotel an der dänischen Küste gen Schweden befinden:[53]

> „Passagererne bedes begive sig til udgang. [Die Passagiere werden gebeten, sich zum Ausgang zu begeben]" (JT 1887). „De har vist mig en stor teneste. Ingen årsag! [Sie haben mir einen großen Dienst erwiesen. Keine Ursache!]" (JT 1888) „Hvad ønsker herskabet? ... hvilken vin vil De anbefale os til det? [Was wünschen die Herrschaften? ... welchen Wein können Sie uns dazu empfehlen?]" (JT 1889) „Må jeg bede om Deres pas? De er nok med Deres underskrift, resten ordner jeg. – De er meget elskværdig. Hvor meget blever det ialt? Det er til Dem. [Darf ich um Ihre Pässe bitten? Ihre Unterschrift genügt, den Rest besorge ich. – Sie sind sehr liebenswürdig. Was macht das alles in allem? Das ist für Sie]" (JT 1891).

„Vi forstår desværre ikke tysk [Wir verstehen leider kein Deutsch]" (JT 1248), sagt Gesine, um sich nicht als Deutsche erkennen zu geben. In „Heute Neunzig Jahr" gibt es zwei weitere Stellen: „Mange, mange tak [Vielen, vielen Dank]" (HN 98) und „*evig berømmelse for de russiske helte som ofrede livet i kampen mod tyske okkupanter* [ewiger Ruhm für die russischen Helden, die im Kampf gegen die deutschen Okkupanten ihr Leben opferten]" (HN 126f.). Am 20. August 1973 schreibt Johnson an Siegfried Unseld aus Rønne: „i køkkenet planerer og regerer Fru Cresspahl [in der Küche organisiert und herrscht Frau Cresspahl]."[54] Stellen auf Norwegisch oder Schwedisch gibt es dagegen nicht. Nur Karsch erzählt im „Dritten Buch über Achim" eine Episode aus Norwegen:

> „... da er überall an Hauswänden und Reklametafeln den Namen eines Waschmittels sah, das er von zu Hause kannte, sprach er in einem Geschäft für Haushaltswaren unbekümmert den Namen dieses Artikels aus wie er nach seiner Meinung norwegisch klang, und er bekam ihn also ohne die Verkäuferin mitzuziehen auf die Straße und ihr die passende Hauswand zu zeigen" (DB 22).

Im Nachwort zu „Verzweigungen" schreibt Johnson über die Zeit von Mai 1939 bis Februar 1940, die Margret Boveri als Korrespondentin der „Frankfurter Zeitung" in Stockholm verbrachte und erwähnt dabei ihre Schwierigkeiten beim Schwedischlernen.[55]

> „Sie nimmt täglich eine Stunde Unterricht in der Sprache, aber diese fällt ihr schwer. 'Die gesprochene Sprache ist aber ganz anders als die Schriftsprache, mir vorläufig unverständlich.' Dänisch versteht sie eher. Im Oktober kommt sie mit den Zeitungen und Radio Sverige [Schweden] zurecht.[56] 'Das verstehe ich schon ganz gut. Das Alltagsschwedisch dagegen noch gar nicht'".[57]

Romanpersonen auf Reisen durch Skandinavien: Im November 1938 war Gesine mit ihrem Vater in Kopenhagen und Esbjerg: „In Dänemark hatte er einen Auftrag von der lübecker illegalen S. P. D., deswegen musste er mich lange lassen bei Leuten, die vermochten ihre Freundlichkeiten zu übersetzen, ausser in meine Sprache" (HN 98).[58] Auch 1950 war sie in den Ferien in Dänemark (JT 1752). „Auf einem Segeltörn hat sie die Navigation und verfranst das Boot nach Bornholm. Sie wollte nur sehen, ob ihr vor der Küste etwas einfiele, die war dänisch."[59] Und weiter: „Es ist ein Zufall, dass sie [Gesine] nicht nach Dänemark gesegelt ist ohne wiederzukommen; ist das übrigens denkbar gewesen? Jaja. Es ist kein Zufall, es ist ja eine Entscheidung gewesen" (MJ 89). Im Sommer 1964 fuhren Gesine, Marie und D. E. nach Dänemark und besuchten ihre New Yorker Vormieterin in Klampenborg (12 Kilometer nördlich von Kopenhagen an der Küste gen Schweden). Danach setzten sie die Ferien auf Bornholm fort. Als Johnson 1973 auf Bornholm weilte, beschrieb er Siegfried Unseld ein Gespräch mit Gesine:

> „Und wo haben wir gemietet in dänischen Ferien? An westlichen Küsten? Wie kamen wir nach Bornholm? – Im Auto auf der Fähre. – Ohne Auto im Flugzeug. Wie haben wir auf Bornholm gewohnt? – In einer geliehenen Datscha südlich von Rönne. – Südlich von Halse, tiefer im Land.[60] Ausflüge mit dem Rad. – Nach Dueodde, Neksø, Svaneke, Gudhjem, in den Wald Almindingen, nach Allinge und Sandvig.[61] Wir waren hier. Es war erheblich. Hier haben wir ein ungescheites Mädchen na-

mens Halusine singen und sagen hören von traurigen und wundersamen Erlebnissen mit noch einem Herrn Eriksen. Es gehört zu unserem Leben. Sieh dir an, Genosse Schriftsteller. Sieh es dir an. – Für ganz Bornholm wären vierzehn Tage das Mindeste. – Nicht wahr. Und daraus muß mehr werden als der Obelisk aus schwarzem Granit am neuen Friedhof von Allinge, zum Gedenken der sowjetischen Soldaten, die hier von Mai 45 bis Mai 46 gestorben sind.[62] Es darf nicht fehlen, wie Marie hier reiten lernte, dazu gehört das bedauernde Lächeln des Krämers, wenn wieder ein Hundertkronenschein fällig wurde, die Räucherheringe, die wir express nach Rostock geschickt haben, die Grabsteine, die mecklenburgische Schiffe von hier holten. (...) Åge Riddersborg heißt der Mann. Spricht Bornholmisch und Dänisch."[63]

D. E. unternahm oftmals Inspektionsreisen und flog dann meist mit der S. A. S. (Scandinavian Airlines System) über Kopenhagen (u. a. JT 325f., 709, 818, 866, 1086, 1750). Er verunglückt mit der Finnair am 4. August 1968 in der Nähe des Flughafens Vantaa (10 km nördlich von Helsinki) tödlich. Kopenhagen ist auch als Wohnort im Gespräch. Jakob wünscht sich in einem der vielen Dialoge, die Gesine mit Verstorbenen führt, daß sie Marie von der New Yorker Privatschule nimmt und sie nach Dublin, London oder Kopenhagen bringt (JT 315). Bei einem Vergleich der Städte, die sie kennt, meint Gesine: „bei einer Wahl zwischen New York City und Düsseldorf und Frankfurt am Main würde sie New York den Vorzug geben, aber unschlüssig verharren zwischen Düsseldorf und København" (JT 1885). 1983 bekennt Uwe Johnson im Film von Klaus Podak: „Und weiterhin war mir bewußt, daß nach zwei Jahren wohl sie gern zurückgegangen wäre, nicht notwendigerweise nach Düsseldorf, aber vielleicht nach Kopenhagen."[64] 1966 hatte Johnson selbst auf die Frage, wo es ihm möglich sei zu wohnen, geantwortet: „In New York. [...] In Deutschland nur in Berlin. Dann noch vielleicht in Stockholm, Kopenhagen oder Amsterdam."[65] Hier gibt es den Nyhavn, die Ameliegade, den Hauptbahnhof, das Dänische Freiheitsmuseum im Churchillpark und den Flughafen Kastrup (JT 787). Und D. E. erzählt „von so unverständlichen Gegenständen wie einem 'Magasin du Nord' an einem 'Kongens Nytorv' in 'København'" (JT 709f.).

Eine Schulkameradin Gesines darf Anfang 1951 ebenfalls Dänemark besuchen. „Marlene Timm [...] bekam eine amtliche Erlaubnis für die Ausreise zu Tantenverwandtschaft in Dänemark, viel bestaunt, und saß bei uns wie ein Gast nur" (JT 1703). Die „Ansichten" enthalten die Fluchtgeschichte über Gedser und Kopenhagen (ZA 218 und 240). In der „Skizze" findet sich eine weitere Variante. Joe Hinterhand alias Joachim de Catt wartet 1933 fast fünf Monate „an der Südküste der dänischen Provinz Falster"[66] auf seine Verlobte, die keine Ausreisegenehmigung aus Hitlerdeutschland erhält. Gesine trat als Fluchthelferin in Erscheinung: „ich reiste für Anita, als ich die Arbeit in New York verloren hatte, Pässe auszuprobieren auf dem Weg von Prag nach Warnemünde, von

Trelleborg nach Wien" (JT 1623). An anderer Stelle ist von einem jüdischen Tabakhändler aus Berlin die Rede, der mit einem Fischer nach Dänemark fliehen wollte (JT 981). Es werden die skandinavischen Fährschiffe (MJ 49) und das Eis der skandinavischen Gebirge (MJ 184) erwähnt. Karsch erzählt von seinen Aufenthalten in Norwegen (DB 22) und Achim darf nach Dänemark und „wird umflüstert als das ehrenhafte Hirn seiner Mannschaft" (DB 240).

Produkte aus Skandinavien: Martin Walser hat den „sperrigen und doch zarten Erzählton" Johnsons als einen „Gesang mit Gegenständen" charakterisiert.[67] Dinge aus Skandinavien tauchen dabei häufig im Werk Johnsons auf. Aus einem Posten finnischer Bretter baut Cresspahl sich eine Werkstatt (JT 1572). Der Geschäftemacher Emil Knoop lebt im Hungerwinter 1946/47 von Konserven aus Dänemark (JT 1569). Heinrich Cresspahl dagegen wehrte sich gegen Palmin und Schinkenspeck, die Aggie Brüshaver für ihn aus der Schwedenspeisung abgezweigt hatte (JT 1599). Angenommen hat er im Juni 1948 aber ein Paket des nach Stockholm emigrierten Juden Tannebaum (JT 1528). Das schwedische Fahrrad wird dasjenige gewesen sein, das auch Johnson einst besaß: „mit weißen Reifen, TRELLEBORG war den Schlauchmänteln seitlich aufgeprägt" (JT 1606). Das Rad hatte Anita für ihre Dolmetscherdienste und auf Bezugsschein bekommen: „schwedische Importware, das Prunkstück im staatlichen Laden auf der Stalinstraße von Gneez" (JT 1606). Sie verkauft es Ostern 1950 an Dieter Lockenvitz, der dann wie Johnson Eilzusteller wird (JT 1723). Bei seiner Verhaftung wechselt das Rad abermals den Besitzer: „Das Tatwerkzeug, ein Fahrrad schwedischer (ausländischer!) Herkunft, wird zu Gunsten des Staates eingezogen" (JT 1803).

Gesine hatte ein schwedisches Auto, das „zwei Jahre lang am Schneesalz verrottete" (JT 12). Es wird 1964 verkauft, da sie in New York ohnehin nur mit der U-Bahn fährt.[68] Marie ißt eingelegten Fisch aus Dänemark (JT 1323), sie bekommt von Annie Killainen skandinavisches Spielzeug und von D. E. zwei Kleider geschenkt (JT 154 bzw. 709). Gesine trägt eine Bluse aus Kopenhagen (JT 1592) und D. E. trinkt sein „kopenhagener Bier" (JT 270). Amanda Williams, die Arbeitskollegin von Gesine, „arbeitete als Chefsekretärin nur, um ihre Wohnung in der Bleeker Street vollends in skandinavischem Stil auszustatten" (JT 289). Im Büro de Rosnys steht ein skandinavisches Sofa (JT 679), und selbst Gesine hat in ihrem neuen Dienstzimmer „eine Leselampe unter kostbarem Glas aus Schweden" (JT 714).[69] Gustafssons skandinavische Sandwichstube an der Zweiten Avenue findet oft Erwähnung (JT 62, 64, 697, 1337, 1465 und 1543). In seinem Herausgeber-Kommentar zu Bertolt Brechts „Me-ti"-Fragment stellt Johnson mit bekannter Akribie fest, daß das von Brecht im dänischen Exil benutzte Papier „nicht der deutschen Industrienorm A 4 (21,0 mal 29,7 cm) entspricht, sondern 21,4 mal 33,8 cm mißt, einem in Dänemark üblichen Format.[70]

Historische und tagespolitische Ereignisse haben ebenfalls ihren Platz in Johnsons Werk bekommen. Kollmorgen spricht vom 20. Dezember 1712, an dem die Schweden bei Gadebusch eine Schlacht gegen die Dänen gewannen (JT 625), in einem Haus am Markt von Gneez hatte in der Nacht davor Friedrich IV., König von Dänemark, geschlafen (JT 1433). Erwähnt wird der Malmöer Vertrag von 1803, in dem die Schweden Wismar, Poel und Neukloster mit an Mecklenburg verpfändet haben.[71] Im September 1888 wurde ein Telegraphenkabel von Warnemünde nach Gedser verlegt.[72] Die schwedischen Wanderarbeiter blieben Ende des 19. Jahrhunderts aus in Mecklenburg.[73] Friedrich Franz IV. reiste am 16. November 1918 „über die beliebte Route Warnemünde–Gjedser zu seiner Schwester nach Kopenhagen, woselbst sie mit Christian X. von Dänemark verheiratet ist" und verzichtete so auf den Thron von Mecklenburg–Schwerin (HN 40). „Am 19. März [1920] floh Kapp per Flugzeug nach Schweden" (HN 46). Ernst Thälmann sollte 1933 angeblich auf der Flucht nach Dänemark sein (JT 198 und 202). Die Stockholmer Gruppe der Sozialdemokraten „hielt daran fest, daß es nun Zeit für die Aktionseinheit mit den Kommunisten" sei, der Vorstand in Paris lehnte jedoch ab (JT 677).

Der Winterkrieg in Finnland wird ausführlich behandelt (HN 100–102), die Okkupation von Norwegen und Dänemark wird erwähnt (HN 103 und JT 834). Über die schwedischen Erzlieferungen an Deutschland heißt es: „Da kamen bis zum Ende die Wagen mit dem Erz, das die Schweden für den Krieg schickten" (JT 1144). Der Untergang der „Tirpitz" im November 1944 vor dem norwegischen Tromsø (HN 115) findet sich ebenso wieder wie die Internierung deutscher Flüchtlinge im Mai 1945 im dänischen Nyköbing (JT 995). „Die dänische Regierung verhandelte um ihre Landsleute, bis sie sie im April mit dem vielberedten 'Konvoi der 92 Weißen Busse' nach Frøslev und Møgelkaer holen konnte" (JT 1112). Anderen Insassen des Lagers in Neuengamme erging es schlechter. Zwischen 7000 und 8000 fuhren mit der „Cap Arcona" und der „Thielbek" in den Tod. Die Schiffsglocke der „Cap Arcona" hat Marie im Freilichtmuseum am Churchillplatz in Kopenhagen gesehen (JT 1116).[74]

An einigen Stellen gibt es Hinweise darauf, daß die Jerichower nach 1945 auf eine skandinavische Besatzungsmacht gehofft hatten. „*Morgn kümmt de Swed. Morgn kümmt de Ossenstiern*" (JT 528), sagte man schon im 30jährigen Krieg. Frau Pastor Brüshaver meint: „Mag sein, wir kommen zurück zu Schweden. Is doch bloß zweihundert Jahre her" (JT 1034). Nachdem man aus der britischen in die sowjetische Besatzung übergegangen war, träumte man von einer schwedischen Besatzung (JT 1047). Etwas später kam dann die Einsicht: „Im Oktober 1945 glaubten die Jerichower längst nicht mehr an das Einrükken von schwedischen Besatzungstruppen" (JT 1204). Doch ist das Thema damit noch nicht ausdiskutiert: „und wieder hieß es: der Winkel komme zum

Westen. Nicht zu Schweden, den Düwel eins, immerhin zu den Briten" (JT 1238). „Kommen nun die Schweden?" (JT 1278) fragte man noch im Frühjahr 1946. Selbst ein Anschluß an Dänemark wird diskutiert (JT 1381) und die bürgerlich–konservativen Kreise besprachen „einen künftigen Anschluß an ein skandinavisches Land" (JT 1457). Chancen für eine skandinavische Besatzungsmacht hat es allerdings niemals gegeben.

In dem von den Russen genutzten Lager Fünfeichen, in dem auch Heinrich Cresspahl interniert war, erschien eines Tages das Rote Kreuz aus Schweden (JT 1297). Dreimal kommt der Stockholmer Appell zur Ächtung der Atombombe vom März 1950 vor. Zuerst wird die angebliche Unterschrift Thomas Manns thematisiert (der dementierte damals seinen Namenszug und entlarvte das durch die Medien gegangene Foto als eine Montage (JT 1685).[75] Dieter Lockenvitz deklamiert die sieben Gebote des Appells (JT 1724), und Gesine rettet 1952 Anita Gantlik, die den Appell allzu wörtlich genommen hatte (JT 1822). „Hat der Bericht über die Schrapnellbomben auch in den dänischen Zeitungen gestanden?" (JT 145) heißt es am 5. Oktober 1967, und D. E. schreibt am 12. Oktober an Marie:

> „... in Kopenhagen ging ich in euer Hotel (...) Die Dänen waren alle sauer ein Westdeutscher ein Wehrtechniker hat Jütland für den idealen unversenkbaren Flugzeugträger der Bundesrepublik erklärt sollen die sich doch selber versenken so weit die Staatsgeheimnisse. Mit meinem Dänisch ich weiß nicht es ist etwas faul" (JT 166f.).

Es wird von Protestaktionen gegen den Vietnamkrieg in Stockholm und Kopenhagen (JT 201) und vom „Tribunal des Lord Russell für Kriegsverbrechen in Viet Nam, tagend in Roskilde bei Kopenhagen" (JT 397) berichtet. Bei der Gräfin Seydlitz wird von schwedischen Stahlaktien gesprochen (JT 875). „Die ostdeutschen [Kommunisten] haben sich in Schweden ertappen lassen mit vergrabenen Radiosendern und toten Briefkästen", heißt es am 21. Mai 1968 (JT 1199). Und Johnson meint dazu: „Nach den Erfahrungen, die die Deutschen in diesem Jahrhundert bisher unter Waffen erworben hatten, es empfahl sich ein Weiterleben nach dem schwedischen Vorbild" (BU 360).

Skandinavische Personen: Die dänische Stewardess Ingrid Bøtersen aus Klampenborg ist eine der Vormieterinnen Gesines.[76] Marie bekommt von ihr eine Geburtstagskarte (JT 1590). Karsch trifft eine Schwedin:

> „Das zweite Mädchen war eine vierjährige Schwedin im 'Copter Club' auf dem Haus der PanAmerican in New York (...) In all ihrer Angst setzte sie sich zu dem einzelnen Herrn am Nebentisch und tröstete ihn über die Tatsache, daß sie nun gleich mit ihren Eltern dahin abfliegen würde 'woher unsere Familie geboren ist' und ihn allein zurücklassen mußte" (JT 396).

Sie fliegt also nach Schweden, „woher unsere Familie geboren ist", will sagen: woher die Johnsons bzw. Mårds stammen. Dr. Berling, Arzt in Jerichow, hat bei seiner Ahnensuche schwedische Verwandte gefunden (JT 474). Von nun an verbringt er seine Ferien in Schonen. Der Ökonom und Nobelpreisträger Gunnar Myrdal aus Schweden wird zitiert:

> „Nach der Analyse von Gunnar Myrdal, einem schwedischen Fachmann für gesellschaftliche Krisen, müssen die U. S. A. Billionen Dollar haufenweise und die Anstrengung einer ganzen Generation aufwenden, wenn sie realistisch und ohne Ansehen der Rasse gegen die Armut im Land vorgehen wollen. Marie ist da gar nicht ängstlich, in einem solchen Land" (JT 141).

Annie Killainen, Freundin Gesines und auch Fremdsprachensekretärin, ist gebürtige Finnin.[77] Sie zieht mit ihren drei Kindern zunächst für einige Wochen zu Gesine, dann heim zu ihren Eltern ins finnische Kaskinen und kehrt danach wieder zu ihrem Mann zurück.[78] Gesine kennt der Aussage Maries nach den schwedischen Botschafter (JT 25). In Brooklyn gibt es ein Norwegerviertel (JT 1069). Der Onkel Gesines, Robert Papenbrock, gibt sich schon mal als Norweger aus (JT 557) und Marie antwortet gelegentlich auf die Frage nach ihrem Herkunftsland mit Norwegen.[79] In einer Passage gibt Uwe Johnson die Vorstellung vom skandinavischen Frauentyp in einem Teil New Yorks wieder:

> „Mrs. Carpenter ('Nennen Sie mich Ginny') ist eine junge Person, einunddreißig Jahre, fünf Fuß vier Zoll, Blusengröße 34, Schuhe sieben und ein Viertel, alles im Amerikanischen geschätzt. Zu sehen ein wohlgewachsenes Mädchen mit breiten Schultern, birnengroßen Brüsten, schmalen Hüften, regelmäßig bis ins Gesicht, dessen eine Hälfte der anderen zum Verwechseln gleicht, umhangen von einheitlich verbogenen Haaren, die früher einmal glatt hingen, aber so weiß wie heute. Was man auf der Oberen Westseite New Yorks den skandinavischen Typ nennt" (JT 1422).

Gesines wird in der Bank als „unsere Dänin" bezeichnet (JT 162, 1036 und 1734). Im Nachwort zu den „Verzweigungen" wird ausgeführt, was Margret Boveri von Schweden und den Schweden hielt:

> „'Unser großes Unglück ist das Brot. Es ist alles süß ... Außerdem ist alles ungesalzen. Dies scheint mir dem schwedischen Volkscharakter zu entsprechen ... die Schweden essen immerzu Süßigkeiten. Jeder dritte Laden ist eine Konditorei ... Das Volk hat schon in jungen Jahren angefaulte schwarze Zähne.' ... 'Frau Becker gefielen die Epas, die Einheitspreisgeschäfte, im Vergleich zu Berlin; in Schweden waren die Schürzen und die Blusen billiger.' 'Frau Becker findet die Sauberkeit und die vielen praktischen technischen Erfindungen schön. Sie mißbilligt, daß die Leute dauernd Frühstückspause machen.' ... 'Habn Se schon gesehen det ener genau so aussieht wie der andere, obs Männer sind oder Frauen oder Kinder, – alle habense die gleichen Gesichter'".[80]

Mit Land und Leuten hatte sie sich nie anfreunden können. Sie schreibt sogar: „Hier komme ich mir abgeschieden vor, um nicht zu sagen verschieden".[81] Ingrid Babendererde besucht die Gustav-Adolf-Oberschule.[82] Dänen nehmen an der Friedensfahrt teil (DB 182). In der Erzählung „Eine Reise nach Klagenfurt" wird eine Person genannt, die im Flugzeug Schwedisch gesprochen hat.[83] Es wimmelt also geradezu von skandinavischen Personen im Johnsonschen Werk.

Es fällt aber auch ins Auge, daß die skandinavischen Länder oft als Beispiel erwähnt werden: „... Geschäftsleuten in Italien oder Schweden. Schweden scheint eine Alternative zu sein" (JT 797). „Denn die Passanten in ... italienischen (oder schwedischen) Straßen haben die Politik der U. S. A. bereits analysiert" (JT 798). Und noch einmal: „Mr. de Rosny, Vizepräsident seiner Bank, reist arglos durch die Welt, und in Mexico, Bangkok, in Rom (oder Stockholm) blicken ihm die Einwohner nach" (JT 799). Über einen exilierten Sozialdemokraten heißt es: „Einer hat in Schweden abgewartet. In Schweden!" (JT 1376). Der Norden wird auch als geographisches Beispiel benutzt: „Verbreitung hiesiger [amerikanischer] Gewohnheiten von Schweden bis Spanien" (JT 347); „wie im skandinavischen Sektor auch" (JT 660); „damit 'wir' und 'unsere' Freunde in England, in Dänemark nicht böse werden über ein verpatztes Geschäft" (JT 1562); „und Pullovern, wie sie in diesem Jahr [1949] in Frankreich oder Dänemark getragen wurden" (JT 1617). In der Passage über seinen seit Leipziger Studententagen engen Freund Manfred Bierwisch wird ein „Druckort im Auswärtigen" gesucht, „in Finnland oder Frankreich, in Schweden oder der Schweiz" (JT 1637). „Das hätte vielleicht noch in die 'Jahrestage' hinein gehört, wie die beiden [Peter Niebuhr und Joe Hinterhand] sich verständigten über die Schweiz und über Kuriere aus Schweden".[84] Woher Johnson diese Personen und Episoden genommen und warum er sie in seine Werke eingebaut hat, wird das Ziel weiterer Forschungen sein.[85]

Johnsons Romane in Übersetzung:[86] „Den tredje bog om Achim" kam Anfang April 1963 rechtzeitig zu den Lesungen in Dänemark heraus, am 25. August 1967 folgten „Två sider". „Berlins bybane [Berliner Stadtbahn]" wurde 1965 wie die beiden Romane von Mogens Boisen übertragen und „Jonas for eksempel [Jonas zum Beispiel]" erschien im selben Jahr auf Dänisch.[87] „Kolmas kirja Achimista" wurde Ende 1966 beim Tammi–Verlag in Helsinki verlegt.[88] Johnson wird in eine Buchreihe mit Louis–Ferdinand Céline, William Faulkner, James Joyce, Franz Kafka, Alberto Moravia, Alain Robbe–Grillet und John Steinbeck eingeordnet. Das Buch war noch Mitte der 70er Jahre erhältlich.[89] 1977 bekam Johnson die Anfrage einer finnischen Journalistin, die seine Meinung zum Nobelpreis wissen wollte. Seine Antwort vom 26. September wurde leider nicht gedruckt.[90] Am 19. Oktober 1962 kam bei Gyldendal Norsk Forlag „Den tredje bok om Achim" in einer Reihe heraus, die das Neueste und Beste vom internationalen Buchmarkt vorstellen sollte. „Zwei Ansichten" erschien dann mit dem sehr frei gewählten Titel „Dialog over muren [Dialog über die Mauer hinweg]" im September 1966 beim J. W. Cappelens Forlag auf Norwegisch. Auch wurde das Buch mit einem eigenmächtigen Untertitel versehen, der es eindeutig als einen Roman kennzeichnet, was Johnson ja bewußt vermieden hatte.[91] Es wurde in die bekannte Reihe „Verdens unge" [Die Jungen der Welt] aufgenommen, in der zuvor schon Werke von Truman Capote, Rolf Hochhuth, Jerome D. Salinger erschienen waren. Weiterhin erschienen „Jonas for eksempel", in der Übertragung von Elisabeth Naess, und ein Auszug aus „Den tredje bok om Achim" in einem Band, der die Gruppe 47 vorstellte.

Daß „Das dritte Buch über Achim" in schwedischer Übersetzung erscheinen konnte, war für Johnson eine ganz besondere Freude, wie er in einem Interview bestätigt.[92] „Den tredje boken om Achim" kam am 2. November 1962 und die „Två sidor" am 28. Oktober 1966 in einer Auflage von jeweils 2. 500 Exemplaren beim schwedischen Verlag Bonniers heraus.[93] „Särskilt de mindre profeterna" [Besonders die kleinen Propheten] wurde schon 1961 von Daniel Hjorth übersetzt. „S–banan i Berlin" [Berliner Stadtbahn] kam 1964 in der Fassung von Lars Bjurman. Der Text wurde u. a. aus Anlaß der bevorstehenden Tagung der Gruppe 47 publiziert. Ob eine geplante Publikation des Textes in „Svenska Dagbladet" Wirklichkeit wurde, ist unklar.[94] Lars W. Freij übersetzte ein Jahr später „Gåvopaket, ingen handelsvara" [Geschenksendung, keine Handelsware] für ein Buch mit modernen deutschen Erzählungen. Die „Ingrid Babendererde" schickte Bonniers mit dem Vermerk „ungelesen" zurück![95] Helene Ritzerfeld vom Suhrkamp Verlag fragte danach Thomas von Vegesack bei Norstedts, der für sein Interesse an Johnson bekannt war, erfolglos. Auch die „Jahrestage" blieben unübersetzt, „obwohl Vegesacks Streben darauf hinzielte, die 'Jahrestage' in absehbarer Zukunft den schwedischen Lesern vorzustellen."[96] Die „Mutmassungen" hatte man von Anfang als sprachlich zu schwierig eingestuft.

Die Verkaufszahlen: Nicolai Riedel geht für Skandinavien von einer Auflage von 5.000 aus, die spätestens Mitte der 70er Jahre vergriffen war.[97] Es werden jedoch vermutlich nur 2.000 bis 2.500 Exemplare je Titel gewesen sein.[98] Es stimmt aber, daß Johnsons „nüchtern–sachlicher und wirklichkeits–registrierender Beschreibungsstil der Mentalität nordeuropäischer Rezipienten mehr zu entsprechen scheint als dem emotiven Temperament südlicher Leser."[99] Gustav Korlén schränkt jedoch ein, daß Johnson „wohl nur unter recht prononcierten Literaturkennern bekannt" sei.[100] Andere deutschsprachige Autoren riefen ein größeres Interesse in Schweden hervor: Böll hatte 20 übersetzte Bücher, Friedrich Dürrenmatt 7, Max Frisch 8 und Günter Grass 9.[101] Johnson selbst äußerte sich zum Thema 'kommerzieller Erfolg' in einem Interview am 13. Mai 1963 in Bergen: „Mitt problem er ikke om bøkene mine blir solgt. Bare om de blir lest. [Mein Problem ist nicht, ob meine Bücher verkauft werden. Wenn sie nur gelesen werden]."[102] So sollte es sein![103] Im Gespräch mit

Per Sjögren wiederholt Johnson, daß er es liebt, wenn er gelesen wird. Er schreibe nicht für einen exklusiven Klub.[104]

Die sprachliche Qualität der Übersetzungen: „Wenn die Leute wirklich Uwe Johnson lesen wollen, müssen sie Deutsch lernen. Und Mecklenburger Platt", sagte Helen Wolff.[105] Auch Gunnar Brandell meint, „att han helst bör läsas på tyska så att nyanserna kommer till sin rätt [daß man ihn am besten auf Deutsch lesen sollte, damit die Nuancen zu ihrem Recht kommen]."[106] Und Günter Grass nannte 1980 die Namen Johnson und Walser: „Deren Bücher sind im Grunde ohne Mithilfe des Autors nicht wirklich adäquat zu übersetzen."[107] Doch die Übersetzungen, meist ohne aktive Mithilfe des Autors entstanden, sind notwendig, auch im Falle Johnson. Die Qualität der schwedischen Übersetzungen aus dem Deutschen war schon Anfang 1963 Thema einer intensiven Debatte in „Stockholms–Tidningen", die von Fehlern in der Übersetzung der „Blechtrommel" ausgelöst worden war.[108] Daraufhin wurde das Germanistische Institut in Stockholm unter der Leitung von Professor Gustav Korlén von den Verlagen in die Qualitätskontrolle der Übersetzungen einbezogen. Bis 1968 entstanden über 100 Seminararbeiten zu literarischen Übersetzungen aus dem Deutschen, was schon bald positive Folgen hatte.[109]

Eine dieser Arbeiten stammt von Gisela Bergau, die die Leistung des Übersetzerpaares Bengtsson bei der Übertragung des „Achim" detailliert untersucht. Schon die Rezensenten waren mehrheitlich von der Übersetzung begeistert:

> „Översättningen måste ha varit ett mycket påfrestande knåparbete. Ändå är texten lika välberäknad och enhetlig som om Johnson hade skrivit sin andra roman direkt på sina förfäders språk. En storartad prestation ... [Die Übersetzung muß eine anstrengende Puzzlearbeit gewesen sein. Trotzdem ist der Text genauso durchdacht und einheitlich, als ob Johnson seinen zweiten Roman direkt in der Sprache seiner Vorväter verfaßt hätte. Eine großartige Leistung ...]."[110]

Eine wahre Lobeshymne. Die Absatzeinteilung und die Interpunktion wurden vom Originaltext übernommen, was von Bergau als positiv empfunden wird. Der Numerus und die oft schwierig zu übertragenden Zeitformen sind fast ausnahmslos korrekt wiedergegeben. Insgesamt haben die Übersetzer „lieber korrekt als phantasievoll" gearbeitet.[111] Eine Auswahl der 41 von Bergau entdeckten Fehlübersetzungen:

> Von mir gibt es schon zwei Bücher. (Er meinte: Über ihn, und: dass er sie möglich gemacht hatte.) – Av mig finns det redan två böcker. (Han menade: om honom, och att han möjligen hade gjort dem.) [Von mir gibt es schon zwei Bücher. (Er meinte: über ihn, und daß er sie möglicherweise selbst geschrieben hat.)] (S. 48/33)[112]; vor sechzehn Jahren – i sexton år [sechzehn Jahre lang] (S. 110/75); nannten ihn ein altes Haus – nämnde adressen till ett gammalt hus [erwähnten die Adresse eines alten Hauses] (S. 124/83); Gedankenreich – full av tacksamhet [voller Dankbarkeit] (S. 270/179); sowjetische Armee – tyska armén [deutsche Armee] (S. 328/217).

Es werden auch 19 Ungenauigkeiten, drei zusätzliche Erläuterungen und drei ausgelassene Passagen aufgelistet: Die sah besorgt aus (S. 77/52), über den schnurrenden Beinkreisel (S. 78/53), wieder beginnt die frühjährliche Trainingsphase (S. 276/183). Die meisten Rezensionen gehen kaum auf die Qualität der Übersetzungen ein.[113] Die Arbeit wird dann aber als gut bis hervorragend eingeschätzt, die sprachlichen Schwierigkeiten bei Johnson werden erkannt. Am schlechtesten wird die norwegische Übersetzung der „Zwei Ansichten" von Gerd Hoff beurteilt, die als zu deutsch und zu steif eingeschätzt wird.

> „Boken er oversatt av Gerd Hoff, som må ta sin del av ansvaret. Det tyske sprog slår stadig irriterende gjennom. Hun burde vel husket at det viktigste var ikke å oversette *fra* tysk, men *til* norsk, for å si det slik. Og da er punktumet for eksempel, en utmerket oppfinnelse. [Das Buch ist von Gerd Hoff übersetzt, die ihren Teil der Verantwortung[114] zu tragen hat. Die deutsche Sprache schimmert ständig ärgerlich durch. Sie sollte sich daran erinnern, daß das wichtigste nicht das Übersetzen *aus* dem Deutschen sondern *ins* Norwegische ist, um es einmal so auszudrücken. Und da gibt es zum Beispiel den Punkt, eine ausgezeichnete Erfindung]."[115]

Recht unterschiedlich fällt das Urteil zu Ragnar Kvams „Achim" aus. Seine norwegische Fassung wird als preiswürdig[116] oder fesselnd und original[117] eingeschätzt. Andere haben den Originaltext noch nie so sehr vermißt[118] und bemängeln die unbeholfenen Germanismen.[119] Viel Lob gibt es hingegen für die zwei dänischen Übersetzungen von Mogens Boisen, der auch Thomas Mann, James Joyce und Marcel Proust übertragen hat. Zu „To sider" meint Erik Aalbæk Jensen, daß eine dänische Übersetzung ausnahmsweise etwas zu geben habe.[120] Nur Jørgen Bonde Jensen, der auch eine negative Meinung über den Roman selbst hat, entdeckt Nachlässigkeiten auf jeder zweiten Seite; vor allem werden die deutschen Spracheinflüsse getadelt.[121]

Von den um Auskunft gebetenen drei Übersetzern antwortete leider nur der Schwede John W. Walldén. Er gibt einen guten Einblick in die Arbeit eines Übersetzers, da er offen über seine Schwierigkeiten mit dem Johnsonschen Buch berichtet. Er habe niemals ein Äquivalent für die Sprache Johnsons gefunden. Text, Thema und behandelte Wirklichkeit kamen ihm zu grau und düster vor. Er schätzt seine Leistung als seine schlechteste ein und weist auch auf die Rezension von Gunnar Brandell hin, der ihm einige Fehler angelastet hatte, im übrigen die Übersetzung aber als brauchbar und stellenweise ausgezeichnet charakterisiert.[122] Einer seiner Rezensenten ist interessanterweise Nils A. Bengtsson, der beim „Achim" ja selbst Erfahrungen mit Johnsons Sprache sammeln konnte und dessen Urteil somit auch kenntnisreicher ausfällt. Er lobt, daß Walldén wortwörtlich und ohne Zuhilfenahme eingeschobener Füllwörter vorgegangen ist.[123] Zusammenfassend kann gesagt werden, daß die Übersetzer ihre Aufgaben mit Bravour erfüllt haben, was bei den sprachlich schwierigen Texten Johnsons sicher nicht leicht gewesen ist.

Die Rezensionen: „Ich lese sie ... ohne viel Interesse", sagte Uwe Johnson.[124] Die skandinavischen Kritiken beziehen sich natürlich meist auf die Übersetzungen. Auffällig ist aber, daß schon die Originalausgaben ein Interesse und ein positives Echo in Dänemark und Schweden hervorgerufe haben, „obwohl die deutschen Johnson–Ausgaben nur selten in der ausländischen Presse besprochen worden sind".[125] Die Rezeption ist überdurchschnittlich umfangreich. Wie Nicolai Riedel festgestellt hat, sind 13 % aller Rezensionen und 11 % aller Artikel zu Johnsons Werken in den vier nordischen Ländern erschienen.[126] In den 60er Jahren wurden in den skandinavischen Ländern noch viele kleine Zeitungen publiziert, die „wesentlich zur Popularisierung von Johnsons Frühwerk beigetragen" haben.[127] Inzwischen hat sich aber auch dort, wie in den meisten anderen Ländern, die Anzahl verringert.[128] Die Nordleute sind aber immer noch die fleißigsten Zeitungsleser der Welt.[129] In Dänemark erschienen insgesamt 68 Artikel in 25 Zeitungen und 8 Zeitschriften, in Norwegen 53 in 30 Zeitungen und 2 Zeitschriften und in Schweden 75 in 33 Zeitungen und 4 Zeitschriften.[130] Der Aufbau der Rezensionen hat oft diesselbe Struktur, Unterschiede gibt es vor allem in Länge, Informationswert und sprachlicher Qualität. Jeder Artikel enthält Angaben zur Person Johnsons, zu den bereits von ihm erschienenen Büchern, zur Fabel des zu besprechenden Buches (mehr oder weniger ausführlich und manchmal mit Zitaten aus dem Text), zum besonderen Stil und zur Einordnung in die Literatur der Gegenwart. In vielen Rezensionen findet man auch ein Foto des Autors.[131]

Eine kleine Auswahl soll eine Vorstellung von den Kritikermeinungen im Norden geben. Über „Achim": eine langsame und aufmerksame Lektüre sei eine lohnende Arbeit, die durch den Stil erschwert werde; die Mitarbeit des Lesers sei erwünscht, dieses Europabuch sei als Dichtwerk ein großes literarisches Ereignis und das beste Buch seit langem; die Geschichte sei fesselnd und faszinierend, erfordere aber auch viel Hintergrundwissen über die deutschen Verhältnisse; hier sei das Leben in Ostdeutschland nachlesbar, und das Problem der Teilung werde differenzierter als bisher betrachtet; Johnson habe die deutsche Sprache in Interpunktion und Syntax vereinfachend erneuert und Umgangssprache oft und gut verwendet; Johnson sei einer der talentiertesten und zukunftsträchtigen deutschen Schriftsteller, seine schwedische Herkunft wird hervorgehoben. Zur Illustration der mehrheitlich sehr positiven Rezensionen einige Beispiele: „[...] är den mest angelägna, innehålsrika och levande moderna roman jag läst på mycket länge. [... ist der wichtigste, inhaltsreichste und lebendigste moderne Roman, den ich seit langem gelesen habe]."[132] „En av de märkligaste utländska romaner som på senaste tiden har översatts till svenska ... [Einer der bemerkenswertesten ausländischen Romane, die in letzter Zeit ins Schwedische übersetzt wurden ...]."[133] „[...] är något så sällsynt som en litterärt *och* politiskt lika fängslande roman. [... ist etwas so seltenes wie ein literarisch *und* politisch gleichermaßen fesselnder Roman]."[134] Natürlich gab es auch einige negative Stimmen, die den umständlichen Stil, der das Lesen unnötig erschwert, tadeln. So werde alles unklar, die pedantische Auflistung von Details verwirre den Leser – einfach ein unlesbares Buch.

Die „Zwei Ansichten" wurden wie folgt charakterisiert: ein Buch, das unbedingt gelesen werden sollte, bessere werden zur Zeit nicht geschrieben; eine leichtere Lektüre als „Das dritte Buch über Achim"; klassisch–einfache Erzählung mit einer fast banalen Fabel in nüchtern–ökonomischem Stil, die Details sind nie überflüssig; ein politisches Buch mit aktueller Problematik, das geteilte Berlin mit der vereinenden und trennenden Mauer[135]; es werden genaue Bilder des Lebens der alltäglichen Helden gegeben; erzählt werde sowohl ironisch als auch ernst und mit viel Gefühl; ein unsentimentaler Liebesroman mit dem Thema 'Romeo und Julia' als literarischem Vorläufer. Negative Urteile waren: manierierte Schreibweise, langweilig, detailversessen. Verrisse waren dagegen sehr selten: über „Achim" sind es 6 von insgesamt 58 Artikeln und über die „Ansichten" 8 von 43, wobei auffällt, daß von den 12 norwegischen Rezensenten immerhin 5 das Buch selbst als schwach einschätzen.[136] Glücklicherweise hat die Mehrheit der Rezensenten in Skandinavien die Bedeutung der Johnsonschen Bücher erkannt. Sie verhalfen somit seinen Büchern auf die Wege zum Leser.

Wer hat aber Johnson rezensiert? Bekannte Schriftsteller und Kritiker sind unter anderem Anders Bodelsen (DK), Niels Barfoed (DK), Jacob Paludan (DK), Klaus Rifbjerg (DK), Tage Taaning (DK), Jörn Donner (F)[137], Gunnar Brandell (S), Per Olof Enquist (S), Lars und Madeleine Gustafsson (S), Folke Isaksson (S) Per Landin (S) und Thomas von Vegesack (S).

Uwe Johnson im Vergleich mit anderen Schriftstellern: Oft fallen Namen wie James Joyce, William Faulkner oder Alain Robbe–Grillet. Der Einfluß des nouveau roman wird von vielen Rezensenten gerade beim „Achim" hervorgehoben. Johnson selbst sagte 1966 dazu: „Diese Richtung interessiert mich nicht. Es geht da etwas verloren, was mir wichtig erscheint: die Geschichte."[138] Gleichwohl lagen beim Besuch des Schweden Carl–Henning Wijkmark 1961 bei Johnsons in Berlin Romane von Alain Robbe–Grillet und Natalie Sarraute auf dem Tisch. Und Johnson sagte weiter: „'De nya fransmännen måste man arbeta med'...'De har gjort viktiga framsteg som man måste känna till.' ['Mit den neuen Franzosen muß man arbeiten'...'Sie haben wichtige Fortschritte gemacht, die man kennen muß']."[139] Thomas von Vegesack schreibt: „I sitt detaljintresse påminner Johnson om en författare från upplysningstiden. [Mit seinem Interesse fürs Detail erinnert Johnson an einen Schriftsteller aus der Zeit der Aufklärung]."[140] Seltener werden Hermann Broch mit seinem detailliert–dokumentarischen Zeitbildern in „Die Schuldlosen“[141], Franz Kafka[142], Michel Butor[143] und Henry James[144] genannt. Per Landin ordnet die „Jahrestage“ in die große deutsche Literatur ein:

„... ett av detta århundrades monumentalverk, jämförbart med Robert Musils 'Mannen utan ansikte' och Thomas Manns 'Huset Buddenbrook'...[...ein Monumentalwerk dieses Jahrhunderts, zu vergleichen mit Robert Musils 'Der Mann ohne Eigenschaften' und Thomas Manns 'Buddenbrooks'...]“[145]

Seine Auffassung von der begrenzten Möglichkeit der Wirklichkeitswiedergabe vergleicht man mit dem Stil von Per Olof Sundman.[146] „I Sverige är Sivar Arnér hans närmaste själsfrände. [In Schweden ist Sivar Arnér sein nahester Seelenverwandter].“[147] Carl Olof Bergström in bezug auf Eyvind Johnson:

„Uwe Johnson är en omsorgsfull skildrare som har många ord att röra sig med, och alltså inte bara med sitt släktnamn påminner om Eyvind Johnson. Känner han inte dennes egna verk, så måste han ha samma amerikanska förebilder. [Uwe Johnson ist ein gewissenhafter Erzähler, der viele Worte zu seiner Verfügung hat, und also nicht nur dem Namen nach an Eyvind Johnson erinnert. Wenn er dessen eigene Werke nicht kennt, so muß er zumindest die selben amerikanischen Vorbilder haben].“[148]

Ingmar Svedberg nennt in seinem Artikel Christer Kihlman als einen finnlandschwedischen Autor, der ebenfalls politische Themen mit dem Stil moderner Prosa vereinen kann.[149] In literarisch interessierten Kreisen Schwedens war der Name Johnson in den 60er Jahren ein Begriff. Gregor Svenson, literarischer Leiter des Bonniers–Verlages nannte Johnson, Günter Grass und Helmut Heissenbüttel als Inspirationsquellen für junge Autoren und Kritiker wie Björn Runeborg, Sven Delblanc, Torsten Ekbom und Per Olof Enquist.[150] Deutlich zu erkennen ist eine große Lücke in der Informationstätigkeit über Johnson, die sich von etwa 1970 bis 1984 erstreckt. Da keine weiteren Bücher übersetzt wurden, schlief auch das Interesse an Johnsons weiterem Schaffen fast vollkommen ein. „Das Beispiel der skandinavischen Staatengruppe macht wiederum deutlich, wie eng Editionsgeschichte und Wirkungsgeschichte miteinander verknüpft sind“.[151] In einer schwedischen Übersicht über die deutsche Literatur nach 1968 aus dem Jahre 1987 wird sein Name nicht einmal mehr erwähnt.[152] Die wenigen Artikel, die noch zum ersten Band der „Jahrestage“ in Dänemark (3) und Schweden (2) erschienen, lassen auch erkennen, daß man mittlerweile unterschiedlich über Johnson urteilte.

Während die zwei schwedischen Beiträge die neue und leichtere Erzähltechnik loben, die Ironie erfassen, die repräsentativen Figuren und Episoden hervorheben und sich schon auf die Lektüre der angekündigten Fortsetzungsbände freuen[153], können ihre dänischen Kollegen kaum Lobenswertes an dem neuen Epos finden. Man verbeugt sich zwar vor dem „sandhedsfanatiker [Wahrheitsfanatiker]“[154], steht den Absichten Johnsons aber eher verständnislos gegenüber. Eine negative Kritik liest man bei Per Øhrgaard, der das neue Werk aber als „noget bedre end sine forgængere [etwas besser als seine Vorgänger]" einschätzt.[155] Von der Vollendung der „Jahrestage", über deren Existenz man in Skandinavien vorher sowieso kaum informiert wurde, hat man erst im Zusammenhang mit Johnsons Tod erfahren. Die Nachrufe waren jedoch nicht sehr zalhreich. In Schweden ist ein erneutes Interesse zu verzeichnen, was unter anderem Per Landin und Jonas Ingvarsson zu verdanken ist.

> „Men viktigare är vad han har att säga oss i dag ... om Tyskland, framförallt, men också om hela det europeiska projektet. (...) Jag tror Helmut Kohl skulle haft mycket att lära av Uwe Johnson. [Aber wichtiger ist, was er uns heute ... vor allem über Deutschland, aber auch über das ganze europäische Projekt zu sagen hat. (...) Ich glaube, daß Helmut Kohl viel von Uwe Johnson hätte lernen können]."[156]

In einem Artikel über „Ein weites Feld" von Günter Grass wiederum erwähnt man Johnson noch nicht einmal, wenn es um jene deutschen Schriftsteller geht, die die Mauer in ihren Büchern thematisiert haben:

> „Man bör dessutom komma ihåg hur få författare som faktiskt skrev om muren när den fanns: Christa Wolf och Peter Schneider hör till undantagen. [Man sollte sich außerdem daran erinnern, wie wenig Schriftsteller tatsächlich über die Mauer schrieben, als diese stand: Christa Wolf und Peter Schneider gehören zu den Ausnahmen]."[157]

Lars Gustafsson fand dann 1995 im bisher letzten Artikel über Johnson in Skandinavien ehrende Worte zu Johnson und den „Jahrestagen":

> „Det stora verket 'Jahrestage' – kanske Tysklands motsvarighet till Frankrikes 'På spaning efter den tid som flytt'... är något av det originellaste vår generation har skapat. [Das große Werk 'Jahrestage' – vielleicht Deutschlands Gegenstück zu Frankreichs 'Auf der Suche nach der verlorenen Zeit'... ist etwas vom Originellsten, was unsere Generation geschaffen hat]."[158]

Fehlerhafte Angaben in den Rezensionen: Eine Reihe von Artikeln enthält fehlerhafte Angaben, die entweder vom Verfasser selbst falsch recherchiert oder von anderen ohne nähere Prüfung übernommen wurden. Hier nur eine kleine Auswahl:

> Die „Mutmassungen" werden oft als der Roman angesehen, der von den Verlagen der DDR abgelehnt wurde[159]; der Aufstand vom 17. Juni 1953 wird auf einen Julitag[160], auf den 17. Juni 1954[161], in den Winter 1956[162] nach Berlin 1956[163] verlegt. Es wird angegeben, daß Johnson in Ostdeutschland geboren wurde und 1977 starb[164], Staatswissenschaften studiert hat[165], schon 1957 den Internationalen Verlegerpreis bekommen habe.[166] Weiterhin kann man lesen, daß sein Vater während des Krieges in Rußland als vermißt gemeldet wurde[167], Elisabeth Johnson aus der Tschechei gebürtig ist,[168] die Johnsons geschieden wurden.[169] Jakob und Gesine sind gleichaltrig, Gesine studiert in Berlin Anglistik, wo Blach ihr Lehrer ist, Jonas hat ihr eine Stelle bei der NATO in Westberlin besorgt[170], die „Mutmassungen" haben nur einen Dialog[171].

Alle skandinavischen Nachschlagewerke haben heute Johnson einen Artikel gewidmet und geben mehr oder weniger detailliert Auskunft. Ausführlicher kann man sich in „Nationalencyklopädien" (S) und „Store Norske Leksikon" (N) informieren. Ein Foto hatte kein Artikel, da gab man dem Nobelpreisträger Eyvind Johnson den Vorrang. Der Umfang der Lexikonartikel reicht von 8 Zeilen bis beachtlichen 37 im „Store norske Leksikon", wo auch fast alle Bücher Johnsons verzeichnet sind.[172] Nur der Beitrag in „Nationalencyklopädien" (1993 S) kommt mit 186 Wörtern in diese Größenordnung, alle anderen Artikel bleiben weit unter 100 Wörtern (der Durchschnittsartikel hat ca. 10 Zeilen und etwa 60 Wörter). Dies ist im Vergleich zu anderen Ländern eher wenig.[173]

Viele Artikel enthalten trotz ihrer Kürze eine Reihe von fehlerhaften Angaben. In Gyldendals „Tibinds Leksikon" (1978 DK) werden die „Ansichten" in das Jahr 1964 vorverlegt, laut „Gyldendals Litteraturleksikon" (1974 DK) sind sie sogar erst im Jahr 1967, also gleichzeitig mit der dänischen Ausgabe, erschienen. Die „Jahrestage" werden im „Tibinds Leksikon" mit 1974 als Erscheinungsjahr und als abgeschlossenes Projekt in vier Bänden vorgestellt, obwohl man bei Redaktionsschluß am 1. Mai 1977 durchaus schon über das Ausbleiben des vierten Bandes hätte informiert sein können/müssen. Derselbe Fehler taucht auch in anderen Lexika auf, wie beispielsweise in „Litteraturhandboken" (1984 S), „Stor Focus" (1988 S) oder „Bra böckers lexikon" (1994 S). In „Gyldendals Litteraturlexikon" (1974 DK) läßt Per Øhrgaard sie sogar auf eine Trilogie schrumpfen, und „Bonniers stora lexikon" (1987 S) weiß etwas von 1984.

In Literaturgeschichten taucht der Name Uwe Johnson nicht allzu häufig auf. In Per Øhrgaards Buch über die deutsche Literatur von 1945 bis 1970 findet sich auf drei Seiten eine kritische Einführung in Johnsons Werk. Die ersten drei Romane und die drei Bände der „Jahrestage" (als Triologie mit einem dritten Band von 1972 vorgestellt) werden begutachtet. Øhrgaard kritisiert vor allem den undurchsichtigen Stil und die „geschraubte" Sprache.[174] Die „Ansichten" findet er schwach, sentimental und pathetisch: „Den tørhed og humorforlafthed, som generelt præger Johnson, er særlig tydelig her. [Die Trockenheit und Humorlosigkeit, die Johnson im allgemeinen prägen, sind besonders hier sehr deutlich]."[175] An den „Jahrestagen" lobt er immerhin die einfachere Erzähltechnik und den freieren Stil, auch wenn ihm das Umständliche und die „falsche Patina" mißfallen.[176] In der von Hans Hertel herausgegebenen Literaturgeschichte bekommt Johnson eine ganze Seite.[177] Carl-Henning Wijkmark stellt am Ende seiner halbseitigen Ausführungen fest, daß die größten Talente Arno Schmidt und Uwe Johnson seien.[178] Åke Runnquist hebt bei seiner Präsentation moderner Autoren die Objektivität Johnsons hervor.[179] In Band 12 der „Litteraturens världshistoria [Geschichte der Weltliteratur]" sind Johnson volle vier Seiten gewidmet. Betont wird die sachliche und unparteiische Schreibweise, mit der Johnson die deutsche Teilung behandelt.

> „Antingen han utforskar det med romantekniskt raffinemang, stil- och språkmedveten som få, eller han gör det mera enkelt, medlevande och häftigt, alltid är han på samma gång offer och uttryck för det delade, dubbla Tysklands konflikt. [Er erforscht es (das geteilte Deutschland – J. M.) entweder mit romantechnischer Raffinesse, stil- und sprachbewußt wie wenige, oder einfacher, einfühlsam und energisch. Er ist immer zugleich Opfer und Ausdruck für den Konflikt des geteilten, des doppelten Deutschlands]."[180]

Dies faßt gut zusammen, was die schwedischen Leser thematisch wohl am meisten bei Uwe Johnson fasziniert hat. Bei ihm konnte man hautnah erleben, was selbst die Zeitungen nicht wiedergeben konnten: das ganz alltägliche Leben mit der Mauer, mit der widernatürlichen Trennung von Verwandten, Freunden und Bekannten. Die mit 7 Seiten umfangreichste Darstellung stammt von Thomas von Vegesack aus dem Jahre 1970. Hier wird zum ersten und einzigen Mal das Frühwerk „Ingrid Babendererde" erwähnt, auch die im Lexikonzusammenhang meist übersehene Sammlung „Karsch, und andere Prosa" von 1964 wird ausführlich vorgestellt.

Johnson Werke in der skandinavischen Schule: „Er wäre, hätte man ihm die Möglichkeit dazu gegeben, ein hervorragender Lehrer geworden – Lehrer spielen in seinem Leben und in seinem Schreiben eine große Rolle ..."[181] Die in schwedische Bücher für den Deutschunterricht aufgenommenen Texte stellen Auszüge aus den Originalen der Romane dar. Nur die Sonderausgabe von „Karsch, und andere Prosa", die ein Nachdruck der Ausgabe der „edition suhrkamp 59" ist und im Zusammenhang mit der Tagung der Gruppe 47 1965 herauskam, bildet da eine Ausnahme.[182] In seiner Rezension in „Skolvärlden" [Welt der Schule] fällt es Nils Ivan schwer, den Gymnasiasten dieses Buch zu empfehlen. Die schwerfällige Sprache und der Inhalt erfordern seiner Meinung nach Kenntnis und Reife eines Studenten.[183] Laut Aussage des Herausgebers Gustav Korlén blieb das Buch in den Schulen auch „so gut wie völlig ohne Widerhall".[184] Im August desselben Jahres gab Johnson, der sich vorher alle Anfragen einzeln hatte vorlegen lassen, „sein prinzipielles Einverständnis zum Gebrauch seiner Texte im Schulunterricht, selbst um den Preis einer Angleichung der Interpunktion an die Normen des Dudens".[185] In Schweden wurden 7 verschiedene Texte von Johnson in 9 Schulbücher aufgenommen, insgesamt 96 Seiten.[186] Der Schulfunk hatte Johnson im Anschluß an die Tagung in Sigtuna im Frühjahr 1966 durch eine Sendung über den „Achim" in der Reihe „Literatur aus der Gruppe 47" präsentiert.[187] Die Sendung wurde mit Worten von Hans Mayer eingeleitet. Johnson hat im schwedischen Deutschunterricht also nie eine große Rolle gespielt. In Dänemark wurde er nur einmal um Mitarbeit beim Schulfunk gebeten[188], für Norwegen und Finnland ist keinerlei Präsenz in der Schule festzustellen.

Abschließend ein kurzer Einblick in die Präsenz der Werke Johnsons in den Bibliotheken Skandinaviens. „Bogens verden", die Zeitschrift für das dänische Bibliothekswesen, empfahl den Ankauf von „Achim":

> „'Den tredje bog om Achim' er et meget væsentligt værk, der, om den end er stærkt bundet til en aktuel tysk situation, også vil interessere avancerede læsere på større danske biblioteker. [Das 'Dritte Buch über Achim' ist ein sehr bedeutsames Werk, das, auch wenn es stark an eine aktuelle deutsche Situation gebunden ist, ebenso den erfahrenen Leser an größeren dänischen Bibliotheken interessieren wird]."[189]

Somit ist anzunehmen, daß Johnsons Bücher in dänischen Bibliotheken gut vertreten sind, denkbar sind auch deutsche Originalausgaben. Ähnlich sieht es sicher in Norwegen aus. In Schweden gibt es ca. 2.000 Bibliotheken, wovon aber nur 284 größer sind. In der Stadtbibliothek der Universitätsstadt Lund (ungefähr 90.000 Einwohner) gibt es 5 und in der von Malmö (ca. 250.000) 14 Titel von Johnson. Insgesamt gibt es 17 Titel von Johnson an den schwedischen Bibliotheken. Dabei gibt es aber große Unterschiede in der Verfügbarkeit innerhalb des Landes. Die „Mutmassungen" sind in 46, „Achim" in 42, „Zwei Ansichten" in 44 und „Ingrid Babendererde" in 25 Bibliotheken Schwedens nachgewiesen. Bei den „Jahrestagen" kann man sehr gut erkennen, daß das Interesse mit jedem Band abgenommen hat. Vom ersten hatte man noch 28 Bücher geordert, um dann über die Stationen 25 und 19 mit dem vierten schließlich nur noch 9 Bibliotheken zu beliefern. Die schwedischen Übersetzungen sind natürlich am weitesten verbreitet. „Den tredje boken om Achim" gibt es an 47 und „Två sidor" sogar an 65 Bibliotheken. Den „Achim" kann man an 25 und die „Ansichten" an 29 Stellen in sowohl Deutsch als auch Schwedisch bekommen. Generell kann man sagen, daß Johnsons Bücher eher in größeren Städten als in den Büchereien der kleineren Gemeinden zu finden sind. Anhand der Ausleihstatistik in Lund und Malmö wird deutlich, daß es zwei Perioden gegeben hat, in denen Johnson intensiv gelesen wurde. Das waren die 60er Jahre, also der Zeitraum, in dem die beiden schwedischen Übersetzungen erschienen sind. Ein erneuertes Interesse ist dann Anfang der 90er Jahre zu bemerken.

Diese Arbeit bildet eine Grundlage für weitere, differenzierte Fragestellungen und Forschungen. Es war zunächst das Ziel, alles von und über Uwe Johnson in Skandinavien zusammenzutragen. Ein besonderes Anliegen bestand weiter darin, die in Skandinavien erschienenen Presse–Stimmen zu sichten und bis dato unbekannte Rezensionen zu erfassen.[190] Man darf davon ausgehen, daß dieses Material nicht wesentlich anwachsen wird, bevor nicht weitere Werke Johnsons in die nordischen Sprachen übersetzt werden.

Anmerkungen

1 Dieser Beitrag ist aus meiner Magisterarbeit (Ernst–Moritz–Arndt–Universität, Greifswald 1996) hervorgegangen.

2 Michael Jesse: Da war einer, den hätte ich gern gekannt. In: „Wo ich her bin..." Uwe Johnson in der D. D. R. Herausgegeben von Roland Berbig und Erdmut Wizisla. Berlin: editionKONTEXT, 1993, S. 164.

3 Vgl. Bernd Neumann: Uwe Johnson. Hamburg: Europäische Verlagsanstalt, 1994, S. 6–12. Hier findet man alles, was über die schwedische Vorgeschichte der Familie bekannt ist.

4 Hans Werner Richter: Aufforderung zum Tanz. Uwe Johnson. In: Ders.: Im Etablissement der Schmetterlinge. 21 Portraits aus der Gruppe 47. München, Wien: Carl Hanser Verlag, 1986, S. 175.

5 Das schweigsame, starrende Beobachten konnte irritieren, „wenn alle Menschen so gewesen wären wie er, es wäre nicht auszuhalten auf dieser Erde", sagte der Wirt in Sheerness–on–Sea. Vgl. Tilman Jens: Unterwegs an den Ort wo die Toten sind. Auf der Suche nach Uwe Johnson in Sheerness. München, Zürich: R. Piper, 1984, S. 39. (= Serie Piper. 390).

6 Bernd Neumann: Uwe Johnson, a. a. O, S. 26.

7 Carl-Henning Wijkmark: Samtal med Berlinförfattare. In: Sydsvenska Dagbladet Snällposten. Malmö. 114. Jg., Nr. 98 vom 28. 04. 1961, S. 4. (S). – Alle in eckigen Klammern stehenden Übersetzungen stammen vom Verfasser. Mit DK, F, N und S wird das Land angegeben, in dem der Artikel erschienen ist.

8 Vgl. Bernd Neumann: Uwe Johnson, a. a. O, 1994, S. 6.

9 Wollin wurde auch 1648 schwedisch, ging aber schon 1720 wieder an Preußen.

10 Vgl. Elke an Huef: Wer war Uwe? Wer ist Johnson? In: Die Zeit. Hamburg. 49. Jg., Nr. 32 vom 05. 08. 1994, S. 42.

11 Uwe Johnson: Inselgeschichten. Herausgegeben von Eberhard Fahlke. Frankfurt/M.: Suhrkamp Verlag, 1995, S. 71. (= Schriften des Uwe Johnson-Archivs. 5).

12 Vgl. Eberhard Fahlke: „Die Katze Erinnerung". Uwe Johnson – Eine Chronik in Briefen und Bildern. Frankfurt/M.: Suhrkamp Verlag, 1994, S. 86; Uwe Johnson: „Entwöhnung von einem Arbeitsplatz". Klausuren und frühe Prosatexte. Mit einem philologisch–biographischen Essay herausgegeben von Bernd Neumann. Frankfurt/M.: Suhrkamp Verlag, 1992, S. 8. (= Schriften des Uwe–Johnson–Archivs. 3).

13 Nicolai Riedel: „Mit dem Berliner Fontane-Preis fing alles an". Notate zur Wirkungsgeschichte Uwe Johnsons. In: Biographie ist unwiderruflich. Herausgegeben von Carsten Gansel und Jürgen Grambow. Bern, Frankfurt/M.: Peter Lang Verlag, 1992, S. 72.

14 So schreiben am 23. April 1963 die dänischen Kritiker Taaning und Blædel. Per Gudmundsen berichtet am 25. April von einer am Vortage abgehaltenen Pressekonferenz und avisiert die Lesung in Kopenhagen für den Abend des 25. Auch die Angabe Taanings in seiner Rezension vom 2. April, daß die Lesung in Kopenhagen am Mittwoch, den 20. April stattfindet, verwirrt. Dieser Mittwoch war aber nachweis-

lich jener 24. April.

15 Vgl. Bernd Neumann: Uwe Johnson, a. a. O., S. 482.

16 Per Sjögren gibt für den 26. April allerdings Stockholm an, vgl. Per Sjögren: Aktuell Sverigegäst: Uwe Johnson – tyska delningens prosaist. In: Dagens Nyheter. Stockholm. Nr. 106 vom 19. 04. 1963, S. 34. (S). Von Lesungen in Göteborg (?), Stockholm und Uppsala gibt es eigenartigerweise keine Pressemeldungen.

17 Henning Ipsen: Det stille, ukuelige Mod. In: Jyllands-Posten. Århus. 31. 07. 1962. (DK). In die USA, nach Paris, Rom oder Mailand haben sie ihn dagegen reisen lassen.

18 Per Sjögren: Aktuell Sverigegäst, a. a. O.

19 Den „Prix Formentor" ('billiger Nobelpreis') hatte Johnson mit Unterstützung der skandinavischen Jury–Mitglieder (der dänische Schriftsteller Villy Sørensen von Gyldendal, der literarische Chef des norwegischen Verlages Gyldendal Nils Lie und der schwedische Literaturwissenschaftler Gunnar Brandell) erhalten. Die Skandinavier Sara Lidman, Eyvind Johnson, Tarjei Vesaas und Väinö Linna hatten dagegen keine Chance.

20 Vgl. Gustav Korlén: Schweden und die deutsche Nachkriegsliteratur. Mannheim: Bibliographisches Institut, 1968, S. 21. (= Duden–Beiträge zu Fragen der Rechtschreibung, der Grammatik und des Stils. 35). Dort, in Oslo und in Kopenhagen hatte Hans Werner Richter im April 1963 einen Vortrag über die Gruppe 47 gehalten, der große Aufmerksamkeit weckte. Indem Richter darauf aufmerksam machte, daß der nächste Gast in diesem Saale Uwe Johnson sei, bat er: „Er ist das Lieblingskind der Gruppe, seid nett zu ihm." In der Druckfassung („Moderna språk") ist diese Schlußreplik leider nicht enthalten (Brief Korléns an den Verfasser).

21 Vgl. Bernd Neumann: Uwe Johnson, a. a. O, S. 250.

22 Das Institut in Bergen mußte 1997 wegen Geldmangels geschlossen werden.

23 Eberhard Fahlke: „Die Katze Erinnerung", a. a. O., S. 146.

24 Eberhard Fahlke: „Die Katze Erinnerung", a. a. O., S. 139.

25 L. N.: Blixtvisit ersatte grusad studentplan. Den tyske författaren Uwe Johnson i uppsalamiljö. In: Uppsala Nya Tidning. 73. Jg., Nr. 106 vom 8. 05. 1963, S. 16. (S)

26 Auch Gesine hat Finnland nie besucht, da der für 1969 geplante Urlaub zu dritt durch den Tod Dietrich Erichsons nicht verwirklicht werden konnte.

27 Bernd Neumann: Uwe Johnson, a. a. O., S. 523.

28 Johnsons „Jahrestage". Herausgegeben von Michael Bengel. Frankfurt/M.: Suhrkamp Verlag, 1985, S. 93. (= suhrkamp taschenbuch materialien. 2057).

29 Johnsons „Jahrestage", a. a. O., S. 89.

30 Johnsons „Jahrestage", a. a. O., S. 24.

31 Lars Gustafsson: Ett författarskap med livet som insats. In: Svenska Dagbladet. Stockholm. 111. Jg., Nr. 29 vom 31. 01. 1995, S. 23–24. (S)

32 Er hat den sprachlichen Zweig der Oberschule besucht, das Abgangszeugnis zeigt just in Deutsch, Englisch und Latein die einzigen Einsen. Bei seinem Aufenthalt in

der Villa Massimo versäumte er es nicht, etwas Italienisch zu lernen. Er sagte in einem Interview: „det är ohövligt att bo i ett land och inte lära sig språket [es ist unhöflich, in einem Land zu wohnen und dessen Sprache nicht zu lernen]." Vgl. Alvar Alsterdal: Diktaren på Muren. In: Arbetet. Malmö. 76. Jg., Nr. 146 vom 1. 06. 1962, S. 2. (S)

33 Uwe Johnson: Briefe an Charlotte Luthe. In: Neue Deutsche Literatur. Berlin. 41. Jg., 1993, Heft 8, S. 91.

34 Johnson hat jedoch nicht Nordistik studiert, wie es in einem der wenigen in der DDR erschienen Artikel heißt. Vgl. Arno Hochmuth und Horst Kessler: Ein Jüngling, der auszog, die Freiheit zu finden. In: Sonntag. Wochenzeitung für Kulturpolitik, Kunst und Wissenschaft. Berlin. 17. Jg., Nr. 20 vom 13. 05. 1962, S. 6.

35 Uwe Johnson: Briefe an Charlotte Luthe, a. a. O., S. 93. Der Film ist aber nicht vom berühmten Ingmar Bergman (vgl. Bernd Neumann: Uwe Johnson, a. a. O., S. 141), sondern ein Werk des schwedischen Regisseurs Arne Mattson von 1951.

36 Bernd Neumann: Uwe Johnson, a. a. O., S. 143.

37 Bernd Neumann: Uwe Johnson, a. a. O., S. 358.

38 Ein schwedischer Artikel beschreibt Johnsons Arbeitszimmer in Rom und Berlin: „Skrivmaskinen står på ett bord och Johnson sitter på en stol, men därmed är också möblemanget slut. [...] Hans ordinarie arbetsrum i Berlin går i samma stil [...] Allt vackert distraherar, säger han själv. [Die Schreibmaschine steht auf einem Tisch und Johnson sitzt auf einem Stuhl, aber damit hört die Möblierung auch schon auf. Sein gewohntes Arbeitszimmer in Berlin hat die selbe Einrichtung. Alles Schöne lenkt ab, sagt er selbst]". Vgl. Alvar Alsterdal: Diktaren på Muren, a. a. O.

39 Bernd Neumann: Uwe Johnson, a. a. O., S. 546. – Johnson sammelte auch Postkarten und besaß sicher einige aus Skandinavien.

40 Uwe Johnson: Inselgeschichten, a. a. O., S. 144.

41 Hier konnte das Uwe–Johnson–Archiv nicht weiterhelfen. Eberhard Fahlke bestätigte am 26. 04. 1996 lediglich, daß Bücher nordischer Autoren in der Bibliothek vorhanden sind.

42 Vgl. Per Sjögren: Aktuell Sverigegäst, a. a. O. und L. N.: Blixtvisit ersatte grusad studentplan, a. a. O. – Auch Heinrich Böll, der 1956 als erster Autor der neuen deutschen Literatur in Schweden weilte, hatte Eyvind Johnson, Lagerkvist und Harry Martinson gelesen und sein Interesse an schwedischer Literatur bekundet. Vgl. Thomas von Vegesack: Schwierigkeiten beim Brückenbauen. Eine leicht egozentrische Betrachtung. In: Aspekte des Kulturaustausches zwischen Schweden und dem deutschsprachigen Mitteleuropa nach 1945. Herausgegeben von Helmut Müssener. Stockholm: Almqvist & Wiksell, 1981, S. 176. (= Stockholmer Germanistische Forschungen. 28).

43 Alvar Alsterdal: Diktaren på Muren, a. a. O.

44 Johnson besaß mehr als 300 Kriminalromane und sagte in Sheerness mitunter, daß er an einem Krimi schreibe. Vgl. Tilman Jens: Unterwegs an den Ort wo die Toten sind, a. a. O., S. 39.

45 Madeleine Gustafsson: Uwe Johnson död. In: Dagens Nyheter. Stockholm. Nr. 74 vom 16. 03. 1984, S. 4. (S). Der zehnteilige Zyklus „Romanen om brott [Der Roman über Verbrechen]" erschien von 1965 bis 1975 und wurde in 32 Sprachen übersetzt. Die Übersetzungen kamen verhältnismäßig schnell, zwei oder drei Jahre nach dem Original, zwischen 1968 und 1977 heraus.

46 Leif Blædel: Den voldsornme konflikt om den tyske konjunktiv. Den omstridte og berømte tyske forfatter, om de to tyske sprog og om, hvorfor han kalder sig emigrant og ikke flygtning. In: Information. Kopenhagen. 21. Jg., Nr. 93 vom 23. 04. 1963, S. 4. (DK).

47 Sie werden sich regelmäßig bei Versammlungen der Akademie getroffen haben. Er ist einer der bekanntesten schwedischen Schriftsteller und auch in Deutschland sehr populär. Alle seine Bücher werden umgehend ins Deutsche übersetzt. Bernd Neumann erwähnt Gustafsson eigenartigerweise nicht in seiner Biographie.

48 Gustafsson hatte mir auf meine Frage nach Erinnerungen an Johnson am 25. 11. 1995 als Antwort ein Fax von 10 Seiten geschickt, ohne Hinweis, woher der Text mit dem Titel „Eine Ecke von Berlin" stammt. Er ist in der Essay–Sammlung „Palast der Erinnerung" enthalten (München, Wien: Carl Hanser Verlag, 1996). Die Fakten in diesem Absatz stammen aus jenem Fax an den Verfasser.

49 Gustav Korlén: Deutsche Literatur von Schweden aus gesehen. In: Rezeption der deutschen Gegenwartsliteratur im Ausland. Internationale Forschungen zur neueren deutschen Literatur. Tagungsbeiträge eines Symposiums der Alexander von Humboldt–Stiftung Bonn – Bad Godesberg. Herausgegeben von Dietrich Papenfuss und Jürgen Störing. Stuttgart: Kohlhammer, 1976, S. 147.

50 Am 27. August 1976 schrieb Max Frisch an Johnson, daß er am morgigen Tage Gustafsson für eine Woche als Gast bei sich in Berzona erwarte, vgl. Max Frisch/ Uwe Johnson: Lieber Uwe, Lieber Herr Frisch. In: „Wohin ich in Wahrheit gehöre". Ein Uwe–Johnson–Lesebuch. Herausgegeben von Siegfried Unseld. Frankfurt/ M.: Suhrkamp Verlag, 1994, S. 317. – Einen Monat davor hatte er geschrieben: „Kürzlich kam Peter Weiss (zusammen mit Martin Walser) nach Küssnacht: weil er in Stockholm sich wie am Ende der Welt (der Literatur) fühlt, und wir besichtigten unsere Sackgassen kameradschaftlich", vgl. Max Frisch/UweJohnson: Lieber Uwe, a. a. O., S. 316. Es war übrigens Peter Suhrkamp, der Weiss nach erfolglosen literarischen Versuchen auf Schwedisch geraten hatte, es auf Deutsch zu versuchen, vgl. Gustav Korlén: Deutsche Literatur von Schweden aus gesehen, a. a. O., S. 140.

51 Uwe Johnson: Eine Reise wegwohin und andere kurze Prosa. Ausgewählt und mit einem Nachwort von Jürgen Grambow. Berlin, Weimar: Aufbau Verlag, 1989, S. 100.

52 Es gibt auch Kjöbenhavn als ältere Form, vgl. E. Woska: Allgemeine Richtlinie für die Schreibweise geographischer Namen in Dänemark. Berlin, 1968, S. 11.

53 Tonio Kröger hielt sich nur 30 Kilometer weiter nördlich in Ålsgårde auf.

54 Johnsons „Jahrestage", a. a. O., S. 93. Johnson verwendet „planere [planieren, ebnen]" falsch. Er meint sicherlich „planlægge [planen, organisieren]".

55 Vgl. Margret Boveri: Verzweigungen. Eine Autobiographie. Herausgegeben und mit einem Nachwort von Uwe Johnson. München: R. Piper, 1977, S. 359–366.

56 Sie muß täglich immerhin 12 skandinavische Zeitungen durcharbeiten!

57 Margret Boveri: Verzweigungen, a. a. O., S. 360.

58 Solche Ausflüge waren damals ohne weiteres möglich. Es gab dänische Konsulate an der Untertrave in Lübeck sowie in der Großen Mönchstraße in Rostock, und die Fähre Warnemünde–Gedser fuhr die 42 Kilometer lange Strecke täglich. Man konnte mit der „Schwerin" oder der „Mecklenburg" ohne Paß fahren, durfte aber nur 10 Mark in Münzen mitnehmen. So wollte man Fluchtversuche via Dänemark vereiteln (JT 785).

59 Uwe Johnson: Neuigkeiten von Cresspahls Tochter 2. In: „Wohin ich in Wahrheit gehöre". Ein Uwe–Johnson–Lesebuch. Herausgegeben und mit einem Nachwort von Siegfried Unseld. Frankfurt/M.: Suhrkamp Verlag, 1994, S. 103.

60 Auf Bornholm läßt Johnson Gesine also nicht bei sich wohnen!

61 Der Weg geht von der Südspitze, die Ostküste entlang bis zur Nordspitze.

62 Die sowjetischen Truppen wurden dann von dänischen abgelöst. Sie mußten, da die Deutschen nicht kapitulierten, Rønne und Neksø noch im Mai 1945 bombardieren.

63 Johnsons „Jahrestage", a. a. O., S. 92f.

64 Martin Meyer und Wolfgang Strehlow: „Das sagt mir auch mein Friseur". Film- und Fernsehäußerungen von Uwe Johnson. In: Sprache im technischen Zeitalter. Berlin. 25. Jg., 1985, Heft 95, S. 178.

65 Eberhard Fahlke: „Ich überlege mir die Geschichte ...". Uwe Johnson im Gespräch. Frankfurt/M.: Suhrkamp Verlag, 1988, S. 218. (= edition suhrkamp. 1440).

66 Uwe Johnson: Eine Reise wegwohin und andere kurze Prosa, a. a. O., S. 106.

67 Katrin Hillgruber: Der Staatsapparat grüßt den Landvogt. Vom Verlagsgutachten zur Parodie, vom Stahlwerk zur Sichtpropaganda: Der frühe Johnson. In: Frankfurter Allgemeine Zeitung. Nr. 183 vom 8. 08. 1992, (Beil.) S. V.

68 Es war wohl ein Volvo. Johnson selbst hatte nie einen Führerschein. Er hat „auf der linken vorderen Seite nur in Schweden und England gesessen" (BU 442).

69 Sicherlich stammen alle Möbel von IKEA.

70 Vgl. Uwe Johnson: Kommentar zu Bertolt Brechts „Me-ti/Buch der Wendungen". In: „Wo ich her bin ..." Uwe Johnson in der D. D. R. Herausgegeben von Roland Berbig und Erdmut Wizisla. Berlin: editionKONTEXT, 1993, S. 272.

71 Vgl. Uwe Johnson: Versuch, einen Vater zu finden. Marthas Ferien. Herausgegeben von Norbert Mecklenburg. Frankfurt/M.: Suhrkamp Verlag, 1988, S. 23. (= edition suhrkamp. 1416).

72 Vgl. Uwe Johnson: Versuch, a. a. O., S. 10.

73 Vgl. Uwe Johnson: Versuch, a. a. O., S. 19.

74 Der dänische Widerstandskämpfer Hans Christian Staub hatte sie von einem deutschen Taucher geschenkt bekommen und sie dem Museum gestiftet.

75 Er wurde in sechs Monaten von über 500 Millionen Menschen unterschrieben. Die schwedische Regierung hatte von dieser Aktion jedoch offiziell Abstand genommen.

[76] Mit ihr zusammen wohnte Françoise Bertoux aus Genf, die ebenfalls Stewardess war. Es waren nicht zwei Skandinavierinnen, wie es von Ulrich Fries und Holger Helbig dargestellt wird, vgl. Helen Wolff: Ich war für ihn „die alte Dame". In: Johnson–Jahrbuch. Band 2. Herausgegeben von Ulrich Fries und Holger Helbig. Göttingen. 1995, S. 27.

[77] Zu ihrer Geschichte vgl. JT 153f., 564–567, 580–589, 640–642 und 1766–1770.

[78] Für diese Ehegeschichte standen Michael und Anna Hamburger Pate.

[79] Johnsons „Jahrestage", a. a. O., S. 61.

[80] Margret Boveri: Verzweigungen, a. a. O., S. 359.

[81] Margret Boveri: Verzweigungen, a. a. O., S. 360.

[82] Diese liegt 500 Meter von der von Johnson besuchten John–Brinckman–Oberschule entfernt. Brinckman hat nicht nur einen schwedischen Namen, sondern sogar eine schwedische Mutter, vgl. Bernd Neumann: Mecklenburg bei Uwe Johnson. In: Mecklenburg – Land Fritz Reuters und Uwe Johnsons. Lübeck 1989, S. 70. (= Beiträge der Fritz–Reuter–Gesellschaft. 1).

[83] Uwe Johnson: Eine Reise wegwohin und andere kurze Prosa, a. a. O., S. 462.

[84] Eberhard Fahlke: „Ich überlege mir die Geschichte", a. a. O., S. 311.

[85] Die von mir bei der Klärung der skandinavischen Stellen um Mitarbeit gebetene Elisabeth Johnson lehnte mit Brief vom 15. Januar 1996 freundlich und bestimmt ab.

[86] (DK): Uwe Johnson: Den tredje bog om Achim. Kopenhagen, 1963. – Uwe Johnson: Berlins bybane. In: Vindrosen. Kopenhagen. 12. Jg., 1965, Heft 1, S. 60–70. – Uwe Johnson: Jonas for eksempel. In: Ny tysk prose. Hrsg. von Poul Borum und Inger Christensen. Kopenhagen, 1965, S. 173–174. – Uwe Johnson: To sider. Kopenhagen, 1967. – (F): Uwe Johnson: Kolmas kirja Achimista. Helsinki, 1966. – (N): Uwe Johnson: Den tredje bok om Achim. Oslo, 1962. – Uwe Johnson: Kapitel aus „Den tredje bok om Achim" und „Jonas for eksempel". In: Gruppe 47. Hrsg. von Janken Varden. Oslo, 1965. S. 223–228 und S. 228–230. – Uwe Johnson: Dialog over muren. Oslo, 1966. – (S): Uwe Johnson: Särskilt de mindre profeterna. In: Bonniers Litterära Magasin. Stockholm. 30. Jg., 1961, Heft 10, S. 789–790. – Uwe Johnson: Den tredje boken om Achim. Stockholm, 1962. – Uwe Johnson: S-banan i Berlin. In: Ord och Bild. Stockholm. 73. Jg., 1964, Heft 4, S. 284–292. – Uwe Johnson: Gåvopaket, ingen handelsvara. In: Modern tysk berättarkonst. Hrsg. von Daniel Hjorth. Stockholm, 1965. S. 199–203. – Uwe Johnson: Två sidor. Stockholm, 1966.

[87] Vielleicht ist auch das 1965 von Johnson herausgegebene Brecht–Fragment „Me–ti" 1986 in dänischer Ubersetzung erschienen. Es war allerdings nicht festzustellen, ob die Ausgabe von Uwe Johnson, Klaus Völker oder Werner Mittenzwei zu Grunde lag, da kein Name angegeben ist. Die französische (1968) und die katalanische Ausgabe (1984) nennen Johnson, die niederländische (1976), die italienische (1978) und die persische Fassung (1978) wiederum erschienen ohne Namen.

[88] Es verwundert, daß die erste Rezension erst am 30. 03. 1967 erschienen ist.

[89] Vgl. Nicolai Riedel: Untersuchungen zur Geschichte der internationalen Rezeption Uwe Johnsons. Hildesheim: Georg Olms Verlag, 1985, S. 116. (= Germanistische Texte und Studien. 21).

90 Johnson vermißte James Joyce und Max Frisch als Preisträger. Wer dem schwedischen König gegenübertreten dürfe, sei oft vom Zufall bestimmt, vgl. Eberhard Fahlke: „Ich überlege mir die Geschichte", a. a. O., S. 140.

91 „Romanen om et ungt par skilt av Berlinmuren – en brennaktuell bok om det delte Tyskland. [Der Roman über ein von der Berliner Mauer getrenntes junges Paar – ein brandaktuelles Buch über das geteilte Deutschland.]"

92 Vgl. Alvar Alsterdal: Diktaren på Muren, a. a. O.

93 Der Albert Bonniers Förlag gab bereitwillig Auskunft, leider haben die Verlage in Dänemark und Norwegen gar nicht oder nur kurz geantwortet.

94 Vgl. Bernd Neumann: Uwe Johnson, a. a. O, S. 522. – Ich habe aber weder im Zeitungsarchiv in Lund noch im schwedischen Artikelverzeichnis etwas gefunden.

95 Vgl. Per Landin: Von dort nach hier. Zum Prozess der Vermittlung und Aufnahme deutschsprachiger Belletristik in Schweden 1980–1988. Stockholm: Almqvist & Wiksell, 1990, S. 91. (= Stockholmer Germanistische Forschungen. 43).

96 Per Landin: Von dort nach hier, a. a. O., S. 53. – Drei Stellen aus den „Jahrestagen" (JT 7, JT 30 und JT 1891) und eine aus den „Begleitumständen" (BU 451f.) gibt es aber auf Schwedisch, vgl. Per Landin: Från Mecklenburg till Manhattan. Uwe Johnsons landskap. In: Ders.: Munchhausens äventyrligheter och andra otidsenliga utflykter i det nyligen förflutna. Stockholm: Brutus Östlings Bokförlag Symposion, 1994, S. 134, 135 und 149 bzw. S. 145f.

97 Vgl. Nicolai Riedel: Untersuchungen, a. a. O., S. 122.

98 Vgl. Thomas von Vegesack: Schwierigkeiten beim Brückenbauen, a. a. O., S. 184f. – Der Verleger Karl Otto Bonnier sagte, daß deutschsprachige Bücher nicht des Profites wegen verlegt werden, sondern bestenfalls für einen engen Kreis von Kritikern und Autoren, vgl. Per Landin: Von dort nach hier, a. a. O., S. 71. Der einzige deutsche Schriftsteller, der einen wirklichen Gewinn einbrachte, war Günter Wallraff, vgl. Landin: Von dort nach hier, a. a. O. S. 83. Böll wurde nur dank seines Nobelpreises ein Erfolg. Die Verlustgrenze eines Verlages lag damals bei verkauften 2.000 Büchern, Gewinn machte man ab 3.000.

99 Nicolai Riedel: Untersuchungen, a. a. O., S. 122. In den 4 Ländern leben etwa 24 Millionen Menschen, die immerhin ca. 17.000 Bücher von Johnson gekauft haben. In Spanien waren 2.000 Bücher von „Achim" schnell vergriffen, die „Zwei Ansichten" mit ihren 4.000 Stück dagegen waren noch bis Ende der 70er Jahre im Buchhandel erhältlich. In Frankreich hoffte man, daß 7.000 bis 10.000 Bücher absetzbar seien. Aber auch dort war das Buch jahrelang lieferbar, vgl. Nicolai Riedel: Untersuchungen, a. a. O., S. 114 bzw. S. 108. In den USA wurden sogar nur zwischen 3.000 und 4.000 Exemplaren verkauft, vgl. Fahlke: „Ich überlege mir die Geschichte", a. a. O., S. 231.

100 Gustav Korlén: Deutsche Literatur von Schweden aus gesehen, a. a. O., S. 148. Die „Mutmassungen über Jakob" waren/sind in Schweden jedoch auch Pflichtlektüre für jeden Deutschstudenten.

101 Helmut Müssener: „Ein weites Feld". Deutschsprachige Belletristik in schwedischer

Übersetzung. Ihr Aufstieg und Fall. In: Der Gingko–Baum. Germanistisches Jahrbuch für Nordeuropa. Helsinki. Band 11, 1992, S. 111.

102 Urias [d. i. Gunnar Hagen Hardtvedt]: Murens forfatter. Muren er mer enn bare politikk. In: Bergens Tidende. Bergen. 96. Jg., Nr. 110 vom 13. 05. 1963, S. 4 (N).

103 Das Exemplar der schwedischen „Zwei Ansichten", das ich 1996 erstand, war nur bis Seite 136 aufgeschnitten. Mindestens die letzten 64 Seiten blieben also ungelesen.

104 Vgl. Per Sjögren: Aktuell Sverigegäst, a. a. O.

105 Helen Wolff: Ich war für ihn die „alte Dame", a. a. O., S. 40.

106 Gunnar Brandell: På ömse sidor muren. In: Svenska Dagbladet. Stockholm. 82. Jg., Nr. 293 vom 28. 10. 1966, S. 5. (S)

107 Günter Grass: Gespräche mit Günter Grass. Herausgegeben von Klaus Stallbaum. Darmstadt, Neuwied: Luchterhand, 1987, S. 236. (= Werkausgabe. 10).

108 Der Übersetzer Nils Holmberg weiß beispielsweise nicht, daß „Soll und Haben" ein Roman von Gustav Freytag ist, sondern macht daraus eine Buchführungslehre. Er kennt Wolfgang Borcherts „Draußen vor der Tür" nicht und übersetzt etwas von spielenden Kindern auf der Straße. Auf der ersten Romanseite machte er aus „Mein Anwalt stülpt jedesmal (...) den Nylonhut über den linken Pfosten am Fußende meines Bettes." im Schwedischen „Mein Anwalt stolpert jedesmal auf der Nylonhaut über dem linken Bettpfosten am Fußende meines Bettes".

109 Vgl. Gustav Korlén: Schweden und die deutsche Nachkriegsliteratur, a. a. O., S. 15. – Danach wurden Übersetzersymposien in Bonn (1968) und Stockholm (1969) veranstaltet, an denen Übersetzer und Autoren beider Länder teilnahmen. Vgl. Fredrik Benzinger: Die Tagung der „Gruppe 47" in Schweden 1964 und ihre Folgen. Ein Kapitel deutsch–schwedischer Kultur– und Literaturbeziehungen. Stockholm: Germanistisches Institut, 1983, S. 131. (= Schriften des Deutschen Instituts der Universitat Stockholm. 16). Anfang der 80er konnte konstatiert werden, daß sowohl Anzahl als auch Vermögen der Übersetzer deutlich gestiegen ist, vgl. Gustav Korlén: Nicht nur Böll und Grass. Zur Rezeption der deutschen Nachkriegsliteratur in Schweden. In: Jahresring. Stuttgart. 28. Jg., 1981, S. 29.

110 Carl-Henning Wijkmark: Vinglade cyklisten? In: Sydsvenska Dagbladet Snällposten. Malmö. 115. Jg., Nr. 297 vom 22. 12. 1962, S. 6. (S)

111 Gisela Bergau: Zu Uwe Johnsons Stil und ein Kommentar zu der schwedischen Übersetzung des Romans „Das dritte Buch über Achim". Stockholm, 1963, S. 17. (unveröffentlicht)

112 Die erste Zahl bezieht sich auf das deutsche Original, die zweite gibt die Stelle in der Übersetzung an. Dieser Fehler hatte Folgen: In den Rezensionen von Wizelius und Landelius heißt es, daß Achim über sich selbst schon zwei Bücher geschrieben habe, vgl. Peter Landelius: Telefonsamtal om en cyklist. In: Gefle Dagblad. 68. Jg, Nr. 287 vom 11. 12. 1962, S. 4 und Ingemar Wizelius: En cyklists liv. In: Dagens Nyheter. Stockholm. Nr. 300 vom 5. 11. 1962, S. 6. (S)

113 Der Übersetzer wird von rund der Hälfte der Rezensenten erwähnt. Zur Qualität äußern sich in Norwegen 12 von 27, in Dänemark 9 von 34 und in Schweden 8 von 41.

114 Gerd ist im Dänischen und Norwegischen ein weiblicher Vorname!

115 Fri: Uklar dialog over Muren. In: Gjengångeren. Horten. 27. 10. 1966. (N).

116 Vgl. Karl Brodersen: To stater, men inget fedreland. In: Morgenbladet. Oslo. 144. Jg., Nr. 243 vom 19. 10. 1962, S. 3. (N).

117 Vgl. Egil Rasmussen: Bok om Berlin–problemet. In: Aftenposten. Oslo. 104. Jg., Nr. 62 vom 6. 02. 1963, S. 3. (N).

118 Vgl. Philip Houm: Roman om Øst-Tyskland og Vest-Tyskland. In: Dagbladet. Oslo. 94. Jg., Nr. 241 vom 17. 10. 1962, S. 11. (N).

119 Vgl. Otlu Alsvik: Øst-Vest? In: Drammens Tidende og Buskeruds Blad. Drammen. 130. Jg., Nr. 287 vom 10. 12. 1962, S. 10. (N).

120 Vgl. Erik Aalbæck Jensen: Med troværdighedens kraft. In: Berlingske Aftenavis. Kopenhagen. 219. Jg., Nr. 197 vom 26. 8. 1967, S. 4. (DK).

121 Vgl. Jørgen Bonde Jensen: Symbolsk kærlighed. In: Vindrosen. Kopenhagen. 15. Jg., 1968, Heft 3, S. 76–77. (DK).

122 Vgl. Gunnar Brandell: På ömse sidor muren, a. a. O.

123 Vgl. Nils A. Bengtsson: Den trofasta trolösheten. In Sydsvenska Dagbladet Snällposten. Malmö. 120. Jg., Nr. 55 vom 26. 02. 1967, S. 4. (S).

124 Eberhard Fahlke: „Ich überlege mir die Geschichte", a. a. O., S. 291.

125 Nicolai Riedel: Untersuchungen zur Geschichte der internationalen Rezeption Uwe Johnsons, a. a. O., S. 574, Anm. 93. – Solche Rezensionen machen knapp 10% aus, vgl. Nicolai Riedel, S. 341.

126 Größer war das Interesse nur im englischsprachigen Raum und in Frankreich, vgl. Nicolai Riedel, a. a. O., S. 454 und S. 465.

127 Nicolai Riedel, a. a. O., S. 460.

128 1978 hatte Dänemark 49, Norwegen 72 und Schweden 144 Zeitungen. 1994 waren es noch 33 dänische, 1988 61 norwegische und 1995 95 schwedische. In Deutschland wurden 1997 369 Tageszeitungen herausgegeben. In den 60ern gab es überall sicher noch mehr.

129 Japan, Finnland, Norwegen und Schweden hatten 1988 über 500, Deutschland 328, die USA 270, Spanien und Italien weniger als 100 Zeitungen per 1.000 Einwohner.

130 Es handelt sich hierbei um die Anzahl von Artikeln, die ich bei meinen Nachforschungen im Zeitungsarchiv von Lund auffinden konnte, deshalb auch die „Schwedenlastigkeit". Eine große Hilfe waren mir mit Literaturangaben und Hinweise von Nicolai Riedel, dessen neue Uwe–Johnson–Bibliographie (1999) alle von mir herangezogenen Artikel vollständig verzeichnen wird.

131 In Dänemark waren 26 von 59 Artikeln mit 10 verschiedenen Fotos versehen, in Norwegen waren es 12 von 34 mit 5 unterschiedlichen Bildern und in Schweden konnte man in 41 von 73 Beiträgen immerhin 19 Aufnahmen betrachten. Das Buch von Jürgen Grambow zeigt auf dem Schutzumschlag ein Foto, das vermutlich 1963 in Schweden aufgenommen wurde.

[132] Kurt Petterson: Om författarens vedermödor - och avståndet över en gräns. In: Eskilstuna-Kuriren. Eskilstuna. 72. Jg., Nr. 299 vom 27. 12. 1962, S. 4. (S).

[133] Carl Olov Bergström: Den djupa och varaktiga söndringen. In: Nerikes Allehanda. Örebro. 121. Jg., Nr. 31 vom 6. 02. 1963, S. 4. (S).

[134] Ingemar Wizelius: En cyklists liv, a. a. O.

[135] Schon Nicolai Riedel stellte fest, daß viele Artikel schon im Titel von „muren [der Mauer]" sprechen, vgl. Nicolai Riedel, a. a. O., S. 122f. In meinem Material waren dies in Dänemark 8 von 22, in Norwegen 19 von 23 und in Schweden 7 von 12 Artikeln.

[136] Das deutsche Feuilleton brachte über die „Zwei Ansichten" 72 Artikel hervor, 48 positive, 14 neutrale und 10 negative.

[137] Jörn Donner ist Finnlandschwede. Er schreibt also auf Schwedisch.

[138] Eberhard Fahlke: „Ich überlege mir die Geschichte", a. a. O., S. 218.

[139] Carl-Henning Wijkmark: Samtal med Berlinförfattare, a. a. O.

[140] Thomas von Vegesack: Beskrivning av en gräns. In: Stockholms-Tidningen. Nr. 301 vom 5. 11. 1962, S. 4. (S).

[141] Vgl. Henning Fonsmark: Den lukkede grænse. In: Berlingske Aftenavis. Kopenhagen. 215. Jg., Nr. 77 vom 1. 04. 1963, S. 5. (DK).

[142] Vgl. Mario Grut: Gränser: avstånd: skillnader. In: Aftonbladet. Stockholm. Nr. 299 vom 5. 11. 1962, S. 2. (S) und Carl–Henning Wijkmark: Vinglade cyklisten? a. a. O.

[143] Vgl. Thomas von Vegesack: Beskrivning av en gräns, a. a. O.

[144] Vgl. Gunnar Brandell: På ömse sidor muren, a. a. O.

[145] Per Landin: Molande sång ur delat land. Om Uwe Johnson och det forsonande, mänskliga (1). In: Dagens Nyheter. Stockholm. Nr. 329 vom 4. 12. 1993, (B–Teil), S. 3. (S).

[146] Vgl. Thomas von Vegesack: Beskrivning av en gräns, a. a. O. / Ernst–Erik Ehnmark: Celebert besök av författare. In: Uppsala Nya Tidning. 73. Jg., Nr. 105 vom 7. 05. 1963, S. 3. (S).

[147] Gunnar Brandell: På ömse sidor muren, a. a. O. – Könnte man Sundman (1922–1993) eher mit dem nouveau roman in Verbindung bringen, so ist Arnér (*1909) der Moralist und Psychologe seiner Generation.

[148] Carl Olov Bergström: Den djupa och varaktiga söndringen, a. a. O.

[149] Vgl. Ingemar Svedberg: Berlins ansikten. In: Huvudstadsbladet. Helsinki. 103. Jg., Nr. 153 vom 30. 06. 1967, S. 7. (F). – Kihlman (*1930) schreibt linksorientierte und satirische Romane.

[150] Fredrik Benzinger: Die Tagung der „Gruppe 47" in Schweden, a. a. O., S. 119.

[151] Nicolai Riedel: Untersuchungen, a. a. O., S. 124.

[152] Vgl. Synnöve Clason: Tysk prosa fran Becker till Wolf. Utvecklingen efter 1968 samt kommenterad boklista. Malmö, 1987. (= Bibliotekstjänst. 50).

153 Vgl. Erwin Leiser: Trettio år med Johnson. In: Expressen. Stockholm. Nr. 321 vom 27. 11. 1970, S. 4. (S).

154 Jørgen Knudsen: Tysk orientering. Selvmorderiske ambitioner. Finkulturens endeligt – USA pa vej mod nazisme-motiver i nye romaner. In: Politiken. Kopenhagen. 87. Jg., Nr. 184 vom 3. 04. 1971, S. 12. (DK).

155 Per Øhrgaard: The Cresspahl Saga – Herburger – og en litteratur historie. In: Information. Kopenhagen. 26. Jg., Nr. 273 vom 23. 11. 1970, S. 4. (DK).

156 Vgl. Jonas Ingvarsson: De viktiga skiljetecknen. In: Göteborgs–Posten. 134. Jg., Nr. 229 vom 24. 08. 1992, S. 4. (S).

157 Kay Glans: Muren i den tyska litteraturen. In: Svenska Dagbladet. Stockholm. 111. Jg. 17. 10. 1995. (S).

158 Lars Gustafsson: Ett författarskap med livet som insats, a. a. O.

159 Vgl. u. a. Jørgen Knudsen: Den Sidste tysker. Om Uwe Johnson og hans roman fra det delte Tyskland, som har faaet Den internationale Forlæggerpris. In: Information. Kopenhagen. 20. Jg., Nr. 107 vom 9. 05. 1962, S. 4. (DK); Petter Larsen: Ung tysker. In: Arbeiderbladet. Oslo. 81. Jg., Nr. 239 vom 14. 10. 1966, S. 12. (N) und Thomas von Vegesack: Idol hos Ulbricht. In: Stockholms-Tidningen. Nr. 340 vom 14. 12. 1961, S. 4. (S).

160 Vgl. Jon Geir Hol.: Det sosialistiske menneske i Øst. In: Tromsø. 65. Jg., Nr. 9 vom 11. 01. 1963, S. 5. (N).

161 Vgl. Henning Fonsmark: Den lukkede grænse, a. a. O.

162 Vgl. Magli Elster: På grensen mellom øst og vest. In: Arbeiderbladet. Oslo. 78. Jg., Nr. 35 vom 11. 02. 1963, S. 8. (N).

163 Vgl. Lennart Frick: Den tyska splittringen. In: Arbetarbladet. Gävle. 61. Jg., Nr. 288 vom 12. 12. 1962, S. 2. (S).

164 Jonas Ingvarsson: De viktiga skiljetecknen, a. a. O.

165 Vgl. Bernt Eklundh: Tävlingscyklistens ensamhet. In: Göteborgs–Tidningen. 61. Jg., Nr. 301 vom 5. 11. 1962, S. 2. (S).

166 Vgl. Alex Esser: Vandrare mellan två världar. In: Kvälls Posten. Malmö. 17. Jg., Nr. 185 vom 10. 07. 1964, S. 4. (S).

167 Vgl. Tage Taaning: Formentor–prisen til Uwe Johnson. In: Berlingske Tidende. Kopenhagen. 214. Jg., Nr. 127 vom 9. 05. 1962, S. 23. (DK).

168 Vgl. Per Landin: Från Mecklenburg till Manhattan, a. a. O., S. 146.

169 Vgl. Per Landin: Tiden strömmar över alla bräddar. Om Uwe Johnson och ett år på sextiotalet (2). In: Dagens Nyheter. Stockholm. Nr. 337 vom 12. 12. 1993, (B–Teil), S. 3. (S).

170 Vgl. Tage Taaning: Anelser i taagen. Ung flygtnings roman om den østtyske ungdoms usikkerhed og ængstelse er brevet litterær begivenhed i Vesttyskland. In: Berlingske Tidende. Kopenhagen. 212. Jg., Nr. 9 vom 9. 01. 1960, S. 9. (DK).

171 Vgl. Birgit Wiig: Ung digter midt på muren. Tysk forfatter med verdensnavn på Norges–besøk. In: Aftenposten. Oslo. 104. Jg., Nr. 209 vom 8. 05. 1963, S. 4. (N).

172 Der Artikel hat sich von 1974 bis 1988 von 92 auf 240 Wörter erhöht!

173 Vgl. Nicolai Riedel: Untersuchungen, a. a. O., S. 509.

174 Per Øhrgaard: Uwe Johnson. In: Ders.: Moderne tysk litteratur: 1945-1970. Kopenhagen: Christian Ejlers, 1972, S. 123. (DK).

175 Per Øhrgaard: Uwe Johnson, a. a. O., S. 124.

176 Per Øhrgaard: Uwe Johnson, a. a. O.

177 Walser erhält z. B. nur eine Viertelseite!

178 Vgl. Carl–Henning Wijkmark: Tyska romaner. Från Thomas Mann till Günter Grass. Lund, 1965, S. 20. (S).

179 Vgl. Åke Runnquist: Uwe Johnson. In: Ders.: Moderna utländska författare. Stockholm: Forum, 1971, S. 146. (S).

180 Niels Barfoed: Johnson – gränsproblem och det dubbla Tyskland. In: Litteraturens världshistoria. Centralredaktion: Frederik Julius Billeskov Jansen, Hakon Stangerup och Poul Henning Traustedt. Bd. 12. Stockholm: Norstedt, 1974, S. 152. (S).

181 Helen Wolff: Ich war für ihn eine „alte Dame“, a. a. O., S. 158.

182 Noch nicht einmal das falsche Geburtsdatum (20. April 1934!) wurde berichtigt.

183 Vgl. Nils Ivan: Uwe Johnson: Karsch, und andere Prosa. In: Skolvärlden. Stockholm. 1966, Heft 10, S. 542. (S).

184 Gösta Björn: Deutsche Literatur in den Deutschbüchern des schwedischen Gymnasiums 1905–1970. Stockholm: Almqvist & Wiksell, 1979, S. 154. (= Stockholmer Germanistische Forschungen. 26).

185 Bernd Neumann: Uwe Johnson, a. a. O., 1994, S. 550. – 1963 wurde Johnson das erste Mal in deutsche Schulbücher aufgenommen, und bis Anfang der 70er Jahre hatten ihn nahezu alle Schulbuchverlage im Programm. Es folgten nach Schweden noch Texte in den USA und Frankreich, vgl. Nicolai Riedel: Mit dem Berliner Fontane–Preis fing alles an, a. a. O., S. 72.

186 Im Vergleich dazu die Zahlen derjenigen Autoren, die stets in einem Atemzug mit Johnson genannt wurden: Heinrich Böll – in 39 Schulbüchern mit 21 Texten, 73 Beiträgen und auf insgesamt 866 Seiten vertreten und Günter Grass, der in 8 Büchern mit 2 Texten und 8 Beiträgen auf 13 Seiten erschien. Auch Grass schien aus sprachlichen Gründen für den Schulunterricht also wenig geeignet zu sein.

187 Vgl. Gösta Björn: Deutsche Literatur in den Deutschbüchern, a. a. O., S. 272, Anm. 151.

188 Vgl. Eberhard Fahlke: „Ich überlege mir die Geschichte“, a. a. O., S. 116.

189 Gynther Hansen: Uwe Johnson: Den tredje bog om Achim. In: Bogens Verden. Kopenhagen. 45. Jg., 1963, Heft 5, S. 372. (DK).

190 An dieser Stelle möchte ich noch einmal Nicolai Riedel für seine Hilfe danken.

FRITZ RUDOLF FRIES

Die Romane des Genossen Schriftsteller*

Um Mißverständnissen vorzubeugen, hier soll nicht ein Beitrag mehr zur Johnson–Forschung geleistet werden, der Vortragende will den berufenen Kennern nicht ins Wort fallen. Mein Beitrag ist der eines Lesers und Kollegen: und in dieser Doppelexistenz werden sich die Geister streiten.

Die Romane des Genossen Schriftsteller, das meint zuallererst Uwe Johnsons Romane, *und* es meint Romane, die in seinem Umkreis entstanden, auch Bücher, die er einem empfahl, der es ihm gleichtun wollte. Der 'Genosse Schriftsteller', das muß ich Ihnen nicht sagen, ist die freundlich–provozierende Berufsbezeichnung, die Gesine Cresspahl in den „Jahrestagen" ihrem Schriftsteller gibt, auf den man alles abwälzen kann, wenn er den Vertrag, den sie mit ihm hat, nicht einlöst: „Du schreibst das hin": so lautet in jedem Fall das Diktat einer Figur, einer Person, würde Johnson korrigieren, an den Autor, und diesem bleibt gar nichts anderes übrig, als mit der Wahrheit zu lügen. Wir kommen darauf zurück, auf dieses leidige Verhältnis der Romanfiguren zu ihrem Autor und wie sie ihm die Augen öffnen im Prozeß des Schreibens, der ein Prozeß der Erinnerung ist.

Mein erstes längeres Gespräch mit Uwe Johnson sperrte uns beide sogleich in den Käfig eines Seminars. Auch wenn wir uns bei den Dienstagsvorlesungen Hans Mayers im Hörsaal 40 wahrgenommen hatten – er zog ja die Aufmerksamkeit auf sich wie ein Klassenprimus, dem die andern auflauern: so hatten wir in Leipzig kein Wort gewechselt. Mir hat sich das Bild eines schweigsamen jungen Mannes eingeprägt – „der Schweigende", wie eine Plastik von Ernst Barlach heißen könnte. Diese Vorlesungen bei Mayer sollten für uns beide Folgen haben. Und so ging es in unserem ersten Gespräch, ich glaube im Spätsommer 1965 in der Berliner Wohnung des Linguisten Manfred Bierwisch, um eine Gattungsbezeichnung. Durch Johnsons Vermittlung und der Beihilfe seines Freundes Bierwisch war ein Manuskript von mir dem Verleger Siegfried Unseld in Frankfurt am Main auf den Tisch gelegt worden. Das weitere ist hier nicht von Belang, nur, und jetzt kommt Johnsons Frage, als wir unter uns waren: Sie haben, sagte er, auf der Titelseite ein Wort, es heißt „Roman", Sie nennen das was Sie anbieten, einen Roman. Warum? Es war eine inquisitorische Situation, und wie bei jeder Inquisition zieht man als Angeklagter den kürzeren. Warum? Ich hatte keine Argumente für diese Behauptung, einen Roman geschrieben zu haben. Ich war der Konvention gefolgt, einen Text, der länger als der einer Novelle ist, mein Roman zählte 334 Seiten, einen Roman zu nennen. Vielleicht redete ich mich damals heraus mit einem ungenau erinnerten Wort von Thomas Mann, daß heute alles das Etikett Roman verdiene, was nicht nach einem solchen aussähe. Johnson würde sich in viel Pfeifendampf gehüllt haben.

Was ich damals nicht wußte, war: die Frage galt nicht nur der Sorge um das Handwerk eines akzeptierten Kollegen, die Frage brannte ihm selber auf der Seele. Er hatte, sein Brot zu verdienen, als firmierter Diplom–Philologe der Leipziger Karl–Marx–Universität, Verlagsgutachten geschrieben, auch über Romane. Daraus entstanden später seine „Vorschläge zur Prüfung eines Romans". Und er hatte sich, über Nacht mit seinem ersten Roman, den „Mutmassungen über Jakob", eine europäische Legende, von den Kritikern sagen lassen müssen, hier setze einer die Linie des französischen „nouveau roman" fort. Die Franzosen, über die man in den späten fünfziger Jahren sprach, hatten aus ihren Romanen bekanntlich nicht nur den engagierten Erzähler vertrieben; sie hatten eine Montagetechnik entwickelt, ihre Personage auf Fließbänder gesetzt; was diese tat oder sprach, schien jeweils zu einer anderen Kulisse zu gehören. Erst im Kopf des Lesers, falls ihn diese Mitarbeit nicht überfordert, ergibt das Spiel einer höheren Sinn – mag dieser auch zwischen Sinnlosigkeit und Gesellschaftskritik oszillieren. Kein Roman, wie auch immer die Intentionen des Verfassers waren, kann seine Rolle als Zeitzeuge verleugnen. Ich denke, die Kritiker der „Mutmassungen" irrten. Johnson, vermutlich zum Verdruß des Verlegers, mißtraute der Etikettierung. Er schrieb Mutmaßungen, er teilte mit „Zwei Ansichten"; er würde später die vielbändige Chronik der „Jahrestage" zusammenstellen, in der die Personen mit dem 'Genossen Schriftsteller' streiten, ob da, wie es Jürgen Grambow einmal formuliert hat, ein „vieldimensionales fiktives Tagebuch" entstehe oder nicht. „Soll es denn doch ein Tagebuch werden?" fragte Gesine ihren Autor, und der: „Nein. Nie. Ich halt mich an den Vertrag".

Das Etikett 'Roman', es klingt nach besseren Tagen, nach Lustgewinn beim Lesen, nach Katharsis, aber auch nach Konstruktion. Und letztere ist immer eine Gefahr, oder um es mit den Worten Edward Morgan Forsters zu sagen – auf ihn kommen wir noch – als er über den großen Henry James urteilte: „Wundervoll gemacht, lohnt aber die Mühe nicht".

Ich denke, bei dem Wort Roman dachten wir beide, Johnson und ich, an den Ordnungshüter Georg Lukács, der seine eigene Theorie des Romans längst revidiert hatte. Johnsons „Mutmassungen" sind ja in der DDR entstanden, sie nehmen es ernst mit dem Postulat der Wahrheitsfindung. Hier ist ein Ingenieur der Seele am Werk, das Wort Stalins in Anführungszeichen verstanden, und auch so, daß hier der Zeigefinger des auktorialen Erzählers im kollektiven Erzählen verschwindet, im einander relativierenden Erzählen, ein Prinzip, das Johnson beibehalten würde. Und noch etwas: wenn es in den „Mutmassungen" einen französischen Einfluß gibt, dann kam er von Hans Mayer: In beinahe jeder Vorlesung würde der Professor das inzwischen geflügelte Wort von André Maurois zitieren – es ist auch Döblin zugesprochen worden und anderen Autoren, was seine Eindringlichkeit beweist, nämlich: „Die Marquise ging um fünf Uhr aus dem Haus – woher weiß der Autor das?" Welcher Schüler Hans Mayers und angehende Romancier, sehen wir einmal von Christa Wolf ab, konnte es sich leisten, an diesem Satz vorbeizuschreiben? „Aber er ist doch immer quer über die Rangiergleise gegangen...": Das ist eine Meinung anderer, der Autor bleibt objektiv wie ein Kriminalinspektor.

Mein erster Roman, so würde ich heute Johnsons Frage beantworten, hieß Roman, weil hier ein Erzähler seine Leute vorstellt und aufschreibt, was sie ihm sagen, und den Zeigefinger erhebt er gegen die Typen, die ihm, derart herausgehoben, dann das Buch in der DDR verboten. Womöglich einigten wir uns damals – nicht in der Definierung einer Gattungsbezeichnung –, sondern im Einverständnis, wie wir künftig mit unseren Personen umgehen würden. „Jedermann ist eine Möglichkeit", sagt in den „Mutmassungen" ausgerechnet der Hauptmann der Staatssicherheit, Rohlfs. Mein erster Roman, falls er eine Erwiderung auf Johnsons „Mutmassungen" war, dann in dem Sinne, wie jedes Buch mit seinem Vorläufer in einen Dialog zu treten sucht. Hier hatte einer, dessen akademischer Umkreis mir vertraut war, den dialektischen Sprung von der Theorie in die Praxis gewagt, und mit einmal erschien das beschriebene Land in der Gewagtheit dieser Prosa literaturfähig zu sein, wie zur Zeit der von Mayer beschworenen Geister Döblin, Barlach, Brecht. Dagegen war Kants „Aula" ein feuilletonistischer Roman, wie von Hesse im „Glasperlenspiel" für ein Zeitalter, in dem die Medien das Sagen haben würden, prophezeit.

Die Mutmaßungsprosa als eine 'Manier' des Erzählens wurde zur Maschinerie, die in ihren Bauelementen klapperte, als sie zur bevorzugten Manier westdeutscher Prosa in den sechziger Jahren wurde. Es gab keine unschuldige Literatur, auch das hatten wir doch in Leipzig bei Hans Mayer und Werner Krauss gelernt. Worauf wenn nicht auf eine Hilflosigkeit ihrer Urheber verweist diese Machart, wenn es darum geht, Geschichte aus Geschichten zu deuten. Johnsons Texte, im Westen geschrieben, kommen dort in einem doppelten Sinn nicht an: sie sind nicht auf der linken Seite der 68er zu verbuchen; sie flüchten sich nicht hinter die Dingwelt, um sie nach Art eines Naturwissenschaftlers zu beschreiben, auch wenn Johnson in dieser Minimalbeschreibung ein Meister ist. Es sind Texte vom Geist eines Heinrich Cresspahl, einer Figur, die man nur bei Böll finden könnte und in der man alle Eigenschaften findet, die Johnson ausgezeichnet haben.

Die Behutsamkeit, die Johnson im Umgang mit den Personen seiner Bücher zeigte, sie war die Behutsamkeit, mit der er Freunde und Kollegen behandelte. Es war die Erkundung, was der andere denn so brauchte, und was man ihm trotz der Zollvorschriften und Mühen beim Passieren von Grenzen mitbringen konnte. Wenn wir uns in einer Kneipe am Berliner U-Bahnhof Vinetastraße trafen, in den Monaten, da Johnson im Brecht-Archiv die Herausgabe des „Me-ti“ vorbereitete, wurde ich mit Büchern bedacht – Geschenke in pädagogischer Absicht. Denn es ging ja in unseren Gesprächen noch immer um das Thema Schreiben in dieser Zeit. Auf den Kneipentisch gelegt bekam ich drei Bücher. Als passionierter Leser griff ich mir sogleich den auffälligsten Band, Martin Walsers „Ehen in Philippsburg“ (und las es später in der S-Bahn – aber ja, das war doch ein anderer Schnack als die dröge Mutmaßungsprosa, so sollte man schreiben. Fünf Tage später hätte ich Mühe gehabt, den Inhalt zu rekapitulieren). Dann war da ein graues Buch, E. M. Forster, „Ansichten des Romans“, ein heute vergessener englischer Romancier aus den 20er Jahren hatte 1927 in neun Vorlesungen in Cambridge seine Romanlektüre vorgestellt und erläutert. Das Buch, in der angelsächsischen Welt noch immer ein Vademecum für alle, die meinen, das Schreiben ließe sich erlernen, ist eine Fundgrube nicht nur für Theoretiker. Auch Autoren sollten sich dann und wann Gedanken über ihr Handwerk machen. Ich stelle mir vor, daß Johnson mir zum Bier einige Passagen vorlas – er tat es nicht: diese Stelle etwa hätte uns beiden gefallen: „Etwas von Scheherazades Gemahl steckt in jedem von uns; auch wir wollen wissen, wie es weitergeht… und deshalb eben braucht jeder Roman eine Geschichte als Rückgrat… Jetzt können wir definieren, was eine Geschichte ist. Es ist eine Erzählung zeitlich aufeinanderfolgender Begebenheiten: das Mittagessen kommt nach dem Frühstück, Dienstag nach Montag, Verwesung nach dem Tode und so weiter. Für die Geschichte als solche gibt es nur *ein* Verdienst: die Neugier der Zuhörer auf das, was weiter geschieht…“ Neugier, sagt Forster, ist der oberste Faktor, „der all den so komplizierten Organismen, die wir Romane nennen, gemeinsam ist“.

Forsters ‘How to do it’-Buch hat einen Nachteil: Man kann es nicht gebrauchen, wenn man sich vornimmt, einen Roman zu schreiben. Denn jeder Text unterliegt bekanntlich einer eigenen Ästhetik, jeder Roman verlangt eine eigene Strategie. Ob die Geschichte, wie Johnson einmal formuliert, im Kopf fertig sein muß, ehe man sich ans Schreiben macht, oder ob die Figuren, im Akt des Erinnerns aus ihrem Dornröschenschlaf erwachen und sogleich dem Autor mitteilen, was sie wollen, hängt jeweils von der Passion der Figuren und der Eigenart des Autors ab. Ich neige zu Bequemlichkeit, ich überlasse meinen Figuren, habe ich sie erst einmal aufgestellt, die Regie.

Ein drittes Buch liegt noch auf dem Pankower Kneipentisch. Hier läßt mich meine Erinnerung im Stich; eine Auswahl von Texten, das gewiß, und Johnson gab wohl nicht viel auf die Verfasser, die entweder Robert Walser oder Paul Scheerbart hießen. Beide Autoren, die aus ihrer sozusagen gereizten Subjektivität heraus schreiben, sind Gegensätze in der Einheit. Robert Walser ein Pfadfinder des Mikrokosmos. Scheerbart ein Berliner Herrgott im Mikrokosmos. Beide gehören heute zu meinen bevorzugten, stets wiedergelesenen Autoren. Damals würde ich Johnsons Skepsis geteilt haben, beim Bier an der Vinetastraße: Was galt Subjektivität in Zeiten, die den großen gesellschaftlichen Entwurf unter die Leute bringen wollten, das geplante Glück hier und die verteidigte Freiheit jenseits der Mauer. Allenfalls konnte man eine von diesen Prospekten bedrohte Menschheit zeigen. Auch der Radrennfahrer Achim im „Dritten Buch" über ihn hat mehr eine staatlich kontrollierte Biografie als eine, die ihre eigenen Gründe für sich behält. Davon handelt Johnsons Parallelbiografie Täve Schurs. Wir erinnern uns: „Jedermann ist eine Möglichkeit".

1970 erscheint der erste Band der „Jahrestage". 1974 mein zweiter – veröffentlichter – Roman „Das Luftschiff". Sollten sich die Komparatisten unter Ihnen einmal die Mühe machen, beide Bücher zu vergleichen, werden sie auf erstaunliche Affinitäten stoßen, oder weniger elegant ausgedrückt: Abhängigkeiten des einen vom andern. Westdeutsche Kritiker haben dem „Luftschiff" eine Abhängigkeit vom „Tagebuch einer Schnecke" von Günter Grass vorgeworfen. Dieser Punkt aber geht an die Zollorgane im Bahnhof Friedrichstraße, die das Buch aus Johnsons Aktentasche beschlagnahmten, und mich also vor negativen Einflüssen bewahrten.

Die Sachlage ist komplizierter und doch erklärbar. Im „Luftschiff" heißt es auf Seite 323: „Erzählen, nur so hinerzählen... werden wir uns kaum leisten können, es sei denn in einer Kampfpause, die zugleich eine Geschichtspause ist..."

Ich will den Komparatisten die Arbeit nicht abnehmen, aber doch auf einige Punkte zeigen, die mir wichtig sind. In beiden Romanen wird Historie behandelt, die beide Autoren nicht selbst erlebt haben. Und da sie nicht ins Blaue hinein erzählen wollen, werden die Geschichten dreier Generationen in ihren dramatischen Situationen verglichen, analysiert, abgefragt. Und die Fragen kommen vornehmlich von der jüngsten Generation, den Kindern des Erzählers, der Tochter der Erzählerin. Beide Autoren tauchen mitunter als Randfiguren der Personage auf, obschon sie ständig hinter den Kulissen tätig sind. Johnson hält einen Vortrag in New York; der Autor des „Luftschiffs" spricht einmal von seiner Übersetzerarbeit.

Nun, ich will die Abhängigkeiten nicht überbetonen. Die Ähnlichkeiten kommen aus einer parallelen Situation: Johnsons Epik entfaltet sich auf unbegrenztem Raum. Mein Versuch, die Biographie eines spleenigen Erfinders mit Hilfe eines Familienkollektivs zu schreiben, wurde beengt durch die unverrückbare Wand einer dogmatisierten Geschichtsauffassung. Aber es sind die Kinder des Erzählers, wie Marie in den „Jahrestagen" Enkelkinder eines Vorfahren, Cresspahl oder Stannebein, es sind die Kinder in ihrer pfiffigen Schulweisheit, ungebremsten Neugier, die in ihren Botengängen zwischen dem statischen Material – bei Johnson die Zeitungsnachrichten, bei mir die Geschichtslehrstunde – die Korrespondenzen herstellen und die Mauern von Jericho zum Wanken bringen. Und weil die Urbilder von Marie, von Lena, Bob und Micha einander kannten, heißt es auf Seite 120 im „Luftschiff": „... und wenn es keinen Pioniernachmittag gibt, bringen sie ihre Freunde... Katharina oder Uwe mit nach Haus".

Wiederum wird man nicht nur in den „Jahrestagen" einen Personenkreis finden, dessen Klarnamen uns das ansonsten so hilfreiche „Kleine Adreßbuch" für Jerichow und New York, ein Register zu Uwe Johnsons Roman, verschweigt. Wir nähern uns hier einem delikaten Thema, es ist das Thema der Verwertung biographischen Materials. Schon der junge Thomas Mann, oder war es Hanno Buddenbrook, konnte in Tränen ausbrechen, wenn die Verwandtschaft seine Strichmännchen betrachtete und banausisch fragte: Wer ist das? Die Figuren in einem Roman sind das, was der Roman von ihnen verlangt. Aber – wo kommen sie her? Bekannt ist die Taktlosigkeit jedes Schriftstellers, wenn es ihm darum geht, Auskünfte zu bekommen, Material zu sammeln. Thomas Mann, der einem Besucher, kaum ist er wieder auf der Straße, mit dem Fernrohr nachstarrt – er mußte herauskriegen, wie der läuft. Peinlich. Uwe Johnson, der Jurek Becker nach seinen Erinnerungen im Ghetto von Lodz ausfragt. Peinlich. Und da ich mich hier nicht scheue, auch von mir zu reden: mein Luftschiffer Stannebein, als er aus dem Roman vor die Familie trat, empörte meinen Onkel, der ja des spleenigen Erfinders Tochter geheiratet hatte: Wäre der Mann so gewesen, im Leben, wie im Roman beschrieben, hätte er, sagte er, doch nie dessen Tochter geheiratet. Peinlich, was sich ein Autor von seinen Lesern gefallen lassen muß.

Die Versicherung in manchen Büchern, jede Ähnlichkeit mit im Leben vorhandenen Personen sei nur zufällig, ist ebenso gelogen wie wahrheitsgemäß. Es kommt im Roman etwas dazu, was der Autor als Erfinder stiftet, um jemanden, den er im Leben mit Liebe, mit Haß auch, nicht aus dem Kopf kriegt, zu entbinden. Er schenkt einer Figur einen Lebensplan, und der ist der Erzählgrund der Figur. Mein Großvater hat nie daran gedacht, Flugapparate zu erfinden, aber er *hätte* daran denken können, Phantast, der er war. Ich denke, wer wie Jules Verne mit seiner und seiner Familie Biographie wenig Not hatte, schreibt phantastische, utopische oder auch Unterhaltungsromane. Dagegen ist nichts zu sagen. Ohnehin hat es die Literatur mit den Glücksfällen des Materials zu tun, das einer überschauen kann. Glücksfälle, das ist hier durchaus zynisch gemeint. Das Unglück, das einer mit seiner Ehe hat, bringt ihn noch einmal an den Schreibtisch, und es entsteht der vielleicht vollkommenste und in der Beschreibung einer Liebe schönste Text von Uwe Johnson, die „Skizze eines Verunglückten".

Daß einer Glück mit seinen Verlegern hatte, bescherte seinem Leben neue Horizonte, neue Provokationen für eine schon im Gleichmaß pendelnde Vita. Was daraus entsteht, der Roman zweier Kontinente, führt dennoch die Sicht auf die Provinz weiter, die uns Johnson mit den „Mutmassungen über Jakob" gegeben hatte. Und nicht nur, daß hier die Lebenslinien schon bekannter Personen verfolgt werden (was auch eine Art Komplizenschaft zwischen Autor und Leser herstellt). Die eigentlich interessanten Abschnitte der „Jahrestage", das sind doch die Mecklenburg–Kapitel, so genau und emotional angereichert, wie nur die geforderte Erinnerung, die ja immer eine Klage um Verlust ist, es leisten kann. Dagegen scheinen mir die amerikanischen Passagen, die man vor allem durch das Kind Marie begreift (sie staunt wie jeder Amerikareisende seit Columbus), unbewältigte Notate zu sein. Unbewältigt, weil aus der Zeitung abgeschrieben. Und entstehen so nicht zuweilen geschönte Aspekte von Amerika? Sie werden mir entgegenhalten, was da alles an Scheußlichkeit aufgelistet wird, vom Krieg in Vietnam bis zur Ermordung amerikanischer Präsidenten. Aber es steht nur da und der Fakten–Fetischist Johnson denkt sich sein Teil. Es ergeben sich daraus keine Geschichten; die muß man suchen bei Saul Bellow, bei Hubert Selby, in den Gedichten und der Prosa der Beat–Generation. Ich hatte da keine Defizite, dank Uwe Johnson, der mir auch die Bücher dieser Autoren zukommen ließ. Und er machte auch mich zu einem Autor in Amerika, als er die Übersetzung meines ersten Romans in einem New Yorker Verlag beförderte.

Dennoch, in den späten siebziger Jahren gerieten wir auseinander. Hatten wir, als es darum ging, meinen ersten Roman im Westen zu publizieren und trotzdem die geschriebenen und ungeschriebenen Gesetze der DDR dabei nicht zu verletzen, uns Geschichten ausgedacht, wer dieser Autor sein könne, der sein Pseudonym nicht lange vor den Recherchen der Staatssicherheit hätte für sich behalten können –, hatten wir damals den Autor als eine Möglichkeit erwogen, so war die mir einmal gegebene Biographie zur Faktizität geronnen. Ein Entkommen gab es nicht mehr, ein Umzug war nicht möglich wie noch in den Jahren vor dem Bau der Mauer. Was möglich war, hieß Biographie, ein Spiel in verschiedenen Rollen. Gegen diese Verführung, zu der Max Frisch das Szenarium schrieb, war auch Uwe Johnson nicht gefeit, wie seine hintergründige Glosse von der zweifelhaften „Identität des verstorbenen Autors" zeigt. Da war einem Herrn Johnson aufgetragen worden, die Romane eines andern im Westen zu publizieren. Und der Text ist ja wohl eine versteckte Hommage an eine Gesine Cresspahl, die ihrem Genossen Schriftsteller zu schreiben aufgibt, was ihr auf den Nägeln brennt.

Mir scheint, als dann ein ganz anderes Licht auf die Person fällt, die der Gesine Sprache und Gestus, Erfahrung und Leidenschaft vermacht hatte, als Johnsons Schreibhemmung den letzten Band der „Jahrestage" in Frage stellte, erdrückt der Moralist Johnson den Schriftsteller gleichen Namens. Die einmal geplante Biographie der Elisabeth Johnson hätte mit den Realien dieser Person zu tun gehabt, und der Genosse Schriftsteller als Chronist des Jahrhunderts hätte uns den Verrat in diesem Jahrhundert als eine unabdingbare Kategorie ins Bild gesetzt. Es gibt diesen Augenblick der Besinnung, der aus der Revolte einer Romanfigur gegen ihren Autor kommt, ich meine die eindringliche Passage aus der „Skizze eines Verunglückten", da die Ehefrau des Schriftstellers de Catt ihm vorwirft, „er selber trage die Verantwortung für das Bild, das sie ihm von sich selbst gemacht habe... Es sei sein Entschluß gewesen, ihr zu glauben. Damit liege die Schuld für die letzten zwanzig Jahre ihres Lebens bei ihm".

Johnsons Widmung in diesem Buch an mich ist vom November 1982. Im Februar des Jahres darauf hatte ich ihm von einer in „Sinn und Form" (1982, Heft 3) erschienenen Erzählung geschrieben, in welcher meine Protagonisten (des ersten Romans) ihre Ehefrauen umgebracht hatten. Dazu Johnson in einem Antwortbrief vom Februar 1983: „... Es ist mir in der Tat neu und bewegend, daß Herr Arlecq und Herr Paasch sich ihrer Gefährtinnen sollten entledigt haben. Da ich glaube, daß dergleichen nie vollständig gelingt, bin ich begierig zu wissen, wie die beiden das angestellt haben, und bitte um den Abdruck in Sinn und Form..."

Der briefliche, und im März 1983 mündliche, Austausch über diese Arbeit war die letzte Korrespondenz, die ich mit Uwe Johnson vor seinem Tod hatte.

Was Johnson in diesen Jahren, wäre er am Leben geblieben, geschrieben hätte, können wir nicht wissen. Dagegen können wir vermuten, daß die „Skizze eines Verunglückten" zu einem Roman ausgebaut worden wäre, darin das Ich des Erzählers, und nur dieses allein, mit der Lanze des Subjektivismus eine statisch gewordene Welt mit ihren computergetriebenen Windmühlen angreift.

Noch aber, lesen wir auf den letzten Seiten der „Skizze", halte er sich „an einen Befund, den Max Frisch vor elf Jahren veröffentlicht habe: es sei nicht die Zeit für Ich–Geschichten. Auch er habe einmal sich bemüht, einzelne Personen nur zu zeigen in ihrem Zusammenhang mit mehreren, in der Einrichtung der Gesellschaft, und sei Geschichten aus dem Wege gegangen, wenn sie ihm befangen schienen in nur einem Menschen, oder zweien, müßig, unverantwortlich, unstatthaft. Und doch, so die Antithese, vollziehe das menschliche Leben sich am einzelnen Ich, oder verfehle sich daran. Nirgends sonst."

Was den Roman am Leben hält, also wäre: subjektive Antithese zu sein zum jeweiligen Konsens einer Gesellschaft.

* Text des Vortrags, der am 30. September 1996 anläßlich der Uwe–Johnson–Tage in Neubrandenburg gehalten wurde.

BERNDT SEITE
Ministerpräsident
des Landes Mecklenburg–Vorpommern

Festrede
zur Verleihung des Uwe–Johnson–Preises 1997
an Marcel Beyer

„Fremdheit und Nähe" ist das Thema der diesjährigen Uwe–Johnson–Tage, zu denen die Mecklenburgische Literaturgesellschaft und der „Nordkurier" nach Neubrandenburg geladen haben. Auch ich bin heute sehr gerne Ihrer Einladung gefolgt, um Uwe Johnson und Marcel Beyer zu ehren.

Fremdheit war eine der Grunderfahrungen im Leben und Schaffen Uwe Johnsons. Von den einen wurde er ein Pommer genannt, die anderen bezeichneten ihn als Mecklenburger. Seine DDR–Staatsangehörigkeit hatte er „nach nur 10–jähriger Benutzung", wie er selbst sagte, zurückgegeben. Die einen nannten ihn daraufhin einen Flüchtling, die anderen verdächtigten ihn als eingeschleusten Spitzel. Er lebte im Westen, aber er ist nie ein westdeutscher Schriftsteller geworden. Er blieb ein Ruheloser mit provisorischen Wohnsitzen in Berlin, New York oder an der Themse–Mündung.

Johnson nutzte seine Fremdheit, seine Jenseits–Perspektive, um einerseits seine Gegenwart zu dokumentieren und andererseits seine Geschichte – die deutsch–deutsche Geschichte – zu rekonstruieren. Durch Festhalten, Bewahren, Erinnern und Deuten schrieb er gegen die oberflächliche Wahrnehmung der Wirklichkeit an.

Nah fühlte er sich Zeit seines Lebens nur Mecklenburg. Er hat sich als Mecklenburger gesehen und wollte auch so verstanden werden. Die bewaldete Seenplatte Mecklenburgs von Plau bis Templin war die Landschaft, wohin er in Wahrheit gehörte und wohin er nicht mehr zurückkehren konnte. Hier war er aufgewachsen, hier hatte er das Leben erlernt, hier war die Gegend, wo seine Erinnerung Bescheid wußte. Max Frisch sprach von ihm als von einem Freund, der in Mecklenburg erzogen worden war und es zeitlebens nicht vergaß. Mecklenburg war stets der Hintergrund seiner Geschichten.

Er war und blieb Mecklenburg nahe, fremd jedoch blieb ihm zeitlebens die DDR. In seinem „Versuch, eine Mentalität zu erklären" schrieb er: „In der DDR sind noch einige persönliche Orte, die Orte der Kindheit, der Jugend. Dort sind Freundschaften, Landschaften, Teil der Person. Es ist Vergangenheit. Es hat neun oder zehn oder zwölf Jahre gedauert. Nun ist es vorbei."

Uwe Johnson hatte sich gegen die kommunistische Diktatur entschieden. Er ist gegangen. Aber er war deswegen noch lange nicht gewillt, sich einfach vom Westen vereinnahmen zu lassen. Er richtete sich ein in der Position des Beobachters. Aus der Distanz analysierte er „Deutschland einerseits" und „Deutschland andererseits". Sein Ziel war die unbestechliche Annäherung an die Wirklichkeit. Wie kein anderer Autor der Nachkriegszeit hat er die deutsch–deutsche Problematik erlebt, erlitten und verarbeitet. Nirgendwo sonst ist deutsche Geschichte so überzeugend zu Weltliteratur geworden.

Wenn frühere Weggefährten auf Johnson zu sprechen kamen, so ist in ihren Äußerungen neben Bewunderung und Respekt für die literarische Leistung häufig ein Gefühl des Fremdseins zu bemerken. Eine „Glasglocke der Fremdheit" habe Johnson umgeben. Günter Grass hat es so beschrieben: „Unsere seit 1959 anhaltende Freundschaft bestand aus Distanz, heftiger Nähe, neuem Fremdsein und Fremdbleiben. So konnte auch mir genaue Annäherung nur über sein literarisches Werk gelingen."

Seine literarische Arbeit war auch für Uwe Johnson selbst eine Annäherung an sein Leben, an seine Vergangenheit, an seine Wurzeln. Mit seinen Figuren machte er sich auf die Suche nach einem verlorenen Land, das 1953 durch Beschluß der Volkskammer der DDR aufgelöst und in drei Bezirke aufgeteilt worden war. Damit war für Johnson ein Stück Herkunft unkenntlich gemacht worden. Vom Versuch, diese Herkunft in der Erinnerung gegenwärtig zu halten, erzählen in beeindruckender Weise die „Jahrestage". Sie sind eines der wenigen Werke der deutschen Nachkriegsliteratur, in denen die Zeit des Nationalsozialismus detailliert und aus sozialgeschichtlicher Sicht beleuchtet wird.

Mit diesem Thema beschäftigt sich auch der diesjährige Träger des Uwe–Johnson–Preises, Marcel Beyer, in seinem Roman „Flughunde". Beide Werke verbindet ihre Vorgehensweise. Sie verknüpfen einen konkreten Zeitraum der deutschen Vergangenheit mit der Schilderung individuellen Menschenlebens. Beide sind ein Plädoyer gegen die Verdrängung von Geschichte.

Zwar braucht die Verarbeitung umwälzender politischer und gesellschaftlicher Prozesse einen gewissen zeitlichen Abstand vom Ereignis. Aber die Zeit heilt ja bekanntlich auch viele Wunden und die Versuchung ist groß zu vergessen, zu verdrängen, zu verharmlosen.

Es ist nicht leichter geworden, gegen solche Parolen wie „früher war alles besser" die Aufmerksamkeit auf eine unbestechliche Analyse der deutschen Verhältnisse zu lenken. Doch ich bin überzeugt: Nur eine ehrliche und umfassende Bestandsaufnahme und Auseinandersetzung mit den Ursachen, Zusammenhängen und Folgen unserer Geschichte in diesem Jahrhundert ist der richtige Weg, um die Gegenwart zu begreifen und die Zukunft zu meistern.

Literatur kann dabei eine große Hilfe sein. Denn Sinn für Geschichte entsteht und besteht nicht von selbst. Er muß geweckt und lebendig gehalten werden. Gerade die Literatur befähigt den Leser zu einem besseren Verständnis der Welt. Sie ermutigt ihn, der Wirklichkeit mit kritischer Aufmerksamkeit zu begegnen und der Manipulation der Wahrheit durch Systeme, Ideologien oder Machthaber mit Entschlossenheit entgegenzutreten.

„Jeder Tag der Gegenwart ist ein Jahrestag des Vergangenen", heißt Johnsons Credo. Das Beschwören des Zusammenhangs von Gegenwart und Erinnerung war es, was ihn als Schriftsteller ausmachte. Mit der Aufarbeitung deutscher Geschichte und Gegenwart, mit dem Aufzeigen der Unterschiede im geteilten Deutschland hat er immer an historische Gemeinsamkeiten angeknüpft. Gewollt oder ungewollt... Heute, wo es die Grenze nicht mehr gibt, frage ich mich, wie er die neue Situation literarisch verarbeitet hätte. Nähe und Fremdheit, wie gehen wir heute damit um?

In wenigen Tagen feiern wir den siebten Jahrestag der deutschen Wiedervereinigung. Trotz der wiedergewonnenen räumlichen Nähe haben wir die Fremdheit noch nicht gänzlich überwunden. Doch Einheit ist kein Endzustand, der möglichst schnell erreicht werden muß, sondern ein Prozeß, der auch und vor allem Zeit und Geduld braucht. Die innere Einheit reift mit gemeinsamen Erfahrungen und Erlebnissen, für die wir nach vierzig Jahren tiefer Trennung erst sieben Jahre die Möglichkeit haben. In diesen sieben Jahren ist viel erreicht worden. Einheit kann auch Einheit in Verschiedenheit und Vielfalt bedeuten. Sie muß die verschiedenen Erfahrungen, Prägungen und Sichtweisen einbeziehen und von gutem Willen und wechselseitigem Verständnis getragen sein.

Es lohnt sich, bei Uwe Johnson auf Spurensuche zu gehen. Er hat in seinen Büchern die DDR-Wirklichkeit authentisch und hellsichtig gestaltet. Er war dem Bewußtseinsstand seiner Zeit weit voraus. Nicht nur Jens Reich stellte erschüttert fest: „Da steht ja schon alles drin, was wir 1990 mit hochroten Köpfen zu entdecken glaubten!".

Ich danke den Stiftern des Uwe-Johnson-Preises – der Mecklenburgischen Literaturgesellschaft und dem „Nordkurier" – für ihren großzügigen Beitrag zur Kulturförderung in unserem Land. Ich freue mich sehr, daß sich eine Tages- und Regionalzeitung über den Tag und über die Region hinaus für die literarische Tradition und das Ansehen unseres Landes engagiert und sich in solcher Weise bemüht, den international geschätzten Dichter nicht nur in seiner Heimat einem breiteren Publikum bekannt zu machen.

Neben der öffentlichen Hand sind das private Engagement und Sponsoring ein wichtiger und nicht hoch genug einzuschätzender Beitrag zur Kulturförderung. Der Staat ist mit der Rolle des Alleinunterhalters überfordert. Eine Gemeinschaft lebt von der Initiative ihrer Mitglieder. Schon jetzt ist das kulturelle Engagement von Privatleuten, von Unternehmern und Unternehmen beeindruckend. Es kann, darf und soll noch stärker werden, wollen wir weiterhin das reiche und vielfältige Kulturleben unseres Landes erhalten und pflegen!

Herr Beyer, ich gratuliere Ihnen ganz herzlich zu Ihrer Auszeichnung!

SIGRID LÖFFLER

Laudatio auf den Uwe–Johnson–Preisträger 1997 Marcel Beyer

Seit einigen Jahren erleben wir, wie virulent und bedrängend, ja allgegenwärtig, das Thema „Gedächtnis und Erinnerung" geworden ist. Das Erinnerungsthema hat Konjunktur. Es hat von uns Besitz ergriffen. Es hält die Köpfe besetzt.

Und das ist kein Zufall. Vielmehr hängt die Virulenz des Erinnerungsthemas ursächlich mit der Tatsache zusammen, daß wir gerade eine Epochenschwelle überschreiten. Vierzig Jahre markieren eine Epochenschwelle in der kollektiven Erinnerung: sie ist erreicht, wenn die lebendige Erinnerung – die Erinnerung der noch Lebenden – am Untergehen und Aussterben ist und damit die Formen kultureller Erinnerung zum Problem werden.

Und in der Tat: seit etwa zehn Jahren nimmt die Zahl der Erinnerungszeugnisse an das Dritte Reich, insbesondere an den Holocaust, beständig zu. Wir beobachten einen Schub schriftlicher Erinnerungsarbeit der Betroffenen sowie eine intensivierte Sammelarbeit der Archivare. Die Erkenntnis wird immer dringlicher, daß wir die Ereignisse des Dritten Reiches allein durch das erfahren können, was uns in dieser oder jener Form davon überliefert ist – im Zeugnis überlebender Memoirenschreiber wie auch in den Forschungsergebnissen der Historiker.

Dieser Schub schriftlicher Erinnerungsarbeit wird zum einen dadurch verursacht, daß eine Generation von Zeitzeugen nun auszusterben beginnt. Zum andern bedeutet Epochenschwelle aber auch, daß die lebendige Erinnerung – also die gelebte und in Zeitzeugen verkörperte Erinnerung – vom Untergang bedroht ist. Wenn diese Erinnerung nicht verlorengehen und aus dem kollektiven Gedächtnis verschwinden soll, dann muß sie nun aus der biographischen in kulturelle Erinnerung transformiert werden.

Diesen Übergang von der Faktizität in die Fiktion, vom Zeitzeugnis, von der Augenzeugenschaft, in die literarische Konstruktion von Erinnerung erleben wir gerade auf vielfältige Weise. Während die unvermittelte Erinnerung ins Archiv wandert und die Erinnernden allmählich verschwinden, tritt die vermittelte Erinnerung Nachgeborener in ihre Fußstapfen und geht, wohin sie will.

Das bemerkenswerte Buch eines solchen Nachgeborenen zu feiern und ein solches Werk der literarischen Konstruktion von Erinnerung und Rekonstruktion von Vergangenheit, nämlich den Roman „Flughunde" von Marcel Beyer, mit dem Uwe–Johnson–Preis zu ehren, sind wir heute abend zusammengekommen.

Nach der berühmten These des Ägyptologen Jan Assmann entsteht Vergangenheit überhaupt erst dadurch, daß man sich auf sie bezieht. In der Erinnerung wird Vergangenheit rekonstruiert, schreibt Assmann in seinem Buch „Das kulturelle Gedächtnis", seiner Untersuchung des Zusammenhangs von Schrift, Erinnerung und politischer Identität. Das Gedächtnis verfährt rekonstruktiv. Vergangenheit steht nicht naturwüchsig an, sie ist eine kulturelle Schöpfung.

Auch die Psychologie weiß, daß die Erinnerung als ein Prozeß der fortlaufenden Umschreibung und Umdeutung von Vergangenheit funktioniert. In der Seele des Menschen sind, gleichermaßen und im Widerspiel, ein Gedächtnis–Archivar und ein Mythenschöpfer am Werke. Der Bibliothekar des Selbst hütet gewissenhaft die Archive des Gedächtnisses und wacht über die Originale, der Mythenmacher ist unentwegt damit beschäftigt, diese Originale zu redigieren und sich daraus persönliche Mythen zu fabrizieren.

Da nun das Gedenken auch die laufende Interpretation der Geschehnisse miteinschließt, und da sich die Erinnerung in Abhängigkeit von ihrem jeweiligen sozialen Rahmen organisiert und immer wieder reorganisiert, folgt daraus, daß die Grenze zwischen den authentischen Zeitzeugnissen und den Literarisierungen von Originalquellen nicht eindeutig und trennscharf zu ziehen ist. An eben dieser Grenze, wo historische Spuren gesucht und diese Suchprozesse und Suchbewegungen auf– und nachgeschrieben, wo die Zeugnisse von Zeitzeugen rekonstruiert und in Literatur aufgehoben werden, – an eben dieser Grenze arbeitet der Schriftsteller Marcel Beyer in seinem Roman „Flughunde". An dieser heiklen und delikaten Trennlinie zwischen Fakten und Fiktion ist sein literarisches Werk verortet. Schließlich ist Marcel Beyer, der gebürtige Württemberger des Jahrgangs 1965, ein Nachgeborener ohne Erfahrungen aus erster Hand aus dem Dritten Reich.

Zugleich bedeutet Rekonstruktion von Vergangenheit immer auch Sondierung von Gegenwart. Und hier trifft sich Marcel Beyers literarischer Ansatz im Roman „Flughunde" mit den ästhetischen Absichten des Namensgebers dieses Preises, nämlich Uwe Johnsons. Wiederholt hat Uwe Johnson seine literarische Intention formuliert als „Versuch, eine Wirklichkeit, die vergangen ist, wieder herzustellen". Wobei er dies ausdrücklich ergänzt durch den Hinweis: „Und das heißt nicht etwa, eine Wirklichkeit in verkleinerter Form nachzubauen, sondern eine Wirklichkeit in allen ihren Beziehungen zusammengefaßt noch einmal möglich zu machen". Worum es Uwe Johnson in seiner Poetik zu tun ist, das ist das gesellschaftliche Modell. Empirische Wirklichkeit wird als Vergangenheit rekonstruiert, um das Kommende daran zu messen. Das epische Imperfekt geht über in den Modus des allzeit Möglichen, ins Präsens.

In Marcel Beyers „Flughunde" soll also eine Wirklichkeit, die vergangen ist, wieder hergestellt werden, nicht, indem sie in verkleinerter Form nachgebaut wird, sondern um eine frühere Wirklichkeit noch einmal möglich zu machen und das Kommende daran zu messen.

Der Roman „Flughunde" macht das Dritte Reich als Medien–Phänomen, als eine Erscheinungsform der akustischen Propaganda und Massensuggestion, zu seinem Thema, personifiziert in der sinistren Gestalt eines Akustikers, eines Spezialisten für mediale Kommunikation, namens Hermann Karnau.

Wer ist dieser Hermann Karnau, der männliche Erzähler der „Flughunde"? – Er ist ein Mann ohne Geschichte. Er selber sagt von sich: „Ich bin ein Mensch, über den es nichts zu berichten gibt. So aufmerksam ich auch nach innen horche, ich höre nichts". Er sagt auch: „Ich stehe mir selber gegenüber wie einem Taubstummen: Es gibt da einfach nichts zu hören. Mit Ende Zwanzig eine noch ungravierte, glatte Wachsmatrize. Keine erkennbare Vergangenheit, und nichts, das mir widerfährt."

Das Entscheidende ist Hermann Karnau bereits widerfahren, etwas, das ihn geprägt hat, indem es ihm seine Ungeprägtheit bewußt machte. Dieses Erlebnis ist Karnaus erste Begegnung mit seiner eigenen Stimme. Bei Tonaufnahmen konnte er seine eigene Stimme nicht erkennen und war bestürzt über den kindischen Diskant: „Mein innerer Schädelklang war von dieser kindischen Stimme völlig verschieden." Geschockt, will Hermann Karnau den Mißklang seiner eigenen Stimme nie wieder hören.

Auch als Erwachsener erfährt er sich selbst als gespalten, als furchtbar unstimmig: Rede und Stimme passen nicht zusammen. Er kann sich selbst nicht erkennen, er kann sich selbst nicht hören, er erlebt seine Stimme als abgetrennt von sich, als dem eigenen Ich nicht zugehörig. Hermann Karnau, der nie den Stimmbruch erlebte, ist ein unstimmiger Mensch – ihm fehlt die Stimme und damit die Seele.

Eben deshalb ist er fixiert auf Menschenstimmen: Hermann Karnau wird „ein Stimmstehler". Er muß diesen Vorgang der Abtrennung der Stimme vom Ich zwanghaft wiederholen, als technische Prozedur. Er wird Akustiker, besessen von fremden Stimmen, da er die eigene nicht hören kann. Er raubt den Menschen ihre Stimmen und bannt sie auf Wachsmatrize, später, als der technische Fortschritt der Phonographie im Zuge des Zweiten Weltkriegs dies erlaubt, bannt er die Stimmen auch auf Magnet–Tonband. Er speichert und analysiert akustisches Material.

Karnau legt sich ein Geräusch–Archiv an, besessen von der Idee, den ganzen Artikulationsbereich der menschlichen Stimme mit allen Modulationen zu kartographieren und eine „Karte aller Stimmfärbungen" anzulegen, eine Weltstimmkarte sozusagen. Diese Karte soll „ein Areal jenseits aller kartographischen Gegenden des Menschen" erfassen – ein akustisches Areal aller extremsten Äußerungen von Schreien und Flüstern, von Stöhnen und Ächzen, Heulen und Wimmern, Keuchen und Röcheln.

Unversehens werden ihm Menschen nur noch zu Lieferanten von Stimm–Material, zu „Schallquellen". Wenn Karnau eine Stimme gequält aufschreien oder schmerzlich wimmern hört, dann ist dies für ihn nichts als eine Schallquelle, „nicht etwa ein Mensch mit Schmerzen, dem es zur Hilfe zu eilen gilt".

Es ist nur folgerichtig, daß sich der Stimmstehler Karnau zum Stimmquäler entwickelt. Marcel Beyer situiert ihn dort, wo er sein Schreckens–Potential am fürchterlichsten und am triftigsten entfalten kann: im Dritten Reich. Die Nationalsozialisten können einen wie Karnau gut brauchen und Karnau ist einer, der sich gern gebrauchen läßt. Sein obsessives Interesse an der Physiologie und Technik der Verlautbarung ist für das Regime einsetz– und ausbeutbar. Karnau wird zum Akustiker im Dienste des Dritten Reiches. Um der menschlichen Stimme auch die unerhörtesten Geräusche abzupressen, wird sich Karnau schließlich zum kalten Experimentator und Vivisekteur wandeln.

Zuerst treffen wir ihn in einem Sportstadion, wo er als Akustiker das Lautsprechersystem einrichtet und kontrolliert, damit einer der Nazi–Führer seine Rede brüllen kann. Der Name des Redners wird nie genannt, aber daß Joseph Goebbels gemeint ist, ist deutlich und hat seine innere Logik. Gerade der Propagandaminister des Dritten Reiches bedarf für seine massenhypnotischen Großauftritte der Künste des Tontechnikers und Beschallungsexperten, der die Wirkung seiner Stimme technisch zu maximieren und bis zum äußersten zu intensivieren vermag. Oder wie der Kritiker Hubert Winkels den medientechnischen Hintergrund dieses Romans formuliert: „Im Medienverbund von Phonographie und Radio hat Karnau die Seite der Aufzeichnung besetzt, Goebbels die der Übertragung. Karnau lauscht, Goebbels schreit. Karnau speichert auf Matrizen und Magnetbänder. Goebbels sendet seine Stimme durch den Äther. Karnau zerlegt die Stimmkörper, Goebbels' Stimme konstituiert den Körper des Reiches". Doch dabei bleibt es nicht. Der Autor Marcel Beyer läßt den Tontechniker mit seinen Mikrophonen eine exemplarische nationalsozialistische Experten–Karriere machen – als Stimmen– und Sprachmanipulator, schließlich als Stimm–Folterer. An den Kriegsfronten hält sich Karnau auf, nicht nur, um feindliche Funksprüche abzuhören und mitzuschneiden, sondern auch, um „die Laute der Kämpfenden da draußen auf Schallplatte zu bannen", das Gebrüll der Geschütze, das Schreien Getroffener, das Stöhnen Verwundeter, das Röcheln Sterbender. „Die ganze Nachtlandschaft steht auf in diesen Totengesängen", schreibt Beyer. „Parallelschaltung: Die Stoßseufzer in ganz verschiedenen Tonfärbungen, das Ächzen, Gurgeln, das Erbrechen in Dreck und Finsternis. Jetzt kehren sie zurück an ihren Ursprung, die Sterbenden, da sie die Stimme nicht mehr halten können und sich die Schreie einen Weg bahnen nach draußen. Nur noch animalische Töne, sie werden jetzt nicht mehr geformt im Kehlkopf, und werden nicht gedämpft im Hals, sie erfüllen den gesamten Rachenraum. Und Lippen, Zunge, Zähne können diese ungewollten Laute auch nicht mehr im Zaum halten, aufhalten und zum Verstummen bringen noch im Mund. Welch ein Geschehen. Welch ein Panorama". Im Dienste und zum Zwecke seiner Weltstimmkarte ist Karnau mit seinen Mikrophonen als Tonbandspion bei den Sprachsäuberungsaktionen in Frankreich unterwegs. Er ist es, der für die Razzien und Verhöre im Zuge des nationalsozialistischen „Entwelschungsprogramms" im Elsaß verbotene, französischsprachige Reden heimlich aufnimmt und identifiziert.

Mit seinem Vorschlag, den Stimmapparat bei den unterworfenen Völkern im Osten operativ zu manipulieren, erweckt er das Interesse von Nazi-Größen. Er avanciert zum Leiter einer Sonderforschungsgruppe für Sprachhygiene, wird Chef eines Instituts, in dem im Rahmen eines Sonderprogramms der SS an Stimmbändern, Zungen und Kehlköpfen menschlicher Opfer experimentiert wird. In grausamen Menschenversuchen dringt Karnau mit Klemmen, Sonden und Sezierbesteck in den Sprachapparat seiner Opfer ein, er führt Elektroden und Sensoren in menschliche Körper ein, er peinigt Kehlköpfe mit Stromstößen, um ihnen den ultimativen Schmerzensschrei, das letzte Sterbensröcheln abzufoltern, bis nur noch „Rasseln aus versteppter Kehle" dringt.

Karnau, das Horch-Ungeheuer, ist der fürchterlichste Roman-Unhold, seit Patrick Süskind in seinem Roman „Das Parfum" das Geruchsmonster Grénouille erfand, das die Menschen experimentell umbrachte, um ihnen die Gerüche zu rauben. Er ist zugleich die Inkarnation des KZ-Arztes: der Techniker, der am lebendigen Leib testet, der pervertierte, in die Bestialität getriebene Forschergeist.

In den Apriltagen 1945 finden wir Karnau in Berlin. Im Führerbunker unter der Reichskanzlei zeichnet er die Stimme Hitlers auf. Er verbringt die letzten Kriegstage in Gesellschaft der Familie Goebbels und spielt eine düstere Rolle bei der Ermordung der sechs Goebbels-Kinder. Hier, in einem so grandiosen wie riskanten Roman-Finale, werden die beiden Erzählstimmen dieses Romans endgültig zusammengeführt.

Denn der Roman hat eine zweite Erzählerfigur neben dem stimmlosen Stimm–Scheusal Karnau. Und diese zweite Ich–Erzählerfigur ist die älteste Tochter von Joseph Goebbels, die anfangs achtjährige, bei ihrer Ermordung zwölfjährige Helga. So entwickelt sich der Roman im ständigen Wechsel zweier Stimmen, zweier Sichtweisen, zweier Perspektiven, die einander wechselseitig erhellen, kommentieren und kontrapunktieren. Die Kinderstimme ertönt als unschuldige, arglose Gegenstimme zur ominösen Stimme Karnaus. Marcel Beyer gelingt es, aus der Perspektive eines aufmerksamen und verständigen Kindes sogar die Berliner Sportpalast–Rede des Goebbels vom „totalen Krieg", die doch als Image der medialen Nazi–Dämonie schon ganz verschlissen schien, so zu erzählen, als habe man sie noch nie gehört.

Und das ist kein geringes Kunststück. Marcel Beyer ist beiden Fallen aus dem Wege gegangen – der Falle der Dämonisierung wie auch der Falle der Intimisierung. Denn so wenig der Leser die historische Goebbels–Gestalt zur schauerlich–grotesken Fratze verzerrt sehen möchte, zum Propaganda–Dämon und Hinke–Teufel, so wenig wünscht er sich seine Intimisierung und damit Verharmlosung zum hingebenden Familienvater.

Ganz offenkundig sind in diesen Schluß–Abschnitt des Romans umfangreiche historische Recherchen des Autors mit eingeflossen. Den Szenen im Führer–Bunker liegen dokumentarische Detailgenauigkeit und von der Forschung gesicherte Erkenntnisse zugrunde. Die letzten Tage der verbunkerten Eingeschlossenen unter der Erde lesen sich beklemmender, als es der kühl kalkulierte rhetorische Gestus des Romans bis dahin vermuten ließe.

Der Kinderblick auf diese Nazi–Unterwelt und ihre Insassen hat etwas zugleich Erhellendes und finster Quälendes. Das Geplauder der sechs Geschwister kreist um die Kindersehnsucht nach Erdbeeren und Sonnenlicht, aber die Welt, über und unter Tage, wird immer unheimlicher, apokalyptischer. Während oben in der Berliner Trümmerlandschaft wilde Hunde die Menschen anfallen und ihnen im Schlaf die Kehlköpfe herausbeißen, reden die Eltern unter Tage von der nahenden Rettung per Flugzeug, vom Ausfliegen aus dem Kessel, und bereiten gleichzeitig die Ausrottung der ganzen Familie vor, ehe die Sieger kommen. Die Kinder klammern sich an die verheißene Rettung, werden aber immer ahnungsvoller gewahr, daß die Erwachsenen lügen, daß es keine Rettung für sie geben wird.

Und dann schleicht da noch Hermann Karnau, der akustische Dieb und ungute Kinderfreund, der Märchenerzähler und Stimmen–Ausschlachter, um die Goebbels–Kinder herum und drängt sich in ihre Nähe. Obwohl der Vater es ihm untersagt hat, hört er mit verstecktem Mikrophon heimlich die Kindergespräche ab und zeichnet sie auf – bis hin zum Todestag, dem 1. Mai 1945, da die sechs Kinder erst eingeschläfert und dann von ihrer Mutter vergiftet werden. Auf der letzten Wachsmatrize finden sich die finalen Geräusche: „Ein Schlürfen nur, das sich insgesamt sechsmal wiederholt. War es ein Schrei? Ein kurzes Weinen? Dann bleibt nur das Atmen. Das Atmen von sechs Kinderlungen in versetztem Rhythmus. Er läßt an Intensität und Lautstärke nach. Schließlich ist gar nichts mehr zu hören. Es herrscht absolute Stille, obwohl die Nadel noch immer in der Rille liegt."

Und dies ist die geheime Pointe, die Marcel Beyer für seinen finsteren Protagonisten bereithält: Jahrzehnte nach Kriegsende tauchen die heimlich aufgenommenen Wachsmatrizen aus dem Führer-Bunker im wiederentdeckten Nazi-Schallarchiv auf. Karnau – untot wie er ist – stößt auf einem Tonträger auf seine eigene Stimme: gemeinsam mit den Kindern singt er ein Gute-Nacht-Lied. Zwar läßt sich angesichts der teils widersprüchlichen teils falschen Zeugenaussagen nicht mehr feststellen, auf welche Weise Karnau bei der Ermordung der Kinder assistiert haben mag. Seine sinistre Präsenz aber hat er dem Tonträger wie einen akustischen Fingerabdruck aufgeprägt, wenn auch vielleicht im unhörbaren Bereich, ähnlich den titelgebenden Flughunden, jener Fledermaus-Art, die sich am Ultraschall orientiert.

„Flughunde" ist Marcel Beyers zweiter Roman. Sein erster „Das Menschenfleisch" (1991), war das Debüt eines versierten Textspielers, der mit allen Schreibtechniken der literarischen Avantgarde vertraut ist. Als „eine Art körperlinguistisches Experiment" wurde dieser Debütroman bezeichnet, als „Balanceakt zwischen Verleiblichung der Sprache und Versprachlichung des Körpers."

Das eigentliche Wunder des Romans „Flughunde" scheint mir darin zu liegen, daß Marcel Beyer mit dieser Textbewegung ein Dreifaches geglückt ist. Einerseits gelingt es ihm, die avancierte Sprachreflexion seiner Anfänge beizubehalten und weiterzuentwickeln. Andererseits bringt er das ganze Theoriekorpus eines Medienanalytikers wie Friedrich Kittler in der Figur des Akustikers Karnau metaphorisch zur Anschauung, auf eine höchst eindringliche und sinnfällige Weise. Und drittens öffnet er seinen Roman mittels dokumentarischer Schreibweisen der politisch-historischen Erfahrung, genau an der eingangs erwähnten Epochenschwelle, wo die biographisch erlebte in die kulturell rekonstruierte Erinnerung umgewandelt wird und die Literarisierung der Vergangenheit ästhetische Gestalt annimmt.

Marcel Beyer hält sich an die dokumentierten Fakten von Hitlers und Goebbels' Höllenfahrt im Bunker. Aber er entfaltet die Schrecken des Dritten Reiches auf einer archetypischen Märchen-Folie, indem er die Rotkäppchen-Gestalt des Goebbels-Töchterchens in eine Wolfswelt stellt. All dies macht aus „Flughunde" ein medientheoretisches Kunststück – im politisch-dokumentarischen Stil, vor einem grausamen Märchenhintergrund und im Geiste Uwe Johnsons und seiner Wiederherstellung vergangener Wirklichkeit.

Daß Marcel Beyer dafür der vom Nordkurier und von der Mecklenburgischen Literaturgesellschaft vergebene Uwe–Johnson–Preis 1997 zugesprochen wurde, ist ein verdienter Akt der Würdigung, zu der ich dem Preisträger von Herzen gratuliere.

MARCEL BEYER

Über eine Haltung des Hörens

Rede anläßlich der Entgegennahme des Uwe-Johnson-Preises 1997

Mitunter werde ich gefragt, wie ich dazu gekommen sei, in meinem Alter, als jemand, der zwanzig Jahre nach Ende des Nationalsozialismus geboren wurde, einen Roman wie „Flughunde“ zu schreiben. Was bringt einen, der das nicht selber erlebt hat, heute dazu, sich mit diesem Thema zu beschäftigen, dem Nationalsozialismus, mit diesem Hilfswort, das aber doch keine Abkürzung verträgt? Diese Frage habe ich mir selber gestellt in den vier Jahren, während ich den Roman schrieb, und noch lange nach Abschluß der Arbeit habe ich auf eine Antwort gewartet, habe Antwort auf Antwort versucht und wieder fallengelassen. Erst langsam ist mir klar geworden, daß es nicht eine Antwort geben wird auf die Frage des Themas, des Alters, des Anlasses. Weil dieser Roman nicht einen Anlaß hat, der sich ergab, nicht ein Thema, das sich suchen oder finden ließe wie andere auch. Weil hier nichts Zurückliegendes besprochen wird als eine abgeschlossene Zeitspanne. Weil dieser Text mit mir zu tun haben muß wie meine anderen Texte auch.

Zum Dank für die Auszeichnung, die dieser Roman nun erhalten hat, möchte ich einige Sätze sagen über eine Haltung des Hörens. Eine Haltung des Hörens, die notwendig mit dem Sprechen einhergeht. Die selbst auch Sprechen bedeutet. Eine Haltung des Hörens, wie sie der Namensgeber dieses Preises mir vorführt.

> „Schweigen ist unmöglich.“
> „Die guten Leute sollen das Maul halten.“

Zu Anfang höre ich allein das Meer. Ich höre das Nahen der Wellen, die Brandung, das Aufklatschen von Wasser auf nassem Sand, das Auslaufen in ein Plätschern, dann das Zurückspülen von Gischt und Angeschwemmtem.

Die „Jahrestage. Aus dem Leben von Gesine Cresspahl“ beginnen mit dieser Erinnerung an die Ostsee, wie sie Gesine Cresspahl auf Staten Island erlebt. Am 20. August 1967 wird der Atlantik überlagert von Ostseebild und -klang.

Es gibt dort eine Formulierung, die mich aufhorchen läßt: Da heißt es, die langen Wellen „wölben Buckel mit Muskelsträngen", und sie heben „zitternde Kämme". „Weißlich gestriemt" ist der Überschlag, als wäre hier etwas von Menschen zu hören, als schwemmte das Meer hier auch leblose Leiber an. „Als sei da ein Geheimnis gemacht und zerstört worden", heißt es.

Gesine Cresspahl hat Sprechen gelernt, also wird sie fragen. Sie wird die Vorfahren befragen danach, was hier die Ostsee–Erinnerung überlagert, was diesem Meeresklang unterlegt ist, von dem sie nichts weiß. Gesine Cresspahl hat neben Sprechen auch Hören gelernt, also wird sie etwas zu hören bekommen, und wenn sie sich die Rede der Vorfahren selber erfinden muß.

Am 20. August 1967 habe ich erst wenig sprechen gelernt, ich kenne auch die Ostsee noch nicht. Die aber werde ich wenige Monate später zu hören bekommen, an einem anderen Ort, und sooft ich in den folgenden Jahren auf sie hinausschaue, ist in östlicher Richtung der Horizont durch einen Turm markiert, kein Leuchtturm, ein Schiffsaufbau eher, aus Stein. Dieser Mast ragt dort seit dreißig Jahren in den Himmel über Laboe, und in sein Fundament sind Kammern eingelassen für Tote, dort lagern im Dunkeln die Knochen. Ich weiß noch nicht, wer das war, der dieses Gebäude 1937 eingeweiht hat, ich weiß nichts darüber, was in der Zeit vor dreißig Jahren gewesen ist.

Ich weiß noch nichts davon, daß Schweigen unmöglich ist, und ebenso habe ich keine Ahnung, daß im vorhergehenden Monat ein Schriftsteller namens Uwe Johnson einen Text veröffentlicht hat mit dem Satz: „Die guten Leute sollen das Maul halten."

„Die guten Leute sollen das Maul halten." Heute, dreißig Jahre später, höre ich diesen Satz in „Über eine Haltung des Protestierens" so: Die Menschen, die wie auch Gesine Cresspahl Sprechen und Hören vor 1945 gelernt haben, aber erwachsen werden nach Ende des Nationalsozialismus, verwenden ihre Fähigkeit darauf, Fragen zu stellen über die Zeit der zwölf vergangenen Jahre. Sie sitzen am Tisch ihrer Eltern, am Brettertisch vielleicht, zwischen Anrichtenneubau und kantigem Bücherschrank, unter dem geretteten Leuchter. Doch sie müssen feststellen: Sie bekommen nichts zu hören. Ihre Frage richten sich an die Eltern, die vor 1945 doch haben sprechen können, mitunter auch rufen und jubeln und brüllen. Die aber sind – wie es klingt: über Nacht – zu Schweigern geworden, sie begegnen der Fragegeneration als Schweigegeneration.

Die Fragegeneration hört ein ausweichendes, ein drückendes Schweigen. Sie hört aus dem Schweigen heraus, daß ihr Auskunft verweigert sein soll. Das ist nicht leicht zu ertragen, das läßt sich, verständlich, nicht lange aushalten. Die Fragen dieser Generation lassen sich mit Schweigen nicht beantworten. Die

Fragenden werden sich die Antworten auf ihre Fragen selber geben müssen. Eine Antwort lautet: Die Eltern, die heute schweigen, haben auch vorher geschwiegen angesichts von Unrecht, von Hetze, von Mord. Ihr Schweigen bedeutet ein Verschweigen: Sie haben den Nationalsozialismus gelebt, sie haben ihn unterstützt, geduldet, gestaltet mit ihrem Reden und Schweigen. Ein Schluß daraus lautet: Wenn Schweigen ein Verschweigen bedeutet von Unrecht, Rassismus und Völkermord, dann darf in Zukunft nicht mehr geschwiegen werden. Dann muß das Wort erhoben werden, wann immer ein Unrecht geschieht, dann muß auch schon jeder Verdacht mit einem Einspruch beantwortet werden, um Unrecht zu verhindern. Schweigen bedeutet Zustimmung. Man muß sich zum Fürsprecher machen für den, der keine Stimme hat.

Im Verlauf des neuerlichen, des zweiten Sprechenlernens aber, als nun zusätzlich noch anstelle der Eltern zu antworten ist, verlernt diese Generation langsam das Hören. Zu hören gibt es ja nichts auf die Fragen, sofern man nicht selber antwortet, das hat sie gelernt. Die Fragegeneration wird zu einer Antwortgeneration, die „guten Leute" verlernen das Hören. Sie verlernen, auf das Schweigen zu hören. Sie hören ein Schweigen nicht, das ein anderes ist als das Verschweigen durch ihre Eltern.

„Schweigen ist unmöglich." Dieser Satz meint das Schweigen angesichts derjenigen Menschen, denen in zwölf Jahren Nationalsozialismus weder Schweigen noch Reden zum Überleben hätten helfen können, die ermordet wurden aus dem Grund, daß es sie gab.

„Schweigen ist unmöglich." Dieser Satz läßt leicht einen anderen überhören: „Eine Zeitlang, fünfzehn Jahre lang, mußte ich schweigen, um zu überleben." Jorge Semprun sagt diesen Satz, im Gespräch mit Elie Wiesel, den Beginn seines eigenen Schreibens betreffend. Nach dem Ende des Nationalsozialismus, darüber sprechen die beiden am 1. März 1995, dürfen die Überlebenden nicht schweigen. Wie aber ließe sich sprechen? Darauf gibt es doch keine Antwort. Es erscheint unmöglich, mehr noch, Elie Wiesel sagt: „Es ist unmöglich, wir tun es aber trotzdem. Wir haben keine andere Wahl."

Und während von den Überlebenden viele nicht umgehend zu sprechen ansetzen, während sie noch auf Jahre sich nicht überwinden können, Worte zu benutzen für etwas, das sich nicht in Worte fassen läßt, während sie schweigen müssen, um zu überleben, bis sie beginnen, mit Worten sich dem zu nähern, das zu umkreisen, das jenseits der Worte hörbar zu machen, was jenseits der Sprache liegt – während also den Überlebenden Jahrzehnte vergehen, bis sie sich in der Lage sehen, zumindest die Sprachlosigkeit versuchsweise zu formulieren, hat sich die Antwortgeneration alle ihre Fragen dazu schon selber beantwortet, hat sie das Thema der Schweigegeneration abgeschlossen, ist ihre Freiheit der Rede längst zu einem Redezwang geworden.

Die Antwortgeneration hat keine Fragen mehr an die Eltern, keine Fragen an die Überlebenden, dies ist ihr nur noch ein Thema neben anderen. Man sitzt inzwischen auf selbstgezimmerten Möbeln und auf Matratzen am Boden, an der Decke chinesische Lampions. Dem Thema Völkermord wird Redezeit bemessen entsprechend der Wortmeldungsliste, Ausrottungsabsicht kommt zu Wort im Vergleich mit Ausrottung heute. Wer schweigt, der wird nicht gehört. Wer sich nicht meldet, der braucht keine Redezeit. Wer keine Antwort hat, bleibt mit seinen Fragen allein, und sei es mit der Frage, wie sich denn überhaupt sprechen ließe. Für solche Menschen hat man sich bald einen Schweige–, einen Verstummungstopos zurecht geredet, für jemanden wie Paul Celan, unter anderen. Es gibt doch erfahrene, wortgewandte Fürsprecher genug – was setzt er noch selber an zu einem Wort?

„Die guten Leute sollen das Maul halten." Da wünscht sich einer, die Antwortgeneration möge begreifen, daß es ein Schweigen gibt, das diese Generation selber nicht kennt, nicht kennen kann, aber doch bitte merken und respektieren: Die Stille, das Schweigen von Menschen, die nicht darüber zu sprechen wissen, was frühere Wortführer, Lärmende, Weltbildverkünder und Antwortgeber getan haben mit ihnen, und mit denen, die nicht mehr sprechen könnten, selbst wenn sie denn wollten.

Wieder höre ich das Meer in den „Jahrestagen", am 5. Mai 1968. Diesmal ist es tatsächlich die Ostsee. Nach dem vielfachen Widerhall in einem Schwimmbad, nach so vielen Seen und Flüssen ist es diesmal die Ostsee. Ein Meer, aus dem Fische gegessen werden.

Nun aber gibt es nicht Brandung und Plätschern zu hören, nun höre ich, was dieses Gewässer hier überlagert, was dort an Muskelsträngen und Buckeln verborgen ist, als ein Geheimnis, gemacht und wieder zerstört.

Dieses Geheimnis, das man dem Schriftsteller bei seinen Erkundungen für den Roman hat verschweigen wollen, sind die Toten. Das sind die toten Häftlinge aus einem Konzentrationslager Deutschlands, die dort auf der Ostsee, auf Schiffe verladen, verschwinden sollten. Die Verhungerten, Erschlagenen, Verbrannten, Ertrunkenen, die an die Küste kommen, die angeschwemmt werden vom Meer. Und diejenigen, die bis heute am Meeresgrund liegen, wo die Fische sich von ihren Leibern ernähren.

Dieses Geheimnis, es war eine Frage. Uwe Johnson hat keine Antwort erhalten. Uwe Johnson kann keine Antwort geben, er kann diese Toten nur nennen, er kann diese Ostsee nur merken als Totenort dieser Menschen, die nicht mehr sprechen können. Uwe Johnson fragt, er gibt zu erkennen, daß er dieses Geheimnis merkt. So ist das Merken ein Bemerken, ein Anmerken, dann auch das Eingehen in das Gedächtnis.

Auch ich habe Fische gegessen aus dieser Ostsee. „Die Toten", hat Uwe Johnson gesagt, „können einwirken auf Entschlüsse, auf Emotionen, auf Zustände". Dieses Geheimnis, es bleibt eine Frage.

„Die Toten sollen das Maul halten." Dieser Satz ist in „Jahrestage" mehrmals zu hören, und es dauert, bis dazu gesagt wird: Es ist ein Satz aus Marie Cresspahls Mund. Sie spricht ihn, wenn sie sich die Toten vom Leib halten will, wenn sie abwehrt, was doch in ihr steckt.

Die sprachgewandten Vertreter der Antwortgeneration sitzen inzwischen unter Halogenstrahlern, das Licht nimmt doch zu, es wird Licht in die Sachen gebracht. Sie sitzen auf Talkshowsesseln, noch warm von den guten Leuten der Vorsendung. Sie ergreifen das Wort, sie kämpfen um Gutsein und um ihre Redezeit, da wird einem anderen das Wort auch abgeschnitten, gar verboten. Und wer seit Jahrzehnten das laute Sprechen ausübt, spricht heute als Fachmann für Lärmbelästigung. Sie halten sich im Gespräch mit der Klage, die Generation ihrer Nachkommen ergreife das Wort nicht mehr für die guten Sachen – und haben mit dieser Klage die eigene Redezeit wieder verlängert. Und haben wieder einige Sätze lang nicht hören müssen.

Doch die Toten halten das Maul nicht. Sie kommen da zu Gehör, wo jemand aus der Antwortgeneration die verkehrte Zeichnung des Hakenkreuzes heute beruhigend als Entwarnung deutet. Die Toten kommen zu Gehör, wo heute Gewalt ausgeübt wird gegen andere Menschen, unter Berufung auf Jubel, Bekenntnis und Brüllen der Großeltern – und dies trotz der Eltern, der Antwortgeneration, die doch dieses Thema behandelt hat.

Aber es ist nicht ein Thema. Nicht für Aufsätze, nicht für Fernsehdiskussionen oder für selbstkritisch besinnliche Stunden am Gasthaustisch. Nationalsozialismus und seine Spuren lassen sich nicht abhandeln mit Vergleichen von einem mit einem anderen Staat, von einem mit einem anderen Weltbildverkünder, Vernichter und seinen Vollstreckern. Nationalsozialismus läßt sich nicht abhandeln mit Abwehrgefechten, er läßt sich nicht als Thema des Generationenkonflikts abschließen zwischen Schweige- und Antwortgeneration, zumal durch deren Rede- und Schweigeverhalten auch die dritte, die vierte Generation geprägt wird.

Unter den Nachkommen der Antwortgeneration gibt es solche, die setzen sich von den Eltern wortstark ab: Sie wollen nicht gute Leute sein, sie wollen nicht Antwort geben in Fragen des Guten, denn jene Fragen sind schließlich alle beantwortet, abschließend, längst. Aber sie wollen doch auch ihre Redezeit, sie wollen teilhaben am Redefreiraum, der nach 1945 geschaffen worden ist. Am 6. Juni 1997 berichtet einer von ihnen, in Maries heutigem Alter, unter der Überschrift „Junges Deutschland" von einem Gang durch eine deutsche

Kleinstadt, wo es alles das gebe, „was es eigentlich schon längst nicht mehr gibt". In der Fußgängerzone dort trifft er auf einen älteren Herrn – und kommt zu der Vermutung, es könnte sich bei diesem Mann möglicherweise um einen Juden handeln. Ein Jude – in einer Stadt, wo es alles gibt, „was es eigentlich schon längst nicht mehr gibt". Als er angesprochen wird, bricht der mögliche Jude in Tränen aus – er kann doch als unmöglicher Jude unmöglich mit Worten antworten. Er kann ja nicht ansetzen zu einem Wort.

Aber die Toten halten das Maul nicht. Sie kommen auch hier zu Gehör, wo die Rede von einem judenfreien Deutschland als eine Tatsache genommen wird. Wo von einer offenen Absicht der Schweigegeneration, von einer offenen Anklage der Antwortgeneration etwas geblieben ist, etwas geworden ist zu untergründiger, stillschweigender Annahme.

Im Monat darauf korrigiert sich derselbe Schriftsteller: Es gebe doch Juden. Und denen überlasse er es, über das zu reden, was es eigentlich schon längst nicht mehr gibt, nämlich über sich selber, die Juden. Er, der Schriftsteller, könne das nicht, er sei in bezug auf dieses Thema befangen. Ohnehin ist er längst bei einem anderen Thema und gibt Antworten in der Frage nach der Identität seiner Generation. So einer kann das Maul nicht halten, und Hören hat er wohl nie gekonnt. Marie Cresspahl lernt im Verlauf der „Jahrestage" auch Hören. Sie lernt, daß die Stimmen der Toten nicht etwas sind, vor dem sie sich die Ohren zuhalten kann, weil die Stimmen doch innen zu Gehör kommen, daß die Toten ihre Spuren in Marie Cresspahl hinterlassen haben. Sie merkt: Es gilt nicht, etwas festzuhalten, was draußen lauert, es gilt, etwas zur Kenntnis zu nehmen, was in mir ist.

Am 25. Mai 1968 – ich kenne die Ostsee nun, ich weiß vielleicht auch schon halbdeutlich in Sätzen zu sprechen – führt Marie Cresspahl ihre Mutter ans Meer, auf Staten Island, es geht ihr dabei um die Ostsee–Erinnerung. „Die Pfahlwände im fauligen Wasser stehen schief", das Wasser hier „kaut am Abfall, nährt den Rost und den Schlamm".

Und mit einem Mal erscheint auch hier das Gewässer als Totenort, nachdem die Ostsee als Totenort einmal genannt worden ist. Die Ostsee–Erinnerung gelingt nicht mehr ohne jenes Geheimnis, nicht mehr ohne die ermordeten Häftlinge. Seit jener Wahrnehmung wird jedes genannte Gewässer zum Ort, wo sich diese Toten bemerken lassen, höre ich jeden weiteren See oder Fluß, das Schwimmbecken und allen Meeresklang unterlegt von diesen verschwiegenen Toten. Jedes Wasser trägt diese Toten unter der Oberfläche, von allen Gewässern werden die Toten an Land gespült.

Die Toten brauchen dazu nicht genannt zu werden, es ergeht keine Antwort, um sie fortan zu Gehör zu bringen bei Uwe Johnson. Diese deutsche Geschichte ist nicht eigene Erinnerung gewesen, aber sie ist nun eingegangen in die Erinnerung, sie ist jeder Wahrnehmung, jeder Handlung und jedem Wort unterlegt. Auch in Form einer Lücke, als Auslassung: Da wird nicht verschwiegen, die Toten, die leere Stelle wird geschwiegen, deutlich hineingeschwiegen in diesen Text. Hier wird durch Schweigen etwas zu Gehör gebracht. Es ist eingeatmet, es ist hinterlegt.

Deutschland ist dieses Land, in dem jene Toten der Ostsee nicht mehr sind, und mit ihnen alle diejenigen, die vorher doch auch hier gelebt haben.

Zwei Staaten lang wurde Nationalsozialismus, wurden seine Spuren unhinterfragt draußen angesiedelt, fraglos. Zwei Staaten lang ist er, als Fremdgut, nach Westen, nach Osten über die Grenze geschoben worden. Wenn er sich nun aber nicht über Grenzen schieben ließe, wenn er nicht etwas ist, das draußen lauert, sondern innen: in jedem einzelnen Menschen hier, durch die Generationen, in dieser Sprache, in diesem Land? Und was erst, wenn es diese Grenze nicht länger gibt?

In diesem Jahrzehnt nun wird in Deutschland herumgeredet an einem „neuen Selbstbewußtsein", dabei aber werden oftmals die letzten drei Silben verschluckt. Da buchstabiert man gern auch das Selbst ohne Bewußtsein, und man meldet die Furcht an, die ganze neue gesamtdeutsche Kultur könnte in den Untergang getrieben werden durch die strategisch geschickte Tilgung einiger Kommata. Da soll zusammen, was zusammengehört, und doch will die Berufung auf eine gemeinsame Geschichte nicht gelingen. Und doch mag die eine Seite nichts von der anderen hören, wirft die eine Seite der anderen ihr Rede- und Schweigeverhalten vor, da weiß der Westen alle Antworten auf den Osten auch ohne zu fragen, wie seinerseits der Osten auf den Westen. Es gibt nichts zu fragen. In schwierigen Zeiten kann man noch weniger Fragen vertragen als sonst, und zum Hören bleibt da schon gar keine Gelegenheit.

Hören ließe sich vielleicht, daß heutiges Rede- und Schweigeverhalten in der Zeit zwischen 1933 und 1945 angelegt worden ist. Hören ließe sich weiter, daß gemeinsame Geschichte, gemeinsame Kultur und gemeinsames Leben zuletzt in dieser Zeit stattgefunden haben, und daß es in dieser Zeit vornehmlich um die Vernichtung anderer Geschichte und Kultur ging, um die restlose Auslöschung anderen Lebens. Hören ließe sich noch einmal, daß eben aufgrund dieser gemeinsamen Geschichte die getrennten Geschichten ihren Ausgang genommen haben.

Und wenn es nicht zu hören sein mag, es ist doch da. Ich habe es eingeatmet, es ist hinterlegt. Das dient nicht der Sühne, nicht der Schuldabwehr, nicht einer Bewältigung oder einem Selbstwertgefühl. Ich weiß nicht, wie es mich bedingt – ich möchte zunächst zur Kenntnis nehmen, daß es mich bedingt.

„Schweigen ist unmöglich." – „Die guten Leute sollen das Maul halten." Diese beiden Sätze markieren eine Spannung, der ich mich heute ausgesetzt sehe. – Als Nachkomme von Schweigegeneration und Antwortgeneration, dazu als jemand, der weder einen Stern noch einen farbigen Winkel sich an die Kleidung hätte heften müssen, der nicht zur Ermordung vorgesehen wäre, weiter als jemand, der mit Worten umgeht, aus Neigung, zudem vor der Öffentlichkeit, und der aus seiner Neigung notwendigerweise eine Befragung, eine unabschließbare Prüfung seines Materials, der Sprache ableitet. Eine Spannung, die nicht auflösbar ist. Sie ist eine Voraussetzung meines Sprechens und Hörens.

Wer aber eine Haltung des Hörens lernen möchte, der kann das bei Uwe Johnson tun. Das ist auch das Vergegenwärtigen einer Verantwortung bei der Wahl meiner Worte, also beim Hören der Welt. Und es ist das Merken: Über Sprechen und Schweigen läßt sich so leicht nicht verständigen, wie man es aus dem Reden darüber schließen mag.

Dies zu merken, dies fragen zu wollen, danke ich Uwe Johnson.

ELKE ERB

Florieren

Wie sie in der oberen Etage der Bank ihrem Chef kurz etwas mitteilt über anzubahnende Geschäfte mit dem Frühling,

wie ein Gespräch zwischen Ehegatten, die einem Hause vorstehen, also oben etwa im Korridor vor ihren Schlafzimmertüren (Hotel–Bild) oder, jeweils, Wohnzimmern, bevor sie sich unten in das Allgemeine mitteilen.

Wie also aus dem Herkömmlichen das Crimen ragend Reiser, Stecken, dünne neuere Zweige (fast noch Winterluft).

Wie der rechte Unterricht einweise in die Verhältnisse. Der Willensbildung, Unternehmung, Logik.

Wie vor der Pracht aber eines Exponats der Kunst – so vor Stahlmantelwänden (–türen), wie die von Zellen in das Ganze gehängt

(Crimen vom Sekretbild transferiert in das Bild des Strafvollzugs), und da „das reicht", denke ich trübe ab.

Albert Renger–Patzsch fotografiert die Bäume, als seien sie ein Wohnzimmer (tatsächlich 30er Jahre).

Wollte, da in der hängenden Stahlmantelzelle (Farbe vergessenes Silbrig, abgesunken in verdecktes Grün, Blau... Braun) die Ansicht (Meinung) sich beschloß, – Schwenk – mir nun selber helfen (– stümpernd, Art der Erfolgserwartung: Nullerfolgsgewißheit) –

L. etwa „criminell" – wie das zu Erörternde, oder vielmehr wie die – politische Figur zwischen Unerheblichkeit und Dunkel torkelt,

und als Anna sagte, „oben" sei es nicht criminell (und sagte nicht, wieso nicht) und wie man andererseits das Crimen faßt, daß wir nicht weggegangen sind oder nicht Haft riskierten,

wie das bei Anna eine ähnliche Innenansicht etwa sei, wo von uns dort, damals ... Hätte gerne Aufschlüsse erhascht.

15. 11. 97

Als ich im September 1997 in Neubrandenburg nach einer Äußerung zu Uwe Johnson gefragt wurde, wußte ich, daß ich in meinem Tagebuch nur wenige Notizen zu ihm finden würde. Aber es gab den ausgearbeiteten, oben mitgeteilten Text, der, da er in seinem ersten Satz auf die Lektüre der „Jahrestage" zurückgeht, nicht ohne sie geschrieben worden wäre. Vor dem Herbst 1996, indem ich den gesamten Johnson in einem Zug gelesen habe (erfreut, das endlich zu tun, veranlaßt von der Einladung, in der Jury für den Uwe-Johnson-Preis mitzuarbeiten) – war Uwe Johnson für mich der Autor der (vor Jahrzehnten gelesenen) „Mutmassungen über Jakob" gewesen.

Die „Jahrestage" las ich mit einem fortgesetzt frischen Erstaunen, wegen dieses Erstaunens fast kommentarlos. Die Auflistung der Greuel der Nazijustiz und der Vorgänge während der russischen Besatzung später im Text rief eine noch stärkere Reaktion hervor: Trotz des reichlichen Unterrichts über diese Finsternisse (und ich hatte im Frühjahr davor erst Viktor Klemperers Tagebücher gelesen), empfand ich, von Johnson geführt, daß diese Listen an meinem Weltbild rissen, sah ich die Chance, daß sie eine oberflächliche Tarnschicht in ihm zerrissen. Eine solche Perspektive macht ebenso schweigen, sie räumt sich die Ruhe der Aufmerksamkeit ein.

In den Text gekommen ist mir das Paar Sie und der Chef nach einer Textstille, fern vom Buch, das Paar erscheint traumhaft wirklich, traumhaft verändert, es ist (zumal ich auch im Kennwort des Ursprungsthemas dieses Paars – Prager Frühling – Prager getilgt habe) kaum als das Ursprungspaar zu erkennen, aber ohne es hätten mir diese beiden zu dem, was der Gedankengang unternimmt in meinem Gebilde, nicht einfallen können.

In der oberen Etage der Bank – eine starke Vereinfachung: Die Bank besteht aus einem zwölfstöckigen Sockel, der von einer Straße bis zur anderen reicht, und darüber einer gestaffelten Terrasse, auf die ein glatter Turm aufsetzt. (JT 35). Sie hatte im zehnten Stock gearbeitet, der dann unten hieß, als sie zur Sachbearbeiterin für die Tschechoslowakischen Angelegenheiten aufrückte und umgetopft wurde in den sechzehnten, nur noch wenig unterhalb der Direktion befindlichen (JT 714).

Ich streiche Prager, entscheide: Frühling reicht, denn mein Text wandert – über die folgende Verwandlung der Bank in ein Familienhaus oder in ein Hotel (dann wären sie Geschäftsreisende) und wieder in ein Wohnhaus – schließlich – im dritten Ansatz – verallgemeinernd in ein *Herkömmliches*, eine Verallgemeinerung, die das allgemeine Private wie das allgemeine Crimen ambivalent hält.

Mit diesem Text vor Augen also und in Neubrandenburg nach Johnson gefragt, entdeckte ich, daß mir nicht nur das Paar Sie und ihr Chef, sondern auch das Motiv Frühling, Vorfrühling, das auch in anderen, auf den zitierten folgenden Texten zum Ausdruck kam, von der Lektüre der *Jahrestage* eingedrückt worden sein kann. Dem Eindruck nachzuforschen, las ich erneut in den *Jahrestagen*. Das Gefühl eines frühen (nicht prangenden) Frühlings ist gewiß aus der Freude während des Lesens von den ersten Seiten an vermittelt worden und gewiß nicht von einer einzigen Stelle auf Seite 916 her entstanden, wie intensiv und angelegentlich auch immer ich sie aufgenommen haben mag. Aber diese Stelle bestätigt es. Johnson schreibt da über de Rosny:

> *Verbreitet Freundlichkeit um sich, damit das Personal sie ihm zurückgibt. Wohlig allein mit der ersten Mahlzeit, den im Schlaf wundersam gewachsenen, verzweigten, knospenöffnenden Plänen.*

Beim Wiederlesen in den Büchern las ich analytischer, mit Anstreichungen, Beobachtungen auch des Verfahrens, kurzen Bleistiftkommentaren auf den bis dahin in Ruhe gelassenen Seiten. Um hervorzuholen, was den bleibenden und über die Lektüre hinaus wirkenden Eindruck einer frischen Frühe einverleibt hat, zitiere ich nun pars pro toto ein paar Proben.

687ff: Gesine Cresspahl spricht, in einer Fortsetzung des Monologgesprächs mit ihrer Tochter Marie, über vier Vietnambilder, die Marie aus der New York Times ausgeschnitten hat. Das erste ist eine undeutliche Fotografie von der Zerstörung im Chinesenviertel von Saigon – man kann es für eine Müllkippe halten. Das zweite: halbwüchsige Kinder, die mit einer Eimerkette das Feuer in einer Werkstatt zu löschen versuchen. Das dritte: auf einer *zersplitterten Straße* vorn, neben einem *gummibereiften Handkarren* ein Toter, *als Mensch zu erkennen an einem deutlichen Gesicht, an immerhin vorhandenen Gliedern*, dahinter ein *Sack Lumpen oder zerknüllte Decken*, auch ein Toter laut Bildunterschrift, im Hintergrund rechts hinter einem Jeep ein *Stück Fleisch*, von *dem entweder Beine oder, sollte der Kopf fehlen, Arme weggestreckt sind.* Dazu ein amerikanischer Panzer, aus dessen Turm sehr klein ein Soldatenkopf mit Helm heraussteht [...]. Das vierte – ein Krankenhausflur mit Fliesenmuster, das in dichter Reihe *mit angeschossenen, angebrannten Leuten zugedeckt ist.*

Auf die Beschreibung der vorgefundenen Bilder (und G. C. Kommentare zu ihnen, zu den vermuteten Gründen der Tochter, sie auszuwählen) folgt:

> *Von allen diesen Bildern hast du nur eines in deinen Mappen, das dritte, und die anderen auf dem Tisch liegen lassen, als sollten sie von allein verschwinden [...]*

Ich kreuzte das an und notierte unter dem Text: „Das üppige Geben – unerwartbare Hervorheben!"

Im Absatz darauf schreibt G. C., daß sie dies schreibt (und der Tochter nicht auf das Tonband spricht), – *damit du es nicht eher als 1976 erfährst. Du hättest es zu früh abgehört, und ich kann schwer das benommene und verständige Gesicht aushalten, das du aufsetzt, wenn du etwas nicht verstehst. Du nickst dabei, und dir ist anzusehen, daß du das Gehörte in Gedanken unablässig wiederholst, als sei es aus dem Jahr 1960, als dir aufging, daß du mich nicht auswechseln konntest gegen einen anderen Teil Eltern, daß du noch im Bösen an mich gebunden warst, an die einzige Mutter, deren Verlust du dir vorderhand noch nicht leisten mochtest.*

Ich kreuzte auch das an und ergänzte unter der Seite:

dies üppige Geben, – unerwartbare Hervorheben!
– unerwartbare Hintergründen!

Welcher Art von Geist in mir, frage ich mich, hat das (verallgemeinert: solche und andere Überraschung und Wohltat im Johnsonschen Text) gefallen? – einer solchen, die sich in einem von außen vernachlässigten Zustand befand, die aber die eigene Anlage als etwas außen Befindliches voraussetzte und für etwas wenig Gepflegtes, ja für etwas Geschädigtes hielt, so jedoch, als hätte sie es gepflegt gehalten, wäre ihr der Sachverhalt als Thema und Anliegen auch anderer deutlicher gewesen. Die den Sachverhalt dabei insgesamt für einen Zustand hielt, über den klaglos – wie über Schlechtwetter – zu leben sei. Sie wäre sonst nicht so eingreifend zu überraschen gewesen. In der Überraschung ist sie sich sicher, eine so gebaute Beachtung von etwas, was um einen Menschen steht, nicht anderswo wiederzutreffen, aber – in Reuetreue – gewahrt sie, daß sie ein solches verwahrendes, erkundendes Bauen wie das Johnsonsche außen nicht vermutet, nicht gesucht hat, aus geborener, angeborener Bescheidung.

Allenfalls einmal, ähnlich, Hans Henny Jahnn – konnte einem die Schultern wärmen (ähnlich – wie die Farbe Orange einem feinen Mechanismus ähnlich sein kann).

Seite 703 (Szene: am 26. Oktober 1938 übernimmt die Luftwaffe Jerichow Nord. Friedrich Jansen hält die Festrede): *Wenn er das Wort Luftwaffe im Mund hatte, quoll ihm unerschöpflicher Speichel auf, und er hätte nicht angeben können, was er da aussprach.*

Seite 704 (nun spricht der Befehlshaber der Stammtruppe): *Als er für das Abspielen der beiden Nationalhymnen das Präsentieren der Gewehre befahl, waren die Silben klar zu unterscheiden; es klang fremd, und auf unbehagliche Weise verpflichtend. Der Mann war nicht leicht auszudenken, dafür hatte er vorerst Kredit bei den Jerichowern.*

Die Auffassung der realen Vorgänge als *crimen* fände sich mißverstanden, wollte man *crimen* mit *unmoralisch* übersetzen, vielmehr ist im Blickfeld, daß die Realität mit Kategorien der Moral nicht zu erfassen ist. Wie der *rechte Unterricht einweise in die Verhältnisse* – eine den von der Aufklärung her entwickelten/verwickelten unrechten Unterricht – beinahe nur mit der Zartheit eines Seufzers, jedenfalls der Schwäche ihrer Position gegen die realen Verhältnisse angemessen bewußte, tadelnde Bemerkung, die nicht zurückgeht auf diesen Passus in den *Begleitumständen* (Seite 328f., über Zwei Ansichten): „Sie rechnend die beiden Personen in dieser Geschichte zu den 'einfachen Leuten'; meinen Sie da mehr als ihre gesellschaftliche Geltung? Der Seufzer Heinrich Bölls über die wiederholte Nachricht, dass die Grossen der Welt 'Rolex'–Uhren tragen, und dass er dem nichts hinzuzufügen wisse, erscheint mir nach wie vor unübertrefflich. Ich bin überzeugt, dass die 'einfachen Leute' das erheblichere Beispiel abgeben für Lebensverhältnisse in unserer Zeit, nicht allein wegen ihrer Überzahl, auch nicht nur weil sie in der Verteilung des Nationaleinkommens jenseits allen gerechten Verhältnissen benachteiligt sind; insbesondere, weil sie jede Verschlechterung ihrer Lage unerbittlich ausbaden müssen. Ihre Schwierigkeiten mit dem schärfsten Risiko überwinden müssen, *ohne dass Geldreserven sie auffangen und Privilegien zu schützen, ohne dass sie in der Schule und später an die höheren Tricks herangekommen wären,* meist auch ohne Hilfe."

Hervorhebungen von mir. Ich möchte hinzufügen, daß ich mit dem *Einweisen* in die Verhältnisse nicht gleich gemeint habe, es solle zu einer Beteilung am *crimen* befähigen, mit dem pauschalisierenden *crimen* aber vorführe, wie ich mir das Selbsterziehung forciert eine Sicht anzugewöhnen ansetze/vorschlage, die die „Grossen der Welt" nicht mehr aus der von der Gesetzgebung und Rechtspraxis geregelten Zone des Gemeinwesens ausblendet.

Es ist das Verlangen, klar zu sehn, ein Antrag an das Bewußtsein (darunter irgendwo beweglich ein „handwerklich"–strukturelles Interesse: Wie sähe eine allgemein gültige Regelung aus, die befähigt wäre, die über das Gemeinwesen entscheidenden Vorgänge zu erfassen). Es ist nicht, natürlich nicht: Eine Beschwerde über Ungerechtigkeit in Gottes Ohr.

November 1997